Grundwissen Perl

von
Prof. Dr. Jürgen Schröter

Oldenbourg Verlag München Wien

Prof. Dr. Jürgen Schröter studierte zunächst Elektrotechnik an der Ingenieurschule in Wuppertal bevor er das Studium der Informatik an der TU Berlin aufnahm. Nach seiner Promotion an der Gesamthochschule Wuppertal erhielt er einen Lehrauftrag für Digitaltechnik an der FH Darmstadt. Seit 1985 ist er Professor an der Fachhochschule Landshut mit den Lehrgebieten Programmieren, DV-Systeme und Digitaltechnik. Er ist zudem Leiter des Rechenzentrums und des Labors Digitaltechnik.

Bibliografische Information der Deutschen Nationalbibliothek

Die Deutsche Nationalbibliothek verzeichnet diese Publikation in der Deutschen Nationalbibliografie; detaillierte bibliografische Daten sind im Internet über <http://dnb.d-nb.de> abrufbar.

© 2007 Oldenbourg Wissenschaftsverlag GmbH
Rosenheimer Straße 145, D-81671 München
Telefon: (089) 45051-0
oldenbourg.de

Lektorat: Dr. Margit Roth
Herstellung: Anna Grosser
Coverentwurf: Kochan & Partner, München
Gedruckt auf säure- und chlorfreiem Papier
Gesamtherstellung: Druckhaus „Thomas Müntzer" GmbH, Bad Langensalza

ISBN 978-3-486-58074-7

Inhalt

Vorwort

Als Leiter des Rechenzentrums der University of Applied Sciences Landshut halte ich Perl besonders im administrativen Bereich für eine unverzichtbare Skriptsprache. Unter Unix/ Linux wird sie vor allem für Systempflege, Skripting auf Servern, für dynamisches Webcontent, Erstellung von CGI (Common Gateway Interface), für Programme im Web-Umfeld, Datenbankanbindung, grafische Benutzerschnittstellen (GUI – Graphic User Interface) eingesetzt, um nur einige Aufgabenbereiche zu nennen. Besonders schätze ich ein weiteres Highlight von Perl, nämlich die regulären Ausdrücke, die ein flexibles Suchen nach Mustern und ein leistungsfähiges Ersetzen ermöglichen.

Ebenso haben mich die reichhaltigen Spracheigenschaften von Perl überzeugt. Zu nennen sind hier die einfache Verarbeitung von wirklich großen Datenmengen, die umfangreiche Bearbeitung von Strings, die Verwaltung und Bearbeitung von Hashes (assoziative Arrays) sowie die einfache Verwendung von Arrays. Nicht vergessen möchte ich die objektorientierte und die funktionale Programmierung. Für entsprechende Operationen brauchen Sie in Perl nur die entsprechenden Befehle einzusetzen, statt umfangreiche Funktionen neu zu erstellen.

Weitere Pluspunkte, die vor allem Studentinnen und Studenten hoch bewerten werden, sind der kostenlose Bezug und die außergewöhnliche Hilfsbereitschaft der großen Perl-Fan-Gemeinde.

Nach dem erfolgreichen Erscheinen der ersten Auflage von Perl habe ich mich für ein erweitertes Buch entschieden. In ihm werden neue Kapitel wie Objektorientierte Programmierung, CGI, Grafische Oberfächen sowie im Anhang Perl 6 behandelt.

Dank

An dieser Stelle möchte ich allen jenen danken, die mich beim Schreiben dieses Buches unterstützt haben.

Von einer Reihe aufmerksamer Leser erhielt ich Zuschriften mit nützlichen Verbesserungsvorschlägen. Ich danke all meinen Kollegen, die mich ermuntert haben, dieses neue Buch zu schreiben.

Mein aufrichtiger Dank gilt Margit Roth, die die Lektoratsleitung Buch MINT beim Oldenbourg Wissenschaftsverlag innehat. Sie hat dieses Projekt intensiv und engagiert betreut sowie stets ein offenes Ohr für Wünsche und Änderungen gehabt.

Last but not least danke ich meiner Frau Heidemarie Schröter, die mein Vorhaben immer unterstützt hat, obwohl viele private Aktivitäten - besonders Bridgeabende - dabei zu kurz gekommen sind. Sie hat mich vor allem dazu ermutigt, komplizierte Inhalte möglichst einfach wiederzugeben und Einfaches nicht zu kompliziert auszudrücken.

Jürgen Schröter   Landshut

1 Warum Perl?

Perl steht für **P**ractical **E**xtraction and **R**eport **L**anguage und ist von Larry Wall entwickelt worden.

Larry Wall ist es gelungen, eine extrem ausdrucksstarke Sprache zu entwickeln. Perl ähnelt mehr einer lebendig gesprochenen Sprache im Vergleich zu den Programmiersprachen, die einen genau definierten Wortschatz und eine an der Hardware ausgerichtete Grammatik besitzen. Somit ist Perl nicht so starr wie andere Sprachen. Aufgrund der Vielschichtigkeit verschiedener Sprachkonzepte und Sprachkulturen ist Perl eine Heimstätte für viele Programmierer geworden, egal von welcher Sprache sie beeinflusst worden sind. Sie können unter Perl Ihren persönlichen Programmierstil weiter fortführen.

In Perl können Sie objektorientiert programmieren, da die benötigten Mechanismen vorhanden sind. Somit können Sie nicht nur große Projekte sinnvoll strukturieren.

Des Weiteren profitiert Perl von den vielfältigen Einsatzgebieten, besonders im Internet und im Web. Client-Server-Interaktionen, z. B. SQL-Anweisungen, die an einen Datenbankserver gesendet werden, und die vom Server zurücklaufenden Ergebnisse, werden in Perl realisiert. Auch Textprotokolle wie CGI (Common Gateway Interface) können mit Perl durchgeführt werden. Perl führt Internetsites aus, die dynamisch generierte Inhalte oder Suchfunktionen zur Verfügung stellen. Natürlich lassen sich außer HTML-Codes auch C-Codes über Stubs in Perl einbetten. Somit lassen sich geschriebene C-Programme und Bibliotheken mit Perl aufrufen. Die Automation der Systemadministration und die Datensicherung gehören ebenfalls zu den Aufgaben von Perl, ebenso wie das weite Feld der Textverarbeitung mit Dateibehandlung.

Für Einsteiger ist Perl eine leicht verständliche Sprache und bietet noch weitere Besonderheiten, wie z. B. die Verwendung von regulären Ausdrücken, mit denen Sie einen Text nach Wörtern, Textpassagen oder Zeichenmustern durchsuchen können. Mit diesen regulären Ausdrücken können Sie Ihre Perl-Programme schneller, kürzer, einfacher und somit wesentlich effektiver schreiben.

Um für das entsprechende Problem das richtige Modul zur Lösung zu finden, können Sie auf das CPAN (Comprehensive Perl Archive Network) zugreifen. So ist Perl eigentlich zum Beispiel nicht dazu ausgelegt, schwerpunktmäßig eine Verarbeitung und Handhabung von numerischen Daten vorzunehmen. Aber auch hier existieren Module für beliebig große Ganzzahlen und Gleitpunktzahlen sowie das PDL-Modul für die Berechnung von großen Matrizen.

Perl gilt als mächtige Sprache, da eine große Anzahl von Unix-Tools auf Perl angepasst worden sind. Sie können Anwendungen beispielsweise mit wenigen Zeilen Perl-Programmcode (Hashes, regulären Ausdrücken, Referenzen usw.) auszuführen, während Sie in anderen Sprachen dazu mehrere Seiten schwer verständlichen Programmcode benötigen. Weiterhin können Sie einen konfortablen Perl-Debugger verwenden, der Ihnen alle Möglichkeiten bietet, Fehler professionell zu beheben.

Perl ist eine frei verfügbare Sprache. Weder für den Interpreter noch für die vielen frei verfügbaren Module aus dem CPAN brauchen Sie etwas zu bezahlen. Sie finden Perl bzw. die entsprechenden Module auf den gut organisierten FTP-Servern, die im Anhang angegeben sind.

Möchten Sie Perl-Programme auf einem Unix-System laufen lassen, brauchen Sie nur `#!/usr/bin/perl -w` an die erste Zeile zu setzen. Diese erste Zeile `#!/usr/bin/perl -w` wird nur für Unix-Systeme benötigt und ist die Shebang-Zeile („sh" für Sharp, „bang" für das Ausrufezeichen). Wie bei einem Shell-Skript unter Unix legt die erste Zeile den Interpreter `perl` fest, der auf dem verwendeten Rechner unter dem Verzeichnis `/usr/bin/` zu finden ist. Das Flag `-w` ist für die Ausgabe von Warnungen gedacht.

Wenn Sie unter Windows oder Mac arbeiten, benötigen Sie diese Zeile nicht. Sie stört aber nicht, da das #-Zeichen von Perl als ein Kommentar gewertet wird und auf anderen Plattformen als Unix ignoriert wird. Sie sollten diese Zeile also trotzdem verwenden, wenn Ihr Programm eventuell einmal unter Unix ablaufen sollte.

2 Grundlagen

In diesem Kapitel werden die wichtigsten Kategorien von Variablen dargestellt und die Gültigkeitsbereiche von benutzerdefinierten Variablen erläutert. Nicht vergessen werden die zwar unsichtbaren, aber immer präsenten Spezial-Variablen von Perl. Außerdem erfahren Sie alles über das Thema Kontext und den Begriff Wahrheitswert.

2.1 Variablen

Um Werte in Ihrem Programm zu speichern, benötigen Sie Variablen. Perl hat drei Datentypen von Variablen:

- So lassen sich skalare Werte wie Zahlen, Strings (Zeichenketten) und Referenzen in skalaren Variablen speichern:

```
# Zahlen
$wert_1 = 4711;                 # Ganze Zahl(integer)
$wert_2 = 3.14159;              # Gleitpunktzahl

# Strings
$string_1 = "Hello World!";     # Zeichenkette
$string_2 = 'Ein String';       # Zeichenkette

# Referenzen
$ref_1 = \$wert_1;              # Referenz von $wert_1
```

- Listen als geordnete Sammlung von skalaren Variablen lassen sich in Array-Variablen speichern:

```
# Listen
@array_1 = (123, 4711);             # Homogene Liste
@array_2 = (1.3, \$ref, 'string');  # Heterogene Liste
```

- Schlüssel-Wert-Paare (Key-Values) werden in Hash-Variablen (assoziative Arrays) gespeichert:

```
# Hashes
%hash_1 = (ilse => 26, ida => 32);
# Homogenes Hash
%hash_2 = (skalar => $wert_1, %hash_1);
# Heterogenes Hash
```

Die Variablen, in denen diese Datentypen repräsentiert werden, unterscheiden sich durch
vorgestellte Kennungen oder Präfixe ($, @, %).

In Perl müssen Variablen vor ihrer Verwendung im Gegensatz zu anderen Programmiersprachen nicht deklariert werden. Nicht deklarierte Variablen sind undefiniert.

Variablen können innerhalb des Programms ihren Typ wechseln (sie sind schwach typisiert).
So kann eine skalare Variable zunächst eine Zahl, dann einen String oder später sogar eine
Referenz enthalten.

Variablen-Namen

Ein gültiger Name für Variablen besteht aus Buchstaben, Zahlen und Unterstrichen. Am
Anfang der Variablen muss immer ein Buchstabe oder ein Unterstrich stehen. Anschließend
können beliebig viele Buchstaben, Ziffern oder Unterstriche folgen. Umlaute sowie Sonderzeichen sind im Namen verboten. Vor diesem Namen befindet sich das entsprechende Präfix
des jeweiligen Typs. Große und kleine Buchstaben werden in der Namensgebung unterschieden (case-sensitive). Um Programmfehler durch ungewollte Neueinrichtung von Variablen zu vermeiden, empfiehlt es sich, das Pragma **use strict** zu verwenden.

Zustand und Gültigkeitsbereiche von Variablen

In diesem Abschnitt sollen einige Funktionen genannt werden, die Ihnen den Zustand bzw.
den Gültigkeitsbereich einer Variable verdeutlichen werden.

Die Funktion defined()
defined *ausdruck*

Die Funktion defined() liefert den Booleschen Wert true zurück, wenn der Ausdruck
ausdruck definiert ist. Wenn kein Ausdruck angegeben ist, wird die Spezial-Variable $_
ausgewertet.

Die Funktion undef()
undef *ausdruck*

Die Funktion undef() setzt den Ausdruck *ausdruck* – der links vom Gleichheitszeichen
stehen muss (*lvalue*) – auf einen undefinierten Wert und gibt undef zurück.

Die Funktion my ( )

my *variable*

Die Funktion my ( ) deklariert eine oder mehrere private Variablen, die nur bis zum nächsten umschließenden Block, nächsten Modul oder bis zur nächsten Funktion gültig sind. Beim Aufruf einer Funktion aus einer Funktion haben Sie keinen Zugriff mehr auf die zurückliegenden Variablen. Technisch gesehen haben my-Variablen einen lexikalischen Gültigkeitsbereich.

Die Funktion local ( )

local *variable*

Die Funktion local () deklariert eine oder mehrere globale Variablen. Ihre Gültigkeit endet mit dem Ende des dazugehörigen Blocks, Moduls oder der zugehörigen Funktion. Mit der Funktion local () deklarieren Sie die lokalen Variablen, auf die Sie auch von anderen Funktionen aus zugreifen können. Technisch gesehen haben local-Variablen einen dynamischen Gültigkeitsbereich.

2.2   Spezial-Variablen

Perl kennt eine Reihe von speziellen Variablen, die nicht deklariert werden müssen, sondern bereits vorhanden sind. Sie geben nicht nur Informationen über den aktuellen Zustand des Systems bekannt, sondern können auch zur Steuerung von Abläufen dienen. Dabei handelt es sich sowohl um skalare Variablen als auch um Arrays und Hash-Variablen. Bei den meisten dieser Spezial-Variablen existiert eine Kurzform, bestehend aus zwei bis drei Zeichen, und eine Langform, bestehend aus aussagekräftigen Namen in Großbuchstaben. Wenn Sie die Langform verwenden möchten, müssen Sie das Pragma **use English** aktivieren. Im Anhang werden die wichtigsten Bereiche genannt, in denen Spezial-Variablen aufgeführt sind. Umfangreiche Informationen hierzu finden Sie unter PERLVAR-Dokumentation.

2.3   Kontext

In den natürlichen Sprachen wird der Begriff Kontext als umgebender Text bzw. als Inhalt eines Schriftstückes gedeutet.

In Perl definieren Operatoren und Funktionen einen bestimmten Kontext. Variablen sind kontext-sensitiv, da sie Werte mit verschiedenen Kontexten liefern, die auch unterschiedlich interpretiert werden. Von einer Variable in einem skalaren Kontext wird nur ein einzelner Wert erwartet. Im Listenkontext wird eine ganze Liste erwartet. Möchten Sie einen Wahrheitswert bei einer Entscheidung erfahren, entspricht dies einem Booleschen Kontext. Ebenso können Sie skalare Werte in einen numerischen Kontext (Zahl) bzw. Stringkontext (Zeichenkette) umwandeln.

Funktionen können im Skalar- und Listenkontext unterschiedliche Ergebnisse zurückliefern. Im folgenden Beispiel wird zunächst eine einzige Zeile eingelesen:

```
$zeile = <STDIN>;                    # Skalarer Kontext
```

Im nächsten Beispiel werden so lange Zeilen eingelesen, bis das Dateiende erreicht ist:

```
@liste = <STDIN>;                    # Listenkontext
```

Ebenso kann die Auswertung eines Ausdrucks im Listenkontext oder in einem skalaren Kontext erfolgen. Im Listenkontext wird eine Liste und im skalaren Kontext ein einzelner Wert erwartet:

```
#!/usr/bin/perl -w

@array = A .. D;
print @array,"\n";                   # Listenkontext A B C D
$anzahl = @array;
print $anzahl."\n";                  # 4 skalarer Kontext
```

Im Listenkontext werden im obigen Beispiel die einzelnen Argumente der Liste vom Array "@array" ausgegeben. Die gleiche Ausgabe ließe sich auch in der Form print "A", "B", "C", "D", "\n"; ausführen. Die Zuweisung eines Arrays an eine skalare Variable bewirkt einen skalaren Kontext, d. h. einen Wert. Die Variable $anzahl besitzt somit eine skalare Größe, nämlich den Wert 4. Dieser Wert bedeutet: „Anzahl der Listen-Elemente", der anschließend durch die print-Anweisung ausgegeben wird.

Ein häufiger Fehler ensteht, wenn Sie eine Konkatenation statt mit Strings mit einem Array vornehmen:

```
#!/usr/bin/perl -w

@array = A .. D;
print @array,"\n";                   # Listenkontext A B C D
print @array."\n";                   # skalarer Kontext 4
```

In der ersten print-Anweisung werden die Argumente der Liste "A" bis "D" mit anschlie-ßendem New-Line "\n" im Listenkontext ausgegeben. In der zweiten print-Anweisung werden durch den Konkatenations-Operator "." nicht die einzelnen Elemente, sondern die Anzahl der Elemente, nämlich 4, ausgegeben. Dies liegt darin begründet, dass durch die höhere Rangfolge der Konkatenation gegenüber dem Funktionsaufruf ein skalarer Kontext erzwungen wird.

Es existieren in Perl Funktionen, bei denen der Kontext unterschiedliche Ergebnisse zurück-liefert. Die Funktion localtime() liefert z. B. im Listenkontext eine Liste von unforma-tierten Datums- und Zeitinformationen zurück, während durch den Operator scalar ein skalarer Kontext erzwungen wird, was eine formatierte Datums- und Zeitinformation bedeu-tet. Der Zeilenvorschub (New-Line \n) in der jeweiligen print-Anweisung dient der übersichtlicheren Ausgabe. Jede Ausgabezeile enthält das entsprechende Ergebnis. Zur Kontrolle können Sie die Ergebnisse vergleichen, die bei Ihnen auf dem Bildschirm und als Kommentar (#) im Programm angegeben wurden:

```
#!/usr/bin/perl -w

print localtime,"\n";         # 1_158_957_250
print scalar localtime,"\n";  # Fri Sept 22 22:34:10 2006
```

In der folgenden Tabelle sind die Kontexte aufgeführt:

Tabelle 2.3: Kontexte

Kontext	Bedeutung
Skalarer Kontext	Es wird ein einziger skalarer Wert erwartet
Listenkontext	Es wird eine Liste erwartet
Boolescher Kontext	Wahrheitswert `true` oder `false`
Numerischer Kontext	Es wird eine Zahl erwartet
Stringkontext	Es wird ein String erwartet
Void Kontext	Es wird kein Wert erwartet

2.4   Wahrheitswert

Perl kennt keinen eigenen Booleschen Datentyp; somit stellen Wahrheitswerte eine besondere Form von Skalaren dar. Skalare Werte gelten als logisch wahr (`true`), wenn eine Zahl ungleich 0 ist oder ein String (Zeichenkette) kein leerer String ist. Also gelten eine Zahl 0, ein leerer String und ein undefinierter Wert als `false`. Jeder andere skalare Wert gilt als `true`. Sie können alle skalaren Daten auf wahr (`true`) oder falsch (`false`) prüfen.

3 Skalare

Perl-Variablen können in Form von Skalaren auftreten, die entweder numerische Daten oder Strings (Zeichenketten) oder auch beides enthalten. Einer skalaren Variable können Sie jeden Wert zuweisen, der sich in Perl darstellen lässt. Perl wandelt je nach Bedarf Werte automatisch von der numerischen Darstellung in die String-Darstellung um oder umgekehrt. Strings, die Oktal- oder Hexadezimalwerte darstellen, werden nicht automatisch umgewandelt. Hier müssen Sie die Funktionen oct() und hex() verwenden. Sie können Zahlen wie 4711 oder 3.14159e00 oder auch Zeichenketten beliebiger Länge verwenden. Die Länge der Daten ist beliebig; somit kann es sich um ein Zeichen oder auch um eine Datei von mehreren Megabytes handeln.

3.1 Zahlen

- In Perl können Sie Zahlen (Literale) sowohl als Ganzzahlen (integer) als auch als Gleitpunktzahlen (floating point) darstellen.
- In Perl existieren Zahlen intern als doppelt genaue Gleitpunktzahlen (entspricht dem double bei C/C++). Mit dem Pragma (Hilfsmodul) **use integer** erzeugen Sie Integer-Zahlen.
- Zahlen können auch als String eingegeben werden. Diese werden so lange als String behandelt, bis die erste mathematische Operation ansteht. Es erfolgt dann eine Umwandlung in eine Zahl, um die mathematische Operation auszuführen.
- Mit speziellen Operatoren können Sie eine Bitmanipulation vornehmen, um einzelne Bits zu manipulieren oder entsprechende Bit-Masken zu setzen.
- Durch Einsatz von Standardmodulen sind Sie in der Lage, mit Zahlen beliebiger Größe und Genauigkeit sowie mit komplexen Zahlen zu rechnen.
- Zur übersichtlicheren Schreibweise von großen Zahlen bietet Ihnen Perl die Besonderheit an, Unterstriche in Zahlen einzufügen.
- Zahlen werden als Oktal- oder als Hexadezimalzahlen betrachtet, wenn sie mit einer 0 bzw. 0x beginnen. Mit den Funktionen oct() und hex() können Oktal- bzw. Hexadezimalzahlen als äquivalente Dezimalzahlen dargestellt werden.

Ganze Zahlen

Zahlen werden als Folge von Ziffern mit eventuellen Vorzeichen dargestellt:

```
123, -34
```

Zur übersichtlichen Darstellung lassen sich Zahlen auch wie folgt darstellen:

```
56_789
```

Ebenso können Sie Zahlen aus einem anderen Zahlensystem darstellen:

```
024                                    # Oktalzahl
0x14                                   # Hexadezimalzahl
```

Zur Konvertierung einer Zahl aus einem Quellsystem (mit der Basis B) in ein Zielsystem bietet sich für die Berechnung das *Hornerschema* an, denn in dieser Darstellung treten keine Potenzen auf.

Darstellung ganzer Zahlen nach dem Hornerschema
Das Hornerschema für ganze Zahlen Z_B lautet:

$$Z_B = \pm((Z_{n-1} \times B + Z_{n-2}) B + \ldots + Z_1) B + Z_0$$

Konvertierung einer Oktalzahl in eine Dezimalzahl
$$234_8 = (2 \times 8 + 3)8 + 4 = 2 \times 8^2 + 3 \times 8^1 + 4 \times 8^0$$
$$= 156_{10}$$

Konvertierung einer Hexadezimalzahl in eine Dezimalzahl
$$234_{16} = (2 \times 16 + 3)16 + 4 = 2 \times 16^2 + 3 \times 16^1 + 4 \times 16^0$$
$$= 564_{10}$$

Zahlensysteme und deren Konvertierung
Perl besitzt zwei Funktionen, mit denen Sie Zahlen aus dem Oktal- bzw. Hexadezimal-Zahlensystem in das Dezimal-Zahlensystem umwandeln können. Die Funktionen oct() und hex() übernehmen Strings und liefern Dezimalzahlen zurück. Hierbei sollten Sie beachten, dass die Funktion oct() nicht überprüft, ob der String wirklich in Oktal-Darstellung vorliegt. Sie müssen überprüfen, ob der String tatsächlich mit einer 0 beginnt.

Oktaldarstellung
Im Oktalsystem wird 8 als Basis verwendet. Mit acht verschiedenen Ziffern (0, 1, 2, 3, 4, 5, 6 und 7) werden die Zahlen dargestellt. Wie in C/C++ werden diese mit einer führenden Null gekennzeichnet. Hierbei sollten Sie berücksichtigen, dass eine führende 0 unterschiedliche Bedeutung hat. Im Programm selbst wird die Zahl als oktale Konvertierung aufgefasst. Als

Eingabewert erfolgt keine oktale Konvertierung, so dass der Eingabewert als Dezimalzahl gewertet wird:

```
#!/usr/bin/perl -w

print 024;                          # 20  Dezimalzahl
print -077;                         # -63 Dezimalzahl
```

Im folgenden Beispiel erfolgt die Eingabe 024, also Dezimalzahl:

```
#!/usr/bin/perl -w

$ein = <STDIN>;                     # Eingabe z.B. 024
print $ein;                         # 24 Dezimalzahl
```

Die Funktion oct()
oct *oktalzahl*

Die Funktion oct() gibt den oktalen Zahlenwert als Dezimalwert zurück. Beginnt das Argument *oktalzahl* mit 0x, erfolgt eine Konvertierung der hexadezimalen Zahlendarstellung in eine dezimale Zahlendarstellung. Beginnt das Argument *oktalzahl* mit 0b, wird die duale Zahlendarstellung ebenfalls in eine äquivalente dezimale Zahl konvertiert. Sie können nur ganze Zahlen größer oder gleich 0 konvertieren. Wenn Sie die Funktion oct() zur Konvertierung einsetzen, müssen Sie *oktalzahl* als String angeben. Die Funktion oct() kann aus dem Kontext schließen, ob es sich im String um eine Oktal-, Hexadezimal- oder Binärzahl handelt:

```
#!/usr/bin/perl -w

print oct "024";                    # Oktalzahl
# 20 Dezimalzahl
print oct "0x14";                   # Hexadezimalzahl
# 20 Dezimalzahl
print oct "0b10100";                # Binärzahl
# 20 Dezimalzahl
```

Im obigen Beispiel konvertiert jeweils der Oktal-, Hexadezimal- und der Binärwert in einen Dezimalwert.

Hexadezimaldarstellung
Im Hexadezimalsystem wird zur Zahlendarstellung die Basis 16 gewählt, so dass 16 verschiedene Ziffern zum Aufbau von Hexadezimalzahlen benötigt werden; neben den Ziffern 0 bis 9 sind dies üblicherweise die ersten sechs Buchstaben des Alphabeths a .. f oder A .. F. Hierbei entsprechen a .. f oder A .. F den Ziffern 10 .. 15. Hexadezimalzahlen sind in Perl durch vorangestelltes 0x gekennzeichnet:

```
#!/usr/bin/perl -w

print 0x14;                          # 20   Dezimalzahl
print -0x3f;                         # -63  Dezimalzahl
print 0xab;                          # 171  Dezimalzahl
```

Die Funktion hex()
hex *hexzahl*

Die Funktion hex() gibt den Dezimalwert einer Hexadezimalzahl an. Die Hexadezimalzahl muss dabei als String angegeben werden. Ist dies nicht der Fall, wird zunächst intern die Funktion oct() ausgeführt. Dieser konvertierte Zahlenwert wird anschließend intern mit der Funktion hex() vom Hexadezimal- ins Dezimal-System überführt. Sie können auch hier nur Zahlen größer oder gleich 0 konvertieren:

```
#!/usr/bin/perl -w

print hex "0x14";                    # 20 Dezimalwert
print hex 0x14;                      # 32 Dezimalwert
```

Es folgt das Beispiel als Ablauf ohne String-Angabe:

```
#!/usr/bin/perl -w

print hex 0x14;                      # 32 Dezimalzahl

# erste Konvertierung:
print oct "0x14";                    # 20 Dezimalzahl

# zweite Konvertierung:
print hex "20";                      # 32 Dezimalzahl
```

Gleitpunktzahlen

Wie in anderen Programmiersprachen müssen Sie einen Dezimalpunkt setzen, wenn Sie Stellen hinter dem Komma verwenden wollen. Ein Komma in der Zahlendarstellung ist nicht erlaubt. Perl bricht dort die Zahlendarstellung ab:

```
1.23, -3.4, 5.678_9, 0.321, .543, 7., 7.0
```

Sie können auch die wissenschaftliche Notation von Zahlen ausführen. Der dabei verwendete Exponent E kann sowohl klein als auch groß vor der restlichen Zahl geschrieben werden.

E bzw. e steht für Exponent (10 hoch ...). Die obligatorische Null vor dem Dezimalpunkt kann auch hier entfallen, der Dezimalpunkt natürlich nicht:

```
.4395E2, -12.345e2, 5.2e-2
```

Selbstverständlich können Sie – wie im obigen Beispiel dargestellt – auch negative Exponenten verwenden.

3.2   Operatoren

In Perl existieren eine Reihe von Operatoren, zum Beispiel Operatoren für die Grundrechnungsarten, für Tests und Vergleiche, für logische Verknüpfungen, oder der am häufigsten genutzte Operator für Zuweisungen, um nur einige zu nennen.

Zuweisungs-Operator

Mit dem Zuweisungs-Operator, der in Perl aus einem Gleichheitszeichen (in Anlehnung an C/C++) besteht, weisen Sie ganz simpel einer Variable auf der linken Seite einen Wert der rechten Seite zu. Dabei können auf der rechten Seite verschiedene Arten von Zuweisungen stehen, wie z. B. Aneinanderreihung von Werten, Werte anderer Variablen, Werte von Ausdrücken, Kontextbestimmung, Ergebnisse von Funktionsaufrufen usw.:

```
$a = $b = 4711;
$neu = $a;
@liste = 1..5;
$anzahl = @liste;
$wert = $liste[1];
$last = pop (@liste);
```

Der Ausdruck, der auf der linken Seite des Zuweisungs-Operators steht, wird *lvalue* (*l* für left) genannt und gibt den Speicherplatz an. Alles, was auf der rechten Seite des Gleichheitszeichens steht, wird *rvalue* (*r* für right) genannt und ausgewertet; der Wert wird dann dem Speicherplatz zugewiesen.

Die Aneinanderreihung von Werten können Sie als einen Ausdruck mit einem Wert interpretieren: Beim Ausdruck $b = 4711 (siehe erste Programmzeile) erhält $b den Wert 4711. Dieser Ausdruck, nämlich Wert 4711, wird dann der Variable $a zugewiesen. Somit erhalten $a, $b allesamt den Wert 4711. Mit Ausnahme von JavaScript beherrscht fast jede Sprache diese Technik.

Außerdem bestimmt die linke Seite den Kontext für die rechte Seite. Im obigen Beispiel zwingen Sie durch eine skalare Variable $anzahl die Liste dazu, dass sie im skalaren Kontext ausgewertet wird und einen skalaren Wert zurückliefert.

Ferner steht für die meisten Operatoren eine abkürzende Schreibweise zur Verfügung:

```
$var = $var + 4711;
```

können Sie kürzer wie folgt schreiben:

```
$var += 4711;
```

Es lassen sich folgende abkürzende Operatoren verwenden. Zwischen Operator und Gleichheitszeichen darf kein Leerzeichen stehen.

Tabelle 3.2.1: Zuweisungs-Operator

Zuweisung	Operator							
Arithmetisch	+=	-=	*=	/=	%=	**=	<<=	>>=
String	.=							
Logisch	||=	&&=	^=	|=	&=			

Inkrementieren und Dekrementieren

Der In-/Dekrement-Operator erhöht/verringert den Wert des Operanden um 1. Steht der Operator vor der Variable, so wird zuerst die Inkrementierung/Dekrementierung und anschließend die Auswertung der Variable durchgeführt; umgekehrt ist es, wenn der Operator hinter der Variable steht:

```
#!/usr/bin/perl -w

$var = 3.14;
$praefix = ++$var;
print "\$praefix = $praefix\n";          # $praefix = 4.14
$postfix = $var++;
print "\$postfix = $postfix\n";          # $postfix = 4.14
print "\$var = $var\n";                  # $var = 5.14
```

Wie Sie am obigen Programm sehen können, lassen sich die Operatoren ++ und -- sogar auf Gleitpunktzahlen anwenden.

Potenzieren

Perl verwendet den **-Operator zum Potenzieren. Hierbei wird die linke Zahl zur Potenz der rechten Zahl erhoben. Wie das Beispiel unten zeigt, ist der **-Operator rechts-assoziativ. So ist -5**2 gleich -(5**2) und nicht gleich (-5)**2:

```
#!/usr/bin/perl -w

$var = -5**2;                    # -(5**2)
print "$var\n";                  # -25
$var = (-5)**2;
print "$var\n";                  # 25
```

Arithmetischer Operator

Für die Grundrechnungsarten stehen in Perl die in der Tabelle 3.2.4: *Arithmetische Operationen* aufgeführten Operatoren zur Verfügung.

Da Perl – wie bereits erwähnt – intern ganze Zahlen und Gleitpunktzahlen nicht unterscheidet, müssen Sie, wenn Sie eine Integerdivision durchführen möchten, die Funktion int() verwenden.

Tabelle 3.2.4: Arithmetische Operationen

Operatoren	Bedeutung
++, --	Inkrement, Dekrement
**	Potenz
!, ~, \, +, -	Unäre Operatoren
*, /, %, x	Multiplikation, Division, Restbildung (Modulo), Vervielfachung
+, -, .	Addition, Subtraktion, Konkatenation

Die Operatoren werden nach Assoziativität und Priorität abgearbeitet. Die Assoziativität gibt an, in welcher Richtung (z. B. von links nach rechts oder umgekehrt) Operatoren und Operanden zusammengefasst werden. Die Priorität gibt die Rangfolge der Ausführung an. So haben Multiplikation, Division und Restbildung Vorrang vor Addition, Subtraktion und Konkatenation. Operatoren, die auf gleicher Ebene stehen, werden nach den Regeln der Assoziativität behandelt.

Vergleichs-Operatoren

Dieser Abschnitt widmet sich den Wahrheitswerten von Vergleichen. Es gibt Vergleiche zwischen numerischen Werten und Vergleiche zwischen Strings. Das Ergebnis dieser Vergleiche durch einen entsprechenden Operator ergibt den Wahrheitswert: entweder true oder false (siehe Tabelle 3.2.5: *Vergleichs-Operatoren*).

Bei numerischen Größen entscheidet beim Vergleich die Reihenfolge. Bei Vergleichen von Strings ist die Reihenfolge im ASCII-Code maßgebend.

Tabelle 3.2.5: Vergleichs-Operatoren

Numerisch	String	Ergebnis
$x == $y	$x eq $y	True, wenn $x gleich $y
$x != $y	$x ne $y	True, wenn $x ungleich $y
$x > $y	$x gt $y	True, wenn $x größer $y
$x < $y	$x lt $y	True, wenn $x kleiner $y
$x >= $y	$x ge $y	True, wenn $x größer oder gleich $y
$x <= $y	$x le $y	True, wenn $x kleiner oder gleich $y
$x <=> $y	$x cmp $y	-1, 0, 1, wenn $x kleiner, gleich, größer $y

Wie in der obigen Tabelle angezeigt, liefert der Operator <=> beim Vergleich den Wahrheitswert false, wenn beide Argumente gleich sind:

```
#!/usr/bin/perl -w

print 4711 <=> 4711;    # 0
print 4711 <=> 4712;    # -1
print 4711 <=> 4710;    # 1
```

Logische Operatoren

Logische Operatoren dienen dem Verknüpfen Boolescher Ausdrücke. Sie werten ihre Argumente im Booleschen Kontext aus und liefern als Ergebnis den Wahrheitswert true oder false zurück. Sie können zwei Formen logischer Operatoren nutzen, die C-Operatoren (!, ^, &&, ||) und die Perl-Operatoren (not, xor, and, or). Wie in der unten aufgeführten Tabelle ersichtlich, besitzen die C-Operatoren eine höhere Rangfolge (Präzedenz) und werden in Ausdrücken vorrangiger behandelt als die Perl-Operatoren. Dies sollten Sie berücksichtigen, wenn Sie die logische **UND**-Verknüpfung and oder && bzw. die logische **ODER**-Verknüpfung or oder || verwenden wollen.

Diesem Umstand der Rangfolge müssen Sie, sollten Sie keine Klammern verwenden, Rechnung tragen, wenn Sie eine Zuweisung einer logischen Verknüpfung vornehmen möchten:

```
$erg = $u || $v;        # $erg = ($u || $v);
$erg = $u or $v;        # Fehler: ($erg = $u) or $v;
```

Im obigen Beispiel bindet im ersten Fall der ||-Operator stärker als der Zuweisungs-Operator =. Im zweiten Fall bindet der Zuweisungs-Operator = stärker als der or-Operator. Diesen Tatbestand sollten Sie berücksichtigen und somit and, or für Bedingungen und &&, || für Berechnungen verwenden.

Tabelle 3.2.6: Logische Verknüpfungsoperatoren

Hohe Rangfolge	Niedrige Rangfolge	Bedeutung
!	not	Logische Negation
^	xor	Exklusives ODER
&&	and	Logisches UND
||	or	Logisches ODER

Short-cut-evaluation

Logische Ausdrücke werden abkürzend ausgewertet (Short-cut-evaluation), d. h. die Vergleichs-Operatoren &&, ||, and und or werden nur so lange ausgewertet, bis der Wahrheitswert des gesamten Ausdrucks feststeht. Ein logischer UND-Ausdruck braucht nicht weiter ausgewertet werden, wenn der erste Teilausdruck false ergibt. Mit anderen Worten: Ein gesamter logischer UND-Ausdruck wird genau dann false, wenn bei einer Auswertung von links nach rechts ein Teilausdruck false ergibt. Ein logischer ODER-Audruck braucht nicht weiter ausgewertet werden, wenn der erste Teilausdruck true ergibt. Anders ausgedrückt: Ein gesamter logischer ODER-Ausdruck wird genau dann true, wenn bei einer Auswertung von links nach rechts ein Teilausdruck true ergibt.

Bit-Operatoren

Wie in C/C++ existieren auch in Perl bitlogische Operatoren. Mit UND, ODER, exklusivem ODER und NICHT (Komplement) können Sie mit jedem Bit logische Operationen des ganzzahligen Operanden ausführen. Sie können damit gezielt einzelne Bits verändern bzw. Bit-Masken erstellen, um Bit-Werte zu manipulieren bzw. diese zu testen.

Mit den Schiebeoperatoren << und >> verschieben Sie alle Bits des linken Operanden so um viele Stellen nach links oder nach rechts, wie es der rechte Operand angibt. Bevor einige Beispiele hierzu dargestellt werden, sollen zunächst in der folgenden Tabelle die Bit-Operatoren und deren Bedeutung aufgelistet werden.

Tabelle 3.2.7: Bit-Operationen

Operator	Bedeutung
&	Bitweises UND
|	Bitweises ODER
^	Bitweises XOR
~	Bitweises Komplement
<<	Bitweise Links-Verschiebung
>>	Bitweise Rechts-Verschiebung

Durch obige Operatoren haben Sie die Möglichkeit, Bit-Masken zu setzen.

Bits gezielt auf 0 setzen

Mit dem &-Operator lassen sich Bits gezielt auf 0 setzen. In den folgenden Beispielen soll eine willkürliche Hexadezimalzahl 0x1C wie folgt maskiert werden:

Im ersten Beispiel werden die letzten 3 Bits der Hexadezimalzahl auf 0 gesetzt:

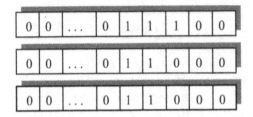

0x1C = 28 Dezimalwert

0x18 = 24 Dezimalwert

0x1C & 0x18

```
#!/usr/bin/perl -w

$bit = 0x1C;                 # 0x1C = 1 1100
$bit = $bit & 0x18;          # 1 1000 = 1 1100 & 1 1000
printf "%X\n",$bit;          # 18, Hexadezimalwert
```

Im zweiten Beispiel wird bei der Hexadezimalzahl 0x1C das vierte Bit auf 0 gesetzt und anschließend wird überprüft, ob das dritte Bit mit einer 1 besetzt ist:

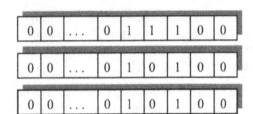

0x1C = 28 Dezimalwert

0x14 = 20 Dezimalwert

0x1C & 0x14

```
#!/usr/bin/perl -w

$bit = 0x1C;                             # 0x1C = 1 1100
$bit = $bit & 0x14;                      # 1 0100 = 1 1100 & 1 0100
printf "%X\n",$bit;                      # 14, Hexadezimalwert
print "3. Bit 1 gesetzt " if $bit & 0x4; # 3. Bit 1 gesetzt
```

Mit Hilfe der Funktion printf() geben Sie mit einem Formatstring an, wie die Ausgabe zu formatieren ist. Der Formatstring kann aus den folgenden drei Komponenten bestehen:

- **Literaler Text** erscheint genau so in der Ausgabe, wie Sie ihn im Formatstring festlegen.
- **Escape-Sequenzen** bieten besondere Möglichkeiten (z. B. New-Line \n) zur Formatierung.
- **Konvertierungsspezifizierer** bestehen aus einem Prozentzeichen %, gefolgt von einem weiteren Zeichen. Im obigen Beispiel lautet der Konvertierungsspezifizierer %X für Hexadezimalzahlen.

Bits gezielt auf 1 setzen
Mit dem |-Operator lassen sich Bits gezielt auf 1 setzen. Im nächsten Beispiel sollen bei der
willkürlich gewählten Hexadezimalzahl 0x1C die letzten zwei Bits auf 1 gesetzt werden:

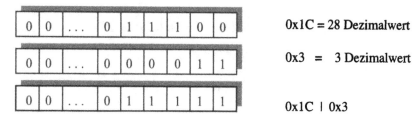

0x1C = 28 Dezimalwert

0x3 = 3 Dezimalwert

0x1C | 0x3

```
#!/usr/bin/perl -w

$bit = 0x1C;                    # 0x1C = 1 1100
$bit = $bit | 0x3;             # 1 1111 = 1 1100 | 0 0011
printf "%X\n",$bit;           # 1F, Hexadezimalwert
```

Perl bietet die Möglichkeit, Zahlen binär sowohl nach links << als auch nach rechts >> zu
verschieben. Dies wirkt angesichts der Tatsache, dass Zahlen als Gleitpunktzahlen gespeichert und als solche behandelt werden, etwas ungewöhnlich. Perl behandelt aber Zahlen wie
Integer, wenn eine der obigen Bit-Operatoren angewendet wird. Mit dem Pragma **use integer** erfolgt die Darstellung als signed integer; mit **no integer** erfolgt eine unsigned
integer Darstellung.

Links-Shift
Das Shiften nach links entspricht der Multiplikation mit dem Shift-Faktor 2**.

Auch in den folgenden Beispielen soll wieder von der willkürlichen Hexadezimahl 0x1C
ausgegangen werden:

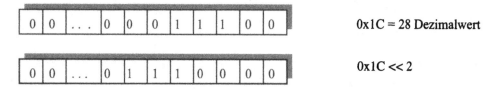

0x1C = 28 Dezimalwert

0x1C << 2

```
#!/usr/bin/perl -w

$bit = 0x1C;                    # 0x1C = 1 1100
$bitli = $bit << 2;           # 0111 0000 = 1 1100 << 2
printf "%X\n",$bitli;         # 70, Hexadezimalwert
```

Beim Links-Shift werden entsprechende Nullen nachgezogen. Die Hexadezimalzahl 70 (Dezimalwert 112) ist das Ergebnis der Multiplikation von 1C (Dezimalwert 28) mit 2**2.

Rechts-Shift
Das Shiften nach rechts entspricht einer Division durch den Shift-Faktor 2**.

Hier soll ebenfalls von der Zahl 0x1C ausgegangen werden:

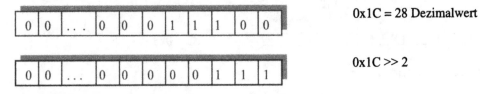

0x1C = 28 Dezimalwert

0x1C >> 2

```
#!/usr/bin/perl -w

$bit = 0x1C;                    # 0x1C = 1 1100
$bitre = $bit  >>  2;          # 0 0111 = 1 1100 >> 2
printf "%X\n",$bitre;          # 7, Hexadezimalwert
```

Auch hier ergibt sich das Ergebnis 7 (beim Rechts-Shift) durch Division von 1C durch 2**2.

Bitweises Negieren (Einerkomplement)
In Perl bewirkt das monadische Tildezeichen ~ eine bitweise Negation (B-1-Komplement):

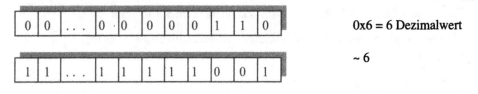

0x6 = 6 Dezimalwert

~ 6

```
#!/usr/bin/perl -w

printf "%X   %d", ~0x6, ~6;              # FFFFFFF9  -7 Dezimal
```

Im obigen Beispiel ergibt die bitweise Negation von 0x6 als Ergebnis FFFFFFF9. Dieses entspricht als Dezimalzahl im B-Komplement dem Wert −7. Bekanntlich wird beim B-1-Komplement eine 0 zu 1 und umgekehrt. Das B-Komplement erzielen Sie durch eine Addition einer 1 zum B-1-Komplement.

3.3   Mathematische Funktionen

Perl bietet in seinem Funktionsumfang auch eine Reihe von wichtigen mathematischen Funktionen. Ferner stehen Ihnen im POSIX-Modul weitere mathematische Funktionen zur Verfügung.

Integrierte mathematische Standardfunktionen

In der nachfolgenden Tabelle erhalten Sie eine Übersicht über die integrierten mathematischen Standardfunktionen von Perl.

Tabelle 3.3.1: Mathematische Standardfunktionen

Name	Bedeutung
abs *wert*	Absolutbetrag
atan2 *y, x*	Arcustangens y/x (-pi bis +pi)
cos *zahl*	Cosinus (Bogenmaß)
exp *zahl*	Exponentialfunktion
hex *hexzahl*	Umwandlung Hexa- in Dezimalzahl
int *zahl*	Ganzzahl
log *zahl*	Natürlicher Logarithmus (Basis e)
oct *octzahl*	Umwandlung Octal- in Dezimalzahl
rand *zahl*	Zufallswert
sin *zahl*	Sinus (Bogenmaß)
sqrt *zahl*	Quadratwurzel
srand *ausdruck*	Zufallsgenerator von rand

Mit Ausnahme der Funktion atan2() können die übrigen Funktionen auch ohne explizites Argument geschrieben werden; sie werden dann auf den jeweiligen Wert der Spezial-Variable $_ angewandt.

Es folgen nun einige Beispiele, wo mathematische Funktionen verwendet werden:

```perl
#!/usr/bin/perl -w

$_ = -4711;
print abs,"\n";                    # 4711
print abs 4711,"\n";               # 4711
print atan2(0.5, 0.7),"\n";        # 0.62024...
print exp 1,"\n";                  # 2.71828...
print int 1.9999,"\n";             # 1
print log 2.71828,"\n";            # 0.99999...
print rand 4,"\n";                 # 1.54895...
print sqrt 4711,"\n";              # 68.63672...
```

Zufallszahlen

Die Perl-Funktion `rand()` erzeugt Pseudozufallszahlen nach einem einfachen Algorithmus. Ohne Argument liefert sie die Werte zwischen 0 und 1, ansonsten (Gleitpunkt-)Zahlen zwischen 0 und dem Argument. Die Funktion `srand()` initialisiert automatisch den Zufallsgenerator, falls er nicht vorher schon definiert wurde. Möchten Sie eine ganze Zahl erhalten, brauchen Sie nur eine Umwandlung mit der Funktion `int()` vornehmen.

Im folgenden Beispiel sollen sechs Integerzahlen ausgegeben werden. Doppelte Integerzahlen werden nicht berücksichtigt:

```
#!/usr/bin/perl -w

for ($i = 0; $i < 6; $i++) {
      $wert[$i] = int (rand 49) + 1;
}
print "Sechs Integer-Zahlen: @wert\n";
```

3.4   Strings

Strings zählen in Perl zu den Grundtypen und bestehen aus Sequenzen aufeinanderfolgender Zeichen. Im Gegensatz zu C/C++ oder anderen Sprachen sind diese bei Perl nicht als Array von Zeichen konzipiert. Diese Eigenschaft vereinfacht den Umgang und die Manipulation von String-Text erheblich. Den Zugriff auf einzelne Zeichen oder Bereiche eines Strings realisieren Sie mit einer Vielzahl von Funktionen.

Im Normalfall können die Zeichen eines Strings alle Werte eines 8-Bit-Zeichens (Byte 0-255) und somit jede Art von ASCII-Daten annehmen. Der Unicode (16-Bit-Zeichen) wird ab Version 5.006 unterstützt.

Typische Strings sind druckbare Sequenzen von Buchstaben, Ziffern usw. Ferner können Strings Escape-Zeichen (Fluchtsymbole) enthalten. Sie können Operatoren für Tests und Vergleiche von Strings sowie für Variableninterpolation und Groß- und Kleinschreibung verwenden.

Die Länge eines Strings ist beliebig und nur durch den zur Verfügung stehenden Speicher begrenzt. Perl kennt zwei grundlegende Arten von Strings. Sie können String-Literale in einfachen Hochkommas (Apostroph, single-quotes) oder in Anführungszeichen (doppeltes Hochkomma, double-quotes) darstellen. Weiterhin existieren noch Strings, die in Gravus oder Backticks eingeschlossen sind. Das entsprechende Präfix qx dient zur Ausführung von Betriebssystemkommandos. Ferner existieren noch Strings, die als HERE-Dokument (aus der Shell-Programmierung bekannt) geschrieben und von zwei identischen, frei wählbaren Tokens eingeschlossen werden.

Zusammenfassend lässt sich Folgendes sagen:

- Strings sind keine Zeichenarrays,
- Strings haben eine unbeschränkte Länge,
- Strings wachsen und verkleinern sich je nach Bedarf automatisch,
- Strings können beliebige Binärdaten enthalten,
- Strings können durch Funktionen einfach manipuliert werden,
- Strings können durch Operatoren miteinander verglichen werden.

Quoting-Regeln

Eine Perl-Variable erhält ihren Typ durch die Zuweisung eines Wertes, dessen Typ sie annimmt.

Bei der folgenden Zuweisung eines Integerwertes wird dieser zum Typ Integer:

```
$var = 4711;
```

Die gleiche Variable können Sie bereits in der nächsten Zeile Ihres Programms zum Typ String machen:

```
$var = "Perl ist spitze";
```

Diese Eigenschaft wird als „schwache Typisierung" bezeichnet.

Um Strings von anderen Werten zu unterscheiden, werden Strings in Anführungszeichen (quotes) eingeschlossen.

Da Sie in Perl beide Arten, nämlich sowohl Hochkommas (single-quotes) als auch Anführungszeichen (double-quotes) verwenden können, führt dieses zu folgenden Konsequenzen:

Hochkomma

Beim Hochkomma handelt es sich um die „wörtliche" Form. Ein String in dieser Form wird genauso interpretiert, wie Sie ihn angegeben haben. Enthaltene Dollarzeichen mit anschließendem Namen (skalare Variable) werden nicht interpoliert, sondern genauso an Ort und Stelle ausgegeben, wie sie angegeben wurden:

```
#!/usr/bin/perl -w

$pi = 3.14;
print 'Der Wert von $pi ist: ',$pi,'\n';
# Der Wert von $pi ist: 3.14\n
```

Der Text zwischen den Hochkommas wird wörtlich genommen. Escape-Sequenzen mit einfachen Hochkommas bleiben ohne Wirkung.

Es gibt aber zwei Ausnahmen: Um ein Hochkomma bzw. einen Backslash im Text darzustellen, setzen Sie einfach einen Backslash davor:

```
#!/usr/bin/perl -w

print 'Jetzt gibt\'s einen \'Backslash\': \\';
# Jetzt gibt's einen 'Backslash': \
```

Als Alternative zu den Hochkommas können Sie auch das Präfix-Zeichen q, gefolgt von einem beliebigen paarigen Zeichen, verwenden. Paarige Zeichen sind passende öffnende und schließende Klammern oder sonstige Zeichen:

```
#!/usr/bin/perl -w

print q(Jetzt gibt's einen 'Backslash': \\ ),"\n";
# Jetzt gibt's einen 'Backslash': \
print q<Jetzt gibt's einen 'Backslash': \\ >,"\n";
# Jetzt gibt's einen 'Backslash': \
print q|Jetzt gibt's einen 'Backslash': \\ |,"\n";
# Jetzt gibt's einen 'Backslash': \
```

Anführungszeichen

Anführungszeichen unterstützen die Interpolation von Variablen und indizierten Ausdrücken. Jede skalare Variable (mit Präfix $) in Anführungszeichen wird also interpoliert, d. h. durch den aktuellen Wert ersetzt. Das Gleiche geschieht auch mit Array-Variablen (mit Präfix @). Hash-Variablen (mit Präfix %) können in dieser Form nicht interpoliert werden.

Bei einem String in Anführungszeichen erfahren auch spezielle Escape-Sequenzen eine besondere Bedeutung. So rufen Backslash-Interpretationen \n einen Zeilenvorschub, \f einen Seitenvorschub, \t einen Tabulator, \u einen Großbuchstaben als nächsten Buchstaben hervor, um nur einige Sequenzen zu nennen.

Es gibt auch Escape-Sequenzen mit Backslash und Zeichen, bei denen das Zeichen wörtlich interpretiert wird, das heißt es wird keine Aktion ausgeführt.

Möchten Sie obige Präfix-Zeichen $, @ mit nachfolgenden Zeichen in einem String mit Anführungszeichen darstellen, brauchen Sie nur das Zeichen maskieren, d. h. einen Backslash voranstellen. Somit werden nur diese Zeichen dargestellt und es findet keine Interpolation der Variable statt:

```
#!/usr/bin/perl -w

$pi = 3.14;
print "\n";
print "Der Wert von \$pi ist $pi\n";
# Der Wert von $pi ist 3.14
```

Das obige Programm enthält die Escape-Sequenz \n. Es werden eine Backslash-Interpretation und ein Zeilenvorschub (New-Line) ausgeführt. In der nächsten Zeile wird zu-

nächst \$pi interpretiert, wörtlich das $-Zeichen dargestellt; anschließend folgt der Text
"pi". In der gleichen Zeile wird anschließend interpoliert und wieder New-Line ausgeführt.

Eine wörtliche Interpretation erzielen Sie auch im nächsten Beispiel. Zunächst werden die
Anführungszeichen selbst durch Voranstellen des Backslashs dargestellt. Die skalare Variable $var wird aber interpoliert, d. h. ihr Wert "Perl" an dieser Stelle eingesetzt:

```
#!/usr/bin/perl -w

$var = 'Perl';
print "Nur \"$var\"!\n";                        # Nur "Perl"!
```

Im folgenden Beispiel ist ein Bereichs-Operator im Listenkontext gewählt worden:

```
#!/usr/bin/perl -w

@bereich = (1..5);
print "\@bereich von \"1 bis 5\": @bereich\n";
# @bereich von "1 bis 5": 1 2 3 4 5
print "Teilliste: @bereich[0,2]\n";
# Teilliste: 1 3
```

Auch bei diesem Beispiel erfährt die Array-Variable @bereich zunächst eine Interpretation
des Zeichens @. Im Anschluss daran wird die Array-Variable interpoliert. Wie die letzte
print-Zeile zeigt, können Sie auch bestimmte Elemente aus einem Array als Slice darstellen.

Als Alternative zu den Anführungszeichen können Sie auch das Präfix qq einsetzen:

```
#!/usr/bin/perl -w

$pi = 3.14;
print qq(Der Wert von \$pi ist $pi\n);
# Der wert von $pi ist 3.14
print qq<Der Wert von \$pi ist $pi\n>;
# Der wert von $pi ist 3.14
print qq<<Der <Wert von \$pi> ist> $pi\n>;
# <Der <Wert von $pi> ist> 3.14
```

Die letzte Zeile gibt eine Schachtelung des Strings an.

Quote Words Syntax
Neben den oben genannten quoting-Operatoren gibt es auch das qw-Konstrukt, mit dessen
Hilfe Listen von Wörtern quotiert werden können, die durch Leerzeichen (Whitespace) ge-
trennt sind. Die jeweiligen Listenelemente, die mit Anführungszeichen und durch Kommas

getrennt dargestellt werden, können Sie mit der qw-Syntax wesentlich lesbarer darstellen. Berücksichtigen Sie beim Einsatz dieser Syntax, dass Sie keine Kommas als Leerzeichen und auch keine Kommentare einfügen und dass nicht interpoliert wird.

Eine homogene Liste ohne qw-Syntax:

```
("ida", "ilse", "udo", "uwe");
```

Die gleiche Liste als qw-Konstrukt:

```
qw(ida ilse udo uwe);
```

Weitere Quote-Zeichen sind sogenannte Backticks.

Backticks

Die in Backticks ` ` eingeschlossenen Strings haben eine ganz spezielle Bedeutung. Zunächst werden sie wie doppelt quotierte Strings interpoliert. Anschließend werden sie von der Kommando-Shell als Befehl in Ihrem System ausgeführt:

```
#!/usr/bin/perl -w

print `echo \"Perl ist spitze\"`;
# "Perl ist spitze";
```

Berücksichtigen Sie, dass Sonderzeichen schon vor der Übergabe an die Shell ausgewertet werden. Sie müssen diese mit einem Backslash schützen:

```
#!/usr/bin/perl -w

print `echo \*`;
# *;
```

Im folgenden Beispiel werden alle Dateien - mit dem Platzhalter (Wildcart) „*" und der Dateinamenserweiterung "pl" - aus dem aktuellen Verzeichnis sortiert ausgegeben:

```
#!/usr/bin/perl -w

$var = `dir *.pl`;        # Unix ls
print sort $var;
```

Werden im skalaren Kontext mehrere Zeilen ausgegeben, fassen die Backticks diese mit entsprechenden New-Lines zu einem großen String zusammen. Im Listenkontext wird die Ausgabe als Liste zurückgegeben.

Im nächsten Beispiel können Sie das Datum bzw. die Uhrzeit bestimmen:

```
#!/usr/bin/perl -w

print `date`;
print `time`;
```

Groß- und Kleinschreibung

Perl bietet zwei Varianten zur Konvertierung in Groß- bzw. Kleinschreibung. Operatoren zur Umwandlung der Groß- und Kleinschreibung verwenden die Unicode-Übersetzungstabellen. Mit den Funktionen uc() und lc() werden alle Strings in Groß- bzw. Kleinbuchstaben konvertiert. Mittels der Funktionen ucfirst() und lcfirst() wird jeweils nur das erste Zeichen des Strings in einen Groß- bzw. Kleinbuchstaben umgewandelt. Beachten Sie, dass uc() in Großbuchstaben umwandelt, während ucfirst() in Titelschreibweise (title case) umwandelt.

Beispiele mit Funktionen
Nachstehend einige Beispiele mit den oben genannten Funktionen:

```
#!/usr/bin/perl -w

$text = "strInG";
print uc($text),"\n";              # STRING
print lc($text),"\n";              # string
print ucfirst(lc($text)),"\n";     # String
```

Beispiele mit Backslash-Interpretation
Wie in der folgenden Tabelle dargestellt, können Sie mit der Backslash-Interpretation die Umschaltzeichen innerhalb von Stringliteralen nach folgendem Muster verändern:

```
#!/usr/bin/perl -w

$text = "strInG";
print "
\u$text                           # StrInG wie ucfirst()
\l$text                           # strInG wie lcfirst()
\U$text                           # STRING wie uc()
\L$text                           # string wie lc()
\Ustr\E\LInG\E V\LARIA\EBLE       # STRing VariaBLE
\n";
```

Für Umlaute und weitere nicht ASCII-Zeichen wird das entsprechende Pragma eingesetzt.

Tabelle 3.4.2: Escape-Sequenzen (Backslash-Interpretation)

Sequenz	Bedeutung
\a	Alarm (Bell)
\b	Rückschritt (Backspace)
\c	Escape (ESC)
\f	Seitenvorschub (Formfeed)
\n	Zeilenvorschub (New-Line)
\r	Wagenrücklauf (Carriage Return)
\t	Horizontaler Tabulator
\v	Vertikaler Tabulator
\"	Anführungszeichen
\\	Backslash
\102	Oktaler Zeichencode (hier für ‚B')
\x43	Hexadezimaler Zeichencode (hier für ‚C')
\cC	Control-Darstellung
\l	Folgender Buchstabe klein
\u	Folgender Buchstabe groß
\L	Kleinbuchstabe bis zum \E
\U	Großbuchstabe bis zum \E
\Q	Backslash nicht alphanumerisch
\E	Ende \L, \U oder \Q

Konkatenation und Vervielfachen von Strings

Speziell für die Verknüpfung von Strings besitzt Perl einen Operator, den Konkatenations-Operator. Mit dem x-Operator können Sie einen String beliebig oft wiederholen.

Konkatenation

Mit Hilfe des Konkatenations-Operators – ein Punkt „." – lassen sich Strings zu einem neuen String verketten. Der Verkettungs-Operator wird auch als DOT-Operator bezeichnet. Es werden keine Leerzeichen zwischen den verketteten Strings erzeugt. Häufig erfolgt die Verkettung aber auch innerhalb der in Anführungszeichen stehenden Strings:

```
#!/usr/bin/perl -w

$vorname = "ida";
$nachname = "puschkin";
$name = $vorname  .  $nachname;
print "$name\n";                    # idapuschkin
```

Mittels Konkatenations-Operators lassen sich die Variablen `$ida`, `$lisa` und `$ilse` wie folgt verketten:

```perl
#!/usr/bin/perl -w

$ida   = "Maschen";
$lisa  = "draht";
$ilse  = "zaun";

print "1. Ist der ",$ida.$lisa.$ilse," neu?\n";
# 1. Ist der Maschendrahtzaun neu?
```

Im nächsten Beispiel werden verschiedene Kombinationen der Verkettung angegeben:

```perl
#!/usr/bin/perl -w

$ida   = "Maschen";
$lisa  = "draht";
$ilse  = "zaun";

$uwe = "Maschen"  .  "draht"  .  "zaun";
# oder:
$udo = "Ist der " . $ida  .  $lisa  .  $ilse  .  " neu?";
# oder:
$tom = "Ist der $ida"  .  "$lisa"  .  "$ilse neu?";
# oder:
$kai = "Ist der ${ida}${lisa}${ilse} neu?";
print "
2. Ist der $uwe neu?
3. Ist der ",$uwe," neu?
4. Ist der ".$uwe." neu?
5. $udo
6. $tom
7. $kai
\n";

# Die Ausgabe der Kombinationen sieht wie folgt aus:
# 2. Ist der Maschendrahtzaun neu?
# 3. Ist der Maschendrahtzaun neu?
# 4. Ist der Maschendrahtzaun neu?
# 5. Ist der Maschendrahtzaun neu?
# 6. Ist der Maschendrahtzaun neu?
# 7. Ist der Maschendrahtzaun neu?
```

Vervielfachung

Beim Einsatz des dyadischen Operators x in Verbindung mit einer Zahl erfolgt eine Vervielfachung des jeweiligen Strings. Im skalaren Kontext wird dabei der linke Operand so oft wiederholt, wie es die Zahl des rechten Operanden spezifiziert:

```
print "**Alarm**" x 3,"\n";
# **Alarm****Alarm****Alarm**
```

Vervielfachung durch das HERE-Dokument:

```
#!/usr/bin/perl -w

$doku = <<BILD
*************
*    Nur    *
*    noch   *
*    Perl!  *
*************
BILD
x 2;          print "HERE-Dokument:\n",$doku,"\n";
```

Die Ausgabe ist:

```
HERE-Dokument:
*************
*    Nur    *
*    noch   *
*    Perl!  *
*************
*************
*    Nur    *
*    noch   *
*    Perl!  *
*************
```

Operatoren für Vergleiche

Perl besitzt zwei unterschiedliche Arten von Vergleichs-Operatoren, eine zum Vergleich von Zahlen und eine zum Vergleich von Strings. Strings werden gemäß ASCII-Ordnung verglichen. Mit Gleichheits-Operatoren prüfen Sie, ob zwei Skalare gleich sind. Die relationalen Operatoren geben Auskunft darüber, ob ein Skalar größer ist als der andere. Logische Operatoren verwenden Sie für Bedingungs- und Schleifenoperationen, bei denen als Wahrheitswert ein Boolescher Wert true oder false vorhanden ist.

Tabelle 3.4.4: Operatoren für Vergleiche

Numerisch	String	Ergebnis
$x == $y	$x eq $y	True, wenn $x gleich $y
$x != $y	$x ne $y	True, wenn $x ungleich $y
$x > $y	$x gt $y	True, wenn $x größer $y
$x < $y	$x lt $y	True, wenn $x kleiner $y
$x >= $y	$x ge $y	True, wenn $x größer oder gleich $y
$x <= $y	$x le $y	True, wenn $x kleiner oder gleich $y
$x <=> $y	$x cmp $y	-1, 0, 1, wenn $x kleiner, gleich, größer $y

Da Perl bei Bedarf Strings in Zahlen und umgekehrt konvertiert, ist besonders darauf zu achten, ob es sich um Strings oder um Zahlen handelt. Das Vergleichen von Zahlen ist einfach, da nur in numerischer Reihenfolge verglichen wird. Beim Vergleich von Strings ist die ASCII-Reihenfolge maßgebend, d. h. Ziffern rangieren vor Großbuchstaben, Großbuchstaben vor Kleinbuchstaben. Für eine korrekte Einordnung der Umlaute verwenden Sie das Pragma **use locale**. Die nächsten Zeilen zeigen einige Beispiele:

```
#!/usr/bin/perl                              # Ohne Warmeldung
use locale;                                  # Pragma POSIX-Locales
print "ü" gt "u", "\n";                      # 1, True
print "a" lt "b", "\n";                      # 1, True
print "a" eq "A", "\n";                      # Leerzeichen, False
print "hallo" eq "hallo  ","\n";             # Leerzeichen, False
print "2" gt "10", "\n";                     # 1, True ,"1" ist vor "2"
print "abc" == "xyz","\n";                   # 1, True ,beide 0
print 4 > "hallo","\n";                      # 1, True ,hallo = 0
print 4 lt "hallo","\n";                     # 1, True 4 vor h
print "4.0" != "4","\n";                     # Leerzeichen, False
print "4.0" ne "4","\n";                     # 1, True 4.0 > 4
```

Bei diesen Vergleichen ist zu berücksichtigen, dass bei den Beispielen "abc" == "xyz" und 4 > "hallo" die Strings numerisch verglichen werden und somit die vorhandenen Strings zum Wert 0 konvertieren.

Bei Vergleichen von einfachen Zeichenketten sind die obigen Vergleichs-Operatoren schneller als reguläre Ausdrücke und deshalb vorzuziehen. Bei einfachen Zeichenkettenoperationen, wie Extraktion von Zeichenketten und Umwandlung von Zeichen, empfehlen sich aufgrund ihrer Effizienz die später beschriebenen Funktionen index(), rindex() und substr(). Reguläre Ausdrücke sind sparsam einzusetzen.

Stringinkrement

Sowohl beim Präinkrement-Operator als auch beim Postinkrement-Operator wird inkrementiert. Der Unterschied liegt jedoch darin, ob der Operator vor einem Operanden (Präfix-Schreibweise) oder dahinter (Postfix-Schreibweise) steht.

Bei der Präfix-Schreibweise wird die Variable inkrementiert, bevor der Wert zurückgegeben wird. Bei der Postfix-Schreibweise wird erst der Wert zurückgegeben und dann inkrementiert. Es lassen sich auch Gleitpunktzahlen inkrementieren. Der Operator „--“ (Dekrement) lässt sich nur bei numerischen Argumenten einsetzen, da der String als Wert 0 interpretiert wird und beim Dekrement das Ergebnis um 1 vermindert ist:

```perl
#!/usr/bin/perl -w

$var = "nur";
$praefix = ++$var;
print "\$praefix = $praefix\n";              # $praefix = nus
print "\$var = $var\n";                      # $var = nus

$postfix = $var++;                           # $postfix = nus
print "\$postfix = $postfix\n";              # $postfix = nus
print "\$var = $var\n";                      # $var = nut
```

Wird die Variable nur in einem Stringkonzept verwendet und entspricht der String dem Muster von /^[a-zA-Z]*[0-9]*$/, dann realisiert das Inkrement wieder einen String, wobei jedes Zeichen innerhalb seiner Grenzen bleibt oder eventuell einen Übertrag erzeugt. Hierbei sind folgende Gesetzmäßigkeiten gegeben:

- Zahlen gelten von 0 bis 9,
- Kleine Buchstaben gelten von a bis z,
- Große Buchstaben gelten von A bis Z.

Die einzelnen Bereiche werden von Anfang bis Ende durchlaufen und der Durchlauf beginnt von Neuem. Erfolgt ein Überlauf bei Buchstaben, entscheidet der erste Buchstabe, ob kleine oder große Buchstaben verwendet werden:

```perl
#!/usr/bin/perl -w

$var = "Izz";
$praefix = ++$var;
print "\$praefix = $praefix\n";     # $praefix = Jaa

$var = "Zzz";
$praefix = ++$var;                  # Ueberlauf
print "\$praefix = $praefix\n";     # $praefix = AAaa
```

```perl
$var = "z9";
$praefix = ++$var;                  # Ueberlauf
print "\$praefix = $praefix\n";     # $praefix = aa0
```

In den obigen Beispielen wurde das letzte Zeichen des Strings jeweils alphabetisch um ein Zeichen erhöht. Nach Überschreiten der Grenzen des Bereiches wird das davor liegende Zeichen um ein Zeichen erhöht. Bei einem Überlauf hängt es vom vordersten Buchstaben ab, ob der folgende Buchstabe groß oder klein geschrieben wird.

Variablen mit Stringinkrement führen nicht zu den gleichen Ergebnissen wie Variablen im numerischen Kontext:

```perl
#!/usr/bin/perl -w

$var = "Izz";
$var += 1;                          # "Izz" numerisch 0
print "\$var = $var\n";             # $var = 1
```

Auch beim Dekrementieren wird der numerische Kontext verwendet:

```perl
#!/usr/bin/perl -w

$var = "Izz";
$neuvar = --$var;                   # "Izz" numerisch 0
print "\$neuvar = $neuvar\n";       # $neuvar = -1
```

Bestimmung der Stringlänge

Wenn Sie die Länge eines Strings bestimmen möchten, verwenden Sie die Funktion length().

Die Funktion length()
length [*string*]

Die Funktion length() berechnet die Länge der Zeichenkette im *string*. Fehlt das Argument, wird der Inhalt der Spezial-Variable $_ verwendet. Bei Perl brauchen Sie im Gegensatz zu C/C++ das abschließende '\0'-Zeichen eines Strings nicht zu berücksichtigen. Zur Bestimmung der Größe eines Arrays oder eines Hashes ist diese Funktion nicht geeignet. Hierfür bieten sich die Aufrufe scalar @*array* bzw. scalar keys %*hash* an:

```perl
#!/usr/bin/perl -w

print length "String-Laenge\n";     # 14
print length "Perl" x 2,    "\n";   # 8
```

Das \n-Zeichen am Zeilenende hat die Länge 1.

Verwenden Sie die Vervielfachung mit einem HERE-Dokument, erhöht sich die Stringlänge um eins. Dies geschieht durch den Einsatz der Escape-Sequenz \n (New-Line) nach dem String in jeder Zeile:

```
$var = <<LANG
Perl
LANG
x 2;
print "Laenge ",length $var,"\n";              # Laenge 10
```

Umdrehen der Stringreihenfolge

Wenn Sie die Umkehrung eines Strings vornehmen wollen, verwenden Sie die Funktion reverse() im skalaren Kontext.

Im Listenkontext kehrt die Funktion reverse() die Reihenfolge der Elemente einer Liste um.

Bei einem Hash vertauscht die Funktion Schlüssel und Wert.

Die Funktion reverse()
reverse *liste*

Im Skalarkontext wird der String, Zeichen für Zeichen, in umgekehrter Richtung ausgegeben:

```
#!/usr/bin/perl -w

print scalar reverse "lese nie";          # ein esel
```

Ob ein String z. B. ein Palindrom ist, lässt sich mittels der Funktion reverse() leicht überprüfen:

```
#!/usr/bin/perl -w

$var = "NAFAKIRPAPRIKAFAN";
print "Palindrom: $var\n"       if $var eq reverse $var;
```

Die Ausgabe ist:

```
Palindrom: NAFAKIRPAPRIKAFAN
```

Die Funktion reverse() kann auch verwendet werden, um eine absteigende Folge zu erzeugen:

```
#!/usr/bin/perl -w

foreach (reverse 1..5) {print ;}          # 54321
```

Zerlegen und Verbinden von Strings

In diesem Abschnitt soll das Zerlegen eines Strings mittels der Funktion split() und das Verbinden von Listen-Elementen zu einem String mit der Funktion join() erläutert werden.

Mit der Funktion split() können Sie einen String bei vorgegebenen Trennern (Muster) in Teilstrings zerlegen. Diese Trennzeichen – als regulärer Ausdruck verwendet – werden durch ein wiederholtes Pattern-Matching erkannt.

Die Umkehrfunktion von split() ist die Funktion join(). Mit dieser Funktion können Sie durch Angabe eines Ausdrucks Teilstrings wieder zu einem Gesamtstring verketten.

Die Funktion split()
split [*muster* [, *string* [, *limit*]]]

Die Funktion split() benötigt in der allgemeinen Form als erstes Argument ein *muster* und als zweites Argument einen *string*. Dieser String wird anhand von Trennzeichen (*muster*) durchsucht. Diese Argument *muster* unterteilt dann den String in eine Liste aus Teilstrings, die im Listenkontext zurückgegeben werden. Das Muster kann beliebig lang sein und wird zwischen zwei Schrägstrichen (Slashes) eingesetzt. Ebenso kann ein regulärer Ausdruck als Muster verwendet werden.

Im skalaren Kontext gibt die Funktion split() die Anzahl der gebildeten Teilstrings zurück.

Um die Anzahl der Teilstrings zu begrenzen, können Sie als drittes Argument ein sogenanntes *limit* angeben. Ist dieses Limit nicht negativ, werden maximal entsprechend viele Teilstrings zurückgegeben. Wird das Limit nicht angegeben, werden Nullfelder am Ende der Liste entfernt.

Im folgenden Beispiel wird die Funkton split() auf einen String angewendet:

```
#!/usr/bin/perl -w

$string = "Perl ist spitze";
@array = split / /, $string;
print "$array[0]\n";                    # Perl
$anzahl = split / /, $string;           # 3
}
```

Das Leerzeichen (Whitespace) trennt den String in einzelne Teilstrings auf und weist sie dem Array @array() zu. Anschließend wird das erste Element des Arrays ausgedruckt. Im skalaren Kontext wird danach die Anzahl der Teilstrings 3 ausgegeben.

Ist ein String nicht in Form einer Variable angegeben, wird der Inhalt der Spezial-Variable $_ verwendet:

```
#!/usr/bin/perl -w
```

```
$_ = "Perl ist spitze";
@array = split / /;
print "$array[0]\n";                    # Perl
```

Wird kein Muster vorgegeben, wird der String nach Leerzeichen /\s+/ getrennt:

```
#!/usr/bin/perl -w

$_ = "Perl ist spitze";
@array = split;
print "$array[0]\n";                    # Perl
```

Fehlen sogar Muster und String, wird $_ durch das Muster – Leerzeichen – getrennt:

```
#!/usr/bin/perl -w

while ( <> ) {                          # Perl ist spitze
     @array = split;
     print "$array[0]\n";               # Perl
}
```

Wird im obigen Beispiel z. B. „Perl ist spitze" eingegeben, enthält $_ den String "Perl ist spitze". Die Funktion split() trennt $_ jeweils beim Leerzeichen in einzelne Teilstrings, die dem Array @array() zugewiesen werden. Anschließend wird dass erste Element vom @array() ausgegeben.

Im folgenden Beispiel wird ein Nullmuster verwendet. Dieser leere reguläre Ausdruck bedeutet für die Funktion split() „Aufteilung in einzelne Zeichen". Es werden nur die einzelnen Zeichen getrennt. Ist ein Leerzeichen im String enthalten, entfällt dieses aber nicht:

```
#!/usr/bin/perl -w

@array = split //, "Per l";
print "$array[0]\n";                    # P
print "$array[3]\n";                    # Whitespace
```

Das in Schrägstrichen definierte Muster wird auch bei vorausgehenden Leerzeichen des Strings berücksichtigt. Der Original-String wird durch das angegebene Muster in die jeweiligen Teilstrings zerlegt, die im folgenden Beispiel einem Array zugewiesen werden:

```
#!/usr/bin/perl -w

@array = split / /, "  Perl ist spitze";
print "@array\n";
#   Perl ist spitze (vorne 2 Leerzeichen)
```

Die Array-Elemente $array[0] und $array[1] besitzen jeweils ein Leerzeichen. Das
Element $array[2] den Inhalt "Perl". Das Element $array[3] den Inhalt "ist"
und $array[4] den Inhalt "spitze".

Im anschließenden Beispiel wird der reguläre Ausdruck \s (Leerzeichen) als Muster zur
Trennung verwendet:

```perl
#!/usr/bin/perl -w

$_ = "Perl ist spitze";
@array = split /\s/;
print "$array[0]\n";                    # Perl
```

Auch hier wird das erste Element "Perl" vom Array @array() ausgedruckt.

Im folgenden Beispiel wird als Trennzeichen eine Zeichenklasse [,] als regulärer Ausdruck verwendet:

```perl
#!/usr/bin/perl -w

$_ = "Perl,ist wie jeder weiss,spitze";
@array = split /[, ]/;
print <<A;
@array[0,1,5]
@array[2..4]
A
```

Über das HERE-Dokument wird das erste Element ($array[0]), nämlich "Perl", das
zweite Element "ist" und das sechste Element "spitze" bedingt durch das Trennsymbol „," aus der Zeichenklasse ausgegeben. Das Trennsymbol „Leerzeichen" aus der Zeichenklasse bewirkt, dass anschließend die Elemente (@array[2..4]), die da lauten
"wie", "jeder", "weiss", ausgegeben werden.

Im nächsten Beispiel wird eine Listen-Zuweisung realisiert:

```perl
#!/usr/bin/perl -w

$_ = "Perl,ist wie jeder weiss,spitze";
($u,$v,@gierig) = split /[, ]/;
print <<A;
$u $v
$gierig[3]
A
```

Zunächst werden die Teilstrings "Perl" und "ist" der Variablen $u und $v ausgedruckt.
Das Array @gierig, welches nach den Variablen $u und $v folgt, schluckt alle nachfolgenden Elemente. Es wird nun das vierte Element "spitze" vom Array @gierig ausgedruckt.

Möchten Sie die Anzahl der Teilstrings begrenzen, müssen Sie ein drittes Argument, nämlich das Limit, angeben.

Im folgenden Beispiel wird der bisherige String in vier Teilstrings zerlegt. Jetzt muss als drittes Argument der Wert des Limits = 4 eingesetzt werden:

```
#!/usr/bin/perl -w

$_ = "Perl,ist wie jeder weiss,spitze";
@array = split /[, ]/, $_, 4;
print <<A;
$array[0]
$array[1]
$array[2]
$array[3]
A
```

Der String wird von links in vier Teilstrings zerlegt. Die Array-Elemente besitzen als Werte folgende Teilstrings, die ausgegeben werden:

```
$array[0] = "Perl";
$array[1] = "ist";
$array[2] = "wie";
$array[3] = "jeder weiss, spitze";
```

Durch Angabe eines Modifiers können Sie das Verhalten eines Musters verändern. Dieser Modifier wird hinter dem rechten Begrenzer des Musters, z. B. /muster/i, geschrieben. Sie können optional einen oder mehrere, aus einem Buchstaben bestehende Modifier (in beliebiger Reihenfolge) anhängen. Der i-Modifier ignoriert den Unterschied zwischen Groß- und Kleinbuchstaben. Das Muster /perl/ ohne den i-Modifier trennt den String nur dann, wenn er "perl" enthält. Mit dem i-Modifier wird der String auch durch die Muster-Kombinationen "Perl", "PERL", "PeRl", usw. getrennt. Der x-Modifier erlaubt z. B. eine flexible Notation des regulären Ausdruckes (Whitespace-Zeichen und Kommentare).

Durch die Kombination mit der Funktion substr() können Sie ebenfalls das Muster zum Trennen eines Strings bestimmen. Nachstehend wird ein Komma als Muster zum Trennen verwendet:

```
#!/usr/bin/perl -w

$_ = "Perl,ist wie jeder weiss,spitze";
@array = split substr ($_, 4, 1), $_;
print <<A;
$array[0]
$array[1]
$array[2]
A
```

Mit dem ersten Argument greift die Funktion `substr()` auf den String $_ zu. Die weiteren Argumente (4,1) bestimmen den Offset (Startposition) und die Länge (siehe hierzu Funktion `substr()`). Auch hier kann die zweite Spezial-Variable $_ weggelassen werden. Anschließend wird der String mit der Funktion `split()` in die entsprechenden Teilstrings zerlegt, die folgende Werte besitzen:

```
$array[0] = "Perl"
$array[1] = "ist wie jeder weiss"
$array[2] = "spitze"
```

Das gleiche Ergebnis erzielen Sie, wenn Sie den Offset durch die Funktion `index()` mit einem Suchmuster ersetzen:

```
#!/usr/bin/perl -w

$_ = "Perl,ist wie jeder weiss,spitze";
$such = ",";
@array = split substr ($_, index ($_, $such), 1), $_;
print <<A;
$array[0]
$array[1]
$array[2]
A
```

Die obige Funktion `index()` liefert zunächst die Startposition vom Offset zurück. Anschließend gibt die Funktion `substr()` das Komma als Muster zurück. Zum Schluss zerlegt die Funktion `split()` den String wiederum in Teilstrings.

Nachdem Sie den String mit der Funktion `split()` in Teilstrings zerlegt haben, können Sie diese wieder zu einem String verketten, indem Sie die Funktion `join()` verwenden. Dazu geben Sie ein entsprechendes Verkettungszeichen als Ausdruck an. Im folgenden Beispiel sollen die zerlegten Teilstrings mittels Verkettungszeichen ‚+' wieder zu einem String verkettet werden.

```
#!/usr/bin/perl -w

$_ = "Perl,ist wie jeder weiss,spitze";
$such = ",";
$string = join '+',split substr ($_, index ($_, $such), 1),
$_;
print $string, "\n";
# Perl+ist wie jeder weiss+spitze
```

Natürlich können Sie wieder die letzte Spezial-Variable $_ weglassen.

Wie Sie an den obigen Beispielen sehen konnten, ist es mit Perl sehr einfach, umfangreiche Textpassagen zu zerlegen und diese eventuell weiter zu verarbeiten.

Die Funktion join()
join *ausdruck, liste*

Mit der Funktion join() können Sie alle Teilstrings (Elemente) einer Liste zu einem String zusammenfassen (Umkehrfunktion von split()). Die einzelnen Teilstrings innerhalb dieser Liste werden durch das Verkettungszeichen – es kann sich dabei um eine beliebige Zeichenfolge handeln – im Ausdruck miteinander zu einem gesamten String verkettet. Als Verkettungszeichen kann hier aber nicht wie bei der Funktion split() ein Muster verwendet werden. Verwenden Sie keine Klammerung, werden etwaige Ausdrücke, die nach der Liste folgen, mit verkettet. Im zweiten Beispiel soll mit dem Zeilenende "\n" verkettet werden:

```
#!/usr/bin/perl -w

# Beispiel 1: mit Klammerung
print join ('+', qw(Perl ist spitze)),"\n";
# Perl+ist+spitze

# Beispiel 2: ohne Klammerung
print join '+', qw(Perl ist spitze),"\n";
# Perl+ist+spitze+
```

Als Alternative zu den Anführungszeichen der einzelnen Teilstrings können Sie den bekannten Operator qw (quote word) einsetzen, der die Quotierung übernimmt. Beim Einsatz von qw darf bekanntlich zwischen den Teilstrings in der Liste kein Komma bzw. kein Kommentar stehen.

Soll die Verkettung mit dem Verkettungszeichen zu einem String auch vor den Teilstrings erfolgen, wird z. B. ein leeres Element ' ' verwendet. Eine nachfolgende Verkettung erzielen Sie dadurch, dass Sie ebenfalls ein leeres Element am Ende der Liste ohne Klammerung - wie oben erwähnt – einsetzen. Statt der Anführungszeichen lassen sich auch die Hochkommas verwenden:

```
#!/usr/bin/perl -w

print join '+', "", qw(Perl ist spitze);
# +Perl+ist+spitze

print join '+', qw(Perl ist spitze), ' ';
# Perl+ist+spitze+
```

Soll aber der Ausdruck der Verkettung interpolierend wirken, müssen Sie den Ausdruck in Anführungszeichen setzen:

```
#!/usr/bin/perl -w

print join "\n", qw(Perl ist spitze), ' ';
# Perl
```

```
# ist
# spitze
#
```

Im folgenden Beispiel wirkt sich das Verkettungszeichen \n auf die jeweiligen Teilstrings aus, die aber als gesamter String zu sehen sind:

```
#!/usr/bin/perl -w

print join "\n" ,'->', qw(Perl ist spitze), '<-';
# ->
# Perl
# ist
# spitze
# <-
```

Teilstring-Manipulationen

Mit den obigen Funktionen konnten Sie Strings manipulieren. Dabei wurde im Wesentlichen die in Perl erlaubte Schreibweise ohne explizite Argumentenklammern verwendet. Eine weitere wichtige Funktion, um einen Teilstring zu extrahieren, ist die Funktion substr().

Die Funktion selbst ist dem entsprechenden regulären Ausdruck vorzuziehen, da sie schneller ist.

Die Funktion substr()
substr *string, offset* [, *länge* [, *ersatz*]]

In der Funktion substr() ist das erste Argument *string* der zu manipulierende String selbst. Das zweite Argument Offset *offset* bestimmt die Startposition, ab der die Extraktion beginnen soll. Geben Sie einen negativen Offset an, wird ab der letzten Position (-1) zurück gezählt.

Ist der Offset größer als die Länge *länge* des Strings, wird ein leerer String zurückgegeben. Geben Sie keine Länge an, werden alle Zeichen vom Offset bis zum Ende des Strings extrahiert.

Das letzte optionale Argument *ersatz* gibt die Anzahl von Zeichen an, die ab dem gewünschten Offset modifiziert werden sollen. Ist eine negative Länge angegeben, werden entsprechend viele Zeichen vom Ende des Strings weggelassen.

Es muss entweder ein Offset oder ein Längenwert angegeben werden, da sonst der entsprechende String zurückgeliefert wird.

Der Originalstring wird durch die substr-Funktion nicht verändert.

Im nachstehenden Beispiel fehlt die Länge, so dass ab der Offset-Position extrahiert und der ganze String zurückgeliefert wird:

```
#!/usr/bin/perl -w

$var = "Alles neu macht der Mai";
print substr ($var, 0),"\n";          # Alles neu macht der Mai
print substr ($var, 10),"\n";         # macht der Mai
print substr ($var, -7),"\n";         # der Mai
```

In der letzten Zeile des Programms ist ein negativer Offset angegeben, was bedeutet, dass vom Ende des Strings aus extrahiert wird.

Im nächsten Beispiel soll der zu extrahierende Teilstring ab der Offset-Position mit der gewünschten Länge zurückgeliefert werden:

```
#!/usr/bin/perl -w

$var = "Alles neu macht der Mai";
print substr ($var, 6, 3),"\n";       # neu
print substr ($var, -3, 3),"\n";      # Mai
```

In der letzten Programmzeile ist wieder vom Ende des Strings aus extrahiert worden.

Teilstring einfügen bzw. ersetzen

Mit der Funktion substr() lässt sich nicht nur ein bestimmter Teilstring extrahieren, sondern ein entsprechender Ergänzungs-String *ersatz* in einen vorhandenen String einfügen. Es lässt sich mit dem Ergänzungs-String somit ein Ersetzen vornehmen. Stehen die obigen Argumente *string, offset, länge* der substr-Funktion auf der linken Seite der Zuweisung, wird keine Extraktion, sondern ein Einfügen bzw. Ersetzen vorgenommen. Dabei ist es unerheblich, wie lang der Ergänzungs-String ist.

Soll ein Ergänzungs-String ab einer bestimmten Offset-Position eingefügt werden, ohne dass etwas vom vorhandenen String entfernt werden soll, muss das entsprechende Längen-Argument auf 0 gesetzt werden:

```
#!/usr/bin/perl -w

$var = "Alles neu macht der Mai";
substr ($var, -3, 0) = "Monat ";
# Monat ist der Ergänzungs-String
print "$var\n";
# Alles neu macht der Monat Mai
```

Beim Ergänzen werden ab der angegebenen Offset-Position durch entsprechende Längenangabe die vorhandenen Zeichen (Teilstring) gelöscht und anschließend wird ab dieser Offset-

Position der definierte Ergänzungs-String eingefügt. Dieser Ergänzungs-String muss – wie bereits erwähnt – nicht mit der Länge des entfernten Teilstrings übereinstimmen:

```perl
#!/usr/bin/perl -w

$var = "Alles neu macht der Monat Mai";
substr ($var, 6, 3) = "sonniger";
# sonniger Ergänzungs-String
print "$var\n";
# Alles sonniger macht der Monat Mai
```

Im obigen Bespiel wird ab der Offset-Position 6 der Teilstring "neu" mit der Länge 3 entfernt und ab dieser Position der Ergänzungs-String "sonniger" eingefügt.

Eine andere Art ist das Ergänzen ohne Längenangabe. Ab der angegeben Offset-Position werden jetzt alle entsprechenden Zeichen (Teilstring) gelöscht und der Ergänzungs-String wird ab dieser Position eingefügt. Wie Sie sehen, ist hier der String kürzer geworden:

```perl
#!/usr/bin/perl -w

$var = "Alles sonniger macht der Monat Mai";
substr ($var, 6) = "wird einfacher mit Perl!";
print "$var\n";
# Alles wird einfacher mit Perl!
```

Zunächst wird ab der Offset-Position 6, d. h. nach dem ersten Leerzeichen, im Orginalstring der Ergänzungs-String "wird einfacher mit Perl!" eingefügt.

Mit der Angabe einer negativen Länge (ohne Offset-Wert, aber mit Komma) werden entsprechend viele Zeichen vom Ende des Strings unterdrückt, so dass ein entsprechender Teilstring übrigbleibt. Anstelle der unterdrückten Zeichen (ab der neunten Position vom Ende aus) wird der Ergänzungs-String "und besser mit Perl!" eingefügt:

```perl
#!/usr/bin/perl -w

$var = "Alles wird einfacher mit Perl!";
substr ($var, , -9) = "und besser mit Perl!";
print "$var\n";
# Alles wird einfacher und besser mit Perl!
```

Setzen Sie den Offset-Wert auf 0 und geben Sie eine negative Länge an – wie im folgenden Beispiel – werden alle Zeichen bis zur angegeben negativen Länge entfernt (bis zur sechsten Position vom Ende aus) und dafür der Ergänzungs-String "Immer nur" eingesetzt:

```perl
#!/usr/bin/perl -w

$var = "Alles wird einfacher und besser mit Perl!";
substr ($var, 0, -6 ) = "Immer nur";
print "$var\n";                    # Immer nur Perl!
```

Suchen nach Teilstrings

Es existieren zwei Funktionen, nämlich die Funktion index() und die Funktion rindex(), um in einem String nach einem Teilstring zu suchen. Die beiden Funktionen unterscheiden sich durch den Startpunkt sowie die Richtung der Suche.

Die Funktion index()
index *string, substring* [*, offset*]

Mit der Funktion index() wird in einem String nach dem entsprechenden Teilstring *substring* gesucht. Die Funktion gibt die Position vom *substring* im *string* an oder nach *offset* zurück. Perl beginnt mit dem Vergleich im *string* ab der Position 0 und gibt eine Ganzzahl zurück, die als Ort für den ersten gefundenen *substring* gilt. Ist ein Offset-Argument angegeben, beginnt ab dieser Position der Vergleich bis zur nächsten übereinstimmenden Position. Wenn der *substring* nicht vorhanden ist, wird –1 zurückgeliefert:

```
#!/usr/bin/perl -w

$var = "Alles neu macht der Mai";
# Ausgangs-String
print index ($var, "A"),"\n";
# 0, Position gefunden
print index ($var, "b"),"\n";
# -1, b nicht gefunden
```

Um einen *substring* zu finden, lässt sich auch ein *offset*-Argument angeben. Dieses Argument gibt an, ab welcher Position der *substring* gesucht werden soll:

```
#!/usr/bin/perl -w

$var = "Alles neu macht der Mai";
# Ausgangs-String
print index ($var, "A", 0),"\n";
# 0, Position gefunden
print index ($var, "a", 1),"\n";
# 11, Position gefunden
print index ($var, "a",12),"\n";
# 21, Position gefunden
$such = "der Mai";
print index($var, $such),"\n";
# 16, Position gefunden
```

Im obigen Beispiel werden die Positionen des gefundenen *substrings* ab der jeweiligen Offset-Position ausgegeben.

Es lassen sich auch die Funktionen index() und substr() miteinander kombinieren:

```perl
#!/usr/bin/perl -w

$var = "Alles neu macht der Mai";        # Ausgangs-String
$such = "der Mai";
substr ($var, index ($var, $such)) = "nur Perl!";
# substr ($var,16) = "nur Perl!"
print "$var\n";
# Alles neu macht nur Perl!
```

Mit der Anweisung index($var, $such), in der die Variable $such als *substring* den String "der Mai" besitzt, wurde beim Vergleich der ersten Übereinstimmung die Offset-Position 16 zurückgeliefert.

Durch die Anweisung substr($var, 16) = "nur Perl!" werden alle Zeichen im String $var ab der Offset-Position 16 entfernt und der Ergänzungs-String "nur Perl!" eingefügt.

Die Ausgabe ist:

```
Alles neu macht nur Perl!
```

Die Funktion rindex()
rindex *string, substring* [, *offset*]

Die Funktion rindex() ist das Komplement der Funktion index(). Es wird die Position des letzten *substrings* im *string* zurückgeliefert. Im Gegensatz zur Funktion index() erfolgt das Suchen vom Ende des *strings* her.

Wie bei der Funktion index() ist auch bei der Funktion rindex() der Rückgabewert −1, falls der *substring* nicht gefunden wurde.

Ist ein Offset-Wert angegeben, ist das die Position, bis zu der gesucht wird. Die am weitesten rechts stehende Position wird zurückgeliefert:

```perl
#!/usr/bin/perl -w

$var = "Alles neu macht der Mai";        # Ausgangs-String
print rindex ($var, "a"),"\n";
# 21, Position gefunden
print rindex ($var, "b"),"\n";
# -1, b nicht gefunden
```

Auch in der Funktion rindex() lässt sich ein *offset*-Argument angeben:

```perl
#!/usr/bin/perl -w

$var = "Alles neu macht der Mai";        # Ausgangs-String
print rindex ($var, "A", 0),"\n";
```

```
# 0, Position gefunden
print rindex ($var, "a", 22),"\n";
# 21, Position vor offset 22
print rindex($var, "A", 4),"\n";
# 0, Position vor offset 4
$such = "der Mai";
print rindex ($var, $such),"\n";
# 16, Position gefunden
```

Es lassen sich auch hier die Funktionen rindex() und substr() miteinander kombinieren:

```
#!/usr/bin/perl -w

$var = "Alles neu macht der Mai";
# Ausgangs-String
$such = "der Mai";
substr ($var, rindex ($var, $such)) = "nur Perl!";
# substr ($var,16) = "nur Perl!"
print "$var\n";
# Alles neu macht nur Perl!
```

Wie im vorherigen Beispiel liefert die Anweisung rindex($var, $such) die Offset-Position 16, das heißt der *substring* "der Mai" findet seine erste Übereinstimmung ab der Position 16. Durch die Anweisung substr($var, 16) = "nur Perl!" werden alle Zeichen im String $var ab der Offset-Position 16 entfernt und der Ergänzungs-String "nur Perl!" eingefügt.

Die Ausgabe ist:

```
Alles neu macht nur Perl!
```

Entfernen des letzten Zeichens

Um ein Zeilenende oder das letzte Zeichen zu entfernen, besitzt Perl zwei Funktionen, nämlich die Funktion chomp() und die Funktion chop().

Die Funktion chomp()
chomp *variable*

chomp *liste*

Die Funktion chomp() entfernt vom Ende einer Zeichenkette (z. B. der Variable *variable* oder aus allen Strings *liste*) die Zeichen, die mit der Spezial-Variable $/ übereinstimmen. Es wird nicht wie bei chop grundsätzlich jedes letzte Zeichen entfernt. Ist die Spezial-Variable $/ leer, so werden alle New-Lines (End-of-Record-Marker) abgeschnitten. Dabei gibt chomp die (Gesamt-) Zahl der entfernten Zeichen zurück:

```perl
#!/usr/bin/perl -w

$var1 = "a\n";
print chomp($var1);                # 1
print "\n",$var1,"\n";             # a
print chomp($var1);                # 0
print "\n",$var1,"\n";             # a
```

Wie Sie sehen, wird durch die Funktion chomp() nur einmal das \n-Zeichen (New-Line) entfernt.

Es folgen jetzt mehrere New-Lines:

```perl
#!/usr/bin/perl -w

$var1 = "a\n";
$var2 = "b\nc\n";
print chomp($var1, $var2);         # 2
print "\n",$var1,"\n";             # a
print chomp($var1);                # 0
print chomp($var2);                # 0
print $var2;                       # b\nc
```

Wie Sie deutlich sehen, wird jeweils bei beiden Variablen nur das letzte \n-Zeichen entfernt. Die Variable $var2 besitzt aber noch das New-Line zwischen b und c.

Im folgenden Beispiel werden in Übereinstimmung mit der Spezial-Variable $/ die entsprechenden Zeichen vom Ende des Strings entfernt:

```perl
#!/usr/bin/perl -w

$/ = "";                           # Spezial-Variable $/ ist leer
$var1 = "Perl\n\n\n\n\n";
print chomp($var1);                # 5
print $var1;                       # Perl
```

Da im obigen Beispiel die Spezial-Variable $/ leer ist, entfernt die Funktion alle New-Line-Zeichen (Absatzmodus) aus dem String. Die Anzahl der entfernten Zeichen beträgt 5.

Im nächsten Beispiel ist die Spezial-Variable $/ nicht leer, sondern wird auf "rl" als Zeichenende eingestellt:

```perl
#!/usr/bin/perl -w

$/ = "rl";                         # $/ enthält zwei Zeichen "rl"
$var = "Perl";
print chomp($var);                 # 2 entfernt "rl"
print "$var\n";                    # Pe
```

Es wurden alle Zeichen entfernt, die der Spezial-Variable $ / entsprechen.

Die Funktion chop()
chop *variable*

chop *liste*

Die Funktion chop() entfernt grundsätzlich das letzte Zeichen einer Zeichenkette (z. B. der Variable *variable* oder aus allen Strings *liste*) und gibt das zuletzt entfernte Zeichen zurück.

Enthalten alle Zeilen beim Einlesen z. B. einer Datei das New-Line-Zeichen, bereitet der Einsatz der Funktion chop() keine Probleme; aus allen Zeilen, sogar der letzten, wird das \n-Zeichen entfernt. Die letzte Zeile besitzt aber in der Regel kein \n-Zeichen (sonst würde eine weitere folgen). Die Funktion chop() entfernt nun in der letzten Zeile das letzte Zeichen, was bei einer numerischen Darstellung ein gravierender Fehler sein könnte.

Abhilfe kann dadurch erzielt werden, dass nach der letzten Zeile eine Leerzeile angefügt wird. Bei einem String muss zum Schutz ein Leerzeichen angefügt werden.

Bei der Funktion chop() kann das Zeilenende-Zeichen nicht durch die Spezial-Variable $ / ersetzt werden.

Beispiele zur Funktion chop():

```
#!/usr/bin/perl -w

$var1 = "ab";
print chop($var1);              # b, Rückgabezeichen
print $var1,"\n";               # a
```

Ein Beispiel ohne Leerzeichen am Ende eines Strings:

```
#!/usr/bin/perl -w

$var1 = "ab";
$var2 = "cd";
print chop($var1, $var2);       # b (d), Rückgabezeichen
print "$var1\n";                # a
print "$var2\n";                # c
```

Sie sollten die Funktion chomp() insbesondere gegenüber der Funktion chop() bevorzugen, wenn nicht ganz sicher ist, ob am Ende ein New-Line vorhanden ist oder nicht.

ASCII-Zeichensatz

Für die Darstellung von Zeichen aus dem ASCII-Zeichensatz existieren in Perl zwei Funktionen, die Funktion chr() und die Funktion ord().

Die Funktion chr()
chr *zahl*

Die Funktion chr() liefert das Zeichen aus dem ASCII-Zeichensatz zurück, das dem De-
zimalcode *zahl* entspricht. Mit der Funktion pack() können Sie mehrere Zeichen gleichzeitig konvertieren:

```
#!/usr/bin/perl -w

print "Wer ",chr(65)," sagt, muss auch ",chr(66)," sagen.\n";
# Wer A sagt, muss auch B sagen.
```

Die Funktion ord()
ord *ausdruck*

Die Funktion ord() gibt den numerischen ASCII-Wert des ersten Zeichens von *ausdruck*
zurück. Haben Sie den *ausdruck* weggelassen, wird der Inhalt der Spezial-Variable $_ ver-
wendet. Wenn Sie alle Zeichen in Zahlen konvertieren wollen, verwenden Sie die Funktion
unpack():

```
#!/usr/bin/perl -w

print ord('G')," ist eine Primzahl\n";
# 71 ist eine Primzahl
```

3.5   HERE-Dokumente

HERE-Dokumente stammen aus der Shell-Programmiersprache. Mit diesen Dokumenten
können Sie in Perl umfangreiche Texte darstellen. Wie Sie bereits an einigen Programmen
sehen konnten, sind mehrfache print-Anweisungen mit einer HERE-Doc-Syntax ausgegeben worden. Außerdem sind HERE-Dokumente ein probates Mittel, um HTML-Tags in Perl-
Programme einzubetten. Mit HERE-Dokumenten lassen sich durch die Verwendung von
Backticks (Gravus) Systembefehle zusammenfassen und CGI (Common Gateway Interface)-
Skripte erstellen.

Bei einem HERE-Dokument wird ein String gesetzt zwischen zwei frei wählbaren identischen Markierungs- oder Begrenzungszeichen, auch HERE-Token genannt.

Ein HERE-Dokument wird mit dem <<-Operator eingeleitet, gefolgt (**ohne** Leerzeichen!)
von dem ersten frei wählbaren HERE-Token.

Der eigentliche String beginnt in der nachfolgenden Zeile und wird so ausgegeben, wie er im
Quelltext steht.

Den Abschluss des Textes bildet das zweite HERE-Token. Er muss alleine am Anfang einer
neuen Zeile stehen. Die beiden Tokens sind in Großbuchstaben zu schreiben.

Wenn das erste HERE-Token nicht gequotet ist, wird ein HERE-Dokument wie ein doppelt gequoteter String interpoliert. Ist das erste HERE-Token doppelt oder einfach gequotet, erfolgt die Behandlung wie beim doppelten oder einfach gequoteten String:

```
#!/usr/bin/perl -w

$text1 = <<TOKEN;
dies ist
quasi
    ein
sehr langer
   Text!    # sogar mit Kommentar
TOKEN
print "HERE-Dokument\n$text1\n";
```

Im obigen Beispiel wird der String so ausgegeben, wie er dargestellt wurde.

Beim folgenden Beispiel ist das erste HERE-Token doppelt gequotet, somit wird interpoliert. Danach wird nur einfach gequotet, somit handelt es sich wie beim Hochkomma um die wörtliche Form:

```
#!/usr/bin/perl -w

$pi = 3.14;
print "HERE-Dokument\n", <<"DOPPELT";
Ausgabe $pi # interpoliert
wie in
Anfuehrungszeichen!
DOPPELT

print "HERE-Dokument\n", <<'EINFACH';
Ausgabe $pi # woertlich
wie in
Hochkommas!
EINFACH
```

Im ersten Fall wird die Variable $pi mit ihrem Wert 3.14 interpoliert. Auch der Kommentar wird als Text-String mit ausgegeben.

Im zweiten Fall wird nur interpretiert und $pi wörtlich (ohne Wert) ausgegeben.

Es ist entscheidend, wo das Semikolon steht. Steht es hinter dem ersten HERE-Token, wird nur die Stringanweisung berücksichtigt und nur der Wert 111 ausgegeben. Fehlt das Semikolon nach dem ersten HERE-Token, wird die Zeile bis zum abschließenden Semikolon berücksichtigt:

```
#!/usr/bin/perl -w

print   <<TOKEN_A;
111
TOKEN_A
  *3;          # ergibt 111

print <<TOKEN_B
111
TOKEN_B
  *3;          # ergibt 333
```

Die HERE-Tokens können ganz weggelassen und stattdessen Anführungszeichen (ohne Leerzeichen) gesetzt werden. Nach dem String muss eine Leerzeile folgen:

```
#!/usr/bin/perl -w

print <<"" x 2                          # Anführungszeichen
Immer
Perl!


;
```

Die Ausgabe ist:

```
Immer
Perl!
Immer
Perl!
```

HERE-Dokumente können auch aufeinanderfolgend verbunden werden:

```
#!/usr/bin/perl -w

print"HERE-Stapeltext:\n",<<ENDE_1, "und dann\n",<<ENDE_2;
Zuerst erscheint der erste Text
ENDE_1
erscheint der zweite Text.
ENDE_2
```

Die Ausgabe ist:

```
HERE-Stapeltext:
Zuerst erscheint der erste Text
und dann
erscheint der zweite Text.
```

4 Listen und Arrays

Neben den bisher genannten Grundtypen, wie z. B. Zahlen, Strings und Referenzen, die aus einzelnen Objekten bestehen, existieren weitere Datenstrukturen, nämlich Listen, sowohl für Arrays als auch für Hashes. Der Unterschied zwischen Liste und Grundtyp besteht darin, dass eine Liste nicht jeweils nur aus einem Objekt besteht; ihr Konstrukt kann vielmehr eine beliebige Folge von verschiedenen Datentypen enthalten – im Gegensatz zu anderen Sprachen.

Arrays sind Variablen, die Listen, bestehend aus skalaren Datentypen, speichern.

4.1 Eigenschaften von Listen

In Perl bestehen Listen aus geordneten Ansammlungen von skalaren Datentypen. Den Elementen dieser Liste lassen sich Werte zuweisen. Des Weiteren können Sie Zugriffe auf diese Listen-Elemente vornehmen und Wertausgaben realisieren. Enthält eine Liste weitere Sublisten, werden diese wiederum als Listen ausgewertet, so dass eine einzige Liste entsteht (flache Liste).

Listen sind dadurch gekennzeichnet, dass sie:

- in Abhängigkeit von der Rechnerausstattung beliebig groß sein können und auch die Größe ihrer Elemente variieren kann,
- nicht wie in anderen Programmiersprachen homogen sein müssen, d. h. nur Werte eines Datentyps – wie z. B. nur Zahlen, nur Strings oder nur Referenzen – enthalten, sondern auch heterogen (polymorph) sein können,
- aus Elementen mit skalaren Werten bestehen,
- nicht geschachtelt werden können,
- im Listenkontext, im skalaren Kontext oder im void Kontext ausgewertet werden können.

Erstellung von Listenliteralen

Von runden Klammern umschlossene Listen und durch Kommas voneinander getrennte skalare Datentypen werden als Listenliterale bezeichnet:

```
(4711, 33, 15);          # homogene Liste mit drei Werten
(44.7, "hallo", 2*3);    # heterogene Liste mit drei Werten
```

```
(3, 7*$var);              # heterogene Liste mit zwei Werten
( );                      # leere Liste Null Elemente
( undef );                # einelementige Liste mit undef
```

Listen können wie im obigen Beispiel statt mit konkreten Werten auch mit beliebigen komplexen Ausdrücken dargestellt werden.

Sublisten innerhalb von Listen werden zu einer einzigen Liste ausgewertet:

```
(1,2,(4711,-123),3)              # entspricht(1,2,4711,-123,3)
```

Skalaren Variablen in Listen können Sie Werte zuweisen:

```
($u, $v, $w) = (6, 7, 8);        # $u = 6, $v = 7, $w = 8
($u, $v, $w) = (6 .. 8);         # wie oben
```

Listenliterale werden häufig durch die Verwendung des qw-Operators (quote word) dargestellt.

Eine homogene Liste sieht folgendermaßen aus:

```
("ida", "ilse", "udo", "uwe");
```

Das gleiche Ergebnis wird durch die Verwendung des qw-Operators erzielt:

```
qw(ida ilse udo uwe);
```

Wie bereits erwähnt, darf beim Einsatz von qw zwischen den Listenliteralen kein Komma oder ein sonstiges Trennzeichen stehen.

Außerdem können Sie die Liste statt mit runden Klammern auch mit jedem beliebigen paarigen Zeichen umschließen.

Es sind etliche Kombinationen möglich:

```
qw<ida ilse udo uwe>             # oder
qw|ida ilse udo uwe|             # oder
qw/ida ilse udo uwe/
```

Die Schreibweise mit dem qw-Operator ist wesentlich besser lesbar und auch nicht so fehleranfällig.

Mit dem weiter oben beschriebenen Vervielfachungs-Operator lässt sich eine Liste entsprechend oft wiederholen:

```
#!/usr/bin/perl -w

print join '-', (qw (Perl ist spitze)) x 2;
# Perl-ist-spitze-Perl-ist-spitze
```

Die Funktion `join()` verbindet die einzelnen Elemente mit dem Verkettungssymbol „-" zu einem neuen String.

Ausgabe von Listen

Für die Ausgabe der skalaren Werte einer gesamten Liste (1 .. 8) können Sie die foreach-Schleife verwenden:

```
#!/usr/bin/perl -w

foreach (1 .. 8) {print}            # 12345678
```

Da automatisch beim Fehlen der Spezial-Variable $_ auf sie zugegriffen wird, brauchen Sie diese in der obigen `print`-Anweisung nicht anzugeben.

Möchten Sie auf ein einzelnes Element einer Liste zugreifen, geben Sie die jeweilige Position (Index) des Elements in eckigen Klammern an:

```
#!/usr/bin/perl -w

$wert = (1 .. 8)[3];
print "$wert\n";                    # 4
```

Berücksichtigen Sie, dass das erste Element mit der Position 0 beginnt.

Möchten Sie auf einen Ausschnitt bzw. auf bestimmte Elemente einer Liste zugreifen, können Sie dies mit einem Slice-Aufruf realisieren:

```
#!/usr/bin/perl -w

@liste = (1 .. 8)[1, 3, 6];
print "@liste\n";                   # 2 4 7
```

Auswertung von Rückgabewerten je nach Kontext
Je nachdem, ob Sie eine Funktion im Listenkontext, im skalaren Kontext oder im void Kontext aufrufen, werden die entsprechenden Werte zurückgeliefert:

```
#!/usr/bin/perl -w

@liste = func(A .. E);
print "@liste\n";                   # E D C B A
$wert = func(A .. E);
print "$wert\n";                    # A

sub func {
     return wantarray ? reverse @_ : shift;
}
```

Im obigen Beispiel ergibt das Ergebnis der Funktion wantarray() den Wahrheitswert true, da der Rückgabewert der Funktion func() im Listenkontext vorgenommen wird. Für den ternären Operator bedeutet dies, dass die Listenwerte durch die Funktion reverse() in umgekehrter Reihenfolge zurückgeliefert und ausgegeben werden.

Beim Aufruf der vorgegebenen Funktion $wert=func(A..E) liefert die Funktion wantarray() den Wahrheitswert false, da der Rückgabewert der Funktion func() im skalaren Kontext ausgeführt werden soll. Durch die Funktion shift() wird somit das erste Element 'A' zurückgeliefert.

Durch Verwendung des ternären Operators wird - im obigen Beispiel - je nachdem, ob die Funktion wantarray() true oder false liefert, eine Liste oder ein skalarer Wert zurückgeliefert.

Zugriff auf Listen-Elemente

Listen können auf der rechten Seite (*rvalue*) oder auf der linken Seite (*lvalue*) des Zuweisungs-Operators stehen. Im folgenden Beispiel steht auf beiden Seiten jeweils eine Liste:

```
($u, $v) = ($v, $u)            # Vertauschung von $u und $v
```

Werte der skalaren Variablen $u und $v lassen sich sehr einfach vertauschen.

Wenn auf beiden Seiten eines Zuweisungs-Operators Listen stehen, wird jeder Variable der linken Seite der jeweilige Wert der rechten Seite zugewiesen. Sind auf der linken Seite mehr Variablen vorhanden, als es auf der rechten Seite Werte gibt, erhalten die übrig gebliebenen Variablen undefinierte Werte undef zugewiesen. Gibt es rechts mehr Werte, als es links Variablen gibt, werden die übrig bleibenden Werte nicht berücksichtigt.

Des Weiteren lässt sich eine Liste einem Array zuweisen und auch umgekehrt:

```
#!/usr/bin/perl -w

@array = (1 .. 8);                      # Array-Zuweisung
($u, $v, $w, @rest) = @array;           # Listen-Zuweisung
print " \$u: $u  \$v: $v  \$w: $w";     # $u:1 $v:2 $w:3
print "@rest ";                         # 4..8, Rest
```

Im obigen Beispiel werden die drei Werte 1, 2 und 3 von der rechten Seite den skalaren Variablen $u, $v und $w zugewiesen. Die folgenden Werte 4 bis 8 aus dem Array @array enthält das Array @rest.

Bei der folgenden Zuweisung erhalten aufgrund der Gierigkeit des linksseitigen Arrays @gierig die Variablen $u, $v und $w keine Werte zugewiesen. Sie besitzen somit jeweils undef. Das Array @gierig verschlingt alle Werte von der rechten Seite, nämlich die Werte 1 bis 8, so dass Variablen, die rechts von @gierig stehen, leer ausgehen:

```
#!/usr/bin/perl -w

@array = (1 .. 8);                     # Array
(@gierig, $u, $v, $w) = @array;        # @gierig schluckt alles
print "@gierig\n";                     # 1..8
```

Möchten Sie den Variablen in einer Liste trotzdem entsprechende Werte zukommen lassen, müssen Sie das Array an das Ende einer Liste setzen. An dieser letzten Position kann es gierig sein, da weitere Variablen, die entsprechende Werte benötigen, nicht vorhanden sind.

4.2 Eigenschaften von Arrays

Die Arrays bei Perl besitzen einige positive Aspekte, die andere Programmiersprachen nicht aufweisen:

- Arrays sind eindimensional und enthalten Elemente von skalarer Größe.
- Arrays brauchen in Perl nicht wie in anderen Sprachen vor ihrer ersten Verwendung deklariert werden. Somit wird keine maximale Größe des Arrays verlangt.
- Der Garbage-Collection-Mechanismus von Perl ermöglicht es, mit einem leeren Array zu beginnen und es je nach Bedarf dynamisch zu erweitern. Der benötigte Speicherplatz wird dabei automatisch dem Array zugeführt.
- Skalare Variablen und Arrays werden unabhängig voneinander verwaltet. Sie können aufgrund ihrer eindeutigen Präfixe nicht kollidieren. Somit ist eine Skalar-Variable $wert etwas völlig anderes als eine Array-Variable @wert.
- Möchten Sie auf ein nicht definiertes oder gesetztes Element zugreifen, erhalten Sie eine 0 im skalaren Kontext bzw. einen Leerstring im Listenkontext zurück. Intern besitzt die Variable den Wert undef.
- Perl stört sich nicht an überflüssigen Kommas. Der Ausdruck (A,,, B, C,,) ergibt die Liste (A, B, C).
- Arrays werden automatisch interpoliert, somit wird eine Subliste automatisch in der enthaltenen Liste umgesetzt.
- Arrays können mittels mächtiger Operatoren manipuliert werden.

Erstellung von Arrayliteralen

Ein Array in Perl ist eine benannte Variable, die eine geordnete Liste mit einer Ansammlung von Skalarwerten speichern kann. Zur Kennzeichnung einer Array-Variable wird das Präfix-Symbol @ verwendet:

```
@array = ($string, "Perl", 4711, \@ref_array);
```

Im nachstehenden Beispiel enthält das Array @array ein Sub-Array @sub. Da aber in Perl keine Schachtelung möglich ist, wird das Sub-Array in der enthaltenen Liste mit eingebunden. Anschließend wird auf ein Element zugegriffen:

```
#!/usr/bin/perl -w

@sub = (0 .. 2);                    # Array @sub enthält 3 Elemente
@array = ("Perl", @sub);
print "@array\n";                   # Perl 0 1 2
print "$array[2]\n";                # 1 Wert vom dritten Element
```

Das Array @array enthält vier Elemente mit skalaren Werten ("Perl", 0, 1, 2), wovon das erste Element ein String und die restlichen Bereichselemente drei numerische Werte sind. Da die Elemente eines Arrays immer skalare Werte sind, erfolgt der Zugriff auf einzelne Elemente auch durch eine Skalar-Variable. Die Angabe einer Position erfolgt über einen Indexwert in eckigen Klammern [ ]. Perl-Arrays beginnen mit dem Index 0. Der Indexwert kann nur eine Integer-Zahl sein. Statt einer ganzen Zahl als Indexwert können Sie auch eine Variable einsetzen. Bei einer Zählvariable $zaehl=2 würde mit $array[$zaehl] im obigen Beispiel ebenfalls auf das dritte Element mit dem Wert 1 vom Array @array zugegriffen werden.

In der grafischen Darstellung wird dies nochmals anschaulich:

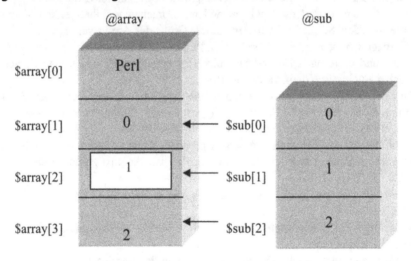

Wie Sie am obigen Beispiel sehen konnten, lassen sich einer Array-Variable mit dem Zuweisungs-Operator „ = “ Listen-Elemente zuweisen, wobei der Name einer Array-Variable auch in einer Liste definiert sein darf.

Mit folgender Zuweisung wird nun das erste Element aus @array entfernt:

```
#!/usr/bin/perl -w

@array = ("Perl", 0, 1, 2);
($skalar, @array) = @array;
print "$skalar\n";                  # Perl
print "@array\n";                   # 0 1 2
```

Dem Element $skalar auf der linken Seite der Liste ($skalar, @array) wird das erste Element "Perl" der rechten Seite zugewiesen. Die Variable $skalar erhält den skalaren Wert "Perl". Somit besitzt die Array-Variable @array kein Listen-Element "Perl" mehr. Die restlichen Elemente weist sich die Liste selbst zu.

Die Vermutung liegt nun nahe, mittels Konstruktion (@array, $skalar) = @array das letzte Element zu entfernen. Dies geschieht aber nicht, da Listen grundsätzlich aufnahmebereiter, d. h. „gieriger" sind. In diesem Fall würde @array alles aufnehmen und alle Elemente rechts davon absorbieren. Die Variable $skalar ginge somit leer, d. h. undef aus. Folgten weitere skalare Variablen nach dem Array, gingen diese ebenfalls leer aus.

Möchten Sie aber das letzte Element aus einer Liste entfernen (im unteren Beispiel ist es das Element mit dem Wert 2), verwenden Sie die vorweggenommene Funktion pop():

```
#!/usr/bin/perl -w

@array_alt = ("Perl", 0, 1, 2);
print pop @array_alt;              # 2
print "@array_alt\n";              # Perl 0 1
```

Nachdem das letzte Element mit dem Wert 2 entfernt wurde, wird das vorhandene Array @array_alt durch ein weiteres Array @array = qw(ida ilse udo uwe) erweitert. Bei der Arrayinitialisierung können Sie statt der aus einem Wort bestehenden Strings den qw-Operator verwenden. Hierbei bestimmt der qw-Operator die durch Leerzeichen gekennzeichneten Grenzen zwischen den Elementen:

```
@array = qw(ida ilse udo uwe);
```

Dieses Array @array wird an das vorhandene Array @array_alt angehängt:

```
#!/usr/bin/perl -w

@array_alt = ("Perl", 0, 1);
@array = qw(ida ilse udo uwe);
@array_alt = (@array_alt, @array);
print "@array_alt\n";
```

Die Ausgabe ist:

```
Perl 0 1 ida ilse udo uwe
```

Ausgabe von Arrays

Möchten Sie die Ausgabe eines Arrays vornehmen, können Sie dies ohne bzw. mit Interpolation gestalten.

Im folgenden Beispiel ohne Interpolation werden die Werte ohne Leerzeichen (verkettet) ausgegeben:

```
#!/usr/bin/perl -w

@liste = (1 .. 8);
print @liste;                          # 12345678
```

Das nächste Beispiel – mit Interpolation – zeigt, dass die entsprechenden Werte mit vordefiniertem Leerzeichen (durch die Spezial-Variable $ ") als Trennzeichen zwischen den Array-Elementen ausgegeben werden:

```
#!/usr/bin/perl -w

@liste = (1 .. 8);
print "@liste";                        # 1 2 3 4 5 6 7 8
```

Ausgabe mit Spezial-Variablen

Wie bereits im Kapitel 2.2 Spezial-Variablen beschrieben, existieren in Perl eine Vielzahl von vordefinierten Spezial-Variablen zur Verbindung beliebiger Trennzeichen zwischen den Array-Elementen. Dabei muss nicht zwangsläufig die Funktion join() eingesetzt werden.

Bekanntlich können Sie bei einigen Spezial-Variablen zwei Schreibweisen verwenden, nämlich die Kurzform oder alternativ dazu die aussagekräftige Langform. Außerdem existiert noch eine dritte Form in Anlehnung an die Variablen, die in awk verwendet werden.

Trennzeichen ohne Interpolation

Es werden Trennzeichen zwischen die Elemente geschoben, obwohl keine Interpolation stattfindet.

Zunächst wird die Spezial-Variable $, eingesetzt:

```
#!/usr/bin/perl -w

@array = qw(ida ilse udo uwe);
$, = '::';                             # Element-Trennzeichen
print @array;                         # ida::ilse::udo::uwe
```

Alternativ können Sie $OUTPUT_FIELD_SEPERATOR, $OFS einsetzen:

```
#!/usr/bin/perl -w

use English;                          # Pragma
@array = qw(ida ilse udo uwe);
$OFS = 0;
$OUTPUT_FIELD_SEPARATOR = '**';       # Element-Trennzeichen
print @array;                         # ida**ilse**udo**uwe
```

Trennzeichen mit Interpolation

Das entsprechende Trennzeichen verbindet die jeweiligen Elemente, wenn die Ausgabe interpoliert wird:

```perl
#!/usr/bin/perl -w

@array = qw(ida ilse udo uwe);
$" = '++';                              # Element-Trennzeichen
print "@array\n";                       # ida++ilse++udo++uwe
```

Alternativ können Sie $LIST_SEPARATOR einsetzen:

```perl
#!/usr/bin/perl -w

use English;                            # Pragma
@array = qw(ida ilse udo uwe);
$LIST_SEPARATOR = '--';                 # Element-Trennzeichen
print "@array\n";                       # ida--ilse--udo--uwe
```

Neben der Vielzahl von Spezial-Variablen existieren in Perl noch weitere Spezial-Arrays und Spezial-Hashes, die Sie einsetzen können.

Zugriff auf Array-Elemente

Perl stellt einen traditionellen Indexoperator zur Verfügung, um über einen numerischen Index auf einzelne Array-Elemente zuzugreifen.

Um ein entsprechendes Element in der Liste einer Array-Variable anzusprechen, wird die Position (Index) als ganze Zahl in eckigen Klammern angegeben. Dabei beginnt das erste Array-Element mit dem Wert 0. Jedes weitere Element wird um den Wert 1 erhöht, so dass alle Array-Elemente durchnummeriert und eindeutig spezifiziert sind. Wenn ein spezielles skalares Element aus der Liste angesprochen werden soll, muss der Zugriff auch im skalaren Kontext erfolgen. Das Array-Element muss mit einem Präfix, dem Dollarzeichen $, beginnen.

Perl bietet allerdings die Möglichkeit, den Startindex 0 mit Hilfe der vordefinierten Spezial-Variable $[zu verändern.

Im folgenden Beispiel beginnt der Startindex bei 3:

```perl
#!/usr/bin/perl -w

$[ = 3;
@array = qw(ida ilse udo uwe);
print "Hoechster Index: $#array\n"; # Hoechster Index: 6
```

Es wird nicht wie bisher mit dem Startindex 0 begonnen, sondern mit dem Startindex 3. Die einzelnen Indizes haben somit die Werte 3, 4, 5, und 6. Der höchste Index hat also den Wert 6.

In den nächsten Beispielen wird wieder das bekannte Array @array = qw(ida ilse udo uwe) verwendet. Zunächst wird das erste Element mit dem Index 0 ausgegeben. Anschließend wird der Indexwert über eine Variable bestimmt. Danach erfolgt die Ausgabe der Elemente durch einen Indexbereich:

```perl
#!/usr/bin/perl -w

$u = 1;
$v = 3;
$index = 2;
@array = qw(ida ilse udo uwe);
print "Erstes Arrayelement: $array[0]\n";
# Erstes Arrayelement: ida
print "$array[$index]\n";              # udo
print "@array[$u .. $v]\n";            # ilse udo uwe
```

Wie im obigen Beispiel dargestellt, können Sie anstelle konstanter Werte auch komplexe Ausdrücke als Indexwerte benutzen, die nur ein Element oder einen Listenbereich ausgeben.

In der Folge wird das dritte Array-Element verändert:

```perl
#!/usr/bin/perl -w

@array = qw(ida ilse udo uwe);
print "Drittes Element: $array[2] \n";
# Drittes Element: udo
$array[2] = ++$array[2];
print "Inkrement: $array[2]\n";
# Inkrement: udp
$array[2] = "otto";                    # udp wird zu otto
$array[2] .= " klug";                  # Konkatenation otto klug
$binde = join '-', @array;             # ida-ilse-otto klug-uwe
print "Stringlaenge: ",length $binde,"\n";
# Stringlaenge: 22
```

Zunächst wird das Inkrement des dritten Elements "udo" gebildet mit dem Ergebnis "udp". Danach erhält dieses Element den String (durch Konkatenation) "otto klug". In der folgenden Zeile werden durch den Einsatz der Funktion join() die einzelnen Strings mit dem angegebenen Verkettungsoperator ‚-' zu einem neuen String verkettet. Hierbei müssen Sie berücksichtigen, dass bei einer abschließenden Angabe von \n (New-Line) diese ebenfalls als String angesehen wird und eine Verkettung erfolgt. Bei der Bestimmung der Stringlänge durch die Funktion length() erhöht sich der Längenwert um 2, und zwar durch den Verkettungsfaktor und \n (New-Line):

```
$binde = join '-', @array,"\n";      # ida-ilse-otto klug-uwe-
print "Stringlaenge: ",length $binde,"\n";
# Stringlaenge: 24
```

Wie bereits erwähnt, können Array-Variablen sogenannte Leerelemente undef enthalten. Dieser Wert lässt sich wie ein normaler skalarer Wert verarbeiten. Im folgenden Beispiel wird er in einer if-Bedingung als Testwert verwendet.

Das Array @var = qw(ida ilse udo uwe) wird ab dem letzten Element um vier Elemente erweitert, wovon das letzte den String "ende" besitzt:

```
#!/usr/bin/perl -w

@array = qw(ida ilse udo uwe);            # Ursprungs-Array
$array[$#array + 4] = "ende";             # Erweitertes Array
# (ida ilse udo uwe undef undef undef ende)
print "Anzahl: ", scalar @array, "\n";
# Anzahl: 8
print "Letztes Element: ", $array[7], "\n";
# Letztes Element: ende

for ($i = 0; $i <= $#array; ++$i) {
        if ($array[$i]) {
                print "\$array[$i] = ", $array[$i], "\n";
        }
        else {
                print "\$array[$i] = ", \"ist undefiniert\", "\n";
        }
}
# $array[0] = ida
# $array[1] = ilse
# $array[2] = udo
# $array[3] = uwe
# $array[4] = "ist undefiniert"
# $array[5] = "ist undefiniert"
# $array[6] = "ist undefiniert"
# $array[7] = ende
```

An diesem Beispiel erkennen Sie, dass die Variablen $var[4..6] zwar den Speicher belegen, aber den Wert undef besitzen.

Einfacher lässt sich eine Erweiterung des Arrays durch direkte Angabe eines Indexwertes für ein Array-Element, z. B. $array[7], vornehmen:

```
#!/usr/bin/perl -w

@array = qw(ida ilse udo uwe);                # Ursprungs-Array
$array[7] = "ende";
# ida ilse udo uwe undef undef undef ende
```

Damit ist das Array von ehemals vier Elementen auf acht Elemente erweitert worden. Wie
Sie sehen, lässt sich eine dynamische Erweiterung sehr einfach vornehmen.

Im Folgenden soll eine Variable, z. B. das dritte Array-Element "udo", mit seinem Indexwert [2] durch die Funktion undef() in eine undef-Variable umgewandelt werden. Sie
können hierzu den if-Modifikator oder die klassische if-Anweisung verwenden:

```
#!/usr/bin/perl -w

@array = qw(ida ilse udo uwe);                # Ursprungs-Array
undef $array[2] if $array[2];
# @array= qw(ida ilse undef uwe);
# oder
if ($array[2]) {undef ($array[2]);}
# @array = qw(ida ilse undef uwe);
```

Mit der Funktion exists() können Sie nachweisen, ob ein Array-Element, hier die Variable $array[2], initialisiert ist oder nicht:

```
print "\$array[2] existiert\n" if exists $array[2];
# $array[2] existiert
print "\$array[2] ist undefiniert\n"
if ! defined $array[2];
# $array[2] ist undefiniert
if (! $array[2]) {print "\$array[2] ist undefiniert\n";}
# $array[2] ist undefiniert
```

Beide if-Abfragen bestätigen, dass die Array-Variable $array[2] existiert, aber undefi-
niert ist. Bekanntlich ist ein Skalar dann undefiniert (undef), wenn er keinen gültigen
String, keinen numerischen Wert oder keine Referenz enthält. Den Wert undef erhalten Sie
durch die Zuweisung eines undefinierten Wertes an eine Variable, z. B. $array[2]='',
oder wenn Sie die undef-Funktion explizit auf die Variable anwenden $array[2]=
undef. Erst die Initialisierung einer skalaren Variable mit einem Wert definiert die Variable.

Mit der Funktion delete() entfernen Sie ein entsprechendes Element aus dem Array. Es
wird undefiniert. Die nachfolgenden Array-Elemente bleiben aber an ihrem Ort. Im folgenden Beispiel soll die Variable $array[2] aus dem Array @array entfernt werden:

```
#!/usr/bin/perl -w

@array = qw(ida ilse udo uwe);                  # Ursprungs-Array
delete $array[2];
print "\$array[2] ist undefiniert\n" if ! exists $array[2];
# $array[2] ist undefiniert
print "$array[3]\n";                            # uwe
```

Wie erwartet, ist das Element aus dem Array entfernt worden, d. h. es ist undefiniert. Der
dabei entstandene leere Platz wird aber nicht aufgefüllt, weil sich damit die Position aller
nachfolgenden Elemente ändern würde. Verwenden Sie an dieser Stelle die Funktion splice(), wenn die restlichen Array-Elemente nachrücken sollen:

```
#!/usr/bin/perl -w

@array = qw(ida ilse udo uwe);                  # Ursprungs-Array
splice (@array, 2, 1);                          # udo entfernen
print "@array\n";                               # ida ilse uwe
print "$#array\n";                              # 2
```

Hier sieht man deutlich, dass das Element "uwe" nachgerückt ist.

Zugriff auf eine Liste eines Arrays

Der Zugriff auf eine Liste von Elementen des gleichen Arrays wird als Slice (Ausschnitt)
bezeichnet. Dieser Ausschnitt beginnt mit einem @-Zeichen. Die benötigten Indizes werden
in eckigen Klammern angegeben.

So entspricht @array[1,2] der Liste ($array[1], $array[2]).

Die folgenden Zeilen zeigen die typische Slice-Anwendung:

```
#!/usr/bin/perl -w

@array = qw(ida ilse udo uwe);                  # Ursprungs-Array
@liste = ($array[1], $array[2]);
print "@liste\n";                               # ilse udo
print "@array[1,2]\n";                          # ilse udo
```

Slice-Ausdrücke können auf der linken Seite eines Zuweisungs-Operators stehen:

```
#!/usr/bin/perl -w

@array = qw(ida ilse udo uwe);                  # Ursprungs-Array
($array[2], $array[3]) = qw(otto tim);
print "@array\n";                               # ida ilse otto tim
```

```
@array[2,3] = qw(ute tom);
print "@array\n";                                    # ida ilse ute tom
```

Da die Array-Elemente skalare Größen sind, muss das $-Zeichen im ersten Beispiel verwendet werden. Die Elemente "udo" und "uwe" lassen sich zunächst mit der Listenschreibweise zu "otto" und "tim" verändern. In der letzten Zeile verändern Sie mit dem Array-Slice @array[2,3] die Elemente qw(otto tim) zu qw(ute tom).

Wie gewohnt, kann der Indexoperator auf Listen angewendet werden, um ein oder mehrere Elemente anzugeben:

```
#!/usr/bin/perl -w

$element = qw(ida ilse ute tom)[2];
print "$element\n";                                  # ute
```

In den folgenden Zeilen soll eine Zuweisung von mehreren Elementen erfolgen:

```
#!/usr/bin/perl -w

@drei = qw(ida ilse ute tom)[1..3];
print "@drei\n";                                     # ilse ute tom
```

Außerdem kann ein Array-Slice entweder *lvalue* oder *rvalue* sein. Sie können somit eine Vertauschung vornehmen:

```
#!/usr/bin/perl -w

@tausch = qw(ida ilse ute tom);
@tausch[0..3] = @tausch[3,2,1,0];
print "@tausch\n";                                   # tom ute ilse ida
```

Mit der Funktion reverse() auf der rechten Seite können Sie im Listenkontext nun die Liste in umgekehrter Reihenfolge ausgeben:

```
#!/usr/bin/perl -w

@array = qw(ida ilse ute tom);
@array[0..3] = reverse @array[0..3];
print "@array\n";                                    # tom ute ilse ida
```

Mit der Funktion reverse() auf der linken Seite erzielen Sie das gleiche Ergebnis:

```
#!/usr/bin/perl -w

@array = qw(ida ilse ute tom);
@array[reverse 0..3] = @array[0..3];
print "@array\n";                                    # tom ute ilse ida
```

Wenn Sie einen negativen Offset einsetzen, bewirkt dies eine Zählung vom Ende der Liste aus:

```
#!/usr/bin/perl -w

@array = qw(ida ilse ute tom);
$array[-1] = 'kai';
print "@array\n";                         # ida ilse ute kai
```

Bei einelementigem Array-Slice (eine Liste!) ist Aufmerksamkeit geboten:

```
#!/usr/bin/perl -w

@array = qw(ida ilse ute kai);
$name = @array[0];
print "$name\n";                          # ida
```

Es wird das erste Element "ida" ausgegeben, da bei dieser Zuweisung des Array-Slices von der rechten Seite im skalaren Kontext ausgewertet wird. Der einelementige Array-Slice verhält sich somit wie bei einer skalaren Zuweisung eines Array-Elements $name = $array[0].

Anzahl der Array-Elemente

Um die Anzahl der Elemente zu bestimmen, muss der skalare Kontext gewählt werden. Der Einsatz der Funktion length() würde an dieser Stelle ein falsches Ergebnis liefern, denn mit der Funktion length() wird die Länge des Strings bestimmt und nicht die Anzahl der Elemente.

Im folgenden Beispiel wird einer Skalar-Variable eine Array-Variable zugewiesen. Das Ergebnis ist die Länge des Arrays @array, d. h. die Anzahl seiner Elemente:

```
#!/usr/bin/perl -w

@array = qw(ida ilse udo uwe);
$anzahl = @array;
print "\$anzahl: $anzahl\n";              # $anzahl: 4
print @array."\n";                        # 4
```

Bei der Zuweisung $anzahl = @array handelt es sich um einen skalaren Kontext. Auch in der nächsten print-Anweisung wird durch die Konkatenation ein skalarer Kontext erzwungen.

Erfolgt die Zuweisung in der Listen-Struktur ($liste) = @array, dann handelt es sich um einen Listenkontext, so dass dem einzigen Listen-Element $liste das erste Element, nämlich $ida, aus dem Array @array zugewiesen wird.

Das nachstehende Beispiel bestätigt dies:

```perl
#!/usr/bin/perl -w

@array = qw(ida ilse udo uwe);
($liste) = @array;
print "\$liste: $liste\n";                    # $liste: ida
```

Möchten Sie direkt die Anzahl der Elemente bestimmen, muss, wie bereits ausgeführt, ein skalarer Kontext gewählt werden, und zwar durch Einsatz der Funktion scalar():

```perl
#!/usr/bin/perl -w

@array = qw(ida ilse udo uwe);
print "Anzahl: ",scalar @array,"\n";       # Anzahl: 4
```

Ohne Mitwirkung der Funktion scalar() würde die Funktion print() die Argumente als Listenkontext auswerten, d. h. es würden die Elemente (ida ilse udo uwe) des Arrays @array ausgegeben.

Des Weiteren lässt sich die Anzahl der Elemente einer Liste durch die Spezial-Variable $# ermitteln. Beim Einsatz dieser Spezial-Variable erhalten Sie den höchsten Indexwert des Arrays. Berücksichtigen Sie, dass bei den Indizes mit 0 zu zählen begonnen wird und somit die Anzahl der Elemente jeweils um 1 größer ist:

```perl
#!/usr/bin/perl -w

@array = qw(ida ilse udo uwe);
print "Anzahl: ", $#array+1,"\n";          # Anzahl: 4
```

Index des letzten Array-Elements

Durch den Einsatz der Spezial-Variable $# mit anschließendem Array-Namen wird der höchste Index (das letzte Element) einer Array-Variable ausgegeben:

```perl
#!/usr/bin/perl -w

@array = qw(ida ilse udo uwe);
print "Hoechster Index: $#array\n";        # Hoechster Index: 3
```

Verwenden Sie aber die Spezial-Variable $# bei einem leeren Array, wird -1 als Ergebnis zurückgeliefert.

4.3   Array-Manipulation

Perl stellt etliche mächtige Funktionen zur Manipulation von Arrays bereit.

Umkehrung und Sortierung von Array-Elementen

In diesem Abschnitt werden die Funktionen `reverse()` und `sort()` zur Manipulation von Arrays beschrieben und angewandt.

Die Funktion `reverse()`
`reverse` *liste*

Die Funktion `reverse()` dreht die Reihenfolge der Elemente um und gibt sie umgekehrt zurück. Im Listenkontext werden die Elemente des Arrays in umgekehrter Reihenfolge zurückgegeben. Im skalaren Kontext werden die Listen-Elemente zu einem String verkettet und der umgekehrte String wird zurückgegeben.

Die Funktion `reverse()` im Listenkontext:

```
#!/usr/bin/perl -w

@array = reverse qw(ich mag Perl);
print "@array\n";                        # Perl mag ich
```

Die Funktion `reverse()` im skalaren Kontext:

```
#!/usr/bin/perl -w

print scalar reverse "rot nie";     # ein tor
```

Die Funktion `sort()`
`sort [`*sub*`] ` *liste*

Gegebenenfalls kann *sub* ein Block oder eine eigene Funktion sein, die anderswo im Programm definiert ist.

Ohne Angabe vom *sub*-Argument wird nach der normalen ASCII-Reihenfolge sortiert, d. h.:

- Kontrollzeichen stehen vor
- Interpunktzeichen. Sie stehen vor
- Ziffern. Diese stehen vor
- Großbuchstaben und die stehen vor
- Kleinbuchstaben.

Das folgende Beispiel mit der Funktion sort() verdeutlicht dies nochmals:

```
#!/usr/bin/perl -w

@liste = sort qw(skalar Alpha 123 & map % 2 Omega);
print "@liste\n";
# % & 123 2 Alpha Omega map skalar
```

Die Sortierung von Zahlen wird nicht numerisch vorgenommen, sondern aufsteigend nach ASCII-Werten (ASCIIbetisch):

```
#!/usr/bin/perl -w

@liste = (8, 2, 24, 16, 2345, 6, 1, 64);
@folge = sort @liste;
print "@folge\n";                          # 1 16 2 2345 24 6 64 8
```

Im nächsten Beispiel werden nach der Sortierung der Stringwerte diese mit der foreach-Schleife ausgegeben. Es müssen natürlich die gleichen Ergebnisse vorhanden sein wie im obigen Beispiel:

```
#!/usr/bin/perl -w

@liste = (8, 2, 24, 16, 2345, 6, 1, 64);
foreach (sort @liste) {
        print "$_ ";                       # 1 16 2 2345 24 6 64 8
}
```

Soll beim Aufruf der Funktion sort() nicht der Vergleich mittels ASCII-Reihenfolge vorgenommen werden, ist eine Vergleichsfunktion zu verwenden. Es wird für den numerischen Vergleich der wegen seines Aussehens sogenannte Raumschiff-Operator <=> (Spaceship-Operator) verwendet. Es werden zwei festgelegte globale skalare Variablen $a und $b im Block bzw. in einer Funktion, die anderswo im Programm definiert sein kann, verglichen.

Beim numerischen Vergleich $a <=> $b wird jeweils -1, 0, bzw. 1 zurückgeliefert in Abhängigkeit davon, ob $a **kleiner, gleich** oder **größer** als $b ist.

Beim Stringvergleich von $a cmp $b (simulierte C/C++-Funktion strcmp()) wird e-benfalls -1, 0, 1 zurückgeliefert in Abhängigkeit davon, ob $a **absteigend, gleich** oder **aufsteigend** gegenüber $b ist. Die Funktion vergleicht somit die Standardvariablen $a und $b. Diese Variablen sollten nicht gleichzeitig für andere Zwecke verwendet werden, da sonst das Sortierungsverfahren nicht mehr funktionieren könnte.

Beispiel für eine aufsteigende numerische Sortierung (Vergleichsfunktion als Block):

```
#!/usr/bin/perl -w

@liste = (8, 2, 24, 16, 2345, 6, 1, 64);
@folge = sort {$a <=> $b} @liste;
print "@folge\n";                        # 1 2 6 8 16 24 64 2345
```

Um Werte in absteigender Reihenfolge zu erhalten, brauchen Sie nur $a und $b zu vertauschen. Dieser Vorgang ist effizienter, als eine Liste erst aufsteigend zu sortieren und sie anschließend mit der Funktion reverse() – wie weiter unten aufgeführt – umzudrehen:

```
#!/usr/bin/perl -w

@liste = (8, 2, 24, 16, 2345, 6, 1, 64);
@folge = sort {$b <=> $a} @liste;   # 2345 64 24 16 8 6 2 1
```

Ebenso können Sie die Funktion substr() verwenden, um z. B. Ziffern aus Zahlenkolonnen zu sortieren:

```
#!/usr/bin/perl -w

@liste = (8, 2, 24, 16, 2345, 6, 1, 64);
@folge = sort {substr ($a,-1,1) <=> substr ($b,-1,1)} @liste;
print "@folge\n";                        # 1 2 24 64 2345 16 6 8
```

Hier wurde mit der Offset-Position -1 jeweils die letzte Ziffer einer Zahl angesprochen und anschließend die Zahlen entsprechend der letzten Ziffer aufsteigend sortiert ausgegeben. Sind die Endziffern gleich, werden die Zahlen in der vorhandenen Reihenfolge ausgegeben.

In einem weiteren Beispiel sollen jetzt Listen-Elemente nach ihrer Stringlänge sortiert ausgeben werden, wobei die Funktion join() wiederum die einzelnen Listen-Elemente mit dem Leerzeichen zu einem String verbindet:

```
#!/usr/bin/perl -w

print join ' ', sort {length($a) <=> length($b)}
qw(ABC die Cleo lief im Schnee);
# im ABC die Cleo lief Schnee
```

Bei gleicher Länge von Strings gilt auch hier wieder Groß- vor Kleinbuchstaben.

Statt mit einem Block können Sie die Sortierung gezielt mit einer eigenen Funktion ausführen:

```
#!/usr/bin/perl -w

@liste = (8, 2, 24, 16, 2345, 6, 1, 64);
@folge = sort vergleich @liste;
print "@folge\n";                        # 1 2 6 8 16 24 64 2345
sub vergleich {$a <=> $b}
```

Es lassen sich Sortierungen von Strings nach obigem Muster vornehmen: Zum Beispiel können Sie alphanumerisch sortieren, ohne auf Groß- oder Kleinschreibung zu achten (wobei die Ursprungs-Liste erhalten bleibt).

Im folgenden Beispiel wird der numerische Operator <=> durch den cmp-Operator ersetzt. Durch lc() (uc()) werden alle Elemente als Klein-(Groß)buchstaben behandelt und sortiert. Im Anschluß werden die ursprünglichen Elemente wieder eingesetzt. Ohne diese Funktionen lc() oder uc() werden die Strings in Abhängigkeit von der Groß- und Keinschreibung sortiert:

```
#!/usr/bin/perl -w

@liste = qw(ABC die Cleo lief im Schnee);
print join ' ', sort {lc($a) cmp lc($b)} @liste;
# ABC Cleo die im lief Schnee
```

Auch in umgekehrter Reihenfolge (nur Vertauschung von $a und $b) können Sie ausgeben:

```
#!/usr/bin/perl -w

@liste = qw(ABC die Cleo lief im Schnee);
print join ' ', sort {uc($b) cmp uc($a)} @liste;
# Schnee lief im die Cleo ABC
```

Die Sortierung einer Liste von Strings in Groß- und Kleinschreibung können Sie auch mit einer Funktion vornehmen:

```
#!/usr/bin/perl -w

@liste = qw(ABC die Cleo lief im Schnee);
@folge = sort vergleich @liste;
print "@folge\n";
# ABC Cleo Schnee die im lief
sub vergleich {$a cmp $b}
```

Genauso lässt sich eine Datendatei bestehend aus Textzeilen mit mehreren Feldern sortieren. Im anschließenden Beispiel werden ‚Jahrgänge', ‚Fakultäten' und ‚Anzahl' (der Studenten eines Perl-Kurses) kaskadenförmig sortiert. Zuerst sollen die ‚Fakultäten', anschließend die ‚Jahrgänge' (wenn ‚Fakultäten' gleich sind) und danach die ‚Anzahl' (wenn ‚Jahrgänge' und ‚Fakultäten' gleich lauten) in aufsteigender Reihenfolge ausgegeben werden. Mit der Funktion split() innerhalb der Funktion werden die Textzeilen aufgetrennt und paarweise verglichen, z. B. alle Spalten-Elemente vom Indexwert [1]. Bei Gleichheit (cmp = 0) werden durch den logischen Operator || (bzw. or) die nächsten Spalten-Elemente ‚Jahrgänge' vom Indexwert [0] numerisch paarweise verglichen. Wenn diese gleich sind, werden die nächsten Spalten-Elemente ‚Anzahl' numerisch paarweise verglichen. Im Anschluss könnten noch weitere Spalten-Elemente folgen, die numerisch <=> oder mittels Stringvergleich cmp sortiert werden:

```perl
#!/usr/bin/perl -w

@liste = <DATA>;
@folge = sort vergleich @liste;
print "@folge\n";

sub vergleich {
      @a_werte = split / /, $a;
      @b_werte = split / /, $b;
# oder als Array-Variablen
#($a_0, $a_1, $a_2) = split / /, $a;
#($b_0, $b_1, $b_2) = split / /, $b;

      $a_werte[1] cmp $b_werte[1]        # Fakultaeten
            ||
      $a_werte[0] <=> $b_werte[0]        # Jahrgaenge
            ||
      $a_werte[2] <=> $b_werte[2];       # Anzahl
}
__DATA__
2005 ET 167
2006 MB 112
2006 INF 335
2006 MB 67
2006 ET 53
2006 BWL 436
2006 SOZ 487
```

Anstelle von $a_werte[1] cmp $b_werte[1] können Sie auch (split / /, $a)[1] cmp (split / /, $b)[1] oder $a_1 cmp $b_1 schreiben. Wie gewünscht wird folgendes Sortierergebnis ausgegeben:

```
2006 BWL 436
2005 ET 167
2006 ET 53
2006 INF 335
2006 MB 67
2006 MB 112
2006 SOZ 487
```

Wie Sie deutlich sehen, wurde zuerst nach ,Fakultäten' sortiert. Lautet die Buchstabenfolge
gleich, wie z. B. die der ,ET', werden noch die ,Jahrgänge' zur Sortierung hinzugezogen.
Sind diese ebenfalls gleich wie bei ,MB', gibt die ,Anzahl' den Ausschlag.

Natürlich können Sie auch jede andere beliebige Art von Datenfeldern nach dieser Form
sortieren. Berücksichtigen Sie, dass dieses Verfahren nicht sehr effizient ist, da etliche Aufrufe bei unterschiedlichen Paarungen von $a und $b vorgenommen werden. Das lässt sich
wesentlich effizienter lösen, wenn Sie die ,Schwartzsche Transformation' nach Randal L.
Schwartz verwenden:

```perl
#!/usr/bin/perl -w

@liste = <DATA>;
@folge = map { $_->[0] }
         sort vergleich
         map { [ $_, split ] } @liste;
print "@folge\n";

sub vergleich {
     $a->[2] cmp $b->[2]               # Fakultaeten
     $a->[1] <=> $b->[1]               # Jahrgaenge
     $a->[3] <=> $b->[3];              # Anzahl
}
__DATA__
2005 ET 167
2006 MB 112
2006 INF 335
2006 MB 67
2006 ET 53
2006 BWL 436
2006 SOZ 487
```

Hier wird das gleiche Ergebnis wie oben ausgegeben. Um diese map-sort-map-
Verkettungstechnik (Schwartzsche Transformation) zu verstehen, müssen Sie die Abarbeitung der Verkettung von rechts nach links, bzw. von unten nach oben interpretieren. Diese
verschachtelte Verkettungstechnik ist in LISP sehr verbreitet. Die Elemente der Liste werden
zunächst als anonyme Arrays umgewandelt. In einer Liste werden diese anschließend mit der
Funktion sort() sortiert. Danach wird die Liste (Index [0]) mit ihren sortierten Elementen an den map-Ausdruck übergeben. Die Liste wird bei der 'Schwartzschen Transformation'
nirgends gespeichert, sondern jeweils weitergereicht. Die Ausführung kann auch in einem
Block erfolgen:

```perl
#!/usr/bin/perl -w

@liste = <DATA>;
@folge = map {$_->[0]}
```

```
        sort {
                $a->[2] cmp $b->[2]            # Fakultaeten
                $a->[1] <=> $b->[1]            # Jahrgaenge
                $a->[3] <=> $b->[3];           # Anzahl
        }
map { [ $_, split ] } @liste;
print "@folge\n";
__DATA__
```

Auch hier wird die map-sort-map-Verkettungstechnik nach dem gleichen Schema wie oben beschrieben abgearbeitet.

Abschließend zum Thema Sortieren lässt sich Folgendes sagen:

Sortieren ist ein abstraktes Problem, das in sehr vielen Anwendungen auftaucht. Es gibt eine Vielzahl von Verfahren, um das Sortieren zu realisieren. Hierbei wird unterschieden zwischen den direkten Verfahren, z. B. (Selectionsort, Insertionsort, Bubblesort, Shellsort), die eine average case Zeitkomplexität von $O(n^2)$ haben, und den log-linearen Sortieralgorithmen, z. B. (Mergesort, Quicksort, Heapsort), die $O(n\log n)$ erreichen. Hierbei werden die Laufzeitkomplexitäten in der sogenannten O-Notation (Landau'sches Symbol) angegeben.

Perl verwendet intern als sort-Funktion den Quicksort-Algorithmus. Ab der Version Perl 5.004_05 wird eine eigene Quicksort-Implementation – einer Kombination von Quicksort mit der Ma3 (Median-aus-Drei-Optimierung) und einem Isertionsort – verwendet und nicht mehr die des Betriebssystems qsort().

Suchen und Modifizieren von Array-Elementen

Mit den Funktionen grep() und map() können Elemente eines Arrays bearbeitet werden. Beide Funktionen werden häufig in Zusammenhang mit regulären Ausdrücken eingesetzt. Der Name grep kommt von globel regular expression print und bezeichnet ein ursprünglich im UNIX-Umfeld beheimatetes Programm, welches Zeilen, auf die ein Muster passt, aus einer Datei extrahiert. Die Funktion grep() erlaubt eine komplexe Suche nach bestimmten Elementen, d. h. es werden Elemente aus einer Liste gefiltert, die ein bestimmtes Kriterium erfüllen. Die Funktion map() modifiziert dagegen alle ihr übergebenen Elemente einer Liste.

Die Funktion grep()
grep *ausdruck, liste*

grep *block liste*

Die Funktion grep() überprüft die Elemente einer Liste auf die gewünschte Bedingung. Im Listenkontext wird jeder Eintrag zurückgeliefert, für den der Wahrheitswert true ist. Das Ergebnis liefert somit eine neue Liste. Im Skalarkontext wird die Anzahl der Treffer zurückgegeben. Dabei überprüft die Funktion grep() jedes Element auf die Bedingung hin, die im Ausdruck angegeben wurde. Das Element, das aktuell abgearbeitet wird, ist dabei in der Spezial-Variable $_ temporär gespeichert.

Der Ausdruck kann ein Suchmuster darstellen, der die passenden Listen-Elemente zurückgibt. Dieses Suchmuster kann ein regulärer Ausdruck sein.

Im nachfolgenden Programm werden alle Elemente eines Arrays gefunden, deren Länge größer/gleich 4 ist:

```perl
#!/usr/bin/perl -w

@array = qw(ABC die Cleo lief im Schnee);
@liste = grep length $_ >= 4, @array;
print "@liste\n";
# Cleo lief Schnee
```

Im nächsten Beispiel werden alle ungeraden Zahlen von 0 bis 10 mit der Funktion grep() ausgegeben:

```perl
#!/usr/bin/perl -w

print join ' ', grep $_ % 2, 0 .. 10;
# 1 3 5 7 9
```

Nachstehend filtert der Modulo-Operator (% 2) die geraden Zahlen im Wertebereich 0..10 heraus. Die grep-Funktion liefert jene Zahlen zurück, die durch den Modulo-Operator einen Rest gleich 0 (== 0) entstehen lassen. Dabei wurde die Blockschreibweise in geschweiften Klammern eingesetzt. Als Trennung zur Zahlenliste darf kein Komma verwendet werden:

```perl
#!/usr/bin/perl -w

print join ' ', grep {$_ % 2 == 0} 0 .. 10;
# 0 2 4 6 8 10
```

Am Ergebnis erkennen Sie, dass nur bei den geraden Zahlen die Bedingung $_ % 2 == 0 erfüllt ist.

Auch in den nächsten Beispielen sollen die entsprechenden Elemente mittels grep() herausgefiltert werden:

```perl
#!/usr/bin/perl -w

@array = qw(a1 0 a2 -1);
print "1) \n",join ' ',grep $_, @array;       # 1) a1 a2 -1

@liste = grep $_, "@array";                    # String
print "2) ",$liste[0],"\n";                    # 2) a1 0 a2 -1
```

```
print '3) ';                              # mit if-Modifikator
grep { print $_ if $_ lt 'a2' } @array;   # 3) a1 0 -1

@liste = grep { $_ lt 'a2' } @array;      # Block-Schreibweise
print "4) @liste\n";                      # 4) a1 0 -1

@liste = grep $_ lt 'a2' , @array;        # ohne Block-Schr.
print "5) @liste\n";                      # 5) a1 0 -1
```

Im Beispiel 1) werden alle Elemente des Arrays @array ausgewählt, die true sind. Durch die Anführungszeichen wird im Beispiel 2) @array interpoliert, d. h. als ein einziger String der Liste @liste zugewiesen. Im Beispiel 3) werden alle Elemente, die kleiner als a2 sind, mit dem if-Modifikator ausgegeben. Ohne if-Modifikator werden im Beispiel 4) – in Block-Schreibweise – und 5) – ohne Block-Schreibweise – jeweils die Array-Elemente ausgegeben, die kleiner als a2 sind.

Sie können auch aus einer Liste all jene Elemente herausfinden, die dem String-Vergleichs-Operator ne (not equal) entsprechen:

```
#!/usr/bin/perl -w

print join ' ', grep $_ ne "ist", qw(Perl ist spitze!);
# Perl spitze!
```

Wenn Sie mehrfach gleichlautende Elemente aus einer Liste eliminieren wollen, verwenden Sie hierzu einen Hash:

```
#!/usr/bin/perl -w

%hash = ();
@liste = qw(anton ida ilse tom ida ilse ida ilse anton ilse);
@neu = grep { ! $hash{$_}++ } @liste;
print "@neu\n", %hash,"\n";          # anton ida ilse tom
                                     # ilse4tom1ida3anton2
```

Der Hash gibt noch die Anzahl der gleichlautenden Elemente aus.

Das Suchmuster des regulären Ausdrucks gibt die entsprechenden Elemente des Arrays zurück:

```
#!/usr/bin/perl -w

@array = qw(katzen koennen nicht nur kratzen);
@liste = grep /^k/, @array;
print "@liste\n";
```

Die Ausgabe ist:

```
katzen koennen kratzen
```

Es wurden alle Elemente gefunden, die mit dem kleinen Buchstaben "k" beginnen.

Im folgenden Beispiel sollen alle Elemente die ein 'd' bzw. ein 'o' enthalten ausgegeben werden:

```
#!/usr/bin/perl -w

@array = qw(ABC die Cleo lief im Schnee);
@liste = grep /[do]/, @array;
print "@liste\n";                          # die Cleo
```

Die Funktion map()
map *ausdruck, liste*

map *block liste*

Die Funktion map() liefert ein neues Array zurück, das die modifizierten Elemente enthält, während die ursprünglichen Elemente unverändert bleiben. Somit wird der Ausdruck nicht wie bei der Funktion grep() im Booleschen Kontext ausgewertet, sondern im Listenkontext. Ebenso wird das jeweils aktuelle Element mit der Spezial-Variable $_ angesprochen. Das bedeutet auch, dass jeder Ausdruck, der mit dieser Spezial-Variable $_ operiert, mit der Funktion map() aufgerufen werden kann.

Im Gegensatz zur Funktion grep() werden hier nicht bestimmte Elemente aus einem Array ausgewählt, sondern es wird der Ausdruck auf jedes Array-Element angewendet.

Jedes Element wird im folgenden Beispiel inkrementiert. Berücksichtigen Sie, dass die Präfix-Schreibweise zuerst inkrementiert wird, bevor der Wert zurückgegeben wird:

```
#!/usr/bin/perl -w

@array = qw(Iz Z9);
@liste = map ++$_, @array;
print "@liste\n";                          # Ja AA0
```

Nach dem Einsatz der Funktion map() enthalten @liste und @array die gleichen Werte.

Anders sieht es bei der Postfix-Schreibweise aus, hier wird erst der Wert zurückgegeben und dann inkrementiert:

```
#!/usr/bin/perl -w

@array = qw(Iz Z9);
@liste = map $_++, @array;
```

```perl
print "@liste\n";                              # Iz Z9
print "@array\n";                              # Ja AA0
```

Im obigen Beispiel werden zuerst beide Strings der Liste @liste zugewiesen und anschließend werden sie inkrementiert.

Ebenso können Sie mit der Funktion map() mathematisch auf jedes Element einwirken:

```perl
#!/usr/bin/perl -w

@array = (5..8);
@folge = map $_ * 2, @array;
print "@folge\n";
# 10 12 14 16
@folge_1 = map {sqrt $_} @folge;
foreach (@folge_1) {printf "sqrt_wert: %.2f \n", $_;}

# sqrt_wert: 3.16
# sqrt_wert: 3.46
# sqrt_wert: 3.74
# sqrt_wert: 4.00
```

Im folgenden Beispiel findet wieder eine Ausgabe von geraden/ungeraden Zahlen statt:

```perl
#!/usr/bin/perl -w

print map {$x = !$x; if ($x){$_;} else {"\t$_\n";} } 0 .. 10;

#  0  1
#  2  3
#  4  5
#  6  7
#  8  9
# 10
```

Zunächst besitzt die Variable $x den Wert undef. Durch die Zuweisung von !$x erhält $x
jetzt den Wert '1'. Die folgende if-Abfrage ist true, was zur Folge hat, dass map() für
$_ den Startwert des Bereichs-Operators '0' einsetzt. Im nächsten Durchlauf erhält $x den
Wert '0' (!1) zugewiesen. Jetzt ist die if-Abfrage false, d. h. im else-Zweig wird durch
map() der nächste Wert '1' vom Bereichs-Operator der Spezial-Variable $_ zugewiesen.
Anschließend wird aus der '0' (!0) wieder eine '1'. Das wiederum bedeutet: Die if-
Abfrage ist true. Somit verwendet map() für $_ den Wert '2' vom Bereichs-Operator
usw. Beginnt der Startwert des Bereichs-Operators aber mit einer '1', werden durch true
(false) ungerade (gerade) Zahlen ausgegeben.

Mit der Funktion map() können Sie Zeichen und auch numerische Werte des ASCII-Zeichensatzes ausgeben.

Die Länge der einzelnen Listen-Elemente wird durch die Funktion length() ausgeben:

```perl
#!/usr/bin/perl -w
```

```perl
print join ' ', map ord, 0 .. 5;         # 48 49 50 51 52 53
print"\n";
print join ' ', map chr, 48 .. 53;       # 0 1 2 3 4 5
print"\n";
print join ' ', map ((length),
qw(ABC die Cleo lief im Schnee));        # 3 3 4 4 2 6
```

Wenn Sie den Ausdruck nicht als Block, sondern mit Klammern einfassen wollen, müssen Sie auch Klammern für die enthaltene Funktion vorsehen.

Im nächsten Beispiel wird mittels map() ein Hash aus einem Array initialisiert und anschließend ausgegeben:

```perl
#!/usr/bin/perl -w
```

```perl
@array = qw(vier fuenf);
%hash = map {$_ => length $_} @array;
print map {"$_ => $hash{$_} "} sort keys %hash;
# fuenf => 5 vier => 4
```

In den folgenden Zeilen sollen alle Wörter in Großbuchstaben ausgegeben weren. Dies geschieht mit der Funktion uc() (d. h. alles in Großbuchstaben):

```perl
#!/usr/bin/perl -w
```

```perl
@array = qw(Perl ist spitze);
@liste = map {uc} @array;
print "@liste\n";                        # PERL IST SPITZE
```

Nur zwischen Ausdruck und Liste muss ein Komma stehen, während zwischen Block und Liste kein Komma stehen darf.

Ferner lassen sich New-Lines oder Textpassagen durch die map-Funktion auf einzelne Listen-Elemente anwenden:

```perl
#!/usr/bin/perl -w
```

```perl
@array = qw(Perl ist spitze);
print map "$_ wie jeder weiss\n", @array;
print map {$_ . " wie jeder weiss\n"} @array;
# Perl wie jeder weiss
```

```
# ist wie jeder weiss
# spitze wie jeder weiss
```

Hier wurde die Textpassage "wie jeder weiss\n" auf jedes Listen-Element angewandt. In der zweiten print-Anweisung werden die Konkatenation und die Block-Schreibweise verwendet. In beiden Fällen enthält das Array @array die veränderten Textzeilen.

Im nächsten Beispiel soll die bekannte Verschachtelung durch die Funktion map() nicht auf mehrdimensionale Arrays, sondern auf anonyme Hashes angewandt werden:

```
#!/usr/bin/perl -w

$h_1 = {x => 1, y => 2, z => 3};        # anonyme Hashes
$h_2 = {x => 4, y => 5, z => 6};
$h_3 = {x => 7, y => 8, z => 9};

$AoH = [ $h_1, $h_2, $h_3 ];            # anonymes Array
```

Die drei anonymen Hashes sind in einem anonymen Array gespeichert.

Jetzt werden die Schlüssel-Werte mittels map() ausgegeben:

```
for ($i = 0; $i <= 2; ++$i) {
    print "\n", map {$$AoH[$i]{$_},' '  } qw(x y z);
    print "\n", map {${$AoH}[$i]{$_},' '} qw(y x z);
    print "\n", map {$AoH->[$i]{$_},' ' } reverse qw(y x z);
}
```

Hier wurden die drei verschiedenen Arten der Derefenzierung angewandt und ein Spaltentausch vorgenommen.

Im Folgenden werden die entsprechenden Schlüssel-Werte miteinander multipliziert und addiert:

```
@werte_1 = map {
    $AoH->[0]{$_} * $AoH->[0]{$_} +
    $AoH->[1]{$_} * $AoH->[1]{$_} +
    $AoH->[2]{$_} * $AoH->[2]{$_};
} qw(x y z);
print "@werte_1\n";                     # 66 93 126
```

In der letzten Abfolge werden durch map() sämtliche Schlüssel-Werte vom anonymen Hash $h_3 ausgegeben, aber nur, wenn bei der grep-Auswahl die jeweiligen Schlüssel-Werte von $h_2 größer sind als die von $h_1:

```
@werte_2 = map {$AoH->[2]{$_}}
        grep {$AoH->[1]{$_} > $AoH->[0]{$_}} qw(x y z);
print "@werte_2\n";                     # 7 8 9
```

4.4 Hinzufügen bzw. Entfernen von Array-Elementen

Um Arrays (Listen) zu bearbeiten, z. B. als LIFO (Last In First Out) oder FIFO (First In First Out), stehen Ihnen in Perl folgende Funktionen zur Verfügung:

- Die Funktion push() fügt ein oder mehrere Elemente an das **Ende** eines Arrays an. Zurückgegeben wird die Anzahl der Elemente der neu zusammengefügten Liste.
- Die Funktion pop() entfernt das **letzte** Element eines Arrays und liefert es zurück. Das Ergebnis undef wird bei einer leeren Liste zurückgeliefert.
- Die Funktion unshift() fügt ein oder mehrere Elemente an den **Anfang** eines Arrays an. Zurückgegeben wird die Anzahl der Elemente der neu zusammengefügten Liste.
- Die Funktion shift() entfernt das **erste** Element eines Arrays und liefert es zurück. Das Ergebnis undef wird bei einer leeren Liste zurückgeliefert.

Die Funktion push()
push *array, liste*

Die Funktion push() fügt ein Element oder Elemente einer Liste an das rechte Ende eines Arrays an. Somit erlaubt es die Funktion push() auch, eine Liste – siehe Beispiel unten – auf einen Stapel zu legen. Dabei ist das erste Argument sowohl bei der Funktion push() als auch bei der Funktion pop() immer ein Array. Die Argumente können auch in Klammern gesetzt werden.

Hinzufügen eines einzelnes Elements
Im folgenden Beispiel wird ein Element ans Ende eines Arrays hinzugefügt:

```
#!/usr/bin/perl -w

@array = qw(10 zehn 11 elf 12);
push @array, "zwoelf";
print "$array[5]\n";                            # zwoelf
```

Das Element $array[5] ist das neu hinzugefügte Element "zwoelf".

Hinzufügen von Array-Elementen
Im diesem Beispiel werden Array-Elemente ans Ende eines bestehenden Arrays angefügt:

```
#!/usr/bin/perl -w

@array = qw(10 zehn 11 elf 12);
@array_1 = qw(zwoelf 13 dreizehn);             # Array-Elemente
push @array, @array_1;
print "@array\n";
# 10 zehn 11 elf 12 zwoelf 13 dreizehn
```

Durch das Anfügen verändert sich natürlich die Länge des Arrays @array.

Die Funktion pop()
pop *array*

Die Funktion pop() als Gegenstück zur Funktion push() ermöglicht Ihnen das Entfernen des letzten Elements aus dem Array (Stack-Schema). Es wird das entsprechende Element als Ergebnis zurückgeliefert. Die Funktion pop() gibt bei einer leeren Liste das Ergebnis un-def zurück.

Im folgenden Beispiel wird mit der Funktion pop() das letzte Element aus dem Array @array entfernt. Danach soll das nächstfolgende letzte Element nur dann entfernt werden, wenn seine Länge den Wert 3 besitzt. Im Anschluss daran sollen die restlichen Elemente ausgegeben werden:

```
#!/usr/bin/perl -w

@array = qw(10 zehn 11 elf 12);
print pop @array,"\n";                  # 12, wird entfernt
pop @array if length $array[3] == 3;    # elf, wird entfernt
print "@array\n";
```

Im obigen Beispiel erkennen Sie wieder die Stärke von Perl: Sie können umgangssprachlich programmieren: „Wenn die Länge des letzten Elements gleich 3 ist, soll es aus dem Array entfernt werden".

Die noch vorhandenen Elemente des Arrays @array sind:

```
10 zehn 11
```

Mit einer push-pop-Konbination lässt sich z. B. das LIFO-Prinzip realisieren. Anschließend sehen Sie einen Stack (Keller) aus einer Liste mit Elementen vom gleichen Typ:

```
#!/usr/bin/perl -w

@alt = (A .. F);
while (@alt) {
     push @neu, pop @alt;
}
print "@neu\n";                          # F E D C B A
```

Wie Sie sehen, erscheint das letzte Element „F" (mit dem höchsten Index) in dem Array @alt nun als erstes Element (mit dem kleinsten Index) im Array @neu. Im Array @neu müssen demzufolge die Elemente in umgekehrter Reihenfolge (reverse-Funktion) zum Array @alt gespeichert sein. Das Array @alt selbst enthält durch die jeweilgen pop-Funktionen keine Elemente mehr und ist somit zu einer leeren Liste geworden.

Wenn Sie statt der while-Schleife eine foreach-Schleife verwenden, erzielen Sie mit der push-pop-Konbination nicht die gleichen Ergebnisse.

Hierbei entsteht der Effekt, dass durch die pop-Funktion die Anzahl der Durchläufe mit der foreach-Schleife in Abhängigkeit der noch vorhandenen Elemente stattfindet. So finden bei gerader Anzahl von n-Elementen (n/2)-Durchläufe statt. Das hat zur Folge, dass von n-Elementen auch nur int (n/2)-Elemente ausgegeben werden. Bei einer ungeraden Anzahl von n-Elementen werden ((n/2)+1)-Durchläufe ausgeführt, demzufolge nur int ((n/2)+1)-Elemente ausgegeben:

```
#!/usr/bin/perl -w

@alt = (A .. F);                              # gerade Anzahl
foreach (@alt) {push @neu, pop @alt;}
print "@neu\n";                              # F E D
```

Bei gerader Anzahl von n-Elementen werden int (n/2)-Elemente ausgegeben.

Beim ersten Durchlauf der foreach-Schleife (bedingt durch das Vorhandensein des ersten Elements im Arrays @alt) entfernt die pop-Funktion als erstes Element das „F" aus dem Array @alt, welches dann durch die push-Funktion dem zunächst leerem Array @neu zugeführt (angehängt) wird. Das Array @alt besitzt das Element „F" nicht mehr; stattdessen enthält das Array @neu das Element „F".

Im nächsten Durchlauf wird „E" entfernt und angehängt. Das Array @alt besitzt das Element „E" nicht mehr, während im Array @neu das Element „E" an das Element „F" angehängt wird.

Beim dritten Durchlauf wird das Element "D" aus @alt entfernt und in @neu angehängt.

Nach diesem dritten Durchlauf, der von den Elementen (A, B, C) des Arrays @alt bestimmt wurde, sind durch die vorhergegangenen pop-Funktionen keine weiteren Elemente mehr im Array @alt vorhanden. Somit ist die foreach-Schleife beendet und es finden keine weiteren Durchläufe mehr statt.

Mit der anschließenden print-Anweisung werden die reduzierten Elemente des Arrays @neu ausgegeben.

Gezieltes Entfernen
Möchten Sie entsprechende Elemente aus einem Array vom rechten Ende aus bis zu einem bestimmten Element entfernen, lässt sich dies sehr einfach realisieren.

Ab dem Element "die" werden alle folgenden Elemente aus dem Array @array entfernt:

```
#!/usr/bin/perl -w

@array = qw(ABC die Cleo lief im Schnee);
while ($array = @array) {
     last if 'Cleo' eq pop @array;
```

```
}
print "@array\n";
```

Die Ausgabe ist:

```
ABC die
```

Wenn Sie gezielt Elemente bis zu einem bestimmten Element entfernen wollen, überprüfen Sie die vom Ende entfernten Elemente mit einer if-Anweisung. Das zu überprüfende Element steht in der Reihung nach dem Element, bis zu dem Sie die Elemente entfernen wollen. Oder anders gesagt: Das zu überprüfende Element hat einen um 1 höheren Indexwert als das Element, bis zu dem entfernt werden soll. Um ein eindeutiges Ergebnis zu erzielen, sollte das zu überprüfende Element nur einmal in der Liste vorkommen.

Die jeweiligen Elemente werden durch die Funktion pop() vom Ende aus entfernt, bis mit dem last-Operator die while-Schleife beendet wird. Das ist dann der Fall, wenn das zu überprüfende Element erreicht ist und der Wahrheitswert der if-Bedingung den Booleschen Wert true ergibt.

Das Array enthält jetzt nur noch die restlichen Elemente.

Der Anweisungsblock der while-Schleife kann nur dann durch den last-Operator verlassen werden, wenn beim Durchlauf die if-Bedingung irgendwann einmal den Wahrheitswert true liefert. Das abzufragende Element sollte in der Liste existieren, da sonst alle Elemente aus dem Array entfernt werden. Damit keine Endlos-while-Schleife entsteht (durch die if-Abfrage nicht vorhandener Elemente), wird aus Sicherheitsgründen der Bedingungsteil der while-Schleife als Skalarkontext (Anzahl) von @array ausgewertet.

Besteht das Array nur aus einem Element bzw. wird das erste Element abgefragt, entsteht natürlich eine leere Liste.

Die Funktion unshift()
unshift *array, liste*

Die Funktion unshift() hat eine ähnliche Wirkung wie die Funktion push(). Hier werden aber am Anfang eines Arrays Listen-Elemente hinzugefügt. Wie bei den Funktionen push() und pop() ist auch hier das erste Argument ein Array.

Hinzufügen eines einzelnen Elements
Ein Element soll an den Anfang eines Arrays angefügt werden:

```
#!/usr/bin/perl -w

@array = qw(10 zehn 11 elf);
unshift @array, "neun";
print "$array[0]\n";                              # neun
```

Das Element $array[0] ist das neu hinzugefügte Element "neun".

Hinzufügen von Array-Elementen
In diesem Beispiel werden Array-Elemente an den Anfang eines bestehenden Arrays angefügt:

```perl
#!/usr/bin/perl -w

@array = qw(10 zehn 11 elf);
@array_1 = qw(9 neun);                          # Array-Elemente
unshift @array, @array_1;
print "@array\n";
# 9 neun 10 zehn 11 elf
```

Durch das Hinzufügen ist der Array @array entsprechend länger geworden.

Die Funktion shift()
shift *array*

Die Funktion shift() ist das Gegenstück zur Funktion unshift() und ermöglicht das
Entfernen des ersten Elements aus einem Array. Es wird das entsprechende Element als
Ergebnis zurückgeliefert. Die Funktion shift() gibt bei einem leeren Array das Ergebnis
undef zurück.

In dem folgenden Beispiel wird mit der Funktion shift() das erste Element aus dem Array @array entfernt. Im Anschluss daran soll nur dann das nächstfolgende erste Element
entfernt werden, wenn seine Länge den Wert 4 besitzt. In Anschluss sollen die verbleibenden
Elemente ausgegeben werden:

```perl
#!/usr/bin/perl -w

@array = qw(10 zehn 11 elf);
print shift @array,"\n";                        # 10, wird entfernt
shift @array if length $array[0] == 4;          # zehn, wird entfernt
print "@array\n";
```

Die noch vorhandenen Elemente des Arrays @array sind:

```
11 elf
```

Mit einer push-shift-Kombination lässt sich z. B. das FIFO-Prinzip realisieren. Als Ergebnis
soll das Element mit dem kleinsten Index diesen auch am Ende besitzen:

```perl
#!/usr/bin/perl -w

@alt = (A .. F);
while (@alt) {
     push @neu, shift @alt;
}
print "@neu\n";                                 # A B C D E F
```

Hier erscheint das erste Element "A" (mit dem kleinsten Index) aus dem Array @alt als erstes Element (mit dem kleinsten Index) im Array @neu. Durch die jeweiligen shift-Funktionen ist das Array @alt zu einer leeren Liste geworden.

Wie im obigen Beispiel erläutert, erzielen Sie auch hier nicht die gleichen Ergebnisse, wenn Sie statt der while-Schleife eine foreach-Schleife verwenden:

```perl
#!/usr/bin/perl -w

@alt = (A .. F);                          # gerade Anzahl
foreach (@alt) {push @neu, shift @alt;}
print "@neu\n";                           # A B C
```

Bei gerader Anzahl von n-Elementen ergibt auch hier die Ausgabe int (n/2)-Elemente. Bei einer ungeraden Anzahl von n-Elementen werden wiederum int ((n/2)+1)-Elemente ausgegeben.

Gezieltes Entfernen

Ebenso einfach wie das Entfernen der Elemente vom Ende eines Arrays ist auch der umgekehrte Weg, nämlich das Entfernen der Elemente vom Anfang eines Arrays.

Im nachstehenden Beispiel werden alle Elemente vom Anfang des Arrays @array bis zum Element "lief" entfernt. Im Anschluss daran werden die restlichen Elemente ausgegeben:

```perl
#!/usr/bin/perl -w

@array = qw(ABC die Cleo lief im Schnee);
while ($array = @array) {
      last if 'Cleo' eq shift @array;
}
print "@array\n";                         # lief, $array[0]
```

Die Ausgabe ist:

```
lief im Schnee
```

Möchten Sie Elemente aus einem Array vom Anfang aus bis zu einem bestimmten Element entfernen, enthält die if-Bedingung das zu überprüfende Element. Ist der Wahrheitswert der if-Bedingung true, wird auch das zu überprüfende Element entfernt. Oder anders gesagt: Einschließlich des Indexwertes sind alle Elemente entfernt worden. Der last-Operator beendet anschließend die while-Schleife. Etwaige restliche Elemente besitzen natürlich neue Indexwerte.

Wegen der Eindeutigkeit sollte das zu überprüfende Element in der Liste existieren und nur einmal vorkommen. Damit auch hier keine Endlos-while-Schleife entsteht, wird im Bedingungsteil der Skalarkontext von @array eingesetzt.

Die Funktion `splice()`
`splice` *array, offset* [, *länge* [, *liste*]]

Die universelle Funktion `splice()` ermöglicht nicht nur die Manipulation von Arrays mit einem bzw. mit mehreren Elementen. Mit ihr können Sie einen beliebigen Teil eines Arrays verändern. Außerdem können Sie sowohl einen Bereich von Elementen entfernen als auch einen neuen einfügen.

Bei Verwendung aller oben bezeichneten Argumente bedeutet das, dass die *länge* oder auch Anzahl der Elemente von *array*, beginnend mit dem angegebenen Argument *offset*, durch die vorhandenen Elemente der *liste* ersetzt werden. Dabei ist zu beachten:

- Wird kein Array angegeben, werden nur die Elemente entfernt.
- Wird keine Länge angegeben, werden alle Elemente ab dem Offset entfernt.
- Das neu einzufügende Array muss von der Länge her nicht mit der Anzahl der Elemente, die entfernt wurden, übereinstimmen. Das Ergebnis-Array wächst oder schrumpft je nach Bedarf.
- Ein negativer Offset meint das letzte Element oder die letzten Elemente.

Mit dem folgenden Array werden die einzelnen Fälle durchgespielt:

```
#!/usr/bin/perl -w

@array = (A .. L);
print "\@array = @array\n";
# @array = A B C D E F G H I J K L
```

Perl zeigt sich großzügig, wenn der Bereichs-Operator mit großen Buchstaben ohne Hochkommas dargestellt wird, und gibt keine Warnung aus.

Die Funktion `splice()` **mit vier Argumenten**

```
#!/usr/bin/perl -w

@array = (A .. L);
@liste = ('u' .. 'w');
$entfernt = splice @array, 4, 3, @liste;
print "$entfernt\n";        # G
print "@array\n";           # A B C D u v w H I J K L
```

Das erste Argument ist das Array `@array` selbst, aus dem extrahiert werden soll.

Das zweite Argument *offset* gibt den Index an, ab dem extrahiert werden soll. Der Indexwert 4 gibt den Startwert (Buchstabe `"E"`) an, bei dem das Entfernen der Elemente beginnt.

Das dritte Argument *länge* gibt an, wie viele Elemente entfernt werden sollen. Der Wert 3 als Länge bedeutet, dass die Elemente `"E"`, `"F"` und `"G"` entfernt werden.

Das letzte Argument fügt an dieser Stelle ein neues Array (@liste) ein, wobei das neu einzufügende Array nicht mit der Anzahl der Elemente, die entfernt wurden, übereinstimmen muss. Mit @liste = 'u'..'w' werden an dieser Stelle die Elemente "u", "v" und "w" eingefügt. Sie können auch hier direkt die Elemente "u" .. "v" angeben.

Wird im skalaren Kontext zugewiesen, und zwar mit $entfernt = splice @array, 4, 3, @liste, wird das letzte Element "G" des zu extrahierenden Bereichs [E..G] ausgegeben.

Die Funktion `splice()` **mit drei Argumenten**

```
#!/usr/bin/perl -w

@array = qw(A B C D u v w H I J K L);
$entfernt = splice @array, 8, 2;
print "$entfernt\n";            # J
print "@array\n";              # A B C D u v w H K L
```

Bei diesem Beispiel wird das Array beginnend ab dem achten Indexwert (zweites Argument) gelöscht. Dies ist das Element "I". Das dritte Argument (*länge* = 2) gibt an, wie viele Elemente gelöscht werden sollen. Die zwei Elemente, die entfernt werden, heißen "I" und "J".

Wie bereits erläutert, wird bei einer Zuweisung im skalaren Kontext das letzte Element der gelöschten Liste (Bereich) zurückgeliefert, nämlich "J".

Die Funktion `splice()` **mit zwei Argumenten**

```
#!/usr/bin/perl -w

@array = qw(A B C D u v w H K L);
$entfernt = splice @array, 4;
print "$entfernt\n";          # L
print "@array\n";            # A B C D
```

Das erste Argument gibt wieder das Array an, aus dem extrahiert werden soll. Anschließend wird durch das zweite Argument (*offset*) festgelegt, ab welchem Index (beginnend) gelöscht werden soll. Somit werden alle Elemente, von "u" beginnend, gelöscht. Der skalare Ausdruck gibt das letzte Element der gelöschten Liste zurück. Das letzte Element der gelöschten Liste (u, v, w, H, K, L) ist das Element "L".

Die Funktion `splice()` **mit negativem Argument**

```
#!/usr/bin/perl -w

@array = (A .. D);
$entfernt = splice @array, -3;
print "$entfernt\n";            # D
print "@array\n";               # A
```

Durch das negative Argument "-3" wird vom Ende des Arrays aus extrahiert (dabei darf der negative Wert nicht über den Anfang reichen). In der nächsten Programmzeile wird wieder im skalaren Kontext das letzte Element – nämlich "D" – aus der gelöschten Liste (B, C, D) zurückgeliefert. Mit der letzten `print`-Anweisung wird der Inhalt des Arrays @array ausgegeben. Dieses enthält nach dem Extrahieren von drei Elementen nur noch das Element "A".

Wie Sie deutlich sehen, wird durch die Verwendung der Funktion `splice()` ein Schrumpfen bzw. ein Wachsen des Arrays hervorgerufen. Es lassen sich ein oder mehrere Elemente z. B. in der Mitte eines Arrays sehr einfach einfügen.

In der folgenden Tabelle werden die entsprechenden Äquivalenzen aufgelistet.

Tabelle 4.4: Äquivalenzen

splice-Funktion	Array-Funktion
splice (*@array,$#array+1,0,@neu*);	push (*@array, @neu*);
splice (*@array, -1*);	pop (*@array*);
splice (*@array, 0, 0, @neu*);	unshift (*@array, @neu*);
splice (*@array, 0, 1*);	shift (*@array*);
splice (*@array, $i,1, $x*);	$array[$i] = $x;

Mit der Funktion `splice()` können Sie alles das tun, was die Funktionen `push()`, `pop()`, `unshift()` und `shift()` auch leisten, und noch einiges mehr. Es lässt sich ein Teil eines Arrays durch einen anderen ersetzen, der nicht die gleiche Länge zu besitzen braucht.

In der nächsten Anweisungsfolge wird ein Perl-Cocktail gemixt. Dieser wirkt aber nur dann anregend, wenn die Zutaten jeweils die Menge eines Likörglases nicht überschreiten. Als Basis wird kalter, gesüßter „Kaffee" verwendet. Die Ausgangselemente des Arrays @mixdrink bestehen aus „Kaffee", „Weinbrand" und einem „Mixbecher":

```
@mixdrink = qw(Kaffee Weinbrand Mixbecher);
```

Jetzt soll der „Weinbrand" durch einen guten „Cognac" ersetzt und weitere Zutaten durch die Funktion `splice()` hinzugefügt werden:

```
splice (@mixdrink, 1, 1, qw(Milch Cognac Wasser Eigelb));
# Kaffee Milch Cognac Wasser Eigelb Mixbecher
```

Das Element „Wasser" würde den Cocktail verdünnen und wird entfernt; stattdessen wird ein Likörglas „Mokkalikör" hinzugefügt:

```
splice (@mixdrink, -3, 1, Mokkalikoer);
# Kaffee Milch Cognac Mokkalikoer Eigelb Mixbecher
```

Da jetzt der Cocktail fertig ist und keine Zutaten mehr benötigt oder entfernt werden müssen, ist auch die Länge des Arguments Null. Die Syntax für den Perl-Cocktail lautet:

```
@Perl_Cocktail = splice (@mixdrink, 0);        # Prost
# Kaffee Milch Cognac Mokkalikoer Eigelb Mixbecher
```

In der obigen Funktion splice() wurde als erstes Argument das Array @mixdrink angegeben, das eventuell verändert werden sollte. Die splice-Funktion beschreibt ferner den Bereich, der im Array @mixdrink entfernt und verändert wurde. Der Bereich wird durch den Anfangsindex und die Länge angegeben. Negative Indizes werden vom Ende des Arrays gezählt. Wird die Länge Null angegeben, bleibt das Array mit seinen Elementen erhalten.

Im folgenden Bild wird die Entstehung des Perl-Cocktails grafisch dargestellt:

1. @mixdrink = qw(Kaffee Weinbrand Mixbecher);

2. splice (@mixdrink, 1, 1, qw(Milch Cognac Wasser Eigelb));

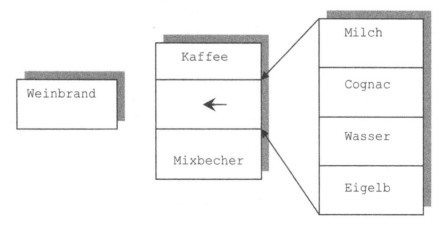

3. splice (@mixdrink, -3, 1, Mokkalikör);

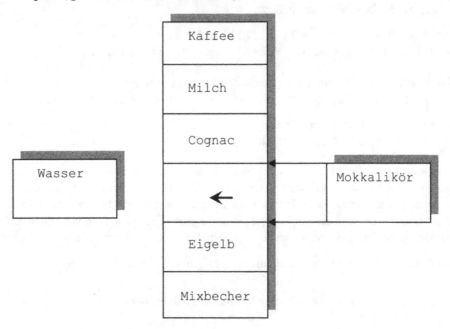

4. @Perl_Cocktail = splice (@mixdrink, 0);

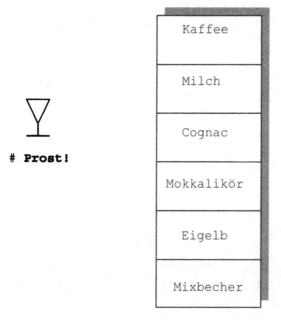

Prost!

4.5 Bereichs-Operator

Um aufsteigende Zahlen oder Strings bzw. Untermengen in einem Array zu erstellen, lässt sich der Bereichs-Operator „.." verwenden. Hierbei wird ein skalarer Start- und Endwert, getrennt durch zwei Punkte, eingesetzt. Dieser Operator erzeugt eine Liste zwischen den angegebenen Start- und Endwert-Argumenten, wobei jeweils um 1 hochgezählt wird. Die beiden Argumente werden als Integer-Werte behandelt. Ist das linke Argument größer als das rechte, erfolgt eine leere Liste:

```
@bereich1 = 12 .. 15;        # (12, 13, 14, 15)
@bereich2 = 'a' .. 'e';      # qw(a b c d e)
@bereich3 = $von .. $bis;    # Verwendung von Variablen
@bereich4 = 3.2 .. 5.2;      # (3, 4, 5)
@bereich5 = 5.9 .. 7.9;      # (5, 6, 7)
```

Ebenso lässt sich der Bereichs-Operator effektiv als Zählschleife einsetzen:

```
foreach (1 .. 4711) {print;}
```

Wird statt des Listenkontextes der Skalarkontext beim Bereichs-Operator verwendet, wird ein Boolescher Wert in der Form zurückgeliefert, dass der berechnete Wert false ist, solange das linke Argument false ist; im anderen Fall wird das rechte Argument ausgewertet.

4.6 Vordefinierte Arrays

In Perl existieren neben einigen Spezial-Variablen auch vordefinierte Arrays und Hashes. In ihnen sind Eigenschaften und Einstellungen vorgegeben.

Kommandozeilenargumente
Beim Array @ARGV werden die Argumente für ein Perl-Programm in der Kommandozeile übergeben. Im Unterschied zu C/C++ ist das erste Argument $ARGV[0] hier nicht der Name des Skriptes. Der Name des Skriptes steht in Perl in der Spezial-Variable $0. Beachten Sie, dass $#ARGV die Anzahl der Argumente minus 1 enthält. Die Anzahl der Argumente können Sie mit scalar @ARGV bestimmen. Eingegebene Argumente stehen in der Reihung im Array @ARGV zur Verfügung:

```
#!/usr/bin/perl -w

print "\n";
print "@ARGV";
```

Alles, was Sie beim Aufruf Ihres Programms anschließend in der Kommandozeile eingeben, wird ausgedruckt.

Im nachstehenden Beispiel werden durch die while-Schleife ebenfalls sämtliche von Ihnen eingegebenen Argumente, die im Array @ARGV vorhanden sind, ausgegeben:

```
#!/usr/bin/perl -w

while ($ein = shift(@ARGV)) {
     print "$ein\n";
}
```

Im nächsten Programm können Sie eine Multiplikation ausführen, indem Sie beim Aufruf Ihres Programms gleich die entsprechenden Argumente mit angeben, um das Produkt zu berechnen. Im Anschluss an diese Multiplikation werden die eingegeben Werte und das Ergebnis ausgegeben:

```
#!/usr/bin/perl -w

$a = $ARGV[0];
$b = $ARGV[1];
$c = $a * $b;
print " $a multipliziert mit $b ergibt: $c\n";
$i = 0;
while (defined ($ARGV[$i])) {print "$ARGV[$i++] ";}
```

Parameterliste bei Funktionsaufrufen
In diesem vordefinierten Spezial-Array @_ sind alle Argumente (Aufrufparameter) gespeichert, die an eine Funktion übergeben werden:

```
#!/usr/bin/perl -w

sub func {
     foreach (@_) {
          print "$_ ";                 # 1 2
     }
}

func(1, 2);
```

Funktionen oder Symbole exportieren
Eine Funktion in einem Modul wird mit der Syntax *Modul_Name::Funktion_Name* aufgerufen. Dies kann lästig werden, wenn Sie häufig Funktionen verwenden und jedes Mal den Modulnamen vor die Funktion setzten müssen. Um dem abzuhelfen, können Sie die Namen öffentlicher Funktionen (stehen der Allgemeinheit zum Aufruf zur Verfügung) exportieren.

Damit Sie Funktionen oder Variablen exportieren können, verwenden Sie das Modul Exporter. Dabei führt die Klasse Exporter quasi die Arbeit automatisch aus.

Wenn Sie ein Modul mit use laden, wird automatisch die Funktion import() des Ex-
porters-Modul aufgerufen.

Damit Sie den Exporter verwenden können, müssen Sie eine Exportliste schreiben. Im
Array @EXPORTER wird der Name aller Symbole (in der Regel sind es Variablen und Funktionen), die Sie exportieren wollen, angegeben. Somit enthält das Array @EXPORT alle Namen, die in den Namensraum des Aufrufers exportiert werden sollen. Als Anwender des
Moduls haben Sie keine Wahl bezüglich dieser Namen und müssen diese in ihrem Namensraum akzeptieren.

Neben dem Array @EXPORT existiert noch ein weiteres Array @EXPORT_OK. Dieses Array
hingegen enthält nur Namen, die bei Bedarf exportiert werden sollen. Damit ein Name exportiert werden kann, muss er in der Liste im Anschluß an die use-Anweisung angegeben
werden.

In Perl ist es sehr leicht, Klassen aus einer oder mehreren Basisklassen abzuleiten. Hierzu
müssen Sie die Basisklasse lediglich in das Array @ISA der abzuleitenden Klasse eintragen.
Da die Funktion import() wie bereits erwähnt im Modul Exporter enthalten ist, muss
lediglich eine Zuweisung vom Exporter an das Array @ISA vorgenommen werden.

Im folgenden Beispiel soll, wenn es sich um das Betriebssystem „Windows" handelt, der
User-Name und das entsprechende Betriebssystem ausgegeben werden. Im anderen Fall wird
nur das Betriebssystem ausgegeben:

```perl
# MyModul.pm

package MyModul;
use Exporter;                           # Modul Exporter aufrufen

@ISA = qw(Exporter);                    # Klasse Exporter

if ($^O eq 'MSWin32') {
     # Ausgabe des Benutzernamens
     $user = Win32::LoginName();
     print "Der Benutzername lautet: $user\n";
     @EXPORT = qw(&func);
}
else{
     @EXPORT = qw(&func);
}

sub func {
     print "System $^O vorhanden\n";
}
```

Wie im Beispiel angegeben, wird mit `use Exporter` das Modul aufgerufen. Durch `@ISA` erbt `MyModul` alle Methoden der Basisklasse `Exporter`.

In Ihrem Programm können Sie nun direkt zugreifen:

```
#!/usr/bin/perl -w
```

```
use MyModul;                       # Import des Moduls
func;                              # drei Aufruf-
&func;                             # Moeglichkeiten
MyModul::func;
```

Include-Suchpfad
Wenn Sie Ihre Datei mittels der Funktion `require()` oder `use()` in das aktuelle Programm einbinden wollen, werden entsprechende Verzeichnisse nach dieser Datei durchsucht. Somit enthält `@INC` eine Liste der Orte, an denen nach Perl-Skripten gesucht wird:

```
#!/usr/bin/perl -w
```

```
foreach (@INC) {
     print "$_\n";
}
```

Die Ausgabe ist z. B.:

```
C:/Perl/lib
C:/Perl/site/lib
.
```

Der Punkt in der letzten Ausgabezeile gilt als aktuelles Verzeichnis, aus dem das Programm gestartet wurde.

Gelegentlich ist es nützlich, die Reihenfolge der `@INC`-Einträge zu verändern bzw. zu ergänzen:

```
BEGIN {
     # @INC ergaenzen
     unshift (@INC, "Pfad");
}
```

Der `BEGIN`-Block ist wichtig, da der darin enthaltene Code bereits zum Zeitpunkt der Kompilierung ausgeführt wird.

5 Hashes

Neben Listen für Arrays gibt es in Perl noch eine weitere Datenstruktur, nämlich Listen für Hashes, auch assoziative Arrays genannt. Ein Hash ist eine Array-ähnliche Speicherstruktur, deren Werte (values) über sogenannte Schlüssel (keys) adressiert werden, d. h. die Schlüssel werden mit den dazugehörigen Werten assoziiert.

Gekennzeichnet wird ein Hash durch ein Prozentzeichen (%) vor dem Variablen-Namen. Hashes besitzen ihren eigenen Namensraum, so dass %variable, @variable und $variable verschiedene Variablen sind.

Hashes können Sie – ähnlich wie structs in C oder classes in C++ – dazu verwenden, um komplizierte Datenstrukturen darzustellen.

Praktisches Hash-Beispiel

Mit dem Währungsrechner können Sie den Betrag einer bestimmten Landeswährung in Euro umrechnen. Zunächst wird die Landeswährung gefordert und anschließend der zu wechselnde Betrag. Es wurden die Wechselkurse vom 02.01.2007 zu Grunde gelegt.

Bei falscher Eingabe der Landeswährung erfolgt ein Abbruch des Programms mit der Ausgabe "Waehrung ist nicht vorhanden".

Das Programm wird mit der Eingabe "ende" beendet:

```perl
#!/usr/bin/perl -w

%name = (        CAD => 'Kanadischer Dollar:',
                 CHF => 'Schweizer Franken :',
                 CNY => 'Chinesischer Yuan :',
                 GBP => 'Britisches Pfund  :',
                 JPY => 'Japanischer Yen   :',
                 NOK => 'Norwegische Krone :',
                 RUB => 'Russischer Rubel  :',
                 USD => 'US Dollar         :'
       );

%wechsel = (     CAD => 0.649_37,
                 CHF => 0.621_23,
                 CNY => 0.096_78,
                 GBP => 1.482_98,
```

```
                    JPY => 0.006_36,
                    NOK => 0.121_34,
                    RUB => 0.028_78,
                    USD => 0.757_42
        );
%wechsel_inv = (  CAD =>     1.539_96,
                  CHF =>     1.609_71,
                  CNY =>    10.332_4,
                  GBP =>     0.674_32,
                  JPY =>   157.203   ,
                  NOK =>     8.241_31,
                  RUB =>    34.742_9,
                  USD =>     1.320_27
        );

print "\n\t\t\t\tDevisenkurse:\n\n";
while (($key,$value) = each %wechsel) {
      print " \'$name{$key}\'\t1 $key = $value\tEUR\t
      (1 EUR = $wechsel_inv{$key} $key)\n";
}

do {
print "\n\tEingabe der Waehrung, die in EUR
      umgerechnet werden soll: ";
chomp($ein = <STDIN>);

print "\n\tEingabe des Wechselbetrags: "
if exists $wechsel{$ein}
or die "\n\n\tWaehrung \'$ein\' ist nicht vorhanden!\n";

chomp($betrag = <STDIN>);
$euro = $betrag * $wechsel{$ein};

$euro_inv = $betrag * $wechsel_inv{$ein};

print "\n","*" x 80,"\n";
printf "\t %.2f $ein entsprechen nach
      obigem Wechselkurs: %.4f EUR\n",$betrag,$euro;
printf "\n\t(%.2f EUR entsprechen nach
      obigem Wechselkurs: %.4f $ein)\n\n",$betrag,$euro_inv;
print "*" x 80,"\n";
print "\tMit der Eingabe \'ende\' beenden Sie das Programm\n";
chomp($ende = <STDIN>);
}
while($ende ne 'ende');
```

In den obigen Hashes können Sie weitere Landeswährungen aufnehmen. Außerdem erfolgt eine formatierte Ausgabe mit der `printf`-Anweisung. Die verkürzte `if`-Anweisung (Modifikator) liefert nur dann den Wahrheitswert `true`, wenn die Funktion `exists()` signalisiert, dass die Eingabe der Landeswährung, d. h. der Schlüssel im Hash, existiert.

5.1 Unterschiede zu Arrays

Anders als bei einem Array enthält der Hash eine ungeordnete Liste, die aus Schlüssel-Wert-Paaren (key-value) besteht. Jeder Datensatz besteht aus einem Schlüssel mit korrespondierendem Wert. So wie Sie Indexwerte beim Array in eckigen Klammern `[ ]` angeben, geben Sie Indexwerte (Schlüssel) beim Hash in geschweiften Klammern `{ }` an. Um auf einen Wert in einem Hash zuzugreifen, setzen Sie den Schlüssel in besagte geschweifte Klammern ein. Die Verwendung von eckigen Klammern beim Hash oder von geschweiften Klammern beim Array führt zu Fehlern.

Da beim Hash die Liste der Datensätze aus Schlüssel-Wert-Paaren besteht, erfolgt auch die Suche nach einem Datensatz über einen String-Index als Schlüssel. Da der String-Index dem jeweiligen Wert zugeordnet ist, erklärt sich somit auch der Name assoziatives Array.

Im Gegensatz zu einem Array, wo Sie den Zugriff auf ein bestimmtes Element über Array-Namen und Indexnummer (numerische Indizes) erreichen, benutzen Sie hier zwar den Hash-Namen, setzen aber statt einer Indexnummer gleich den zutreffenden Schlüssel ein. Der Zugriff auf ein bestimmtes Element über eine Indexnummer ist aber schneller als der Zugriff über einen entsprechenden Schlüssel.

Bei der Hash-Speicherung von gleichnamigen Schlüsseln mit unterschiedlichen Werten wird nur der in der Reihung letzte Schlüssel mit seinem Wert gespeichert; die vorherigen gleichnamigen Schlüssel mit ihren Werten gehen verloren. Beim Array hingegen bleiben sämtliche doppelten Elemente erhalten.

Sie können beim Hash den zum Schlüssel gehörenden Wert manipulieren oder einen neuen Datensatz (Schlüssel-Wert) hinzufügen. Jedoch existieren hier nicht die bekannten Array-Funktionen, wie z. B. push(), um Elemente ans Ende hinzuzufügen, bzw. shift(), um ein Element vom Anfang zu entfernen.

Eine weitere Eigenart des Hashs ist, dass nach der Hash-Speicherung die Reihenfolge der Schlüssel-Wert-Paare nicht erhalten bleibt. Es gibt nicht wie beim Array eine durch Index-nummer definierte Ordnung mit einem ersten oder einem zweiten usw. Element. Beim Hash erfolgt die Speicherung der Schlüssel-Wert-Paare in einer Reihenfolge, die unabhängig von der Reihenfolge ist, die ursprünglich von Ihnen aufgestellt wurde.

Möchten Sie aber die Ausgabe in der gleichen Reihenfolge wie die Eingabe realisieren, verwenden Sie das CPAN-Modul **Tie::IxHash**. Das Modul sorgt dafür, dass die Funktionen keys(), each() und values() die Datensätze in der Reihenfolge ausgegeben, wie sie eingegeben wurden.

5.2   Hash-Variable

Hashes sind bei der Erstellung und im Gebrauch ähnlich wie Listen und Arrays. Kennzeichen eines Datensatzes ist die Paarung von jeweils zwei Elementen zu einem Schlüssel-Wert (key-value). Somit besitzt jeder Schlüssel seinen korrespondierenden Wert.

Allgemein lässt sich eine Liste aus Schlüssel und Wert wie folgt darstellen:

(Schlüssel_a, Wert_1, Schlüssel_b, Wert_2, . . .);

Ein nicht existierender Wert liefert, wie bei fehlenden Array-Elementen oder undefinierten Skalar-Variablen, auch hier den undefinierten Wert undef zurück.

Aufbau einer Hash-Variable mit Schlüssel-Wert-Paaren:

```
%paare = ("ilse", 26, "ida", 32, "udo", 40, "tom", 44);
```

Statt der durch Kommas getrennten Liste bietet Perl die Alternative, den doppelten Pfeil-Operator (comma arrow) => zwischen Schlüssel und Wert einzusetzen. Dieser Operator funktioniert wie das Komma, nur brauchen Sie dabei die linke Seite (den Schlüssel) nicht in Anführungszeichen zu setzen. Der Einsatz des Operators fördert die deutlichere Darstellung von Hash-Zuordnungen:

```
%paare = (ilse => 26, ida => 32, udo => 40,tom => 44);
```

Die Listen der Hash-Variablen können heterogen sein; die Werte der Listen können aus Strings, Zahlen und weiteren Hashes bestehen:

```
#!/usr/bin/perl -w

%h1 = (a => 1, b => 2);
$neu = 'Perl';
%verschieden = (neu => $neu, wert => 4711, %h1);
print %verschieden,"\n";
```

Die Ausgabe ist:

```
Wert4711neuPerla1b2
```

Bei der Ausgabe des Hashs führen Anführungszeichen nicht zum gewünschten Erfolg, da eine Interpolation nur bei Arrays möglich ist. Wie die Ausgabe mit Leerzeichen zwischen den Elementen vonstatten geht, wird im folgenden Abschnitt beschrieben.

Datensätze können Sie direkt mit einer Liste oder über ein Array initialisieren oder aber die entsprechenden Werte einzeln dem Hash zuweisen.

Initialisierung

Im folgenden Beispiel wird ein Hash %paare direkt mit einer Liste initialisiert. Hierbei kann der Schlüsselbegriff, wenn er nur aus Buchstaben, Ziffern und Unterstrich besteht, auch ohne Anführungszeichen definiert werden. Die Datensätze werden jeweils durch ein Komma getrennt. Zwischen Schlüssel und Wert wird der Pfeil-Operator => eingesetzt. Sogar hinter dem letzten Datensatz erlaubt Perl ein Komma:

```
%paare = (ilse => 26, ida => 32, udo => 40, tom => 44,);
```

Auch über eine Listen-Zuweisung lässt sich ein Hash initialisieren:

```
#!/usr/bin/perl -w

($ilse, $ida, $udo, $tom) = (26, 32, 40, 44);
%paare = (ilse => $ilse, ida => $ida, udo => $udo,
tom => $tom);
print %paare;                      # udo40ilse26tom44ida32
```

Ähnlich wie bei LISP, Python oder funktionalen Sprachen wird bei der Zuweisung von Listen an einen Hash auch bei Perl der obigen skalaren Variable $ilse der Wert 26, der skalaren Variable $ida der Wert 32 usw. zugewiesen.

Die grafische Darstellung der gespeicherten Datensätze des obigen Hashs sieht wie folgt aus:

%paare

Wie oben dargestellt, lässt sich ein Hash direkt durch eine Liste bestehend aus Schlüssel-Wert-Paaren initialisieren.

Eine andere Möglichkeit, einen Hash zu initialisieren, geschieht durch die Zuweisung eines Arrays. Da Arrays bzw. Hashes den Typ Liste als Inhalt aufweisen, lassen sich beide jeweils in die andere Datenstruktur konvertieren. Somit lässt sich ein Hash auch durch ein Array initialisieren und umgekehrt. Berücksichtigen Sie, dass bei der Zuweisung vom Array zum Hash die Identität verloren geht, da bei der Hash-Speicherung die Reihenfolge der Schlüssel-Wert-Paare nicht erhalten bleibt.

Hash durch ein Array initialisieren
Die nächsten Programmzeilen zeigen, wie ein Hash durch ein Array initialisiert wird:

```
#!/usr/bin/perl -w

@array = qw(ilse 26 ida 32 udo 40 tom 44);
print @array,"\n";                    # ilse26ida32udo40tom44
%paare = @array;
print %paare,"\n";                    # udo40ilse26tom44ida32
```

Die Ausgabe des Arrays @array ist:

```
ilse26ida32udo40tom44
```

Die Ausgabe des Hashs %paare ist:

```
udo40ilse26tom44ida32
```

Wie Sie sehen, geht durch die Hash-Speicherung die Identität verloren, die Reihenfolge bleibt nicht erhalten.

Möchten Sie mehrfach gleichlautende Elemente in einem Array eliminieren, können Sie dies sehr einfach durch einen Hash realisieren:

```perl
#!/usr/bin/perl -w

%hash = ();
@neu = ();
@array = qw(anton ida ilse tom ida ilse ida ilse anton ilse);
foreach (@array) {
        push (@neu, $_) unless $hash{$_}++;
}
print "@neu\n",%hash,"\n";              # anton ida ilse tom
                                        # ilse4tom1ida3anton2
```

Hier wurde noch die betreffende Anzahl der gleichlautenden Elemente ausgegeben.

Array durch einen Hash initialisieren

Anders sieht es bei einer Zuweisung eines Hashs an ein Array aus. Hier bleibt die Identität erhalten:

```perl
#!/usr/bin/perl -w

%paare = (ilse => 26, ida => 32, udo => 40, tom => 44);
print %paare,"\n";                      # udo40ilse26tom44ida32
@array = %paare;
print @array,"\n";                      # udo40ilse26tom44ida32
```

Die Ausgabe des Hashs %paare ist:

udo40ilse26tom44ida32

Die Ausgabe des Arrays @array ist:

udo40ilse26tom44ida32

Nach erfolgter Hash-Speicherung wird die veränderte Reihenfolge der Schlüssel-Wert-Paare dem Array zugewiesen. Somit bleibt die Identität vom Hash zum Array erhalten.

Was passiert bei einer Zuweisung an einen Hash, wenn das Array (strukturmäßig einem Hash ähnlich) gleiche Schlüssel, aber unterschiedliche Werte besitzt?

In den folgenden Zeilen besitzt im paarigen Array das Listen-Element "ida" jeweils unterschiedliche Werte:

```
#!/usr/bin/perl -w

@array = qw(ilse 26 ida 4711 ida 123 udo 40 tom 44 ida 32);
%paare = @array;
print %paare;                      # udo40ilse26tom44ida32
```

Die Ausgabe ist:

```
udo40ilse26tom44ida32
```

Werden dem Hash Datensätze aus einem Array mit Kombinationen aus gleichnamigen Schlüssel-Werten zugewiesen, entfallen diese bis auf den letzten Datensatz in der Reihung bei der Hash-Speicherung.

Generell gilt bei der Hash-Speicherung von gleichnamigen Schlüsseln, die gleiche bzw. unterschiedliche Werte besitzen, dass nur der in der Reihung letzte Schlüssel mit seinem Wert maßgebend ist. Alle vorherigen gleichnamigen Schlüssel mit ihren Werten werden nicht gespeichert:

```
#!/usr/bin/perl -w

%paare = (ilse => 26, ida => 4711, udo => 40, ida => 123,
tom => 44, ida => 32);
print %paare;                      # udo40ilse26tom44ida32
```

Sie sehen, dass nur das letzte Schlüssel-Wert-Paar ida => 32 gespeichert wird. Alle vorherigen Werte des Schlüssels "ida" werden nicht berücksichtigt.

Einzelwert-Initialisierung

Die einzelne Wert-Zuordnung zum entsprechenden Schlüssel erfolgt durch die Angabe des Variablen-Namens $paare. Da skalare Größen zugewiesen werden sollen, muss wieder ein Dollarzeichen $ als Typ vor dem Variablen-Namen stehen. Nach dem Variablen-Namen wird in geschweiften Klammern der jeweilige Schlüssel (Index-String) angegeben, der den zugehörigen Wert zugewiesen bekommt:

```
#!/usr/bin/perl -w

$paare {ilse} = 26;
$paare {ida}  = 4711;
$paare{udo}   = 40;
$paare{tom}   = 44;
$paare{ida}   = 32;

print %paare,"\n";
```

Die Ausgabe ist:

```
udo40ilse26tom44ida32
```

Wie Sie sehen, ist die Einzelwert-Zuordnung identisch mit der Listenwert-Initialisierung, bei der die Schlüssel-Wert-Paare in Form einer Liste realisiert werden. Das Beispiel zeigt eindeutig, dass bei gleichnamigen Schlüsseln nur der letzte Wert von Bedeutung ist.

Ausgabe von Hashes

In diesem Abschnitt werden die verschiedenen Möglichkeiten der Ausgabe dargestellt.

Ausgabe eines Hashs

Ein Hash lässt sich in der klassischen Form ausgeben:

```
print %paare;                    # udo40ilse26tom44ida32
```

Bei der Ausgabe des Hashs %paare werden die gesamten Datensätze, bestehend aus den Schlüssel-Wert-Paaren, ausgegeben. Die Reihenfolge der Ausgabe muss, wie bereits erwähnt, nicht identisch mit der Reihenfolge sein, die bei der Initialisierung vorgenommen wurde.

Ferner lassen sich die Datensätze eines Hashs per Iteration über die jeweiligen Schlüssel-Wert-Paare ausgeben:

```
#!/usr/bin/perl -w

%paare = (ilse => 26, ida => 32, udo => 40, tom => 44);
while (($key, $wert) = each %paare) {
        print " $key => $wert";
}
# udo => 40 ilse => 26 tom => 44 ida => 32
```

Ebenso können Sie die gesamte Ausgabe eines Hashs mit der Funktion map() durchführen:

```
#!/usr/bin/perl -w

%paare = (ilse => 26, ida => 32, udo => 40, tom => 44);
print map {"$_ => $paare{$_} "} keys %paare;
# udo => 40 ilse => 26 tom => 44 ida => 32
```

Der obige Hash mit seinen Datensätzen lässt sich auch über ein Array ausgeben, mit der Ausnahme, dass die Interpolation nur bei Arrays (Listenkontext) möglich ist. Ein Hash in Anführungszeichen führt aber nicht zum gewünschten Ergebnis:

```
#!/usr/bin/perl -w

%paare = (ilse => 26, ida => 32, udo => 40, tom => 44);
@array = %paare;
print "@array\n";
# udo 40 ilse 26 tom 44 ida 32
```

Möchten Sie die Interpolation auch beim Hash vornehmen und Leerzeichen zwischen den Elementen erhalten, geschieht dies über anonyme Arrays bzw. anonyme Hashes.

Der obige Ausdruck lässt sich dann wie folgt schreiben:

```
#!/usr/bin/perl -w

%paare = (ilse => 26, ida => 32, udo => 40, tom => 44);
print "Hash-Elemente: @{ [ %paare ] } \n";
# Hash-Elemente: udo 40 ilse 26 tom 44 ida 32
```

Zuerst erfolgt eine Überführung des Hashs in ein anonymes Array (z. B. Array-Referenz, ARRAY(0x655b70)). Anschließend wird über den Konstrukt @{...} diese Array-Referenz dereferenziert, was zum gewünschten Ergebnis führt. Dieses Verfahren ist zwar ineffizient, aber die einzige Möglichkeit, Schlüssel-Wert-Paare eines Hashs direkt im Listenkontext auszuführen.

Weitere Ausgabemöglichkeiten werden in den folgenden Abschnitten dargestellt.

Ausgabe sämtlicher Schlüssel eines Hashs
Die jeweiligen Schlüssel, die im Hash %paare enthalten sind, können Sie sich speziell durch die Funktion keys() ausgeben lassen:

```
#!/usr/bin/perl -w

%paare = (ilse => 26, ida => 32, udo => 40, tom => 44);
foreach (keys %paare) {
     print "$_ ";
}
```

Die Ausgabe ist:

```
udo ilse tom ida
```

Auch hier werden die Schlüssel nicht in der gleichen Reihenfolge ausgegeben, wie sie im Hash definiert wurden.

Möchten Sie eine umgekehrte (inverse) Reihenfolge von Schlüsseln ohne Sortierung ausgeben, können Sie dies mit einer reverse-Funktion wie folgt realisieren:

```
#!/usr/bin/perl -w

%paare = (ilse => 26, ida => 32, udo => 40, tom => 44);
foreach (reverse keys %paare) {
     print "$_ ";
}
```

Die Ausgabe mit der Funktion reverse() ist:

```
ida tom ilse udo
```

Möchten Sie aber die Schlüssel alphabetisch sortiert ausgeben, brauchen Sie nur die Funktion sort() einsetzen, so dass die foreach-Schleife für die Ausgabe des Hashs jetzt wie folgt lautet:

```
#!/usr/bin/perl -w

%paare = (ilse => 26, ida => 32, udo => 40, tom => 44);
foreach (sort keys %paare) {
     print "$_ ";
}
```

Die Ausgabe mit der Funktion sort() ist:

```
ida ilse tom udo
```

Soll die Ausgabe in umgekehrter Reihung und sortiert ausgegeben werden, muss die Funktion reverse() davor stehen:

```
#!/usr/bin/perl -w

%paare = (ilse => 26, ida => 32, udo => 40, tom => 44);
foreach (reverse sort keys %paare) {
     print "$_ ";
}
```

Die Ausgabe mit den Funktionen reverse() und sort() ist:

```
udo tom ilse ida
```

Ausgabe einzelner Werte eines Hashs

Bei der Ausgabe einzelner Werte, die zum entsprechenden Schlüssel gehören, wird der jeweilige Schlüssel in geschweiften Klammern angegeben (ähnlich Indexwert bei Arrays). Die Hash-Variable wird durch Voranstellen eines Dollarzeichens $ gekennzeichnet:

```
#!/usr/bin/perl -w

%paare = (ilse => 26, ida => 32, udo => 40, tom => 44);
print "$paare{ilse}\n";                    # 26
print "$paare{ida}\n";                     # 32
```

Schlüsselbegriffe sind in der Regel Strings. Für Perl ist es ohne Bedeutung, wenn diese Strings aus Zahlen bestehen. Besitzt der Schlüssel keinen entsprechenden Wert, erfolgt hier die Ausgabe undef.

5.3   Funktionen für Hashes

Für die Bearbeitung von Hashes bietet Perl eine Reihe von Funktionen an. Da Sie die entsprechenden Elemente, im Gegensatz zu den einfachen Arrays, nicht mit Hilfe eines Zahlen-Indexes ermitteln können, brauchen Sie Funktionen, um die Elemente, d. h. Schlüssel bzw. Werte, ermitteln und bearbeiten zu können.

Die Funktion delete()
delete *hash* [*schlüssel*]

Um einen bestimmten Datensatz zu entfernen, verwenden Sie die Funktion delete(). Sie hat als Argument den zu entfernenden Schlüssel bzw. es lassen sich durch Angabe mehrerer Schlüssel des Hashs (Hash-Slice) die entsprechenden Datensätze entfernen:

```
#!/usr/bin/perl -w

%paare = (ilse => 26, ida => 32, udo => 40, tom => 44);
print delete $paare {'udo'},"\n";
# 40, entfernt den Datensatz $udo => 40
print delete @paare{'ilse','ida'},"\n";
# 26 32, Datensatz $ilse => 26 und $ida => 32 werden entfernt
print %paare,"\n";        # tom44
```

Nach Einsatz der Funktionen delete() enthält im obigen Beispiel der Hash %paare nur noch den Datensatz (tom => 44);

Die Funktion delete() liefert den Wert des Schlüssels zurück, den sie gelöscht hat. Im Gegensatz zum Array – wo beim Löschen undefinierte Elemente entstehen – kann hier jeder Datensatz effizient gelöscht werden.

Die Funktion undef()
undef *ausdruck*

Mit der Funktion undef() können Sie den korrespondierenden Wert zum Schlüssel löschen. Das heißt, nur sein Wert wird undef, die Kombination Schlüssel-Wert existiert weiterhin. Damit Sie überprüfen können, ob der zugehörige Wert zum Schlüssel undef wurde,
ist im untenstehenden Beispiel die foreach-Schleife verwendet worden. Mit der Funktion
sort() sollen noch die Schlüssel sortiert ausgegeben werden:

```perl
#!/usr/bin/perl -w

%paare = (ilse => 26, ida => 32, udo => 40, tom => 44);
undef $paare {'ida'};               # 32 ist undefiniert
foreach (sort keys %paare) {
     print " $_ => $paare{$_}";
# ida =>   ilse => 26 tom => 44 udo =>40
}
```

Durch die Funktion undef() ist der ehemals korrespondierende Wert 32 zum Schlüssel
"ida" jetzt zu undef geworden.

Die Funktion keys()
keys *hash*

Um die Ausgabe aller Schlüssel zu erhalten, liefert die Funktion keys() jeweils die Schlüssel des Hashs. Hierbei kann die Klammer für das Argument wieder optional verwendet werden.

Im Anweisungsblock der foreach-Schleife könnte die Spezial-Variable $_ entfallen, so
dass nur die print-Anweisung ohne Argument vorhanden wäre. Der besseren Übersicht
wegen wurde sie jedoch bei der Ausgabe verwendet. Da die Reihenfolge der Schlüssel bei
der Ausgabe durch die Hash-Speicherung willkürlich ist, werden sie im nächsten Beispiel
sortiert ausgegeben:

```perl
#!/usr/bin/perl -w

%paare = (ilse => 26, ida => 32, udo => 40, tom => 44);
foreach (sort keys %paare) {print "$_ ";}
# ida ilse tom udo
```

Möchten Sie die Werte absteigend ausgeben, verwenden Sie die Vergleichsfunktion <=> mit
den Standardvariablen $a und $b:

```perl
#!/usr/bin/perl -w

%paare = (ilse => 26, ida => 32, udo => 40, tom => 44);
foreach (sort { $paare{$b} <=> $paare{$a} } keys %paare) {
     print "$_ => $paare{$_} ";
}
```

Die Ausgabe ist:

```
tom => 44 udo => 40 ida => 32 ilse => 26
```

Um die Anzahl der Datensätze (Schlüssel-Anzahl) eines Hashs zu bestimmen, wird der skalare Kontext gewählt:

```
#!/usr/bin/perl -w

%paare = (ilse => 26, ida => 4711, udo => 40, ida => 123,
tom => 44, ida => 32);
$anzahl = keys %paare;
print "Anzahl der Datensaetze: $anzahl\n";
```

Die Ausgabe ist:

```
Anzahl der Datensaetze: 4
```

Sollten gleichnamige Schlüssel – wie im obigen Beispiel – in Ihrem Hash vorhanden sein, werden sämtliche gleichnamigen Schlüssel nur als ein Schlüssel gezählt.

Die Funktion values()
values *hash*

Die Funktion values() ist das Gegenstück zu der Funktion keys(). Sie liefert eine Liste aller aktuellen Werte eines Hashs:

```
#!/usr/bin/perl -w

%paare = (ilse => 26, ida => 32, udo => 40, tom => 44);
@array = values %paare;
print "@array\n";                              # 40 26 44 32
```

Im Beispiel sind die vorhandenen Werte des Hashs einem Array zugewiesen worden.

Die Werte eines Hashs können auch sortiert mit der foreach-Schleife ausgegeben werden:

```
#!/usr/bin/perl -w

%paare = (ilse => 26, ida => 32, udo => 40, tom => 44);
foreach (sort values %paare) {print "$_ ";}
# 26 32 40 44
```

Bei einer sortierten Wert-Ausgabe mit gleichen Werten kann allerdings keine Zuordnung zu den Schlüsseln erfolgen.

Die Funktion each()
each *hash*

Diese Funktion liefert im Listenkontext bei jedem Aufruf den nächsten Datensatz, so lange, bis der letzte Datensatz ausgegeben ist. Dabei werden die Datensätze in einer zufälligen Reihenfolge ausgegeben:

```
%paare = (ilse => 26, ida => 32, udo => 40, tom => 44);
```

Die Hash-Speicherung bei diesem Beispiel ist: udo40 ilse26 tom44 ida32

Durch die Hash-Speicherung wird beim erstmaligen Aufruf der each-Funktion das erste Schlüssel-Wert-Paar ausgegeben; mit einem weiteren Aufruf der each-Funktion erfolgt die Ausgabe des nächsten Schlüssel-Wert-Paares der Hash-Speicherung usw.:

```
#!/usr/bin/perl -w

%paare = (ilse => 26, ida => 32, udo => 40, tom => 44);
print each %paare;                        # udo40
print " $key => $wert\n",
if ($key,$wert) = each %paare;            # ilse => 26
```

Im obigen Beispiel werden jeweils die beiden ersten gespeicherten Datensätze ausgegeben, zunächst der Datensatz udo40 und anschließend in der Hash-Darstellungsform (if-Modifikator) – mit der zweiten print-Anweisung – der Datensatz ilse => 26.

Mit einer while-Schleife können Sie die restlichen Schlüssel-Wert-Paare des Hashs ausgeben:

```
while (($key, $wert) = each %paare) {
      print "$key => $wert ";
}
```

Die restlichen Schlüssel-Wert-Paare des Hashs %paare lauten:

```
tom => 44 ida => 32
```

Möchten Sie alle Datensätze des Hashs ausgeben – wie schon dargestellt –, können Sie dies mit der Zuweisung an ein Array erzielen:

```
#!/usr/bin/perl -w

%paare = (ilse => 26, ida => 32, udo => 40, tom => 44);
while (@array = each %paare) {
      print "$array[0] => $array[1] ";
}
# udo => 40 ilse => 26 tom => 44 ida => 32
```

Durch diese Zuweisung an ein Array @array lassen sich sämtliche Datensätze des Hashs, sowohl Schlüssel als auch Wert, durch den Index 0 für den Schlüssel und Index 1 für den Wert ausgeben.

Erfolgt die Zuweisung eines Hashs an eine skalare Variable (hier Spezial-Variable $_), liefert die Funktion each() nur die jeweiligen Schlüssel des Hashs.

Im folgenden Programm werden somit nur die Schlüssel ausgegeben:

```
#!/usr/bin/perl -w

%paare = (ilse => 26, ida => 32, udo => 40, tom => 44);
while ($_ = each %paare) {
      print "$_ ";
}
```

Die Ausgabe ist:

```
udo ilse tom ida
```

Die Funktion exists()
exists *hash* [*schlüssel*]

Diese Funktion exists() liefert als Ergebnis den Booleschen Wert true zurück, wenn der entsprechende Schlüssel im Hash existiert. Der Wahrheitswert true wird ebenfalls zurückgeliefert, wenn der entsprechende Wert des Schlüssels undefiniert ist:

```
#!/usr/bin/perl -w

%paare = (ilse => 26, ida => 32, udo => 40, tom => 44);
print "Der Wert von 'udo' ist: ", $paare{udo},
if exists $paare{udo};  # Der Wert von 'udo' ist: 40
```

Da im obigen Beispiel der Schlüssel "udo" existiert, lässt sich auch der korrespondierende Wert, nämlich 40, ausgeben.

5.4   Manipulation eines Hashs

Wie in den vorherigen Abschnitten gezeigt wurde, lassen sich einzelne Datensätze – Schlüssel-Wert-Paare – eines Hashs bearbeiten. Im folgenden Abschnitt werden ganze Hashes behandelt.

Löschen eines Hashs

Anstatt wie mit der Funktion delete() durch Angabe von Schlüsseln entsprechende Datensätze zu entfernen, lässt sich mittels Zuweisung einer leeren Liste der gesamte Hash löschen, wobei die Hash-Variable noch vorhanden ist. Diese können Sie anschließend durch die Funktion undef() löschen:

```
#!/usr/bin/perl -w

%paare = (ilse => 26, ida => 32, udo => 40, tom => 44);
%paare = ();
# Hash %paare enthält keine Datensätze mehr.
undef %paare;
# Hash-Variable %paare ist gelöscht.
print %paare, if %paare or die "Hash nicht vorhanden!\n";
# Hash nicht vorhanden!
```

Selbst die Hash-Variable %paare existiert nicht mehr, was mit der if-Anweisung überprüft wurde.

Zuweisung eines Hashs

Die Zuweisung eines Hashs an einen beliebigen anderen Hash ist ebenso einfach zu realisieren wie die eines Arrays an einen Hash:

```
#!/usr/bin/perl -w

%postleitzahl = (altstadt => 84028, trausnitz => 84036,
                 heuweg => 84034);
print %postleitzahl;
# trausnitz84036altstadt84028heuweg84034
```

Nachstehend erfolgt eine Zuweisung des Hashs %postleitzahl zum Hash %neu:

```
#!/usr/bin/perl -w

%postleitzahl = (altstadt => 84028, trausnitz => 84036,
                 heuweg => 84034);
%neu = %postleitzahl;
print %neu;
# trausnitz84036altstadt84028heuweg84034
```

Die Ausgabe der Datensätze des Hashs %neu muss denen des Hashs %postleitzahl entsprechen.

Der Hash %neu ist eigenständig, so dass Sie sämtliche bereits genannten Funktionen darauf anwenden können.

Hash-Slices

Wie bei Arrays gibt es auch einen Hash mit Slices, um z. B. auf eine Reihe von Datensätzen zuzugreifen. Ein Slice ist eine Auswahl von Datensätzen, die anhand einer Subliste von Schlüsseln angegeben wird.

Es lassen sich mit Slices weitere Initialisierungen von Datensätzen (hier am Beispiel Hash %postleitzahl) über eine Liste vornehmen:

```
#!/usr/bin/perl -w

%postleitzahl = (altstadt => 84028, trausnitz => 84036,
heuweg => 84034);
@postleitzahl {'berlin', 'bonn'} = (10629, 53111);
```

Im Hash %postleitzahl sind nun weitere Schlüssel-Wert-Paare vorhanden:

```
bonn53111berlin10629trausnitz84036altstadt84028heuweg84034
```

Im Weiteren können Sie sich wieder mit der Funktion each() den gesamten Hash %postleitzahl ausgeben lassen:

```
#!/usr/bin/perl -w

%postleitzahl = (altstadt => 84028, trausnitz => 84036,
heuweg => 84034);
($postleitzahl {berlin}, $postleitzahl {bonn}) =
(10629, 53111);
while (($key, $wert) = each %postleitzahl) {
      print "$key => $wert ";
}
# bonn => 53111 berlin => 10629 trausnitz => 84036
# altstadt => 84028 heuweg => 84034
```

Außerdem haben Sie die Möglichkeit, sehr effizient mehrere Schlüssel-Wert-Paare aus dem Hash zu entfernen:

```
#!/usr/bin/perl -w

%postleitzahl = (altstadt => 84028, trausnitz => 84036,
heuweg => 84034);
($postleitzahl {berlin}, $postleitzahl {bonn}) =
(10629, 53111);
@entferne = qw(heuweg trausnitz altstadt);
```

```
delete @postleitzahl{@entferne};
```

Die noch verbleibenden Datensätze des Hashs %postleitzahl werden wie folgt ausgegeben:

```
print %postleitzahl;                    # bonn53111berlin10629
```

Es sind nur noch zwei Schlüssel-Wert-Paare (bonn=>53111, berlin=>10629) im Hash vorhanden.

Inverse Schlüssel-Wert-Paare

Mit der Funktion reverse() lassen sich bei Hashes die Datensätze invertieren, und zwar Schlüssel in Werte und Werte in Schlüssel.

An den restlichen Datensätzen des obigen Hashs %postleitzahl werden mit der Funktion reverse() die Schlüssel mit ihren Werten vertauscht:

```
#!/usr/bin/perl -w

%postleitzahl = (berlin => 10629, bonn => 53111);
%dreh = reverse %postleitzahl;
foreach (keys %dreh) {
      print "$_ => $dreh{$_} ";
}
```

Mit der foreach-Schleife erhalten Sie folgende inverse Datensätze:

```
53111 => bonn 10629 => berlin
```

Wie bereits ausführlich erläutert, existiert in einem Hash bei gleichnamigen Schlüsseln mit unterschiedlichen Werten in der Reihung nur das letzte Schlüssel-Wert-Paar:

```
#!/usr/bin/perl -w

%hash = (a => 22, b => 2, a => 'perl', c => 3, a => 3);
print %hash;
# a3b2c3 Ausgabe der Hash-Speicherung
%dreh = reverse %hash;                  # 3c2b3a nach reserve
print %dreh,"\n";
# 2b3a Ausgabe der Hash-Speicherung
```

Wie Sie am obigen Beispiel sehen, ist bei der Funktion reverse() mit Hashes darauf zu achten, dass die Werte eindeutig sind, da eventuell Schlüssel-Wert-Paare entfallen könnten.

Bei den gleichnamigen Schlüsseln "a" bleibt in der Reihung nur der Datensatz a => 3
übrig, während die Datensätze a => 22 und a => 'perl' entfallen. Mit der ersten
print-Anweisung werden die Datensätze a3b2c3 ausgegeben.

Die Funktion reverse() erzeugt neben dem Vertauschen von Schlüsseln und Werten auch
eine Inversion der Schlüssel, so dass aus den Datensätzen a3b2c3 die Datensätze 3c2b3a
entstehen.

Letztere werden dem Hash %dreh zugewiesen. Die Speicherung des Hashs %dreh speichert wiederum bei gleichnamigen Schlüsseln nur den letzten (mit Wert) in der Reihung, so
dass nur folgende Schlüssel-Wert-Paare im Hash %dreh vorhanden sind:

2 => b, 3 => a.

Der gedrehte Datensatz 3c ist nicht gespeichert worden, so dass das ursprüngliche Schlüssel-
Wert-Paar c => 3 nicht mehr vorhanden ist.

6 Kontrollstrukturen und Bedingungen

Kontrollstrukturen bestimmen die Abfolge der jeweiligen Anweisungen. Eine Anweisung ist ein beliebiger gültiger Perl-Ausdruck, der mit einem Semikolon abgeschlossen wird. Ein Ausdruck ist eine Aneinanderreihung von Zeichen unter Berücksichtigung einer vorgegebenen Syntaxform.

Ein Ausdruck ist beispielsweise:

```perl
$var = 3.14 + 23 - $x[2];
```

Der Ausdruck besteht aus Variablen wie $var, $x[2], arithmetischen Operatoren wie +, -, einem Zuweisungs-Operator = und Konstanten wie 3.14 und 23.

Anweisungen können in Perl in geschweiften Klammern zu einem Anweisungsblock zusammengefasst werden. In einem Perl-Programm stellen sie nach den Anweisungen die kleinste funktionelle Einheit dar. Die folgenden Beispiele zeigen eine Block-Darstellung:

```perl
#!/usr/bin/perl -w

{                               # Blockanfang
    ++$var;
    print " $var ";             # 1 2 3 4 5
    redo if $var < 5;
}                               # Blockende
```

Es werden die Zahlen 1..5 ausgegeben. Mit dem Präinkrement-Operator ++ vor der Variable $var erhöht sich jeweils der Wert um 1, so dass die Variable $var beim ersten Durchlauf den Wert 1 besitzt, welcher auch ausgegeben wird. Mit der Funktion redo() wird der Block vom Anfang an so lange wiederholt – und somit der Wert der Variablen $var jeweils um 1 erhöht –, bis die Bedingung der if-Anweisung als Ergebnis den Booleschen Wert false liefert. Der Wert der Variable $var ist also nicht mehr kleiner als 5. Das Semikolon am Ende der letzten Anweisung ist eine Kann-Bestimmung.

In der Folge wird das gleiche Programm mit einer **Marke** verwendet:

```perl
#!/usr/bin/perl -w

BLOCK:                          # Marke
{                               # Blockanfang
    ++$var;
    print "$var ";              # 1 2 3 4 5
    redo BLOCK if $var < 5;
}                               # Blockende
```

Hier wird wie im vorherigen Beispiel zunächst der Variablenwert um 1 erhöht. Mittels der Funktion redo() wird das Programm jeweils bei der Marke Block begonnen, und zwar so lange, bis die if-Anweisung den Wahrheitswert false ergibt.

Ausführung von Kontrollstrukturen

Die Kontrollstrukturen lassen sich in zwei Hauptbereiche unterteilen. Im ersten Bereich sind die **Bedingungsanweisungen** zusammengefasst, die abhängig von entsprechenden Bedingungen ausgeführt werden. Die einfachste bedingte Anweisung ist z. B. die if-Anweisung.

Im zweiten Bereich befinden sich die **Wiederholungsanweisungen** (Schleifen). Hier wird z. B. in einer Schleife mittels Anzahl festgelegt, wie oft die Wiederholungen stattfinden sollen. Als eine wiederholte Anweisung gilt z. B. die klassische for-Anweisung.

Alle beiden Arten erzielen als Ergebnis der Bedingung einen skalaren Wahrheitswert im Booleschen Kontext. Je nach Wahrheitsgehalt des Booleschen Ausdrucks, der true oder false sein kann, wird entschieden, welcher Zweig bei der bedingten Anweisung durchlaufen wird; bei einer Schleife wird entschieden, ob diese nochmals durchlaufen werden soll.

Bezüglich Wahrheit ist alles true, was nicht false ist. Weiterhin gilt ein Wert dann als true, wenn er ungleich Null ist; jeder String, der nicht leer ist, gilt als true. Der Wert undef gilt als false.

Die Auswertung der Bedingung kann sowohl bei logischen als auch bei regulären Ausdrücken vorgenommen werden. Des Weiteren können Sie wie bei manchen Assemblern an Statements einen Modifikator anhängen:

```perl
#!/usr/bin/perl -w

$var = 0.001;
$var > 0 and print" $var ist groesser als 0\n";
# 0.001 ist groesser als 0
```

Als regulärer Ausdruck lässt sich die Abfrage einer positiven Zahl wie folgt realisieren:

```
#!/usr/bin/perl -w

$_ = "+0.001";
print "'$&' ist eine positive Zahl\n" if /[+-]\d\.\d*/
or die "Fehler\n";
# '+0.001' ist eine positive Zahl
```

Der Anweisungsblock, der aus einer Anweisung oder mehreren Anweisungen bestehen kann, wird in geschweiften Klammern geschrieben. Jede dieser Anweisungen im Anweisungsblock wird ausgeführt. Das Semikolon nach der letzten Anweisung ist optional. Sie können es hinzufügen (wie in C/C++), müssen es aber nicht hinzufügen (wie in Pascal).

6.1   Bedingungen

Sie können nicht nur den Wahrheitswert einer Variable bestimmen, sondern können diese Variable mit einer anderen vergleichen, um festzustellen, ob sie gleich, größer, kleiner usw. ist. Für solche Vergleiche stehen relationale Operatoren zur Verfügung, die in der folgenden Tabelle aufgeführt sind. Mit diesen Operatoren lassen sich Vergleiche zwischen numerischen Werten und String-Werten vornehmen.

Tabelle 6.1: Relationale Operatoren

Bedeutungen	Numerischer Operator	String-Operator
Gleichheit	==	eq
Ungleichheit	!=	ne
Kleiner als	<	lt
Kleiner oder gleich	<=	le
Größer als	>	gt
Größer oder gleich	>=	ge

Bedingungen zählen zu den grundlegendsten Kontrollstrukturen jeder Programmiersprache. Wie Sie an der untenstehenden Syntax einer einfachen bedingten if-Anweisung sehen können, besteht diese aus einem Bedingungsteil und einem Anweisungsblock.

Je nach Auswertung der Bedingung wird entschieden, welcher Anweisungsblock zur Ausführung kommt. Ergibt die Auswertung im skalaren Kontext den Booleschen Wahrheitswert true, wird der zugehörige Anweisungsblock ausgeführt, im anderen Fall kommt dieser Block nicht zur Ausführung. Er wird übersprungen und es wird im nächsten Block oder im Programm weiter fortgefahren. Hierbei muss, im Gegensatz zu C/C++ oder Java, auf die Bedingung (auch bei elsif und else) immer ein Anweisungsblock in geschweifter Klammer folgen, sogar wenn keine bzw. nur eine Anweisung im Block vorhanden ist.

if-elsif-else-Anweisung

Eine einfache Entscheidungsstruktur liefert folgende if-Anweisung:

if (Bedingung) {Anweisungsblock}

Bei dieser einfachen if-Anweisung wird, wenn die Bedingung als Ergebnis im Booleschen Kontext den Wahrheitswert true liefert, der Anweisungsblock ausgeführt. Im anderen Fall, nämlich beim Wahrheitswert false, geschieht nichts mit diesem Anweisungsblock (er wird übersprungen) und Perl führt die eventuell vorhandenen weiteren Anweisungen nach dem Anweisungsblock aus:

```
#!/usr/bin/perl -w

$var = 0.001;
if ($var > 0) {                                  # true
     print "$var ist groesser als 0.\n";
}
print "Hier geht es weiter.\n";
```

Die Ausgabe ist:

```
0.001 ist groesser als 0.
Hier geht es weiter.
```

Liefert der Boolesche Kontext der Bedingung den Wahrheitswert false, z. B. wenn Sie der skalaren Variable $var den Wert 0 zuweisen, lautet die Ausgabe:

```
Hier geht es weiter.
```

Wie in der untenstehenden Struktur dargestellt, können Sie in Perl etliche bedingte Ausdrücke als elsif-Blöcke (elsif-Zweige) verwenden. Der an letzter Stelle stehende else-Block benötigt keine eigene Bedingung, da er als Alternative für die vor ihm liegenden, nicht zutreffenden Ereignisse verwendet wird. Sowohl die genannten bedingten Ausdrücke als auch die else-Anweisung müssen aber nicht vorhanden sein.

Die Syntax einer verschachtelten if-elsif-else-Anweisung könnte folgende Struktur aufweisen:

if (Bedingung) {

  Anweisungsblock

}

[elsif (Bedingung) {

  Anweisungsblock

}

elsif (Bedingung){

      Anweisungsblock

}

elsif . . .

]

[else {

      Anweisungsblock

}

]

Diese etwaig vorhandenen bedingten Ausdrücke werden alle mit dem elsif-Schlüsselwort eingeleitet. Optionale Anweisungen sind in eckigen Klammern eingefasst. Als Alternative ohne Bedingung könnten Sie den letzten else-Anweisungsblock verwenden.

Der Ablauf der obigen Struktur geschieht wie folgt:

Zunächst wird die erste Bedingung der obigen Entscheidungsstruktur ausgewertet. Ergibt der Boolesche Kontext dieser Bedingung den skalaren Wahrheitswert true, wird – wie bereits gesagt – der zugehörige Anweisungsblock ausgeführt. Anschließend wird nach der vorliegenden Entscheidungsstruktur mit dem Programm fortgefahren.

Ergibt die erste Bedingung aber den Wahrheitswert false, wird der Anweisungsblock nicht ausgeführt, sondern der nächste vorhandene elsif-Zweig angegangen. In diesem wird wieder die Bedingung ausgewertet. Liefert der Boolesche Kontext dieser Bedingung den Wahrheitswert true, wird der dazugehörige Anweisungsblock ausgeführt und es wird im Programm fortgefahren. Ist der Wahrheitswert dieses elsif-Zweiges aber false, wird dieser Anweisungsblock übersprungen (nicht ausgeführt) und in den nächsten elsif-Zweig verzweigt. In ihm wird wieder nach der gleichen Prozedur verfahren. Beim Wahrheitswert true erfolgt die Ausführung des zugehörigen Anweisungsblocks mit anschließender Fortsetzung des Programms. Beim Wahrheitswert false erfolgt keine Ausführung des Anweisungsblocks, sondern eine Verzweigung zum etwaigen nächsten elsif-Zweig usw.

Ergeben sämtliche if-elsif-Zweige in der obigen Darstellung den Wahrheitswert false, wird beim Vorhandensein von else der entsprechende Anweisungsblock ausgeführt. Anschließend wird das Programm fortgesetzt.

Neben dieser grundlegenden if-elsif-else-Anweisung können verschiedene Varianten konstruiert werden.

Beispiel einer mehrfachen if-Anweisung
Die Syntax lautet:

if (Bedingung) {Anweisungsblock}

if (Bedingung) {Anweisungsblock}

In dieser speziellen Struktur sind ausschließlich if-Anweisungen verwendet worden.

Liefert die Auswertung der ersten if-Anweisung den Booleschen Wert true, wird der zugehörige Anweisungsblock ausgeführt. Im anderen Fall, beim Wahrheitswert false, wird dieser Block übersprungen und es wird mit der nächsten if-Anweisung fortgefahren.

Im folgenden Beispiel wird einmal die Zahl 99 und im anderen Fall z. B. die Zahl 100 eingegeben:

```perl
#!/usr/bin/perl -w

print "Ihre Eingabe\n";

$punkte = <STDIN>;
# Die erste Eingabe ist 99, danach die zweite >=100
chomp($punkte);

if ($punkte < 100) {
print "Mit $punkte Punkten haben Sie Rang 4 erreicht!\n";
}
if ($punkte >= 100) {
print "Mit $punkte Punkten haben Sie Rang 3 erreicht!\n";
}
print "Neues Spiel, neues Glueck.\n";
```

Bei der Eingabe einer Zahl kleiner als 100 (beispielsweise 99) ergibt die Auswertung der ersten Bedingung den Wahrheitswert true, somit wird der erste Anweisungsblock ausgeführt. Anschließend wird die zweite if-Anweisung übersprungen und die anschließende print-Anweisung ausgeführt.

Die Ausgabe ist:

```
Mit 99 Punkten haben Sie Rang 4 erreicht!
Neues Spiel, neues Glueck.
```

Mit der Eingabe einer Zahl größer oder gleich 100 – wie es bei einer Eingabe von 100 der Fall ist – liefert die erste if-Anweisung den Wahrheitswert false; das bedeutet, der erste Anweisungsblock wird übersprungen und es erfolgt die Abfrage der zweiten if-Anweisung. Da hier die Auswertung den Wahrheitswert true liefert, wird der dazugehörige Anweisungsblock ausgeführt. Danach wird im Programm fortgefahren, was zu folgendem Ergebnis führt:

Die Ausgabe ist:

```
Mit 100 Punkten haben Sie Rang 3 erreicht!
Neues Spiel, neues Glueck.
```

Neben diesen Konstrukten gibt es in Perl die bekannten Formen, wie sie auch in C/C++ üblich sind.

Beispiel einer if-else-**Anweisung**
Die Syntax lautet:

if (Bedingung) {Anweisungsblock}

      else {Anweisungsblock}

Wenn die Auswertung der Bedingung den skalaren Wahrheitswert true ergibt, kommt der dazugehörige Anweisungsblock des if-Zweiges ins Spiel und der Anweisungsblock des else-Zweiges wird übersprungen. Danach wird im Programm fortgefahren.

Ist der Wahrheitswert false, wird der Anweisungsblock des if-Zweiges übersprungen und der entsprechende Anweisungsblock des else-Zweiges ausgeführt.

Dies wird im nachstehenden Programm gezeigt:

```
#!/usr/bin/perl -w

print "Ihre Eingabe\n";

$punkte = <STDIN>;
chomp($punkte);

if ($punkte < 100) {
print "Mit $punkte Punkten haben Sie Rang 4 erreicht\n";
}
else {
print "Mit $punkte Punkten haben Sie Rang 3 erreicht\n";
}
print "Neues Spiel, neues Glueck.\n";
```

Werden bei dieser if-else-Anweisung die gleichen Zahlenwerte wie in der mehrfachen if-Anweisung (Zahl 99 bzw. eine Zahl >= 100) eingegeben, erzielen Sie die gleichen Ausgaben.

Somit können Sie die obige mehrfache (zweifache) if-Anweisung auch mit einer if-else-Anweisung realisieren.

Um einen Bereich in einzelne Teilbereiche zu untergliedern und diese gezielt anzusprechen, können Sie eine Steuerung durch eine logische **UND**-Verknüpfung && vornehmen. Bei dieser logischen **UND**-Verknüpfung ist zu berücksichtigen, dass die jeweiligen Ausdrücke – von links nach rechts – nur so lange ausgewertet werden, bis das Gesamtergebnis feststeht. Die Auswertung der restlichen Teilausdrücke entfällt (Abkürzung bzw. Short-cut-Auswertung). Ergibt z. B. der erste (linke) Teilausdruck vor dem **UND**-Operator bereits false, wird der zweite (rechte) Teilausdruck nach dem **UND**-Operator nicht mehr ausgewertet, da das Gesamtergebnis bereits feststeht, nämlich false. Mit anderen Worten, dieser zweite (rechte) Teilausdruck kann das Gesamtergebnis nicht mehr beeinflussen.

Ist aber der linke Ausdruck beim **UND**-Operator true, muss auch der rechte Ausdruck ausgewertet werden, da dieser jetzt das Gesamtergebnis bestimmt.

Beispiel einer if-else-if-else-**Anweisung mit logischer UND-Verknüpfung**
In dieser speziellen Form werden mehrere else-if-Anweisungen verwendet. Die folgenden Programmzeilen zeigen einen schwer durchschaubaren else-if-Konstrukt. Zum besseren Verständnis wird er ausführlich beschrieben:

```perl
#!/usr/bin/perl -w

print "Ihre Eingabe\n";

$punkte = <STDIN>;
chomp($punkte);

if ($punkte < 100) {
print "Mit $punkte Punkten haben Sie Rang 4 erreicht!\n";
}
else {
if ($punkte >= 100 && $punkte < 200) {
print "Mit $punkte Punkten haben Sie Rang 3 erreicht!\n";
}
     else {
if ($punkte >= 200 && $punkte < 300) {
print "Mit $punkte Punkten haben Sie Rang 2 erreicht!\n";
    }
          else {
print "Mit $punkte Punkten haben Sie Rang 1 erreicht!\n";
            }
       }
}
print "Neues Spiel, neues Glueck.\n";
```

Mit der Eingabe von verschiedenen Zahlenwerten können Sie folgende Ausgaben erzielen:

1. Eingabewert: < 100
Ist die Zahl beispielsweise 99, liefert die Auswertung der ersten if-Anweisung ($punkte < 100) den Wahrheitswert true. Das hat zur Folge, dass eine Ausgabe des entsprechenden Anweisungsblocks erfolgt und anschließend im Programm fortgefahren wird.

Die Ausgabe ist:

```
Mit 99 Punkten haben Sie Rang 4 erreicht!
Neues Spiel, neues Glueck.
```

2. Eingabewert: 100 .. 199

Wenn Sie die Zahl 100 eingeben, wird – da die erste `if`-Anweisung den Wahrheitswert `false` liefert – der anschließende `else`-Zweig mit der **UND**-Verknüpfung ausgeführt. Hier ist aber der linke Teilausdruck der **UND**-Verknüpfung `true`. Das hat zur Folge, dass auch der rechte Teilausdruck noch ausgewertet werden muss. Dieser rechte Teilausdruck (`$punkte < 200`) bestimmt aber das Gesamtergebnis. Es ist `true`. Durch diesen Wahrheitswert `true`, der das Ergebnis der `if`-Anweisung war, wird der zugehörige Anweisungsblock ausgeführt.

Die Ausgabe ist:

```
Mit 100 Punkten haben Sie Rang 3 erreicht!
Neues Spiel, neues Glueck.
```

Diese Ausgabe wird bei der Eingabe eines Zahlenbereichs von 100 .. 199 erzielt, wobei der Zahlenwert der Eingabe mit ausgegeben wird.

3. Eingabewert: 200 .. 299

Im Zahlenbereich 200 bis 299 ergibt – z. B. bei Eingabe der Zahl 200 – die Auswertung des ersten Ausdrucks (`$punkte < 100`) im skalaren Kontext den Wahrheitswert `false`. Das bedeutet, der folgende `else`-Zweig wird ausgewertet. Hier erzeugt der linke Teilausdruck des **UND**-Operators den Wert `true`. Die benötigte rechte Seite liefert als Gesamtergebnis den Wahrheitswert `false`. Das hat zur Folge, dass der entsprechende Anweisungsblock nicht ausgeführt, sondern in den zweiten `else`-Zweig verzweigt wird.

In diesem `else`-Zweig ergibt wiederum der linke Teil des **UND**-Operators das Ergebnis `true`. Es muss auch hier der rechte Teilausdruck (`$punkte < 300`) des **UND**-Operators ausgewertet werden. Da aber die Variable `$punkte` den Wert `200` besitzt, ergibt die Auswertung des rechten Ausdrucks den Wahrheitswert `true`. Somit beträgt das Gesamtergebnis der **UND**-Verknüpfung den Wahrheitswert `true`. Also wird der zugehörige Anweisungsblock ausgeführt und danach das Programm fortgesetzt.

Die Ausgabe ist:

```
Mit 200 Punkten haben Sie Rang 2 erreicht!
Neues Spiel, neues Glueck.
```

Diese Ausgabe wird bei der Eingabe eines Zahlenbereichs von 200 .. 299 erzielt, wobei der Eingabewert mit ausgegeben wird.

4. Eingabewert: > 299

Die Zahl 300 als Eingabe erzeugt sowohl in der ersten Bedingung als auch in den zwei weiteren Bedingungen der else-Zweige jeweils den Wahrheitswert false. Ausschlaggebend sind – wie oben beschrieben – jeweils die rechten Seiten der **UND**-Operatoren ($punkte < 200) und ($punkte < 300), die in beiden Fällen das Gesamtergebnis false liefern. Das bedeutet, dass die dazugehörigen Anweisungsblöcke nicht ausgeführt, sondern übersprungen werden.

Da aber alle vorherigen Bedingungen den Wahrheitswert false ergaben, kommt zum Schluss als Alternative der letzte else-Anweisungsblock zum Einsatz. Es versteht sich, dass bei sämtlichen vorhergehenden false-Werten hier nicht noch eine weitere Bedingung benötigt wird, sondern nur der Anweisungsblock zur Ausführung kommt.

Die Ausgabe ist:

```
Mit 300 Punkten haben Sie Rang 1 erreicht!
Neues Spiel, neues Glueck.
```

Gegenüber der obigen Struktur if-else-if-else ist die folgende if-elsif-else-Anweisung in Perl wesentlich übersichtlicher. Sie ist kompakter und auch verständlicher. Angewandt auf das obige Beispiel werden mit dieser Anweisung die gleichen Ergebnisse erzielt.

Beispiel einer if-elsif-else-**Anweisung mit logischer UND-Verknüpfung**
Die Syntax ist bereits am Anfang angegeben worden:

```perl
#!/usr/bin/perl -w

print "Ihre Eingabe\n";

$punkte = <STDIN>;
chomp($punkte);

if ($punkte < 100) {
print "Mit $punkte Punkten haben Sie Rang 4 erreicht!\n";
}
elsif ($punkte >= 100 && $punkte < 200) {
print "Mit $punkte Punkten haben Sie Rang 3 erreicht!\n";
}
elsif ($punkte >= 200 && $punkte < 300) {
print "Mit $punkte Punkten haben Sie Rang 2 erreicht!\n";
}
else {
print "Mit $punkte Punkten haben Sie Rang 1 erreicht!\n";
}
print "Neues Spiel, neues Glueck.\n";
```

Wenn Sie die obigen Eingabezahlen verwenden, erzielen Sie die gleichen Ausgaben.

1. Beim Eingabewert < 100 ist die Ausgabe:
```
Mit 99 Punkten haben Sie Rang 4 erreicht!
Neues Spiel, neues Glueck.
```

2. Beim Eingabewert 100 .. 199 ist die Ausgabe:
```
Mit 100 Punkten haben Sie Rang 3 erreicht!
Neues Spiel, neues Glueck.
```

3. Beim Eingabewert 200 .. 299 ist die Ausgabe:
```
Mit 200 Punkten haben Sie Rang 2 erreicht!
Neues Spiel, neues Glueck.
```

4. Beim Eingabewert > 299 ist die Ausgabe:
```
Mit 300 Punkten haben Sie Rang 1 erreicht!
Neues Spiel, neues Glueck.
```

Der letzte vorhandene else-Anweisungsblock wird nur dann ausgeführt, wenn alle davor liegenden Bedingungen nicht erfüllt werden, d. h. den Wahrheitswert false liefern.

Zusammenfassend lässt sich sagen, dass in einer if-elsif-else-Anweisung alle noch folgenden elsif-Blöcke übersprungen werden, wenn die entsprechende elsif-Bedingung den Wahrheitswert true liefert. Bei der if-else-if-else-Anweisung ist dies auch der Fall. Es wird von allen vorhandenen Blöcken immer nur derjenige Anweisungsblock ausgeführt, dessen Bedingung den Wahrheitswert true ergibt. Anschließend wird das Programm fortgesetzt.

unless-Anweisung

Das Gegenstück der if-Anweisung ist die unless-Anweisung (negierte if-Anweisung), deren Block nur ausgeführt wird, wenn die Bedingung den Wahrheitswert false liefert. Die unless-Anweisung ist identisch mit einer if-not-Bedingung. Somit ließe sich der Ausdruck einer if-Bedingung auch mit der negierten Bedingung (mit not oder !) in eine äquivalente unless-Anweisung überführen. Ist der Wahrheitswert der Bedingung true, wird der Anweisungsblock übersprungen. Sie können in dieser Struktur auch einen else-Zweig verwenden.

Die Syntax lautet:

unless (Bedingung) {Anweisungsblock}

Statt mit den elsif-Anweisungen wird das obige Beispiel nun mit der if-not-else-Anweisung bzw. if-!-else-Anweisung dargestellt.

Beispiel mit der if-not-else-**Anweisung:**

```perl
#!/usr/bin/perl -w

print "Ihre Eingabe\n";

$punkte = <STDIN>;
chomp($punkte);

if (not ($punkte >= 100)) {
print "Mit $punkte Punkten haben Sie Rang 4 erreicht!\n";
}
      else {if ( not ($punkte > 100 && $punkte >= 200)) {
print "Mit $punkte Punkten haben Sie Rang 3 erreicht!\n"
            }
            else {if ( ! ($punkte > 200 && $punkte >= 300)) {
print "Mit $punkte Punkten haben Sie Rang 2 erreicht!\n";
                  }
                  else {
print "Mit $punkte Punkten haben Sie Rang 1 erreicht!\n";
                  }
            }
      }
print "Neues Spiel, neues Glueck.\n";
```

Beispiel mit der wesentlich übersichtlicheren unless-**Anweisung:**

```perl
#!/usr/bin/perl -w

print "Ihre Eingabe\n";

$punkte = <STDIN>;
chomp($punkte);

unless ($punkte >= 100) {
print "Mit $punkte Punkten haben Sie Rang 4 erreicht!\n";
}
      else {unless ($punkte > 100 && $punkte >= 200) {
print "Mit $punkte Punkten haben Sie Rang 3 erreicht!\n";
            }
            else {unless ($punkte > 200 && $punkte >= 300) {
print "Mit $punkte Punkten haben Sie Rang 2 erreicht!\n";
                  }
                  else {
print "Mit $punkte Punkten haben Sie Rang 1 erreicht!\n";
```

```
                    }
              }
        }
print "Neues Spiel, neues Glueck.\n";
```

Alle beiden aufgeführten Programme erzeugen wiederum bei entsprechender Zahlen-Eingabe die gleichen Ausgaben. In den beiden Beispielen (if-not-else-Anweisung und unless-Anweisung) wird eine Operation nur dann ausgeführt, wenn die Bedingung **nicht** erfüllt ist.

Des Weiteren werden beim else-Zweig nur dann die unless-Anweisungen ausgeführt, wenn das Ergebnis der logischen **UND**-Verknüpfung den skalaren Wahrheitswert false ergibt. Bedingt durch die unless- bzw. if-not-Anweisung wird dieser logische Wert negiert, somit zu true, was zur Folge hat, dass die entsprechenden Anweisungen ausgeführt werden.

Mit der Eingabe von entsprechenden Zahlenwerten erzielen Sie mit der unless-Anweisung folgende Ergebnisse:

Mit der Zahl 99 erfolgt die Zuweisung $punkte = 99. Dies bedeutet, dass die erste Bedingung unless ($punkte >= 100) nicht erfüllt und somit false ist. Aufgrund der unless-Anweisung wird zunächst der entsprechende Anweisungsblock ausgeführt; anschließend wird im Programm fortgefahren.

Die Ausgabe ist:

```
Mit 99 Punkten haben Sie Rang 4 erreicht!
Neues Spiel, neues Glueck.
```

Mit der Zahl 100 liefert die erste Bedingung den Wahrheitswert true. Für die unless-Anweisung bedeutet dies, dass die anschließende Anweisung übersprungen wird.

Im folgenden else-Teil wird bei der unless-Anweisung der Anweisungsblock nur dann ausgeführt, wenn die Bedingung den Wahrheitswert false liefert. Dies ist aber der Fall, da die logische **UND**-Verknüpfung beim Eingabebereich ($punkte > 100 && $punkte >= 200) den Wert false ergibt, was zur Folge hat, dass der zugehörige unless-Anweisungsblock folgende Ergebnisse liefert:

```
Mit 100 Punkten haben Sie Rang 3 erreicht!
Neues Spiel, neues Glueck.
```

Mit den Zahlen 200 oder 300 als Eingabewerte (zum Beispiel) erzielen Sie die gleichen Ergebnisse wie in den vorherigen Anweisungs-Formen.

Switch- bzw. case-Auswahlanweisung

Eine switch- (wie in C/C++) bzw. case-Anweisung (wie in Pascal) gibt es in Perl nicht. Diese Auswahl lässt sich aber leicht simulieren.

Statt einer if-elsif-else-Anweisung lässt sich in Perl ein freistehender Block (bare block), dem das willkürlich gewählte Label (Marke) SWITCH vorangestellt wird, verwenden. Dem Label folgt abschließend ein Doppelpunkt. Der freistehende Block – in geschweiften Klammern – enthält wie die bereits verwendeten allgemeinen Blöcke eine Folge von Anweisungen. Demzufolge können auch die entsprechenden Regeln angewendet werden. Neben der Verwendung von beliebigen Namens-Labeln kann durch den last-Operator der Block verlassen werden.

Im folgenden Beispiel wird nun in einer Zusammenfassung von Anweisungen zu einem Block und mit dem willkürlich gewählten Label SWITCH das vorherige if-elsif-else-Beispiel dargestellt. Mit dem Operator last wird der Block verlassen.

Statt der if-Anweisung wird ein Auswahlkonstrukt mit &&-Operator und do-Anweisung gewählt.

Beim &&-Operator wird das rechte Argument nur dann ausgewertet, wenn das linke erfüllt, d. h. true, ist. Das rechte Argument kann aus mehreren Anweisungen bestehen, die zu einem Block zusammengefasst sind.

Die do-Anweisung gibt es in drei Ausführungen: Als do *Block*, als do *Funktion* und als do *Ausdruck*. Wenn ein *Block* aufgerufen wird, führt do die Anweisungen in dem Block aus und liefert den Wert des letzten in diesem Block evaluierten Ausdrucks zurück. Wird do mit einem Schleifenausdruck (while oder until) verwendet, wird der Block einmal ausgeführt, bevor anschließend die Schleifenbedingung geprüft wird. Der Aufruf do *Funktion* ist veraltet, um eine Funktion aufzurufen, während die Form do *Ausdruck* eine Möglichkeit darstellt, Perl in einer anderen Datei auszuführen.

Im nächsten Beispiel wird die do-Anweisung als do *Block* ausgeführt:

```
#!/usr/bin/perl -w

print "Ihre Eingabe\n";

$punkte = <STDIN>;
chomp($punkte);

SWITCH: {
($punkte < 100) && do {
print "Mit $punkte Punkten haben Sie Rang 4 erreicht!\n";
last SWITCH; };
($punkte >= 100 && $punkte < 200) && do {
print "Mit $punkte Punkten haben Sie Rang 3 erreicht!\n";
last SWITCH; };
```

```
($punkte >= 200 && $punkte < 300) && do {
print "Mit $punkte Punkten haben Sie Rang 2 erreicht!\n";
last SWITCH; };
print "Mit $punkte Punkten haben sie Rang 1 erreicht!\n";
}
print "Neues Spiel, neues Glueck.\n";
```

Beim Eingabewert der Zahl 99 erfolgt zunächst wieder die Zuweisung $punkte = 99. Der linke Teilausdruck (quasi *Case-Marke* in C/C++) der **UND**-Verknüpfung ($punkte < 100) ergibt einen Wahrheitswert true, was bedeutet: Führe das Argument der do-Anweisung aus. Danach wird durch den last-Operator die mit dem Label markierte SWITCH-Schleife verlassen und im anschließenden Programm fortgefahren.

Die Ausgabe ist:

```
Mit 99 Punkten haben Sie Rang 4 erreicht!
Neues Spiel, neues Glueck.
```

Mit der Eingabe von 100 ergibt der erste linke Teilausdruck ($punkte < 100) der **UND**-Verknüpfung den Wahrheitswert false. Somit wird die nächste Bedingung ($punkte >= 100 && $punkte < 200) ausgewertet. Da die linke Seite dieser ersten **UND**-Verknüpfung den Wahrheitswert true ergibt, muss die rechte Seite das Gesamtergebnis liefern. Mit $punkte = 100 ergibt die Bedingung ($punkte < 200) den Wahrheitswert true. Das Gesamtergebnis ist somit true, was zur Folge hat, dass die do-Anweisung ausgeführt wird. Anschließend beendet wiederum der Operator last die SWITCH-Schleife. Danach wird das Programm fortgesetzt.

Die Ausgabe ist:

```
Mit 100 Punkten haben Sie Rang 3 erreicht!
Neues Spiel, neues Glueck.
```

Bei Eingabe der Zahl 200 erzielen Sie das gleiche Ergebnis wie im vorherigen Programm. Es wird die entsprechende do-Anweisung ausgeführt, mit dem last-Operator wird die SWITCH-Schleife verlassen und im anschließenden Programm fortgefahren.

Die Ausgabe ist:

```
Mit 200 Punkten haben Sie Rang 2 erreicht!
Neues Spiel, neues Glueck.
```

Wenn alle Bedingungen nicht erfüllt werden und somit ihre Wahrheitswerte false ergeben, wie es z. B. beim Eingabewert von 300 der Fall ist, werden die vorhandenen do-Anweisungen nicht ausgeführt. Die letzte print-Anweisung, der bekannte else-Anweisungsblock, erzeugt die Ausgabe:

```
Mit 300 Punkten haben Sie Rang 1 erreicht!
Neues Spiel, neues Glueck.
```

Es muss also nicht auf die switch-Anweisung verzichtet werden, sondern diese kann sehr einfach in Perl simuliert werden.

Ternärer Operator

Die kürzeste Form der Verzweigung in Abhängigkeit des Booleschen Wertes ist die Verwendung des Ternären Operators. Wie bei der oben erwähnten if-else-Anweisung, wo je nach Auswertung der Bedingung im einen Fall die Anweisungen des if-Zweiges (beim skalaren Wahrheitswert true) oder im anderen Fall die Anweisungen des else-Zweiges (beim skalaren Wahrheitswert false) ausgeführt werden, lässt sich dies sehr einfach mit dem Ternären Operator realisieren.

Die Syntax lautet:

Ergebnis = Bedingung ? true-Ausdruck : false-Ausdruck;

Es wird wie bei der if-else-Anweisung die Bedingung ausgewertet. Beim Wahrheitswert true wird der true-Ausdruck ausgewertet und zurückgegeben. Beim Wahrheitswert false wird der false-Ausdruck ausgewertet und zurückgegeben. Im Gegensatz zu der if-else-Anweisung werden hier keine Blöcke, sondern Ausdrücke verwendet.

Ein beliebtes Beispiel ist die Bestimmung des Maximums von zwei Zahlen (es können auch Real-Zahlen sein):

```
#!/usr/bin/perl -w

print "Eingabe erster Wert\n";
$u = <STDIN>;
chomp($u);
print "Eingabe zweiter Wert\n";
$v = <STDIN>;
chomp($v);
$maxi = $u > $v   ?   $u   :   $v;
print "Das Maximum von $u und $v ist $maxi\n";
```

Nach der Eingabe beider Zahlenwerte wird die Bedingung $u > $v ausgewertet. Beim Wahrheitswert true, d. h. der Wert der skalaren Variable $u ist größer als der der Variable $v, wird der Wert von der Variable $u zurückgegeben und die Variable $maxi bekommt den Wert der Variable $u zugewiesen.

Beim Wahrheitswert false, d. h. der Wert der Variable $u ist nicht größer als der der Variable $v, wird der Wert der Variable $v zurückgegeben und die Variable $maxi bekommt den Wert der Variable $v zugewiesen.

Das gleiche Ergebnis, dargestellt in der if-else-Anweisung, hätte folgende Form:

```
#!/usr/bin/perl -w

print "Eingabe erster Wert\n";
$u = <STDIN>;
chomp($u);
print "Eingabe zweiter Wert\n";
$v = <STDIN>;
chomp($v);


if ($u > $v) {$maxi = $u;}
        else {$maxi = $v;}
print "Das Maximun von $u und $v ist $maxi\n";
```

6.2   Schleifen

Der zweite Hauptbereich zur Steuerung Ihres Programms ist der Einsatz von Schleifen. Sie können festlegen, wie oft Ihr Anweisungsblock wiederholt werden soll, bzw. bestimmen, bis zu welchem Ereignis er entsprechend oft wiederholt werden soll.

Die Schleifen lassen sich in zwei Gruppen einteilen.

In der ersten Gruppe können Sie die Anzahl der Wiederholungen durch den Wert der Bedingung in der Schleifenanweisung selbst festlegen. Dazu verwenden Sie im Allgemeinen die klassische for-Schleife.

Ist eine feste Anzahl, z. B. durch den Bereichs-Operator oder durch die Anzahl der enthaltenen Elemente eines Arrays bzw. Hashs, vorhanden, werden Sie diese feststehenden Wiederholungen mit der foreach-Schleife ausführen. Diese Schleife wertet somit keine Bedingung aus, sondern überführt die vorhandenen skalaren Werte, z. B. eines Arrays, in den Anweisungsblock, wo Sie diese Werte bewerten oder manipulieren können. Die Überführung können Sie mit einer frei definierten Variable vornehmen; wird diese Variable weggelassen, wird automatisch die Spezial-Variable $_ (Default-Variable) gesetzt. Die Anzahl der Wiederholungen richtet sich dabei z. B. nach der Anzahl der Elemente, die ein Array besitzt. Anstelle des Schlüsselworts foreach können Sie auch das Schlüsselwort for verwenden.

In der zweiten Gruppe sind die Wiederholungen vom Wert der Bedingung abhängig. Es wird nur so lange wiederholt, wie die Auswertung der Bedingung den Wahrheitswert true liefert. Wenn die Auswertung den Wahrheitswert false liefert, ist die Schleife (while- bzw. do-until-Schleife) beendet.

for-Schleife

Die Syntax der for-Schleife in Perl entspricht der in C/C++. Die klassische Form besteht innerhalb ihrer Klammern aus drei Ausdrücken, die durch Semikolons getrennt sind. Der erste Ausdruck ist der **Initialisierungsteil**, der zweite der **Bedingungsteil** und der dritte der **Re-Initialisierungsteil**. Alle drei Ausdrücke sind optional. Fehlt der Bedingungsteil, wird true eingesetzt. Der Anweisungsblock kann aus einer oder mehreren Anweisungen bestehen. Die for-Schleife kann auch als while-Schleife definiert werden.

Die allgemeine Syntax der for-Schleife lautet:

for (Initialisierungsteil; Bedingungsteil; Re-Initialisierungsteil) {Anweisungsblock}

Im ersten Ausdruck, dem Initialisierungsteil, werden einmalig die jeweiligen Schleifenvariablen, Zähler usw. initialisiert, d. h. der jeweilige Anfangswert wird zugewiesen. Wie in C/C++ lassen sich auch hier mehrere Variablen durch einen Komma-Ausdruck initialisieren.

Im zweiten Ausdruck, dem Bedingungsteil, erfolgt bei jedem Durchlauf die Auswertung der Bedingung im Booleschen Kontext der Schleifenvariable. Beim Wahrheitswert true wird die Abarbeitung der Anweisung(en) im Anweisungsblock vorgenommen. Beim Wahrheitswert false wird die Schleife verlassen und der Anweisungsblock nicht ausgeführt.

Im dritten Ausdruck, dem Re-Initialisierungsteil, wird eine Inkrementierung oder Dekrementierung der Schleifenvariable vorgenommen. Hier können Sie z. B. eine Schleifenvariable durch den Prä- bzw. durch den Postinkrement-Operator inkrementieren als auch dekrementieren.

Der Schleifendurchlauf bei Verwendung der drei Ausdrücke sieht wie folgt aus:

- Zuerst wird eine Initialisierung der Schleifenvariable vorgenommen.
- Danach erfolgt die Auswertung der Bedingung. Eine Abarbeitung des Anweisungsblocks erfolgt nur beim Wahrheitswert true. Beim Wahrheitswert false wird die Schleife beendet.
- Nach der Abarbeitung des Anweisungsblocks erfolgt eine Inkrementierung (Dekrementierung) der Schleifenvariable.
- Danach wird wiederum die Bedingung ausgewertet. Der erneute Durchlauf und somit eine Abarbeitung des Anweisungsblocks erfolgt beim Wahrheitswert true.

Diese Durchläufe und die Abarbeitung des Anweisungsblocks erfolgen so lange, bis die Auswertung der Bedingung den Wahrheitswert false ergibt. Dann wird die Schleife verlassen.

Im folgenden einfachen Beispiel werden mittels for-Schleife die Ergebnisse 1 hoch 1 bis 4 hoch 4 ausgegeben:

```perl
#!/usr/bin/perl -w

for ($u = 1; $u < 5; ++$u) {
        print "Das Ergebnis $u hoch $u lautet: ",$u ** $u,"\n";
}
# Das Ergebnis 1 hoch 1 lautet: 1
# Das Ergebnis 2 hoch 2 lautet: 4
# Das Ergebnis 3 hoch 3 lautet: 27
# Das Ergebnis 4 hoch 4 lautet: 256
```

Es wird zunächst die Schleifenvariable $u mit dem Wert 1 initialisiert.

Anschließend wird der Bedingungsteil dahingehend ausgewertet, ob die Schleifenvariable $u kleiner als 5 ist. Dies ist der Fall. Durch den Wahrheitswert true wird im Anweisungsblock die Potenz der Schleifenvariable $u hoch $u berechnet und das erste Ergebnis mit der print-Funktion ausgegeben.

Danach wird der Re-Initialisierungteil ausgeführt, d. h. die Schleifenvariable $u per Inkrement um den Wert 1 erhöht, wodurch sie den Wert 2 erhält.

Anschließend wird im Bedingungteil abgefragt, ob die Schleifenvariable $u kleiner als 5 ist. Da die Auswertung der Bedingung wieder true ergibt, erfolgt ein weiterer Schleifendurchlauf, mit der Berechnung und Ausgabe von $u hoch $u, und zwar so lange, bis der Bedingungteil den Wahrheitswert false liefert. Das ist genau dann der Fall, wenn nach der Inkrementierung die Schleifenvariable $u den Wert 5 besitzt. Bei der anschließenden Auswertung im Bedingungteil führt dies zum Wahrheitswert false, was aber eine Beendigung der Schleife bedeutet.

Die optionalen Ausdrücke der obigen for-Schleife werden nun, bei gleichen Ergebnissen, in anderen Strukturen dargestellt.

Die Initialisierung soll z. B. außerhalb der Schleife erfolgen und der Re-Initialisierungsteil innerhalb des Anweisungsblocks durchgeführt werden.

Wichtig dabei ist, dass, obwohl die beiden Ausdrücke in der for-Schleife nicht präsent sind, die entsprechenden Semikolons nicht fehlen dürfen.

Im Re-Initialisierungteil wird die Schleifenvariable $u als Postinkrement-Operator $u++ dargestellt; dabei wird, wie bereits oben erläutert, das gleiche Ergebnis erzielt:

```perl
#!/usr/bin/perl -w

$u = 1;
for ( ; $u < 5; ) {
        print "Das Ergebnis $u hoch $u lautet: ",$u**$u,"\n";
        $u++;
}
```

Die Ausgabe ist:

```
Das Ergebnis 1 hoch 1 lautet: 1
Das Ergebnis 2 hoch 2 lautet: 4
Das Ergebnis 3 hoch 3 lautet: 27
Das Ergebnis 4 hoch 4 lautet: 256
```

Eine weitere Möglichkeit besteht darin, einen Anweisungsblock in den Re-Initialisierungsteil mit einem Komma-Operator einzubinden. Das bedeutet, dass ein leerer Anweisungsblock nur aus geschweiften Klammern entsteht.

Damit in diesem Beispiel sämtliche Ergebnisse von $u hoch $u berechnet und ausgedruckt werden können, muss beim folgenden Beispiel im Re-Initialisierungsteil die print-Anweisung vor dem Postinkrement-Operator $u++ ausgeführt werden. Außerdem wird die print-Anweisung in runden Klammern eingeschlossen, da sonst der Inkrementwert mit ausgedruckt wird:

```
#!/usr/bin/perl -w

$u = 1;
for ( ; $u < 5;
(print "Das Ergebnis $u hoch $u lautet: ",$u**$u,"\n"),$u++)
{;}
```

Auch im obigen Beispiel werden die Potenzen 1 hoch 1 bis 4 hoch 4 ausgegeben. Das Semikolon im Anweisungsblock kann aus optischen Gesichtspunkten eingesetzt werden.

Möchten Sie eine for-Schleife mit zwei Variablen laufen lassen, müssen Sie die beiden Ausdrücke durch Kommas voneinander trennen:

```
#!/usr/bin/perl -w

for ($u = 1, $v = 5; $u < 5; ++$u, --$v) {
    print " $u multipliziert mit $v ergibt: ",$u*$v,"\n";
}
```

Die Ausgabe ist:

```
1 multipliziert mit 5 ergibt: 5
2 multipliziert mit 4 ergibt: 8
3 multipliziert mit 3 ergibt: 9
4 multipliziert mit 2 ergibt: 8
```

Sie können auch `for`-Schleifen schachteln:

```perl
#!/usr/bin/perl -w

for ($u = 0; $u < 5; ++$u) {
      for ($v = 0; $v <= $u;  ++$v) {print "X";}
      for ($v = $u+1; $v < 5; ++$v) {print "*";}
print "\n";
}
```

Folgendes Muster wird ausgegeben:

```
X****
XX***
XXX**
XXXX*
XXXXX
```

Endlos-`for`-Schleife
Alle drei Ausdrücke in der obigen `for`-Schleife sind optional; werden sie weggelassen, ergibt dies eine Endlos-Schleife (wie in C/C++).

```perl
for ( ; ; ) {}
```

foreach-Schleife

Das Schlüsselwort `foreach` ist ein Synonym für das Schlüsselwort `for`. Sie können `foreach` zur besseren Lesbarkeit und `for` zur eventuellen kürzeren Schreibweise verwenden. Beide sind völlig austauschbar.

Die Syntax der `foreach`-Schleife lautet:

foreach [$variable] (@array) {Anweisung(en)}

Bei der Verwendung einer `foreach`-Schleife, z. B. auf ein Array @array, wird zunächst der optionalen Schleifenvariable `$variable` das erste Element aus dem Array zugewiesen. Anschließend wird die vorhandene Anweisung ausgeführt. Danach wird das nächste Element aus dem Array der Schleifenvariable `$variable` zugewiesen und die Anweisung wird ausgeführt. Die Schleife endet, wenn alle Elemente aus dem Array abgearbeitet sind. Somit werden die Elemente des Arrays in ihrer aufsteigenden Indexreihenfolge durchlaufen.

Wird die optionale Schleifenvariable `$variable` nicht angegeben, benutzt Perl die bekannte Spezial-Variable `$_`. Dabei ist diese Variable bei jedem Durchlauf ein Alias für das gerade bearbeitete Array-Element.

Im folgenden Beispiel werden die einzelnen Elemente eines Arrays sortiert und modifiziert ausgegeben:

```
#!/usr/bin/perl -w

@array = qw(ilse ida uwe udo);
foreach $variable ( sort @array ) {
      print $variable .= '-klein  ';
}
# ida-klein  ilse-klein  udo-klein  uwe-klein
```

Nachdem die Elemente des Arrays durch die Funktion sort() in sortierter Form vorliegen, werden sie durch die Funktion foreach() mit Hilfe des Konkatenations-Operators "." nacheinander mit den String "-klein" verbunden.

Die kürzere Schreibweise mit der Spezial-Variable $_ sieht wie folgt aus:

```
#!/usr/bin/perl -w

@array = qw(ilse ida uwe udo);
foreach (sort @array) {print $_ .= '-klein  ';}
```

In beiden Beispielen besitzt das Array @array, wie oben erläutert, als Inhalt die geänderten Array-Elemente.

Als Nächstes wird die obige Potenzberechnung mit Hilfe der foreach-Schleife und der Spezial-Variable $_ ausgeführt:

```
#!/usr/bin/perl -w

foreach ( 1 .. 4 ) {
      print "Das Ergebnis $_ hoch $_ lautet: ",$_**$_,"\n";
}
# Das Ergebnis 1 hoch 1 lautet: 1
# Das Ergebnis 2 hoch 2 lautet: 4
# Das Ergebnis 3 hoch 3 lautet: 27
# Das Ergebnis 4 hoch 4 lautet: 256
```

Mit der foreach-Schleife werden also die gleichen Ergebnisse wie mit der for-Schleife erzielt. Zur Berechnung wurde der Bereichs-Operator 1..4 verwendet.

In einem weiteren Beispiel werden nun die in einem Hash enthaltenen Schlüssel mittels foreach-Schleife sortiert ausgegeben:

```
#!/usr/bin/perl -w

%paare = (ilse => 26, ida => 32, uwe => 40, udo => 32);

foreach ( sort keys %paare) {print "$_  ";}
# ida  ilse  udo  uwe
```

Die Funktion keys() liefert alle Schlüssel des Hashs, die durch die Funktion sort() in alphabetischer Folge sortiert werden, bevor sie durch die foreach-Schleife ausgegeben werden. Soll nach jedem Schlüssel ein New–Line ausgegeben werden, ist die Kombination print $_,"\n" die schnellste Ausgabe gegenüber print $_."\n" und print "$_\n".

while-Schleife

Die Grundform der while-Schleife besteht aus einem Bedingungsteil und einem Anweisungsblock.

Die Syntax der while-Schleife lautet:

while (Bedingungsteil) {Anweisungsblock}

Vor jedem Durchlauf wird zunächst der Bedingungsteil ausgewertet. Ergibt die Auswertung den Booleschen Wert true, erfolgt die Abarbeitung des Anweisungsblocks. Anschließend wird die Kontrolle wieder dem Bedingungsteil übergeben. Ergibt die Auswertung den Wahrheitswert true, wird wieder im Anweisungsblock fortgefahren. Dies geschieht so lange, bis die Auswertung des Bedingungsteils den Booleschen Wahrheitswert false liefert. In diesem Fall wird die Schleife verlassen und es erfolgt keine Abarbeitung des Anweisungsblocks.

Das obige for-Schleifenbeispiel soll jetzt mit einer while-Schleife ausgeführt werden:

```
#!/usr/bin/perl -w

$u = 1;
while ( $u < 5 ) {
        print "Das Ergebnis $u hoch $u lautet: ",$u**$u,"\n";
        $u++;
}
# Das Ergebnis 1 hoch 1 lautet: 1
# Das Ergebnis 2 hoch 2 lautet: 4
# Das Ergebnis 3 hoch 3 lautet: 27
# Das Ergebnis 4 hoch 4 lautet: 256
```

Der Anweisungsblock wird so lange abgearbeitet, bis die Schleifenvariable $u nicht mehr kleiner als 5 ist.

Die while-Schleife kann in einer for-Schleife und auch umgekehrt realisiert werden. Bei der obigen for-Schleife wurde die Initialisierung außerhalb der Schleife und der Re-Initialisierungsteil innerhalb des Anweisungsblocks vorgenommen, was der Struktur der while-Schleife entspricht.

Array-Elemente können statt mit der foreach-Schleife auch mit einer while-Schleife modifiziert werden:

```
#!/usr/bin/perl -w

@array = qw(ilse ida uwe udo);
$u = 0;
while ($u <= $#array) {
        print $array[$u++] .= '-klein  ';
}
# ilse-klein  ida-klein  uwe-klein  udo-klein
```

Die Bedingung besitzt den Wahrheitswert true, solange die Schleifenvariable $u kleiner oder gleich dem Index des letzten Elements von @array ist (letzter Indexwert von @array ist 3).

Innerhalb des Anweisungsblocks wird das aktuelle Element des Arrays ausgegeben und anschließend die Inkrementierung des Indexwerts vorgenommen. Da die Inkrementierung danach erfolgen soll, wird der Postinkrement-Operator $u++ als Indexwert eingesetzt. Bei Verwendung des Präinkrement-Opreators ++$u, wird vorher um 1 inkrementiert, was zum falschen Ergebnis führt. Die Schleife endet, wenn die Bedingung den Wahrheitswert false liefert.

Im folgenden Programm werden die Schlüssel von einem Hash mit einer while-Schleife ausgegeben. Dazu wird die Funktion each() eingesetzt, die eine Liste mit jeweils zwei Elementen zurückliefert; es sind dies Schlüssel und Wert des Hashs:

```
#!/usr/bin/perl -w

%paare = (ilse => 26, ida => 32, uwe => 40, udo => 32);
while ($key = each %paare) {
        print "$key ";
}
# udo ilse uwe ida
```

Das obige Beispiel zeigt, dass die Ausgabe der Schlüssel nicht mit der Definitionsabfolge der Eingabe übereinstimmen muss.

Endlos-while-Schleife
Eine Endlos-while-Schleife wird durch folgende Bedingung (die immer den Wahrheitswert true liefert) erzeugt:

```
while (1) {}
```

Continue-Block
Ein Continue-Block wird immer am Ende jedes Durchlaufs einer Schleife durchgeführt. Der Continue-Block wird nicht ausgeführt, wenn die Schleife mit dem last-Operator abgebrochen wird:

```perl
#!/usr/bin/perl -w

$var = 10;
while ($var > 0) {
     --$var;
}
continue {
     print "$var ";
}
```

Die Ausgabe ist:

```
9 8 7 6 5 4 3 2 1 0
```

until-Schleife

Die until-Schleife ist das Gegenteil der while-Schleife, ähnlich wie die unless-Anweisung das Gegenteil der if-Anweisung ist.

Die Syntax der until-Schleife lautet:

until (Bedingungsteil) {Anweisungsblock}

Da hier die negierte Bedingung zum Einsatz kommt, bedeutet dies, dass die Schleife so lange ausgeführt wird, wie die Auswertung der Bedingung den Wahrheitswert false liefert. Ist der Wahrheitswert der Bedingung true, wird ein weiterer Schleifendurchlauf nicht mehr ausgeführt.

Die while-Schleife lässt sich durch die negierte Bedingung in eine until-Schleife umsetzen:

```perl
#!/usr/bin/perl -w

$u = 1;
until ( ! ($u < 5)) {
     print "Das Ergebnis $u hoch $u lautet: ",$u**$u,"\n";
     $u++;
}
# Das Ergebnis 1 hoch 1 lautet: 1
# Das Ergebnis 2 hoch 2 lautet: 4
# Das Ergebnis 3 hoch 3 lautet: 27
# Das Ergebnis 4 hoch 4 lautet: 256
```

Die Schleife wird so lange durchlaufen, bis die Schleifenvariable $u nicht mehr kleiner als 5 ist. Ist die Schleifenvariable $u kleiner als 5, liefert die Bedingung ($u < 5) zwar den Wahrheitswert true, wird aber durch die Negation zum Wahrheitswert false. Der Anweisungsblock wird so lange ausgeführt, bis die negierte Bedingung den Wahrheitswert true ergibt. Dies ist dann der Fall, wenn die Schleifenvariable $u den Wert 5 besitzt. Das Ergebnis der Bedingung ist false, wird aber durch die Negation zu true, was bedeutet, dass die Schleife beendet wird.

do-while-Schleife

Bei der while-Schleife wird die Bedingung vor dem ersten Durchlauf überprüft. Im Unterschied dazu wird bei der do-while-Schleife (nicht-abweisende Schleife) der Anweisungsblock mindestens einmal durchlaufen und erst danach erfolgt die Auswertung der Bedingung. Während Sie bei C/C++ auf dieses Konstrukt beschränkt sind, lässt Perl weitere do-Konstrukte wie do-if, do-unless bzw. do-until zu. Große Programmblöcke lassen sich mit do somit zu einem Statement kapseln.

Die Syntax der do-while-Schleife lautet:

do {Anweisungsblock} while (Bedingungsteil);

Bei der do-while-Schleife wird, wie die Syntax deutlich zeigt, die Bedingung immer erst nach dem Anweisungsblock überprüft. Die while-Schleife endet beim Wahrheitswert false; bei der do-while-Schleife wird grundsätzlich erst der gesamte Anweisungsblock ausgeführt. Wenn die anschließende Auswertung des Bedingungsteils den Wahrheitswert false ergibt, wird die Schleife verlassen.

Ist der Wahrheitswert true, wird der Anweisungsblock erneut durchlaufen, und zwar so lange, bis der Wahrheitswert false die Schleife beendet. Nach der schließenden runden Klammer des Bedingungsteils steht ein Semikolon.

Das obige while-Beispiel sieht als do-while-Schleife wie folgt aus:

```perl
#!/usr/bin/perl -w

$u = 1;
do {
        print "Das Ergebnis $u hoch $u lautet: ",$u**$u,"\n";
        $u++;
}
while ($u < 5);
# Das Ergebnis 1 hoch 1 lautet: 1
# Das Ergebnis 2 hoch 2 lautet: 4
# Das Ergebnis 3 hoch 3 lautet: 27
# Das Ergebnis 4 hoch 4 lautet: 256
```

do-until-Schleife

Diese Schleifenform entspricht der REPEAT–UNTIL-Schleife von Pascal. Auch bei der do-until-Schleife wird zunächst der Anweisungsblock einmal durchlaufen. Danach entscheidet die Bedingung, ob die Schleife wiederholt wird (beim Wahrheitswert false) bzw. abgebrochen wird (beim Wahrheitswert true).

Das obige until-Beispiel sieht als do-until-Schleife wie folgt aus:

```perl
#!/usr/bin/perl -w

$u = 1;
do {
     print "Das Ergebnis $u hoch $u lautet: ",
     $u**$u,"\n";$u++;
}
until ( ! ($u < 5));
# Das Ergebnis 1 hoch 1 lautet: 1
# Das Ergebnis 2 hoch 2 lautet. 4
# Das Ergebnis 3 hoch 3 lautet: 27
# Das Ergebnis 4 hoch 4 lautet: 256
```

Die Bedingung wird erst nach dem einmaligen Durchlauf des Anweisungsblocks ausgewertet. Dementsprechend wird das Programm nach jedem Iterationsschritt entweder beendet oder der Anweisungsblock nochmals durchlaufen.

Das folgende Perl-Programm enthält ein Konstrukt einer while-Schleife mit anschließender do-until-Schleife:

```perl
#!/usr/bin/perl -w

print "Antworten Sie mit \"Ja\" oder \"Nein\" \n";
$ein = <STDIN>;
chomp($ein);

while (($ein ne "Ja") && ($ein ne "Nein")) {
     print "Antworten Sie mit \"Ja\" oder \"Nein\" \n";
     $ein = <STDIN>;
     chomp($ein);
}

print "Jetzt geht es weiter mit do-until\n";

do {

     print "Antworten Sie hier mit \"Ja\" oder \"Nein\" \n";
     $ein = <STDIN>;
     chomp($ein);
}
until (($ein eq "Ja") || ($ein eq "Nein"));
print "Alle Eingaben waren richtig!\n";
```

Nur wenn Ihre Eingabe entweder "Ja" oder "Nein" ist, wird im Anschluss an die while-Schleife die do-until-Schleife ausgeführt. Auch diese Schleife wird nur bei der richtigen

Eingabe entweder mit "Ja" oder "Nein" beendet. Im Anschluss daran erhalten Sie als Ergebnis die Ausgabe: "Alle Eingaben waren richtig!"

6.3   Schleifen-Kontrollkommandos

Eine Schleife ist dann beendet, wenn die Schleifenbedingung nicht mehr erfüllt ist. Bei Perl existieren entsprechende Befehle, mit denen Sie die Ausführung der Schleife beeinflussen können.

last-Anweisung

Mit Hilfe des last-Operators können Sie z. B. Endlos-Schleifen vorzeitig beenden, unabhängig von der Auswertung der Bedingung.

Bei dem folgenden Beispiel wird nach einem definierten Element in einem Array – vom Anfang des Arrays aus – gesucht. Nachdem es gefunden ist, wird das Programm beendet und die noch verbliebenen Elemente ausgegeben.

Das zu suchende Element lautet "ilse":

```perl
#!/usr/bin/perl -w

@array = qw(ida ilse uwe udo);
while () {
     last if 'ilse' eq shift @array;
     print "@array\n";
}
print "@array\n";
# uwe udo sind noch im Array verblieben
```

Beim ersten Durchlauf entfernt die Funktion shift() das Anfangs-Element "ida" aus dem Array @array. Die if-Bedingung liefert den Wahrheitswert false und es erfolgt keine Beendigung durch den last-Operator. Als Elemente sind noch (ilse uwe udo) im Array vorhanden.

Beim nächsten Durchlauf entfernt die Funktion shift() wiederum das Anfangs-Element aus dem Array, nämlich "ilse". Der Wahrheitswert der if-Bedingung ist jetzt true, somit tritt der last-Operator in Aktion und die while-Scheife wird verlassen. Anschließend werden die verbliebenen Elemente (uwe udo) von @array durch die print-Anweisung ausgegeben.

Suchen Sie nach dem letzten Element in einer Liste, werden ebenfalls durch die shift-Funktion alle Elemente entfernt, so dass Sie zum Schluss eine leere Liste vorfinden.

Das Element, nach dem Sie suchen, muss im Array existieren, da sonst die `while`-Schleife endlos durchlaufen wird. Ferner sollte das zu suchende Element nur einfach vorhanden sein, um ein eindeutiges Ergebnis zu erzielen.

Der `last`-Operator lässt sich auch zum Steuern der Eingabe verwenden. Im folgenden Programm wird die fortwährende Eingabe durch `"ende"` abgebrochen:

```perl
#!/usr/bin/perl -w

print "Eingabe oder mit 'ende' das Programm beenden\n";
$i = 0;
while (<>) {
     chomp;
     print "Eingabe oder mit 'ende' das Programm beenden\n";
     last if $_ eq "ende";
     $array[$i++] = $_;
}
print "Die Eingaben waren: \n";
foreach (@array) {print $_ ,"\n";};
```

Die Eingabe wird mit Hilfe des `<>`-Operators von `STDIN` gelesen. Die eingelesene Zeile mit dem Zeilenende-Zeichen wird in der Spezial-Variable `$_` gespeichert. Mit der Funktion `chomp()` wird jeweils dieses Zeilenende in der `while`-Schleife entfernt. Die `if`-Anweisung testet, ob die Eingabe den Eingabe-String `"ende"` besitzt. In diesem Fall beendet der `last`-Operator sofort die Schleife und das Array `@array` mit den bisherigen Eingaben wird ausgegeben.

Liefert die Auswertung der `if`-Anweisung den Wahrheitswert `false`, d. h. die Eingabe ist nicht `"ende"`, wird die Eingabe im Array `@array` gespeichert.

Zusätzlich zur Anweisung `last` können Sie zur Schleifensteuerung noch die Anweisungen `next` und `redo` verwenden.

Normalerweise wirken sich die Anweisung `last` und die anschließend beschriebenen Anweisungen `next` und `redo` immer direkt auf die sie umgebende Schleife aus. Durch Verwendung von Labeln ist es möglich, bei verschachtelten Schleifen eine Anwendung auf eine äußere Schleife zu verlagern.

next-Anweisung

Außer mit dem `last`-Operator können Sie auch mit dem `next`-Operator eine Schleifensteuerung vornehmen. Der `next`-Operator beginnt sofort mit einem erneuten Durchlauf der Schleife. Die restlichen Anweisungen des Blocks werden übersprungen.

Im nächsten Beispiel werden alle Elemente eines Arrays bis auf das zu suchende Element ausgegeben. Das zu suchende Element ist `"ilse"`:

```
#!/usr/bin/perl -w

@array = qw(ida ilse uwe udo);
$i = -1;
while ($i < $#array) {
      next if 'ilse' eq $array[++$i];
      print "$array[$i] ";
}
# ida uwe udo
```

Sofern die if-Anweisung erfüllt ist, tritt der next-Operator in Aktion. Die while-Schleife beginnt mit einem neuen Durchlauf. Die print-Funktion wird übersprungen und somit nicht ausgeführt. Die Zähl-Variable $i ist mit dem Wert -1 initialisiert worden, um das erste Element "ida" durch die Inkrementbildung $array[++$i] auszugeben. Durch weitere Inkrementbildungen werden die restlichen Elemente des Arrays ausgegeben. Natürlich können Sie das Präfix-Zeichen ++ vor $i im $array[++$i] weglassen und stattdessen eine Inkrementierung der Zähl-Variable $i außerhalb der eckigen Klammern [] vornehmen. Dabei muss ++$i aber vor der next-Anweisung definiert sein.

redo-Anweisung

Ähnlich wie beim next-Operator bricht der redo-Operator den aktuellen Schleifendurchlauf ab und springt zum Schleifenanfang. Im Gegensatz zu next wird bei redo die Bedingung nicht ausgewertet oder überprüft. Der redo-Operator wiederholt also denselben Durchlauf, ohne eine Bedingungsabfrage vorzunehmen.

Wie im obigen Beispiel soll das Element "ilse" mit der redo-Anweisung gefunden werden:

```
#!/usr/bin/perl -w

@array = qw(ida ilse uwe udo);
$i = -1;
while ($i < $#array) {
      redo if 'ilse' eq $array[++$i];
      print "$array[$i] ";
}
# ida uwe udo
```

Labels

Labels können beliebig benannt werden und werden in der Regel groß geschrieben. Ein Label wird mit einem Doppelpunkt abgeschlossen.

Die Operatoren last, next und redo beziehen sich normalerweise auf die aktuelle Schleife. Durch die Verwendung von Labels ist es möglich, verschachtelte Schleifen zu steuern.

Im nächsten Programm wird mittels Label die äußere Schleife beendet (durch `last`), wenn die entsprechende Bedingung erfüllt ist:

```perl
#!/usr/bin/perl -w

MARKE: foreach $i (A .. D) {
            print "\nBuchstabe: $i\n";
            foreach (1 .. 4) {
                    last MARKE if $i eq C && $_ > 2;
                    print "Zahl: $_   ";
            }
        }
```

```
# Buchstabe: A
# Zahl: 1  Zahl: 2  Zahl: 3  Zahl: 4
# Buchstabe: B
# Zahl: 1  Zahl: 2  Zahl: 3  Zahl: 4
# Buchstabe: C
# Zahl: 1  Zahl: 2
```

Mittels `last`-Operator und nachfolgendem Label `MARKE:` wird die verschachtelte `for`-Schleife verlassen, wenn die `if`-Bedingung den Buchstaben `"C"` und die Zahl einen Wert größer als 2 aufweist.

goto-Anweisung

Mit der `goto`-Anweisung und nachfolgender Sprungmarke springen Sie zu dieser letzteren, um dort Ihr Programm fortzusetzen. Auch durch einen Ausdruck können Sie das Sprungziel ermitteln. Ebenso können Sie die `goto`-Anweisung mit einem Funktionsnamen versehen, um an die entsprechende Funktion zu springen. Weitere Details zu diesem Thema finden Sie in der **perlsyn**-Manpage.

6.4   Modifikatoren

Mit Modifikatoren lassen sich einfache Bedingungen und Schleifen noch kürzer und prägnanter darstellen. Die entsprechenden Strukturen können aber nicht verschachtelt werden.

Für `if`, `unless`, `while`, `until` und `foreach` stehen Modifikatoren zur Verfügung, mit denen Sie bedingungs- und schleifenähnliche Konstrukte erstellen können.

Hierbei steht vor dem Semikolon der Modifikator mit seinem Ausdruck. Davor steht ein weiterer Ausdruck, der ausgeführt werden soll. Die jeweiligen Strukturen werden generell von rechts nach links ausgewertet.

Der if-Modifikator

Die Syntax sieht wie folgt aus:

Ausdruck_A **if** Ausdruck_B;

Der Ausdruck_A wird ausgeführt, wenn Ausdruck_B (Bedingung) true ist:

```
#!/usr/bin/perl -w

@array = qw(ilse ida uwe udo);
print "$array[0]\n", if defined $array[3];              # ilse
```

Der unless-Modifikator

Die Syntax sieht wie folgt aus:

Ausdruck_A **unless** Ausdruck_B;

Der Ausdruck_A wird ausgeführt, wenn das Ergebnis vom Ausdruck_B (Bedingung) false ist:

```
#!/usr/bin/perl -w

@array = qw(ilse ida uwe udo);
print "$array[0]\n", unless defined $array[4];
# ilse
```

Der while-Modifikator

Die Syntax sieht wie folgt aus:

Ausdruck_A **while** Ausdruck_B;

Der Ausdruck_A wird ausgeführt, wenn der Ausdruck_B (Bedingung) true ist:

```
#!/usr/bin/perl -w

@array = qw(ilse ida uwe udo);
$u = 0;
print $array[$u++].= '-klein  '  while $u <= $#array;
# ilse-klein  ida-klein  uwe-klein  udo-klein
```

Der until-Modifikator

Die Syntax sieht wie folgt aus:

Ausdruck_A **until** Ausdruck_B;

Der Ausdruck_A wird ausgeführt, wenn der Ausdruck_B (Bedingung) false ist:

```
#!/usr/bin/perl -w

@array = qw(ilse ida uwe udo);
$u = 0;
print $array[$u++].= '-gross  '  until not $u <= $#array;
# ilse-gross  ida-gross  uwe-gross  udo-gross
```

Der foreach-Modifikator

Die Syntax sieht wie folgt aus:

Ausdruck_A **foreach** Liste ;

Der Ausdruck_A enthält alle Elemente der Liste:

```
#!/usr/bin/perl -w

@array = qw(ilse ida uwe udo);
print "$_  ", foreach sort @array;
# ida  ilse  udo  uwe
```

Ausgabe der Schlüssel eines Hashs:

```
#!/usr/bin/perl -w

%paare = (ilse => 26, ida => 32, uwe => 40, udo => 32);
print "$_  ",foreach keys %paare;
# udo  ilse  uwe  ida
```

Wie Sie an den obigen Beispielen sehen konnten, lassen sich einfache Bedingungen und auch Schleifen sehr prägnant durch entsprechende Modifikatoren ausführen.

7 Funktionen

In der Perl-Manpage werden die Begriffe Subroutine und Funktion synonym verwendet. Der Einfachheit halber wird in diesem Kapitel von Funktionen gesprochen. Sie unterscheiden sich von den so genannten Routinen bei Fortran, die immer identische Abläufe an verschiedenen Stellen im Programm ausführen.

Auch gegenüber Pascal und C/C++ sind bei Perl bezüglich Funktionen einige Unterschiede vorhanden:

- In Perl können Sie Ihre Funktionen an beliebigen Stellen im Programm definieren. Zum Beispiel können Sie erst das Hauptprogramm und anschließend die Funktion definieren – was in Pascal nicht möglich ist. In C/C++ müssen Sie diese vorher deklarieren.
- Perl kennt keine formale Parameterliste in der Kopf-Deklaration wie Pascal oder C/C++, sondern arbeitet mit einer variablen Anzahl schwach typisierter Parameter.
- In Perl können Sie mehrere Rückgabewerte zurückliefern. Des Weiteren kann der Kontext (wantarray: Array oder Skalar) abgefragt werden.
- In Perl stehen alle Argumente, die an eine Funktion übergeben werden, als Parameterliste im Spezial-Array @_ zur Verfügung. Über @_ (Spezial-Array) bzw. $_[0], $_[1] (Spezial-Variable) usw. sind sie erreichbar.
- Veränderungen in der Funktion beim Spezial-Array @_ führen zu Auswirkungen bei den Variablen im Hauptprogramm. Wenn Sie also eine Variable an eine Funktion übergeben, ergibt das Element aus dem Spezial-Array @_ einen Alias zur Variable. Dieses Verhalten entspricht **implizierten Referenzen**.
- Beim Übergabemechanismus **call-by-value** (Kopie der Werte der Aufrufparameter) werden die jeweiligen Werte des Spezial-Arrays @_ lokalen Variablen innerhalb der Funktion zugewiesen.
- Mit Perl ist ein Prototyping möglich.
- Perl besitzt etliche eingebaute Funktionen, die der Perl-Interpreter kennt und die Sie vor ihrer Verwendung nicht deklarieren müssen.

Wie die meisten höheren Programmiersprachen bietet auch Perl die Möglichkeit, Funktionen zu erstellen. Neben den vorhandenen Funktionen aus der Standardbibliothek lassen sich selbst erstellte Funktionen verwenden.

Die Vorteile der strukturierten Programmierung liegen auf der Hand. Es ist sinnvoll, Programme in Teilprogramme zu zerlegen. Funktionen unterstützen diese Methode der Programmierung, die mit Top Down bezeichnet wird. Dabei ist es von Vorteil, dass einzelne Funktionen einfacher zu testen und auch deutlich übersichtlicher sind. Verbesserungen und

Änderungen lassen sich an zentraler Stelle vornehmen, ohne dass andere Teile des Programms verändert werden müssen. Weiterhin können Sie mehrfach benötigte Programmteile in einer Funktion definieren und diese dann beliebig oft an den geforderten Stellen im Programm aufrufen.

Eine deutliche Verbesserung bei Perl gegenüber anderen Programmiersprachen ist die variable Anzahl von Argumenten. Perl geht grundsätzlich davon aus, dass beim Aufruf von Funktionen eine Liste von Argumenten übergeben wird. Die entsprechende Funktion ermöglicht es, Anzahl und Reihenfolge der Parameter-Liste auszuwerten.

Bei Übergabe von mehreren Argumenten an eine Funktion können ein oder mehrere Werte gleichzeitig (`wantarray`) von dieser Funktion zurückgeliefert werden. Dies ist eine weitere Verbesserung gegenüber anderen Programmiersprachen.

Selbstverständlich können Sie auch Funktionen rekursiv aufrufen.

7.1   Definition einer Funktion

Eine Funktion wird in Perl mit dem Schlüsselwort `sub` definiert, gefolgt von einem beliebigen Namen und einem definierten Block (Funktionsrumpf). Namen, die nur aus großen Buchstaben bestehen, wie z. B. BEGIN und END, sind bei Perl für Funktionen der Paketinitialisierung und -beendigung reserviert.

Weiterhin müssen alle Anweisungen einer Funktion innerhalb des Blocks stehen, der durch ein Paar geschweifter Klammern hinter dem Funktionsnamen gebildet wird.

Der Aufbau einer Funktion lautet:

```
sub name {
Anweisung(en);              # Funktionsrumpf
}
```

Der *name* der Funktion kann aus beliebig vielen alphanumerischen Zeichen und Unterstrichen bestehen. Er kommt nicht in Konflikt mit gleichnamigen Skalar-, Array- oder Hash-Variablen.

Wie die Anweisungen können auch Funktionen – wie bereits erwähnt – überall im Programm stehen. Aus Gründen der Übersichtlichkeit sollten sie aber am Anfang oder am Ende des Programms platziert werden.

7.2   Deklaration, Definition und Prototypen

Eine Deklaration macht das Objekt (z. B. Funktion oder Variable) dem Compiler bekannt (quasi Vorabinformationen für den Compiler) und weist dem Objekt einen Datentyp zu. Deklarationen helfen zumindest bei größeren Programmen, Fehler zu vermeiden. Erst bei der Definition wird der benötigte Speicherplatz reserviert (bei Variablen) oder der Code generiert (bei Funktionen).

Eine Funktion kann entweder durch Argumente in runden Klammern oder mit einem Präfix & aufgerufen werden.

Die Deklaration können Sie zu Prototypen erweitern, das heißt für eine Funktion lassen sich Typ und Anzahl der Argumente festlegen.

Beim Aufruf der Funktion wird überprüft, ob die im Prototyp angegeben Argumente übereinstimmen. Stimmen die Datentypen nicht mit denen der Prototyp-Deklaration überein, wird das Programm mit einer Fehlermeldung abgebrochen; das Gleiche gilt auch, wenn die Anzahl nicht übereinstimmt. Ein Prototyp wird nur dann ausgewertet, wenn beim Aufruf der Funktion kein & angegeben wird.

Die Prototyp-Deklaration kann explizit angegeben oder direkt in der Funktions-Definition eingesetzt werden.

Explizite Prototyp-Deklaration:

```perl
#!/usr/bin/perl -w

sub func($$);                           # Als explizite Angabe

# weitere Programmzeilen

sub func($$) {                          # Funktions-Definition
     my($a1,$a2) = @_;
     print "$a1  $a2";                  # 10 20
}

($a1, $a2) = (10, 20);                  # Argumente
func($a1, $a2);                         # Aufruf mit Übergabe
```

Bei dieser expliziten Angabe wird angekündigt, dass irgendwo im Programm eine Funktion func existiert, die zwei skalare Argumente benötigt.

Prototyp-Deklaration in der Funktions-Definition:

```perl
#!/usr/bin/perl -w

sub func($$) {                          # Funktions-Definition
```

```
    my ($a1,$a2) = @_;              # Zuweisung der Parameter
    print "$a1  $a2";              # 10 20
}


($a1, $a2) = (10,20);             # Argumente
func($a1, $a2);                    # Aufruf mit Übergabe
```

Bei einem Prototyp werden hinter dem Namen die entsprechenden Arten in runden Klammern angegeben. Dabei setzt sich der Prototyp aus folgenden Präfixen zusammen:

- $ steht für eine Skalar-Variable, @ steht für ein Array, % steht für einen Hash. Ohne Backslash müssen @ und % am Ende stehen, weil sie einen Listenkontext erzwingen und alle restlichen Argumente gierig verschlingen.
- Ein Semikolon trennt erforderliche von optionalen Argumenten.

Um z. B. eine Funktion mit dem Namen func zu deklarieren, lassen sich folgende Kombinationen von Prototypen verwenden:

- wenn keine Argumente erwartet werden:

```
sub func();              # Aufruf func ohne Argumente
```

- Verwendung von drei skalaren Argumenten:

```
sub func($ $ $);         # Aufruf: func( $var1,$var2,$var3);
```

- ';' trennt notwendige von optionalen Argumenten:

```
sub func($;$$);          # Aufruf: func($var1)
                         # oder func($var1,$var2)
                         # oder func($var1,$var2,$var3)
```

- Verwendung eines Arrays oder einer Reihe von Skalaren:

```
sub func(@);             # Aufruf func(@array)
                         # oder func($var1,$var2)
```

- Verwendung einer Array-Referenz:

```
sub func(\@);            # Aufruf func(@{array})
```

- Verwendung einer Hash-Referenz:

```
sub func(\%);            # Aufruf func(%[hash]);
```

- Verwendung eines Codeblocks (keine Referenz):

```
sub func(\&);          # Aufruf func({$a<=>$b});
```

Besteht die Deklaration aus Array- oder Hash-Referenzen, erfolgt die Übergabe der Datentypen **call-by-reference** und nicht **call-by-value.** Dadurch ist es möglich, beim Aufruf der Funktion getrennt Array-Elemente bzw. Hash-Elemente mit dem Spezial-Array @_ zu verarbeiten.

7.3 Aufruf von Funktionen

Sie können eine Funktion (als Name ist willkürlich func gewählt worden) auf verschiedene Arten aufrufen. Der Aufruf kann mit dem Präfix & (Ampersend-Zeichen) vor dem Namen erfolgen. Werden Klammern für Argumente verwendet, kann auf das & verzichtet werden.

Beim Aufruf der Funktion func() ohne Übergabe von Argumenten können Sie folgende Formen wählen:

```
&func;             # Aufruf ohne Argumente
&func();           # dto.
func();            # Aufruf ohne Argumente
func;              # Funktion vorher definieren
```

Auf das Zeichen & können Sie dann nicht verzichten, wenn Sie sich indirekt auf eine Funktion beziehen, d. h. wenn Sie sie nicht aufrufen, sondern nur dahingehend überprüfen möchten, ob sie definiert worden ist. Auch im Falle von Referenzen auf Funktionen ist eine Dereferenzierung mittels & erforderlich.

In manchen Fällen kann sogar auf die Klammer verzichtet werden:

```
#!/usr/bin/perl -w

print "Hauptprogramm\n";
&func;
func();

sub func {
     print "\tUnterprogramm\n";
}
```

Die Ausgabe ist:

```
Hauptprogramm
     Unterprogramm
     Unterprogramm
```

Der Aufruf der Funktion func() erfolgt alternativ mit &func und mit func().

Funktionen mit lokalen Variablen

Da Funktionen als eigenständige Einheiten betrachtet werden, besitzen sie auch eigenständige Variablen. Aber Vorsicht: Variablen, die Sie in Funktionen definieren, werden nicht von Variablen unterschieden, die außerhalb der Funktion verwendet werden.

Im folgenden Beispiel ist die Funktion vorher definiert worden, somit kann ihr Aufruf nur multi (ohne Klammern) sein:

```perl
#!/usr/bin/perl -w

sub multi {
    $produkt = 2 * $faktor;
    print "Ergebnis = $produkt";        # Ergebnis = 10
}


$faktor = 5;
multi;
```

Nach dem Start wird zunächst die Definition der Funktion multi festgelegt, ohne dass die Anweisungen in der Funktion ausgeführt werden. Erst nach der Zuweisung der Variable $faktor (globale Variable) mit dem Wert 5 und dem anschließenden Aufruf multi wird die entsprechende Berechnung mit anschließender Ausgabe in der Funktion realisiert. In der Funktion wird dabei auf die globale Variable $faktor zugegriffen.

Im folgenden Programm führt die Verwendung von globalen Variablen zu Fehlern (zu Seiteneffekten):

```perl
#!/usr/bin/perl -w

sub multi {
    $produkt = 2 * $faktor;
    print "Ergebnis = $produkt\n";
}

for ($produkt = 5; $produkt > 1; $produkt --) {
    # Endlos-Schleife durch Seiteneffekt
    $faktor = $produkt;
    multi;
}
```

Die obigen Zeilen erzeugen eine Endlos-Schleife, und zwar durch folgenden Ablauf:

Zuerst wird in der for-Schleife die Variable $produkt mit dem Wert 5 initialisiert. Anschließend liefert die Auswertung der Bedingung $produkt > 1 den Booleschen Wahrheitswert true, da 5 > 1 ist. Es erfolgt dann eine Zuweisung im for-Anweisungsblock mit $faktor = $produkt. Das bedeutet, dass die Variable $faktor den Wert 5 erhält. Anschließend wird die Funktion multi() aufgerufen. In ihr findet eine Multiplikation statt, wobei die skalare Variable $faktor mit dem Wert 2 multipliziert wird.

Das Ergebnis der globalen Variable $produkt lautet selbstverständlich 10. Dieser Wert wird anschließend ausgedruckt. Nach Beendigung der Funktion wird in der for-Schleife dekrementiert, d. h. der Wert vom $produkt um 1 vermindert. Dieser Wert 9 liefert wiederum bei der Auswertung der Bedingung $produkt > 1 den Wahrheitswert true. Im Anweisungsblock wird dieser neue Wert 9 der globalen Variable $faktor zugewiesen. Anschließend erfolgt der Aufruf der Funktion multi(). In ihr wird wieder die Multiplikation mit dem Wert 2 (2 * $faktor) ausgeführt, was einen Wert 18 ergibt. Dieses Ergebnis wird ausgedruckt.

Nach Beendigung der Funktion multi() wird der Wert der Variable $produkt wieder in der for-Schleife um 1 vermindert, dann erfolgt erneut die Auswertung der Bedingung usw.

Da der Wert der Variable $produkt niemals kleiner gleich 1 wird, kommt es zu dieser Endlos-Schleife. Gleichnamige Variablen dürfen also auf keinen Fall global verwendet werden, weil die Werte innerhalb der Funktion ungewollt überschrieben werden.

Das Problem entsteht nicht bei Verwendung von lokalen Variablen, die mit dem Schlüsselwort my versehen werden.

Mit der lokalen Variable my $produkt – innerhalb der Funktion multi() – läuft das Programm wie gewünscht ab. In diesem Fall ist die lokale Variable in der Funktion verschieden von der globalen Variable, obwohl beide den gleichen Namen besitzen.

Die lokale Variable my $produkt ist somit nur innerhalb der Funktion multi() existent und sichtbar (lexikalisch):

```perl
#!/usr/bin/perl -w

sub multi {
      my $produkt = 2 * $faktor;
      print "Ergebnis = $produkt\n";
}
      for ($produkt = 5; $produkt > 1; $produkt --) {
            $faktor = $produkt;
            multi;
      }
```

Die Ausgabe ist:

```
Ergebnis = 10
Ergebnis = 8
Ergebnis = 6
Ergebnis = 4
```

Die globale Variable $faktor = 5 erzielt die Ausgabe "Ergebnis = 10". Da aber die lokale Variable my $produkt nur innerhalb der Funktion existent ist, wird nach Beendigung der Funktion in der for-Schleife nicht vom Wert 10 das Dekrement gebildet, sondern vom Wert 5. Die Auswertung ergibt den Wahrheitswert true. Die anschließende Multiplikation mit $faktor = 4 ergibt "Ergebnis = 8".

Der Aufruf und die Multiplikation in der Funktion multi() werden so lange durchgeführt, bis der Wert der Variable $faktor in der for-Schleife gleich 2 ist. Nach Beendigung der Funktion wird die globale Variable $produkt in der for-Schleife dekrementiert. Der Wert wird zu 1, somit ergibt die Auswertung der Bedingung den Wahrheitswert false, was zum Ende der for-Schleife führt.

my-Variablen

Lokale Variablen sind, wie im obigem Beispiel gezeigt worden ist, eigene Variablen von Funktionen. Sie existieren vom Start bis zum Ende einer Funktion. Gibt es außerhalb der Funktion gleichnamige Variablen, werden diese durch die lokalen my-Variablen innerhalb der Funktion verdeckt. Die Funktion ermittelt immer den Wert der my-Variablen und nicht den Wert der globalen Variablen.

Sollen mehrere lokale Variablen deklariert werden, können Sie diese in Klammern durch Komma getrennt einsetzen und davor my angeben, z. B. my($x, $y, $z);

local-Variablen

In Perl gibt es neben den my-Variablen noch local-Variablen. Die my-Variablen sind nur im umschließenden Block bzw. in der jeweiligen Funktion (lexikalisch) gültig. Wird in dieser Funktion eine weitere Funktion aufgerufen, hat diese zweite Funktion keinen Zugriff auf die erste. Bei dieser Verschachtelung sind die in der aufrufenden Funktion deklarierten my-Variablen in der aufgerufenen Funktion unsichtbar.

Lokal deklarierte Variablen sind eigentlich keine richtigen lokalen Variablen, sondern temporäre Kopien (dynamisch lokal) einer globalen Variable.

Im folgenden Beispiel sind beide Variablen-Typen verwendet worden. Zunächst erfolgt die Ausgabe der Variablen $local und $my. Danach wird die Funktion func1() aufgerufen, in der die Funktion func2() aufgerufen wird. Anhand der Ausgabe können Sie sehen, dass die my-Variable nur innerhalb der Funktion func1() gültig ist, während die local-Variable noch Einfluss in der Funktion func2() hat:

```perl
#!/usr/bin/perl -w

$my        = 100;
$local     = 200;

print "Hauptprogramm davor:   \$local = $local  \$my = $my\n";

func1();                       # Aufruf der Funktion func1
print "Hauptprogramm danach:  \$local = $local  \$my = $my\n";
```

```
sub func1 {
        my $my = 1;         # my-Variable
        local $local = 2; # local-Variable

        print "func1:\t\t\t\$local = $local \$my = $my\n";
        func2();            # Aufruf der Funktion func2
}

sub func2 {
        print "func2:\t\t\t\$local = $local \$my = $my\n";
}
```

Die Ausgabe ist:

```
Hauptprogramm davor:        $local = 200      $my = 100
func1:                      $local = 2        $my = 1
func2:                      $local = 2        $my = 100
Hauptprogramm danach:       $local = 200      $my = 100
```

Die lokale my-Variable $my ist nur innerhalb der Funktion func1() sichtbar, während die lokale Variable $local sowohl in der Funktion func1() als auch in der Funktion func2() sichtbar ist. An der letzten Ausgabezeile, d. h. nach dem Funktionsaufruf func1(), erkennen Sie, dass die Werte der globalen Variablen von den lokalen Variablen gleichen Namens nicht beeinflusst werden.

Als Faustregel bezüglich Einsatz von my-Variablen bzw. local-Variablen gilt:

* Sie sollten in den meisten Fällen my-Variablen verwenden, da sie im Zugriff schneller und eindeutig zu erkennen sind.
* Die local-Variablen (veraltet) sollten Sie dann verwenden, wenn Sie den Wert von vordefinierten globalen Variablen temporär ändern möchten. Oder auch wenn Sie lokale Formate oder Filehandles mittels Typeglob erzeugen möchten.

Funktionen mit Parameterwerten

Bei Perl lassen sich die Funktionen mit einer variablen Anzahl von Argumenten (aktuelle Parameter in C/C++) aufrufen. Diese werden in runden Klammern eingeschlossen. Nur wenn die entsprechende Funktion vorher definiert wurde, kann auch auf die runden Klammern verzichtet werden. Anstatt, wie es in anderen Sprachen üblich ist, die Variablen einzeln zu übergeben, werden bei Perl alle Argumente, die beim Aufruf einer Funktion angegeben werden, in das lokale Spezial-Array @_ (Array @ mit dem Namen „_") geschrieben.

Die Argumente werden somit in einer linearen Liste an die Funktion übergeben (formale Parameter in C/C++). Diese Liste (Parameter-Liste) wird, wie bereits gesagt, automatisch im Array @_ gespeichert. Somit verweisen dessen Werte implizit auf die eigentlichen Argumente.

Die Werte des lokalen @_-Arrays können Sie in seiner Gesamtheit direkt verarbeiten, z. B. die Liste einem Hash oder einem Array zuweisen.

Sie können aber auch mit den bekannten Techniken auf die entsprechenden Parameter-Variablen (Referenzparameter) des Arrays @_ zugreifen, z. B. mit den Spezial-Variablen $_[0], $_[1], $_[2] usw. Der erste Parameter mit dem Index 0 besitzt den ersten Wert des Spezial-Arrays @_, der mit dem Index 1 besitzt den zweiten Wert des Spezial-Arrays @_ usw., wobei auch hier die Zählung wie beim allgemeinen Array mit dem Index 0 beginnt.

Eine andere Möglichkeit besteht darin, lokale my-Variablen innerhalb der Funktion zu deklarieren und sie mit entsprechenden Werten aus dem Spezial-Array @_ zu initialisieren. Sie enthalten dann die Kopien der übergebenen Argumente.

Da das Array @_ direkt mit der definierten Funktion in Beziehung steht, ist ihr Inhalt nur innerhalb der Funktion (gescopt) sichtbar. Wenn aus dieser Funktion heraus eine weitere Funktion aufgerufen wird, erhält diese Funktion wiederum ihr eigenes Spezial-Array.

Im folgenden Programm wird der direkte Zugriff auf die einzelnen Elemente vorgenommen:

```perl
#!/usr/bin/perl -w

print "Ergebnis: ",multi(2..4),"\n";        # Ergebnis: 24

sub multi {
      my $produkt = 1;
      for ($i = 0; $i < 3; $i++) {
            $produkt *= $_[$i];
      }
      return $produkt;
}
```

Die Ausgabe ist:

```
Ergebnis: 24
```

Es werden zunächst die Argumente der Liste (2..4) an die Funktion multi() übergeben. Sie stehen als Parameter-Werte im Spezial-Array @_ zur Verfügung. Die Spezial-Variable $_[0] besitzt den Wert 2. Die Spezial-Variable $_[1] besitzt den Wert 3 usw. Dies wird in der for-Schleife umgesetzt. Mit den Spezial-Variablen ($_[0], $[1], $_[2]) werden die entsprechenden Werte aus @_ im Anweisungsblock miteinander multipliziert. Die Multiplikation aller Elemente ergibt den Wert 24, den die lokale my-Variable $produkt nach Beendigung der for-Schleife besitzt.

Die anschließende return-Anweisung gibt diesen Wert an den Funktionsaufruf zurück. An dieser Stelle können Sie auch die Multiplikation direkt in der return-Anweisung mit ($_[0]*$_[1]*$_[2]) ausführen lassen, ohne eine Berechnung mit der for-Schleife vorzunehmen.

Nach dem Aufruf der Funktion `multi()` liefert die anschließende `print`-Anweisung:
"Ergebnis: 24".

Das gleiche Ergebnis wird bei der Verwendung des gesamten Arrays `@_` erzielt. Der Zugriff
auf die einzelnen Werte des Arrays `@_` erfolgt durch die `foreach`-Schleife. Dabei ist die
Variable `$produkt` ebenfalls durch `my` als lokale Variable definiert.

Nun erfolgt der Zugriff auf das gesamte Array `@_`:

```perl
#!/usr/bin/perl -w

print "Ergebnis: ",multi(2..4),"\n";        # Ergebnis: 24

sub multi {
    my $produkt = 1;         # Anfangswert initialisiert
    foreach (@_) {$produkt *= $_ ;}        # Elemente vom @_
    return $produkt;                        # Rückgabewert
}
```

In dieser Variante wird die Liste von Argumenten (2..4) an die Funktion `multi()` übergeben. Diese Liste steht in der Funktion `multi()` lokal im Spezial-Array `@_` zur Verfügung.
Mit der `foreach`-Schleife werden die einzelnen Werte (Parameterwerte des Arrays `@_`) im
Anweisungsblock miteinander multipliziert. Zuerst wird der Wert 2 aus dem Array `@_` zur
Berechnung verwendet, dann folgt der Wert 3 zur Berechnung usw., so lange, bis im Array
`@_` sämtliche Werte durchlaufen worden sind. Dann ist die Iteration beendet. Das Ergebnis
`$produkt` = 24 wird im Anschluss durch die `return`-Anweisung an den Funktionsaufruf zurückgegeben, so dass die anschließende `print`-Anweisung "Ergebnis: 24" ausgibt. Wie bereits erwähnt, bietet Perl hier ein einfaches Konzept, eine Liste an eine Funktion
zu übergeben, ohne jedes Argument einzeln an die Funktion übergeben zu müssen.

Rückgabewerte

Eine Funktion kann einen oder mehrere Rückgabewerte an den Funktionsaufruf übergeben.
Der Rückgabewert einer Funktion ist der Wert der `return`-Anweisung oder des zuletzt
evaluierten Ausdrucks der Funktion. Die Verwendung der `return`-Anweisung außerhalb
von Funktionen führt zu Fehlern. Der Rückgabewert wird im Kontext der aufrufenden Funktion evaluiert, d. h. beim skalaren Aufruf wird im skalaren Kontext, beim Listenaufruf wird
im Listenkontext zurückgeliefert.

Im folgenden Beispiel ist der zuletzt evaluierte Ausdruck ein Skalar; somit wird das Ergebnis
einer Multiplikation im skalaren Kontext zurückgeliefert:

```perl
#!/usr/bin/perl -w

print 'Erste Zahl eingeben:  ';
chomp($zahl1 = <STDIN>);          # Eingabe der ersten Zahl
print 'Zweite Zahl eingeben:  ';
chomp($zahl2 = <STDIN>);          # Eingabe der zweiten Zahl
```

```
$produkt = multi($zahl1,$zahl2);     # skalarer Rückgabewert
print "Ergebnis: $produkt\n";        # Ausgabe Multiplikation

sub multi {
     $zahl1 * $zahl2;                 # Multiplikation/Rueckgabe
}
```

Es erfolgt nach Eingabe der beiden Faktoren (Multiplikator und Multiplikand) ein Funktionsaufruf der Funktion multi($zahl1, $zahl2) mit entsprechender Übergabe der Argumente. Nach Berechnung der Parameter in der Funktion multi() wird das Produkt (letzter Ausdruck der Funktion) als Rückgabewert der skalaren Variable $produkt zugewiesen. Anschließend wird das Ergebnis ausgedruckt.

Das Problem beim letzten Rückgabewert ist, dass dieser Wert in manchen Programmen nicht immer klar definiert ist. Es könnte auch als letzte Anweisung z. B. eine while- oder for-Schleife stehen. Aus diesem Grund empfiehlt es sich, als letzte Zeile eine return-Anweisung anzuwenden, um ein eindeutiges Ergebnis zurückzuliefern.

In Perl besteht außerdem die Möglichkeit, mit der Funktion wantarray() je nach Kontext den Rückgabewert festzulegen: Wenn die Funktion wantarray() im Listenkontext aufgerufen wird, liefert sie true und im skalaren Kontext liefert sie false. Im void-Kontext wird undef zurückgeliefert:

```
#!/usr/bin/perl -w

print multi(5, 4, 7, 2),"\n";        # Listenkontext 2457
$produkt = multi(5, 4, 7, 2);
print "$produkt\n";                  # Skalarer Kontext 280

sub multi {
     my $produkt = 1;                # Anfangswert

     foreach (@_) {$produkt *= $_ ;}
     return wantarray ? sort {$a <=> $b} @_ : $produkt;
}
```

Der ternäre Operator nimmt zuerst eine numerische Sortierung der Parameterliste vor, die durch die return-Anweisung im Listenkontext zurückgegeben wird. Innerhalb der Funktion multi() wird eine Sortierung sämtlicher Parameterwerte in aufsteigender Reihenfolge (Ergebnis 2 4 5 7) vorgenommen.

Danach soll der Rückgabewert im skalaren Kontext erfolgen. Der ternäre Operator liefert jetzt die Multiplikation von sämtlichen Werten des Spezial-Arrays @_ mit dem Ergebnis 280 der Variable $produkt zurück.

Listen, Arrays und Hashes als Übergabewerte

Es lassen sich auch Listen, Arrays oder Hashes als Argumente an eine Funktion übergeben. Dabei enthält das Spezial-Array @_ jeweils die aktuellen Parameter.

Übergabe einer Liste an eine Funktion:

```
#!/usr/bin/perl -w

sub liste_sub {
        foreach (@_) {print " Wert: ", $_*2;}
        # Wert: 4 Wert: 6 Wert: 8
}

liste_sub 2..4;
```

In diesem Beispiel ist die Funktion liste_sub() zuerst definiert worden; somit können auch die runden Klammern beim Aufruf entfallen. Im Spezial-Array @_ stehen die Listen-werte (2..4) global als Referenzparameter innerhalb der Funktion zur Verfügung. Die fo-reach-Schleife liefert alle diese Werte, die dann im Anweisungsblock über die Spezial-Variable $_ mit 2 multipliziert werden. Diese Einzelergebnisse "Wert: 4 Wert: 6 Wert: 8" werden ausgegeben.

Übergabe eines Arrays an eine Funktion:

```
#!/usr/bin/perl -w

@array = (2..4);
array_sub(@array);
# Klammer, da Definition danach erfolgt

sub array_sub {
        foreach (@_) {print " Wert: ", $_*2;}
        # Wert: 4 Wert: 6 Wert: 8
}
```

Auch in diesem Beispiel stehen die Werte (2..4) global im Spezial-Array @_ zur Verfügung. Diese Werte werden über die Spezial-Variable $_ mit 2 multipliziert. Die Einzelergebnisse werden ausgegeben.

Übergabe eines Hashs an eine Funktion:

```
#!/usr/bin/perl -w

%hash = ("Name" => "Meier", "Alter" => 42,
         "Beruf" => "Zauberer");
hash_sub(%hash);
```

```perl
sub hash_sub {
    print "$hash{Name} $hash{Alter} $hash{Beruf}\n";
    # Meier 42 Zauberer
}
```

Die Hash-Elemente stehen jetzt global im Spezial-Array @_ der Funktion hash_sub() zur Verfügung. Die Reihenfolge der Schlüssel-Wert-Paare obliegt wieder der Hash-Speicherung. In der Funktion selbst wird in bekannter Weise auf die globalen Werte zugegriffen und ausgegeben.

Problematisch wird jedoch die Übergabe an die Funktion, wenn es sich um Kombinationen aus Arrays, Hashes und eventuellen Skalaren handelt. In diesem Fall speichert Perl alle Elemente nacheinander in dem Spezial-Array @_.

Wenn zum Beispiel mehrere Arrays mit unterschiedlicher Länge übergeben werden, können diese nicht mehr voneinander unterschieden werden. Dies wäre nur möglich, wenn Sie als Argument auch die Länge und somit die Anzahl der Elemente des Arrays mit übergeben.

Bei der Übergabe von Hashes ist das Problem ähnlich: Ein Hash wird in seine Bestandteile von Schlüsseln und Werten zerlegt und dann der Funktion zugeführt. Auch hierbei geht die Identität bei mehreren Hashes verloren.

Es werden nun ein Skalar $skalar und ein Array @array an eine Funktion skalar_array() übergeben. Der skalare Wert und das Array stehen nacheinander im Spezial-Array @_ zur Verfügung. In der Funktion muss auf eine richtige Interpretation der Parameter geachtet werden:

```perl
#!/usr/bin/perl -w

$skalar = 4711;                              # Skalar
@array = (1..4);                             # Array

print "\nVor dem Aufruf: $skalar  @array\n";
# Vor dem Aufruf: 4711, 1, 2, 3, 4

skalar_array($skalar, @array);               # Aufruf der Funktion

print "\nNach dem Aufruf: $skalar  @array\n";
# Nach dem Aufruf: neu, 1, 77, 77, 4

sub skalar_array {
        $_[0] = 'neu';
        for ($i = 2; $i < 4; $i++) {
            $_[$i] = 77;
        }
        print "\nInnerhalb: @_ \n";
        # Innerhalb: neu, 1, 77, 77, 4)
}
```

Das Spezial-Array @_ enthält eine Liste bestehend aus einem Skalar und einem anschließenden Array. Die Spezial-Variable $_[0] besitzt den Wert 4711, $_[1] den Wert 1, bis hin zu der Spezial-Variable $_[4] mit dem Wert 4.

Im Anschluss wird zunächst die Spezial-Variable $_[0] des Spezial-Arrays verändert. Sie enthält jetzt den String "neu". Danach erhalten die Spezial-Variablen $_[2] und $_[3] mittels der for-Schleife jeweils die Werte 77. Dadurch ändern sich auch die vormals definierten Werte der Argumente.

Nach Beendigung der Funktion skalar_array() lautet jetzt die Ausgabe:

Nach dem Aufruf: neu 1 77 77 4

Somit werden bei einer Änderung der Spezial-Variablen $_[0], $_[1] usw. des Spezial-Arrays @_ auch die aufrufenden Argumente entsprechend verändert.

In den folgenden Abschnitten wird intensiver auf die Übergabemechanismen mit Aliaseffekt eingegangen.

7.4   Call-by-value

Damit die Argumente durch eine Funktion nicht verändert werden können, kann in Perl wie auch in anderen Programmiersprachen die Übergabe mittels **call-by-value** realisiert werden.

Dazu werden lokale Variablen eingesetzt, da diese nur innerhalb des umschließenden Blocks der Funktion relevant sind. Ein Zugriff von außen auf diese lokalen Variablen ist nicht möglich. Sie existieren nur so lange, wie die Anweisungen der Funktion ausgeführt werden. Um Variablen lokal zu definieren, gibt es die bereits beschriebenen Operatoren my und local. Die Änderungen bleiben auf die Funktion beschränkt und beziehen sich nicht auf die Argumente der aufrufenden Funktion.

Mit dem my-Operator können Sie einfache Skalare, vollständige Arrays oder Hashes deklarieren.

Anhand des folgenden Beispiels wird das Prinzip **call-by-value** dargestellt:

```
#!/usr/bin/perl -w

( $x, $y ) = ( 9, 19 );                        # Übergabewerte
print "Ergebnis = ",multi($x, $y),"\n";        # Rückgabewert
# Ergebnis = 200
print "Werte von \$x: $x und \$y: $y\n";        # Ausgangswerte
# Werte von $x: 9 und $y: 19
```

```
sub multi {
     my ( $x, $y ) = @_;      # Zuweisung an lokale Variablen
     ++$x;                    # Präinkrement $x=10
     ++$y;                    # Präinkrement $y=20
     return $x * $y;          # Return (200)
}
```

Nach dem Prinzip **call-by-value** werden in der Funktion multi() die zwei my-Variablen $x und $y als lokale Variablen mit den Werten 9 und 19 aus dem Spezial-Array @_ initialisiert. Danach findet eine Präinkrementierung der Variablen $x (zu 10) und $y (zu 20) mit anschließender Multiplikation statt. Das Ergebnis der Multiplikation, nämlich 200, wird zurückgegeben. Wie Sie sehen, hat die Inkrementierung keine Auswirkung auf die aufrufenden Argumente (globale Variablen $x und $y), die weiterhin ihre ursprünglichen Listenwerte (9, 19) behalten. Bei dem Prinzip **call-by-value** bleiben die Änderungen auf die Funktion beschränkt.

Die Zuweisung der Werte an $x und $y in der Funktion multi() könnte ebenso durch die Funktion shift() realisiert werden. Dabei entfernt letztere jeweils das erste Element aus dem Spezial-Array @_.

Mit Hilfe lokaler my-Variablen ist es möglich, Kopien der Argumente anzulegen, die dann innerhalb der Funktion beliebig verändert werden können. Diese Veränderungen bleiben aber nur auf die Funktion beschränkt und führen nicht zur Veränderung der aufrufenden Argumente. Perl arbeitet üblicherweise nach dem **call-by-value**-Prinzip. Trotzdem ist es in vielen Fällen erforderlich, die an eine Funktion übergebenen Argumente zu verändern. Bei der Realisierung durch implizite Referenzen (siehe folgender Abschnitt) wird nicht mit entsprechenden Kopien gearbeitet. Dadurch werden die ursprünglichen Werte der aufrufenden Argumente verändert und stehen somit nicht mehr zur Verfügung (Prinzip **call-by-reference**).

7.5   Implizite Referenzen

Wird eine Funktion aufgerufen, übernimmt auch hier das reservierte Array @_ automatisch die übergebenen Argumente und stellt sie der Funktion zur Verfügung. Das Array @_ enthält innerhalb der Funktion die Liste der Referenzparameter, auf die zugegriffen werden kann. Sie verweisen implizit auf die eigentlichen Werte (Argumente), die von außerhalb der Funktion übergeben werden. Im Gegensatz zum Prinzip **call-by-value** (wo die Kopie verändert wird) wirken sich bei impliziten Referenzen Änderungen der Referenzparameter direkt auf die Werte der Argumente aus. Auf die Referenzparameter des Spezial-Arrays @_ wird über die erste Spezial-Variable $_[0], zweite Spezial-Variable $_[1] usw. zugegriffen. Eine Veränderung der Werte dieser Spezial-Variablen des Spezial-Arrays @_ wirkt sich bei diesem Verfahren direkt auf die aktuellen Argumente (Aliaseffekt) aus.

Im folgenden Beispiel werden implizite Referenzen dargestellt:

```perl
#!/usr/bin/perl -w

( $x , $y ) = ( 9, 19 );                              # Übergabewerte
print "Ergebnis = ", multi($x, $y),"\n";              # Rückgabewert
# Ergebnis = 200
print "Werte von \$x = $x und \$y= $y \n";            # Ausgangswerte
# Werte von $x = 10 und $y = 20

sub multi {
      return ++$_[0] * ++$_[1];                       # Return (200)
}
```

Zunächst werden die Argumente der Liste $x = 9 und $y = 19 an die Funktion multi() als Parameter übergeben. In der Funktion multi() wird direkt auf die Referenzparameter des Spezial-Arrays @_ zugegriffen. Es wird das Präinkrement der im Spezial-Array @_ enthaltenen Spezial-Variablen $_[0] und $_[1] gebildet. Ihre Werte lauten 10 und 20. Die Multiplikation ergibt das Ergebnis 200, welches mittels return-Anweisung zurückgeliefert wird. Die Änderung der Parameter-Variablen – innerhalb der Funktion – hat nun zur Folge, dass sich dies direkt auf die aufrufenden Argumente von $x und $y auswirkt. Die ursprünglichen Werte $x = 9 und $y = 19 haben jetzt den Wert 10 bzw. 20.

Diese obige Form der Verarbeitung von Parametern ist nicht mit Konstanten, die verändert werden sollen, zu realisieren. Der Aufruf mit einer Konstanten, z. B. multi(9, $y), würde an dieser Stelle einen Fehler auslösen. Zu den Konstanten existiert kein äquivalenter Referenzparameter:

```perl
#!/usr/bin/perl -w

$y = 19;
print "Ergebnis: ",multi(9, $y), "\n";
print "Referenz-Variable \$y: $y\n";
# Fehler

sub multi {
      return ++$_[0] * ++$_[1];     # $_[1] Ref.Parameter
      # Fehler: zu $_[0] existiert kein Referenzparameter
}
```

Ein richtiges Ergebnis kommt zu Stande, wenn nur $_[1] verändert bzw. durch die shift-Funktion die Verbindung zwischen dem Spezial-Array @_ und dem Argumentwert unterbrochen (eingefroren) wird:

```perl
#!/usr/bin/perl -w

$y = 19;
print "Ergebnis: ",multi(9, $y), "\n";
```

```
# Ergebnis: 200
print "Referenz-Variable \$y: $y\n";
# Referenz-Variable $y: 20

sub multi {
     $_[1] = shift;                 # Konstante eingefroren
     return ++$_[0] * ++$_[1];      # return (200)
}
```

Bei der Übergabe stehen im Spezial-Array @_ die Listenwerte (9, 19) zur Verfügung, wobei nur $_[1] als Referenzparameter zu $y gilt.

Die Spezial-Variablen lauten $_[0] = 9 und $_[1] = 19. Es existiert nur eine implizierte Referenz von $_[1] zu $y. Der Ausdruck $_[1] = shift bewirkt, dass der erste Wert aus dem Spezial-Array @_ entfernt und der Spezial-Variable $_[1] zugewiesen wird.

Im folgenden Beispiel sollen drei skalare Variablen an die Funktion func() übergeben werden. Diese Werte sind als Liste im Spezial-Array @_ vorhanden. Es wird innerhalb der Funktion wieder die Funktion shift() eingesetzt. Die grafische Darstellung zeigt, wie sich der Referenzparameter durch die Shift- und Zuweisungsphase nicht mehr verändern lässt und quasi als eingefroren gilt:

```
#!/usr/bin/perl -w

$x = 'Perl';
$y = 'ist';
$z = 'spitze';

func($x, $y, $z);
# Übergabe (Perl, ist, spitze)

print " $x $y $z\n";     # Perl was sonst

sub func {

     $_[2] = shift;     # (ist, spitze, Perl)eingefroren $x
     $_[2] = 'neu';     # (ist, spitze, neu) eingefroren $x
     $_[0] = 'was';     # (was, spitze, neu)
     $_[2] = shift;     # (spitze, neu, was) eingefroren $y
     $_[0] = 'sonst';   # (sonst, neu, was)  $z = sonst
}
```

In der ersten Phase werden die aufrufenden Argumente $x, $y und $z sowie die Parameter-Werte des Spezial-Arrays @_ dargestellt:

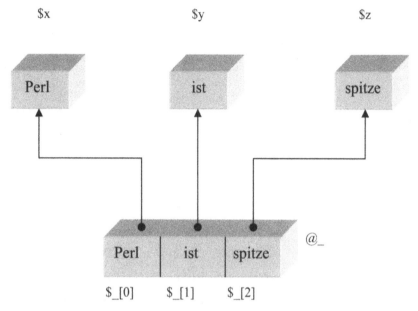

Anschließend wird der Ausdruck $_[2] = shift zunächst in der Shift-Phase und dann in der Zuweisungs-Phase gezeigt:

a) Shift-Phase:

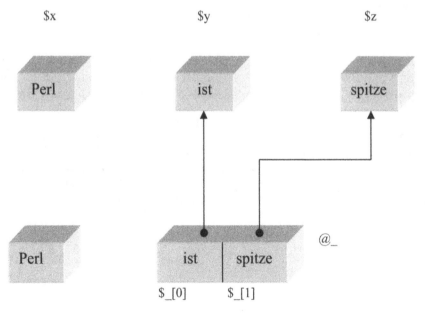

b) Zuweisungs-Phase an $_[2]:

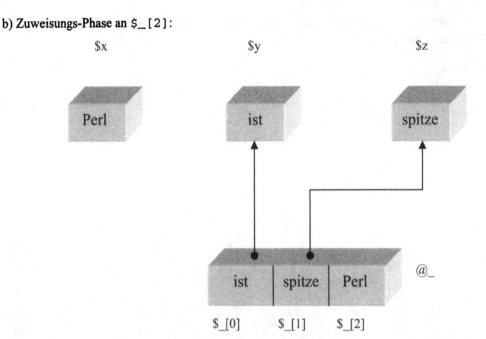

Die Darstellung macht deutlich, dass zunächst der String "Perl" aus dem Spezial-Array @_ per shift-Funktion der Spezial-Variable $_[2] zugewiesen wird. Weiterhin ist zu erkennen, dass zur Variable $x keine Verbindung mehr existiert (sie eingefroren ist). Somit kann $x nicht mehr vom Spezial-Array @_ beeinflusst werden.

Mit der Programmzeile $_[2] = 'neu' erhält die Spezial-Variable $_[2] den String "neu" zugewiesen. Die Liste des Spezial-Arrays @_ enthält jetzt die Werte (ist spitze neu).

In der nächsten Programmzeile erhält die Spezial-Variable $_[0] den String "was" zugewiesen. Diese Veränderung von $_[0] bedeutet aber gleichzeitig, dass die Variable $y ebenfalls "was" enthält. Das Spezial-Array @_ besitzt nun die Werte (was spitze neu).

Mit der Zeile $_[2] = shift wird zunächst das erste Element "was" aus dem Spezial-Array @_ herausgeschoben. Für die Variable $y bedeutet dies, dass ihr Wert "was" eingefroren wird und nicht mehr durch das Spezial-Array @_ verändert werden kann. Nach der Shift-Aktion erfolgt die Zuweisung von "was" an die Spezial-Variable $_[2], so dass die Liste des Spezial-Arrays jetzt die Werte (spitze neu was) besitzt.

Dieser Ausdruck `$_[2] = shift` wird wieder grafisch in zwei Phasen dargestellt:

a) Shift-Phase:

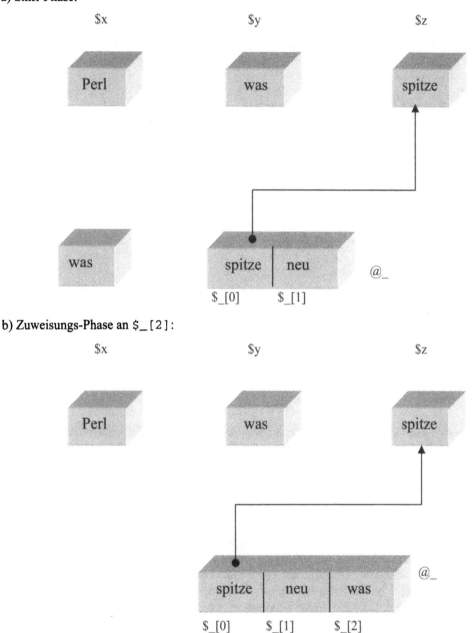

b) Zuweisungs-Phase an `$_[2]`:

Es ist jetzt nur noch ein Zusammenspiel zwischen der Spezial-Variable `$_[0]` und dem aufrufenden Argument `$z` vorhanden. Die Variablen `$x` und `$y` lassen sich nicht ändern, sie sind eingefroren.

Im letzten Programmschritt mit $_[0] = 'sonst' erhält die erste Spezial-Variable $_[0] den String "sonst" zugewiesen. Da zwischen $_[0] und $z eine Verbindung existiert, wirkt sich die Werteänderung von $_[0] zu "sonst" auch auf die Variable $z aus.

Der Inhalt der Liste des Spezial-Arrays @_ ist somit (sonst neu was), während die Variable $x den Wert "Perl", die Variable $y den Wert "was" und die Variable $z den Wert "sonst" besitzt.

Dies soll ebenfalls grafisch dargestellt werden:

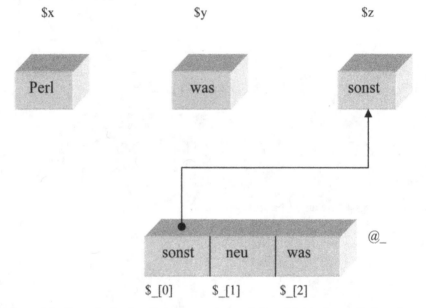

Sie sehen, dass sich die aufrufenden Argumente $x und $y nicht mehr verändern lassen, während die Variable $z jederzeit durch die Spezial-Variable $_[0] beeinflusst werden kann.

Nach Beendigung des Aufrufs der Funktion func() erfolgt die Ausgabe:

```
Perl was sonst
```

Generell lässt sich zum Prinzip **implizite Referenzen** Folgendes sagen: Es wird nicht mit Kopien der Daten wie beim Aufruf **call-by-value** gearbeitet. Alle Operationen wirken sich also auf die Aufrufdaten (Argumente) aus. Findet eine Änderung der Daten innerhalb des Arrays @_ statt, d. h. Änderung der Referenz-Parameter, werden auch die Aufrufdaten (Argumente) verändert. Erfolgt eine Shift-Operation, gilt die entsprechende aufrufende Variable als eingefroren.

7.6   Rekursion

Rekursionen sind natürlich auch in Perl erlaubt. Hierbei ruft die entsprechende Funktion sich selber auf. Im folgenden Beispiel wird das ULAMsche Verfahren durch Rekursion mit den Eingabezahlen 6 und 5 dargestellt. Zum Rekursions-Auruf wird der ternäre Operator verwendet:

```perl
#!/usr/bin/perl -w

BLOCK : while () {
     print "Die entsprechende Zahl eingeben\n";
     $ein = <STDIN>;
     chomp($ein);
     last BLOCK if ($ein == 6  or  $ein == 5);
     # Fortsetzung nur bei Eingabe 6 oder 5
}
print "\nENDE beim Wert: ", ulam($ein);   # ENDE bei: $ein <= 1

sub ulam {
     print "\t$ein";
     if ($ein <= 1) {
     return (1);                          # Ende
     }
     else {$ein %2     ? ulam($ein = $ein * 3 + 1)
                       : ulam($ein = $ein / 2)
     }
}
```

Nur mit der Eingabe der Werte 5 oder 6 wird das Programm fortgesetzt. Die Funktion ulam() wird beendet, wenn der Wert der Variable $ein <= 1 (Boolescher Wert true) ist. Bei einem ungeraden Wert (Wahrheitswert der Modulo-Funktion true) der Variable $ein erfolgt die Übergabe des Arguments $ein = $ein * 3 + 1. Ist die Variable $ein gerade (Wahrheitswert der Modulo-Funktion false), wird ebenfalls die Funktion ulam() aufgerufen; sie erhält den berechneten Wert $ein = $ein / 2 als Argument.

Die jeweiligen Werte von $ein werden mit der print-Anweisung ausgegeben.

Bei der Eingabe 5 ist die Ausgabe:

```
5       16      8       4       2       1
ENDE beim Wert: 1
```

Bei der Eingabe 6 ist die Ausgabe:

```
6       3       10      5       16      8       4       2       1
ENDE beim Wert: 1
```

7.7   Packages

Perl bietet ein äußerst leistungsfähiges Konzept zur modularen Erstellung umfangreicher Softwareprojekte.

Wie bereits erwähnt, stehen Ihnen neben den Standardmodulen noch Tausende weiterer Module im CPAN (Comprehensive Perl Archive Network) für verschiedene Themen zur Verfügung. Die Module können kostenlos geladen werden.

Damit beim Einbinden von Modulen in das von Ihnen geschriebene Programm keine Namenskollision entsteht, muss eine saubere Trennung von Namensräumen vorgenommen werden. Ein Namensraum ist ein geschützter Raum für Namen. Diese Trennung wird durch Packages realisiert. Jedes Package vertritt seinen eigenen Namensraum, d. h. gleichnamige Variablen in verschiedenen Packages führen nicht zu Konflikten.

Ein Package wird durch das Schlüsselwort **package** eingeleitet, gefolgt durch seinen Namen. Nach dieser Anweisung befinden Sie sich bereits in diesem Namensraum. Für jeden Namensraum existiert eine eigene Symboltabelle, in der alle Bezeichner in einem Hash verwaltet werden. Somit enthält dieser Namensraum Bezeichner als Schlüssel und Typeglobs als Wert. Generell besteht jedes Perl-Programm aus mindestens einem Package, nämlich dem Standard-Package main.

Package und Variable arbeiten wie folgt zusammen:

Wenn Sie eine Variable über ihren Namen ansprechen möchten, versucht Perl diese in der Symboltabelle des aktuellen Packages zu finden. Möchten Sie diese Variable in einem anderen Package ansprechen, brauchen Sie nur den Namen des Packages, gefolgt von zwei Doppelpunkten mit anschließendem Namen der Variable, anzugeben. So würde zum Beispiel $main::var bedeuten, dass die skalare Variable $var im Package main gespeichert ist. Statt $main::var dürfen Sie auch $::var schreiben – dies gilt aber nur für das Package main. Das vorhandene Präfix zeigt an, um welchen Typ es sich bei der Variable handelt. Wie bereits gesagt, führen gleichnamige Variablen in unterschiedlichen Namensräumen nicht zu Konflikten.

Im folgenden Beispiel soll dieses Zusammenspiel dargestellt werden:

```
#!/usr/bin/perl -w

package Rechnung;              # Namensraum Rechnung
$glob = 1;

sub multi {
     $glob *= shift;
     print "Das Ergebnis der Multiplikation ist: $glob\n";
          # Das Ergebnis der Multiplikation ist: 100
}
```

```
sub min {
     $glob -= shift;
     print "Nach der $::minus ist das Ergebnis: $glob\n";
          # Nach der Subtraktion ist das Ergebnis: 60
}

sub add {
     $glob += shift;
     print "Nach der $::plus ist das Ergebnis: $glob\n";
          # Nach der Addition ist das Ergebnis: 80
}

package main;                    # Namensraum main
$minus = "Subtraktion";          # main::minus
$plus = "Addition";              # ${main::plus}

Rechnung::multi(100);
Rechnung::min(40);
Rechnung::add(20);

print "Das Gesamtergebnis ist: ${Rechnung::glob}\n";
     # Das Gesamtergebnis ist: 80
```

Im Package main wird zunächst das Package Rechnung und in diesem Namensraum die Funktion multi() aufgerufen. In ihr wird mit der shift-Funktion der übergebene Parameterwert 100 des Spezial-Arrays @_ mit der globalen Variable $glob = 1 multipliziert und das Ergebnis 100 ausgegeben.

Danach wird wieder in den Namensraum main gewechselt und von dort in den Namensraum Rechnung, wo die Funktion min() aufgerufen wird. Von der globalen Variable $glob mit dem Wert 100 wird der Parameterwert 40 subtrahiert und 60 als Ergebnis ausgegeben. Die Ausgabe von $::minus ergibt den String "Subtraktion". Da die Symboltabellen im Namensraum als Hash organisiert sind, können Sie z. B. auf $minus im Package main mit dem Schlüssel $main::minus zugreifen. Ebenso ergibt ${main::minus} den gleichen String "Subtraktion".

Im Anschluss an die Funktion min() erfolgt der Wechsel wiederum in den Namensraum main und von dort in den Namensraum Rechnung, in dem die Funktion add() mit dem Additions-Ergebnis 80 ausgeführt wird. Die Ausgabe von $::plus ergibt den String "Addition".

Dieses Gesamtergebnis wird im Namensraum main ausgegeben, in dem die globale Variable $glob aus dem Namensraum Rechnung verwendet wird.

7.8   Module

Module sind in Perl spezielle Packages. Ein Modul hat mehrere Variablen und Funktionen, die in einem Namensraum liegen und in einer Datei mit Default-Extension .pm abgelegt sind (pm steht für **Perl Module**). Zum Beispiel steht das Modul CGI in der Datei CGI.pm. Module sind in Perl die Grundlage der OO-Programmierung.

Module können Sie mit den Funktionen `require()` oder `use()` in Ihr Programm einbinden. Nach den Schlüsselwörtern mit anschließender Angabe des Moduls werden diese in allen Verzeichnissen gesucht, die im Array `@INC` enthalten sind.

Module werden mit der Anweisung

```
require modulname
```

zur Laufzeit des Programms oder mit

```
use modulname
```

beim internen Compilieren in ein Programm eingebunden.

Verwendung der Funktion `require()`
Die `require`-Anweisung entspricht der `#include`-Anweisung des C/C++-Präprozessors.

In der folgenden skizzierten Form wird durch die Funktion `require()` ein externes Programm eingebunden. Der Code der eingebundenen .pl Datei muss zum Schluss den Wert `true` liefern. Es hat sich eingebürgert, ans Ende der Datei einfach den Wert 1 anzuhängen:

```
print "Start Hauptprogramm\n";
require "extern.pl";
print "Ende Hauptprogramm";
```

Externes Programm: `extern.pl`

```
print "Inhalt: 'extern.pl'\n";      # Datei: extern.pl
1;
```

Die Ausgabe wäre:

```
Start Hauptprogramm
Inhalt: 'extern.pl'
Ende Hauptprogramm
```

Statt Einbindung von Programmen mit der Endung .pl können Sie wie oben beschrieben auch **Perl-Module** mit der Endung .pm (z. B. Modul `extern.pm`) einbinden.

Ausgabe des reservierten Arrays @INC:

```
#!/usr/bin/perl -w

use strict;
print join ("\n", @INC);
```

Die Ausgabe ist z. B.:

```
C:/Perl/lib
C:/Perl/site/lib
```

Verwendung der Funktion use()

Leistungsfähiger als die Funktion require() ist die Funktion use(). Der Aufruf der Funktion use() entspricht dem von require() mit anschließender import-Funktion (dient zur Importierung von Funktionsnamen).

Weiterhin wird mit der Funktion use() das entsprechenden Modul nicht wie bei require() zur Laufzeit abgearbeitet, sondern schon bei der Compilierung. Hier wird beispielhaft ein solches Programm dargestellt:

```
print "Start Hauptprogramm\n";
use modul;                          # eigentlich modul.pm
print "Ende Hauptprogramm";
```

Das Programm: modul.pm

```
print "Inhalt: 'modul.pm'\n";       # Datei: modul.pm
1;
```

Die Ausgabe wäre:

```
Inhalt: 'modul.pm'
Start Hauptprogramm
Ende Hauptprogramm
```

8   Referenzen

Perl ermöglicht, wie andere Sprachen auch, die Verwendung von Referenzen (Zeigern). Sie bieten die Möglichkeit, indirekt auf andere Daten zu verweisen. Somit bestehen Referenzen aus zwei Informationen: erstens aus der Adresse des Speicherobjekts, auf das verwiesen wird, und zweitens aus dem Typ des Speicherobjekts.

Sie sind unverzichtbar bei der Parameterübergabe an Funktionen und im objektorientierten Kontext.

Weiterhin ist es in Perl möglich, anonyme Referenzen anzulegen sowie Referenzen auf konventionelle Datentypen, wie z. B. Skalare, Arrays, Hashes, Funktionen usw., anzuwenden.

Es wird zwischen harten und symbolischen Referenzen unterschieden.

Bei den harten Referenzen ist die Referenz eine skalare Größe, nämlich die Speicheradresse, die auf ein Referenzziel zeigt.

Bei den symbolischen Referenzen enthält z. B. eine Variable einen String, der anschließend von der folgenden Variable referenziert wird. Hier wird der vorhandene String als der Name einer Variable interpretiert. Eine weitere, aber veraltete Variante, symbolische Referenzen zu verwenden, ist die Notation vom Typ Glob.

Harte Referenzen sind deswegen interessant, weil das Ziel eine einfache skalare Variable, ein Array oder Hash oder auch eine Funktion sein kann. Eine Referenz kann auch auf eine andere Referenz verweisen.

Die Speicherverwaltung wird bei Perl durch automatisches Allozieren und Deallozieren (Garbage Collection) durchgeführt. Sie müssen sich also nicht um Speicherverwaltungsfragen kümmern. Perl übernimmt das für Sie und löscht Variablen, wenn zu ihnen kein Bezug mehr besteht, und verhindert im anderen Fall das Löschen, wenn noch ein Bezug vorhanden ist. Ebenso sorgt Perl dafür, dass weder ungültige Referenzen, Coredumps oder allgemeine Schutzverletzungen entstehen.

8.1   Speicherverwaltung

Prinzipiell brauchen Sie sich als User nicht darum kümmern, dass der Arbeitsspeicher nach seiner Verwendung wieder freigegeben wird. Die Wiederfreigabe geschieht bei Perl automatisch durch ein schnelles und einfaches referenzbasiertes Garbage-Collection-System.

Im Folgenden sollen die wesentlichen Strukturen der Speicherverwaltung erläutert werden.

Die Entwicklung der Programmierung ging einher mit einer Veränderung der Speicherverwaltung. Zu Beginn war die exakte Speicherüberwachung allein Sache des Programmierers. Durch die Entwicklung von Compilern wurde vieles abstrahiert, so dass bei der Speicherplatzzuweisung (Storage Allocation) die Speicheradresse nicht mehr explizit angegeben werden musste.

Es existieren im Prinzip drei Arten von Speicherplatzzuweisungen, nämlich Static allocation, Stack Allocation und Heap Allocation.

Static Allocation
Bei dieser Methode muss die Datengröße zum Zeitpunkt des Kompilierens bekannt sein. Außerdem sind alle Rekursivitäten verboten, da die Daten unter fest programmierten Adressen abgelegt sind. Damit ist es nicht möglich, Datenstrukturen dynamisch zu kreieren.

Stack Allocation
Dabei ist es möglich, rekursive Programme zu schreiben, da die lokalen Variablen jeweils eine andere Adresse haben. Allerdings steht der Wert der lokalen Variable nach der Ausführung der Prozedur nicht mehr zur Verfügung.

Heap Allocation
Mit diesem Prinzip ist es möglich, Daten zu deallozieren, und zwar unabhängig davon, in welcher Reihenfolge sie alloziert wurden (dynamische Speicherverwaltung).

Die Speicherverwaltung mit Heap geschieht automatisch mit Hilfe von Garbage Collection, deren Funktionsweise im Folgenden beschrieben wird.

Garbage Collection
Wie im obigen Abschnitt beschrieben, reserviert Perl bei der Ausführung eines Programms automatisch den entsprechenden Speicherbereich für die Daten.

Wenn aber immer nur Variablen erzeugt werden, ohne dass der Speicher, den sie belegen, jemals wieder zurückgefordert werden kann, würde das – wie Sie sich vorstellen können – zu einem ernsten Speicherplatzproblem führen. Fast alle gebräuchlichen Programmiersprachen, wie unter anderem C/C++, Prolog, Smalltalk, Eiffel usw., greifen deshalb auf Garbage Collection zurück.

Hier wird nach dem folgenden Prinzip verfahren: Wenn sich eine Variable (auf die Sie Zugriff haben) über etliche Indirektionsstufen nicht mehr erreichen lässt, d. h. dem Programm nicht mehr zur Verfügung steht, kann sie entfernt und der von ihr belegte Speicher freigegeben werden. Bei Sprachen wie LISP, Scheme oder Java (bei Java nebenläufig im Thread) beseitigt eine Garbage-Collector-Routine diese nicht erreichbaren Variablen. Perl verwendet stattdessen das bewährte Reference Counting.

Referenzzähler

Für jeden gespeicherten Wert werden zusätzliche Informationen, nämlich die eines Referenzzählers, zu diesem Wert verwaltet. Jeder Werte-Teil, der zu einer Variable gehört, enthält einen Referenzzähler. Die Angaben des Referenzzählers ermöglichen es Perl zu entscheiden, ob der Wert im Speicher weiterhin erhalten bleibt oder, wenn dieser Zähler den Wert 0 besitzt, ob dieser Speicherplatz freigegeben wird.

Generell ist für jeden Wert der Referenzzähler immer 1, und zwar egal, ob ein Bezug zum Variablen-Namen existiert oder nicht. Jede Referenz auf eine Variable (die in Beziehung zur Speicheradresse steht) erhöht ihren Referenzzähler um 1. Im Gegensatz zu C/C++, wo Pointer verwendet werden, wird hier der Referenzzähler berücksichtigt, welcher angibt, wie viele Referenzen auf eine Variable existieren.

Wird der Gültigkeitsbereich einer Variable überschritten, d. h. geht die Variable **Out of Scope,** wird sie nicht entfernt und der Speicherplatz nicht freigegeben. Durch die bestehende Referenz auf sie existiert sie noch und wird nicht entfernt.

Erst wenn keine Referenz mehr zu der Variable existiert, d. h. der Referenzzähler 0 ist, wird sie nicht mehr benötigt und der von ihr belegte Speicherplatz wird freigegeben. Es folgt ein einfaches Beispiel „Name und Wert". Bei der Variable $skalar mit ihrem Wert "Perl" hat der Referenzzähler den Wert 1. Wenn eine Referenz auf diese skalare Variable erzeugt wird, wird der Referenzzähler automatisch um 1 inkrementiert, so dass er den Wert 2 besitzt. Dies entspricht auch der Anzahl der Pfeile, die auf den Werte-Teil der skalaren Variable $skalar zeigen. Bei einer Wertzuweisung an eine Variable ist der Referenzzähler mindestens 1:

```
#!/usr/bin/perl -w

$skalar = "Perl";
# Referenzzähler vom Wert Perl ist 2
$ref_skalar = \$skalar;
# Referenzzähler von $ref_skalar ist 1
print "$ref_skalar\n";          # SCALAR(0x17655a8)
```

Name: Inhalt: Speicheradresse:

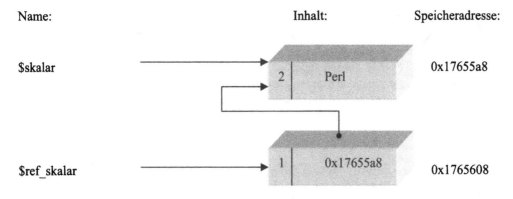

$skalar   0x17655a8

$ref_skalar   0x1765608

An der obigen grafischen Darstellung erkennen Sie, wie sich der entsprechende Referenzzähler des Wertes der Variable $skalar um 1 erhöht, sobald eine Referenz auf sie erzeugt
wird. Die Darstellung macht ferner deutlich, dass $ref_skalar nur die Speicheradresse
der skalaren Variable $skalar beinhaltet, ohne dass ein Bezug zum Namen der skalaren
Variable $skalar besteht.

Im folgenden Beispiel wird eine Referenz zu einem Schlüssel-Wert-Paar im Hash erzeugt,
wodurch der entsprechende Referenzzähler auf 2 erhöht wird:

```perl
#!/usr/bin/perl -w

%hash = (ilse => 26, ida =>32);
$ref_element = \$hash{ida};
# Referenzzähler von ida =>32 ist 2
print "$ref_element\n";              # SCALAR(0x176f134)
print "$$ref_element\n";
# 32 Wert vom Schluessel ida
```

Wird eine Referenz auf ein Element eines Hashs (oder eines Arrays) gebildet, inkrementiert
Perl den Referenzzähler des skalaren Wertes:

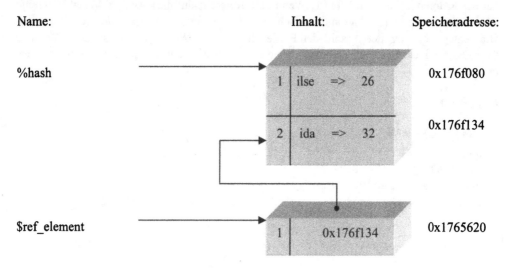

Wenn Sie jetzt, wie im untenstehenden Programm angegeben, das entsprechende Schlüssel-
Wert-Paar $hash{ida} mit der Funktion delete() aus dem Hash löschen, vermindert
sich der Referenzzähler um den Wert 1. Das Datenelement ist im Hash nicht mehr enthalten.
Da aber noch eine Referenz zu diesem Schlüssel-Wert-Paar besteht, ist seine Existenz noch
vorhanden; dies wird auch an der folgenden grafischen Darstellung sichtbar:

```perl
#!/usr/bin/perl -w

%hash = (ilse => 26, ida =>32);
$ref_element = \$hash{ida};
```

```
delete $hash{ida};
# Datensatz ida=>32 wird geloescht
print %hash,"\n";
# ilse26 nur noch als Datensatz im Hash
print "$$ref_element\n";
# 32 als Datensatz existiert aber noch
```

Name: Inhalt: Speicheradresse:

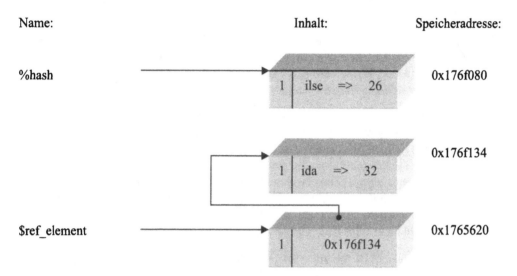

%hash   0x176f080

                        1 ilse   =>   26

                                                                    0x176f134

                        1 ida   =>   32

$ref_element   0x1765620

                        1   0x176f134

Es ist deutlich zu erkennen, dass, wenn nur die Referenz verschoben wird bzw. Variablen aus dem Gültigkeitsbereich (Out of Scope) verschwinden, der Referenzzähler um 1 dekrementiert wird. Die Variable existiert aber weiter, solange noch Referenzen auf sie verweisen.

Erst wenn der Referenzzähler zu 0 wird, gibt es keinen Bezug mehr zu den entsprechenden Werten, d. h. die Bindung zwischen „Name und Wert" ist aufgehoben. Perl stellt jetzt den vergebenen Speicherplatz wieder zur Verfügung (Garbage Collection).

Der Referenzzähler benötigt für die Integerwerte entsprechenden Speicherplatz. Der Vorteil von Perl ist, dass die Speicherverwaltung automatisch abläuft, im Gegensatz zu C/C++, wo sie beim Anwender liegt.

8.2   Mechanismen von Referenzen

Vor Perl 5 gab es keinen allgemeinen brauchbaren Mechanismus, um komplizierte Datenstrukturen aufzubauen, wie z. B. ein Array von Arrays, ein Array von Hashes, einen Hash von Hashes usw. Mittlerweile sind solche verschachtelten Strukturen kein Problem mehr. Wenn der Perl-Interpreter irgendeine Variable anlegt, trägt er in eine Symboltabelle unter dem Namen der Variable die Adresse des Speicherbereichs für den Variableninhalt ein. In dieser Speicheradresse (Zeiger) sind die Daten, die zur Variable gehören, gespeichert. Es ist somit eine Bindung der Speicheradresse mit dem Namen gegeben. Wenn Sie also den Wert einer Variable verändern, verändern Sie den gespeicherten Inhalt an der entsprechenden Speicheradresse.

Ebenso verhält es sich mit Referenzen. Eine Referenz bedeutet nichts anderes, als dass sie als Wert eine Adresse besitzt, in der sich ebenfalls ein Wert befindet. Somit bezieht sich die Referenz auf die aktuelle Speicheradresse. Dabei können sich noch weitere Referenzen auf die gleiche Speicheradresse beziehen. Die Adresse ist ein skalarer Wert.

Mit Referenzen, d. h. ihren skalaren Werten, können Sie wie in der objektorientierten Programmierung auf ein Objekt zugreifen. Der Konstruktor kann ein beliebiger Perl-Typ sein, wie z. B. Skalar, Array, Hash, Referenz, Code oder Glob. Sie können diesen skalaren Wert wiederum in einer skalaren Variable oder als Element eines Arrays oder Hashs speichern.

Referenzen haben ein zeigerähnliches Verhalten, wie z. B. in der Programmiersprache C/C++. Dort werden sie als Pointer oder Zeiger bezeichnet. Allerdings hat Perl nicht viel mit diesen genannten Zeigern gemeinsam. Sie können in Perl nur auf bestehende Objekte Referenzen erzeugen. Sie können diese anschließend nicht modifizieren, damit sie z. B. auf das nächste Element eines Arrays (Zeigerarithmetik) zeigen. Wie Sie bereits erfahren haben, sind bei Perl Referenzen skalare Variablen. Diese werden bei Bedarf implizit zu Strings oder Zahlen umgewandelt. Der umgekehrte Weg ist aber nicht möglich, d. h. aus einem String oder aus einer Zahl kann keine Referenz gemacht werden.

Wenn Sie nun eine Referenz auf eine Variable deklariert haben, reserviert der Perl-Interpreter für die Referenz den benötigten Speicherbereich. Da die Referenz aber die Adresse des Speicherbereichs kennt, können Sie über die Referenz auf den Inhalt des Speicherbereichs (Dereferenzierung) zugreifen. Jede Veränderung, die Sie jetzt über eine Referenz vornehmen, wirkt sich direkt auf den zugeordneten Speicherbereich aus.

Referenzen werden durch einen Backslah-Operator \ vor der entsprechenden Variable erzeugt, wie z. B.:

```
$ref_skalar = \$skalar;        # Referenz auf einen Skalar
$ref_array = \@array;          # Referenz auf ein Array
$ref_hash = \%hash;            # Referenz auf ein Hash
$ref_func = \&func;            # Referenz auf eine Funktion
```

8.3   Erzeugen von Referenzen

Eine Referenz kann auf jede Variable erzeugt werden, indem der Backslash-Operator \ eingesetzt wird (ähnlich wie bei C/C++ der Adressoperator &). Mit Hilfe des Backslash-Operators wird die Adresse erzeugt, auf die dann zugegriffen werden kann. Referenzen können auf beliebige Speicherobjekte weisen, neben Skalaren, Arrays und Hashes auch auf Funktionen, Datei-Handles oder weitere Referenzen.

Referenzen auf Skalare

Eine Referenz selbst ist eine skalare Variable. Sie liefert die jeweilige Speicherposition (Adresse) des Objektes:

```perl
#!/usr/bin/perl -w

$skalar = 4711;
$ref_skalar = \$skalar;              # Referenz auf $skalar
print "$ref_skalar\n";               # SCALAR(0x17655a8)
```

Name: Inhalt: Speicheradresse:

$skalar   4711   0x17655a8

$ref_skalar   0x17655a8   0x1765608

Der Backslash-Operator erzeugt die Speicheradresse, in der Daten – hier 4711 – gespeichert sind. Diese Adresse hat den Wert 0x17655a8 vom Typ SCALAR, der der Variable $ref_skalar zugewiesen wird. Somit wird bei Referenzen der Variablentyp zusammen mit dem Verweis auf die Adresse angegeben. Bei dieser Art von Verweistechnik über Adressen handelt es sich um harte Referenzen.

Es lassen sich, wie die folgenden Beispiele zeigen, auch Referenzen auf konstante Werte erzeugen:

```perl
#!/usr/bin/perl -w

$ref_zahl = \123;
# Referenz auf einen Wert
$ref_string = \"Dies ist ein String";
# Referenz auf einen String
print "$ref_zahl\n";                 # SCALAR(0x17655f0)
print "$ref_string\n";               # SCALAR(0x1765644)
```

Referenzen auf Listen

Im folgenden Programm wird die Referenz einer Liste ermittelt:

```perl
#!/usr/bin/perl -w

$ref_liste = \(1..10);
print "$ref_liste\n";              # ARRAY(0x1761f40)
```

Referenzen auf Arrays

Eine Referenz kann auf mehr als eine skalare Variable zeigen, z. B. auf das ganze Array. Des Weiteren können Sie Referenzen von einzelnen Elementen erzeugen:

```perl
#!/usr/bin/perl -w

@array = (1..10);
$ref_array = \@array;             # Array-Referenz deklarieren
print "$ref_array\n";             # ARRAY(0x17656d4)
$ref_element = \$array[1];        # Element-Referenz deklarieren
print "$ref_element\n";           # SCALAR(0x1765524)
```

Die Array-Variable @array dient nur als Operand für den Backslash-Operator. Im Abschnitt **Anonyme Referenzen** wird eine Abkürzung in der Form vorgenommen, dass die obigen beiden Zeilen zusammengefasst werden und die Hilfsvariable @array vermieden wird.

Das folgende Beispiel zeigt skalare Kombinationen:

```perl
#!/usr/bin/perl -w

@array = qw(eins zwei drei vier);    # Array
$ref = \@array;                      # Referenz von @array
$neu = $ref;                         # Adressenzuweisung
$neu[1] = $$ref[3];                  # $neu[1]=$array[3]
$ref_element = \$neu[1];             # Referenz von neu[1]
$lang = @neu;                        # Laenge vom Array @neu
$max = $#$ref;                       # Maximaler Index
@slice = @$ref[1..2];                # Slice zwei drei
print "\n
Adresse lautet:            $neu
Element \$neu[1]:           $neu[1]
Referenz von \$neu[1]:      $ref_element
Laenge von \@neu:           $lang
Maxindex von \@array:       $max
Slice[1..2]von \@array:     @slice \n";
```

Die Ausgabe ist:

```
Adresse lautet:              ARRAY(0x17655ac)
Element $neu[1]:             vier
Referenz von $neu[1]:        SCALAR(0x17654a4)
Laenge von @neu:             2
Maxindex von @array:         3
Slice[1..2] von array:       zwei drei
```

Zunächst wird die Referenz des Arrays @array gebildet. Diesen Adresswert erhält Array @neu zugewiesen. Der anschließende dereferenzierte Wert $$ref[3], nämlich "vier" (Element $array[3]), erhält $neu[1] zugewiesen. Im Anschluss daran wird die Referenz auf das Element $neu[1] gebildet. Danach wird die Länge – die aus zwei Elementen besteht – des Arrays @neu ausgegeben. Mit den letzten beiden Zeilen werden der letzte Index und die skalaren Elemente (dereferenzierte Werte) des Slices ausgegeben.

Referenzen auf Hashes

Auch bei Hashes wird eine Referenz mittels Backslash erzeugt. Auf die entsprechenden Schlüssel-Wert-Paare lassen sich Referenzen bilden:

```perl
#!/usr/bin/perl -w

%hash = (ilse => 26, ida => 32, udo => 40);
$ref_hash = \%hash;                      # Hash-Referenz
print "Hash-Referenz:\t\t\t$ref_hash\n"; # HASH(0x1765580)
foreach (keys %hash) {
     $ref_element = \$hash{$_};
     # Referenzen der Datensaetze
     print "\n
     Der Schluessel:             $_
     mit seinem Wert:            $$ref_element
     hat die skalare Referenz:   $ref_element
     \n";
}
```

Die Ausgabe ist:

```
Hash-Referenz:               HASH(0x1765580)
Der Schluessel:              udo
mit seinem Wert:             40
hat die skalare Referenz:    SCALAR(0x176f140)
Der Schluessel:              ilse
mit seinem Wert:             26
hat die skalare Referenz:    SCALAR(0x176f080)
Der Schluessel:              ida
```

```
mit seinem Wert:                 32
hat die skalare Referenz:        SCALAR(0x176f134)
```

Die Referenz auf eine Variable ist ebenso wie die Referenz auf einen Hash eine skalare Größe. $ref_hash gibt die Adresse des Hashs %hash an. In der foreach-Schleife wird über
den Schlüssel im Ausdruck \$hash{$_} jeweils die Referenz ($ref_element) zu je-
dem Datensatz im Hash gebildet. Mit $$ref_element wird der Wert der jeweiligen Refe-
renz gebildet. Dieser Wert ist der Wert des Schlüssel-Wert-Paares.

Referenzen auf Funktionen

Da Funktionen wie Arrays und Hashes im Speicher abgelegt werden, können Sie auch Refe-
renzen auf Funktionen erzeugen. Damit lassen sich die objektorientierte Programmierung
und Closures durchführen. Closures sind anonyme Funktionen, deren lokale Variablen sich
danach richten, in welchem Gültigkeitsbereich die Funktion definiert wurde.

Auch eine Funktion kann durch einen vorangestellten Backslash-Operator referenziert wer-
den. Hierzu muss aber das Präfix & bei der Funktion vorhanden sein:

```
#!/usr/bin/perl -w

$ref_func = \&func;              # Referenz bilden
print "$ref_func\n";             # CODE(0x176562c)

print &{$ref_func},"\n";         # 12345678910 Listen-Rueckgabe
sub func{return (1..10);}        # Zahlenbereich 1..10
```

Die Ausgabe ist:

```
12345678910
```

Durch das \& vor dem Namen func wird eine Referenz auf diesen Code (Codereferenz)
erzeugt. Auch hier ist die Referenz wieder gekennzeichnet durch Typ (Code) und Adresse
(skalarer Wert). Die Funktion wird durch Dereferenzierung per kanonischer Syntax
&{$ref_func} aufgerufen und ihre Werte werden ausgegeben. Neben der kanonischen
Syntax können Sie die Codereferenzen auch über Variablen-Syntax oder per Arrow-Syntax
ausführen.

Ebenso können Sie Argumente als Referenzen übergeben. Wichtig ist, dass der Aufruf der
Funktion in dereferenzierter Form erfolgt:

```
#!/usr/bin/perl -w

$ref_func = \&func;              # Referenz bilden
&{$ref_func}(1..10);             # Aufruf mit Listen-Uebergabe
sub func{print reverse @_}       # Ausgabe mit reverse-Funktion
```

Die Ausgabe ist:

```
10987654321
```

Der Aufruf der Funktion erfolgt in dereferenzierter Form `&{$ref_func}`, wobei die Argumente 1..10 in einer Liste zusammengefasst an die Funktion `func()` übergeben werden. In der Funktion stehen sie im Spezial-Array `@_` zur Verfügung. Mit der `reverse`-Funktion werden die Werte in absteigender Reihenfolge ausgegeben.

Es ist sogar möglich, die obige Funktion mit vorhandenen Argumenten zu referenzieren:

```
$ref_func = \&func(1..10);     # Referenz mit Listen-Uebergabe
```

Im ersten Beispiel wurden Skalare der Funktion zurückgeliefert; es können auch wie im zweiten Beispiel Skalare als Liste an die Funktion übergeben werden.

Möchten Sie jedoch mehrere Listen an Funktionen übergeben, verlieren diese Listen in der Funktion ihre Identität. Dieses Problem können Sie mittels Übergabe von Referenzen und anschließender Dereferenzierung innerhalb der Funktion lösen.

Übergabe mittels Referenzen

Im folgenden Beispiel sollen ein Array und ein Hash an eine Funktion `func()` übergeben werden. Da, wie bereits gesagt, bei Übergabe der Listen an eine Funktion diese ihre Identität verlieren, erfolgt die Übergabe mittels Referenzen:

```
#!/usr/bin/perl -w

@array = (1..10);              # Array
%hash = (ilse => 26, ida => 32, udo => 40, tom => 44);

func(\@array, \%hash);         # Übergabe Array-, Hashreferenz

sub func {
    my $ref_array = $_[0];  # Referenz vom Array
    foreach (@$ref_array) {print "$_ ";}
    # Ausgabe des Arrays
    print "\n";
    my $ref_hash = $_[1];   # Referenz vom Hash
    foreach (keys %$ref_hash) {

        print "$_ => $ref_hash->{$_}, ";
        # Ausgabe des Hash
    }
}
```

Die Ausgabe ist:

```
1 2 3 4 5 6 7 8 9 10
udo => 40, ilse => 26, tom => 44, ida => 32,
```

Diese beiden Referenzen stehen innerhalb der Funktion im Spezial-Array @_ zur Verfügung, nämlich die des Arrays (in $_[0] als erster Wert) und die des Hashs (in $_[1] als zweiter Wert).

Den Zugriff auf dieses Spezial-Array @_ können Sie dann auch mittels der Funktion shift() durchführen:

```
my    $ref_array = shift;
my    $ref_hash  = shift;
```

Eine weitere Möglichkeit ist die Zuweisung der Referenzen des Arrays und des Hashs aus dem Spezial-Array @_ an die Variable $ref_array bzw. $ref_hash in Form einer Listenanweisung:

```
my ($ref_array, $ref_hash) = @_;
```

Im obigen Programm wird der Zugriff auf das Spezial-Array mittels der Spezial-Variablen $_[0] für die erste Referenz und $_[1] für die zweite Referenz vorgenommen.

Mit der Dereferenzierung von @$ref_array werden durch die erste foreach-Schleife die jeweiligen Elemente des Arrays @array ausgegeben.

Mit der Dereferenzierung von %$ref_hash werden die einzelnen Schlüssel-Wert-Paare des Hashs %hash ausgegeben, wobei die Ausgabe des Hashs nicht in gleicher Reihenfolge erfolgen muss wie bei der Eingabe definiert.

In einem weiteren Perl-Programm werden Skalar-, Hash-, und Array-Referenzen an eine Funktion func() übergeben:

```
#!/usr/bin/perl -w

$jahr = 2008;
%hash = (Katze => 'Cleo', Stadt => 'Landshut');
@array = qw(Erde Mars Jupiter);

func(\$jahr, \%hash, \@array);

sub func {
      my ($wert1, $wert2, $wert3) = @_;
      print "\t",
      "Auch nach $$wert1\n",
      "\twird $$wert2{Katze} aus $wert2->{Stadt}\n",
      "\tauf der $wert3->[0] bleiben und nicht\n",
      "\tzum ${$wert3}[2] reisen!\n";
}
```

Die Ausgabe ist:

```
Auch nach 2008
wird Cleo aus Landshut
auf der Erde bleiben und nicht
zum Jupiter reisen!
```

Im obigen Programm sind zunächst die entsprechenden Referenzen an die Funktion func()
übergeben worden. In der Funktion selbst sind die Referenzen des Spezial-Arrays @_ an die
Variablen $wert1, $wert2 und $wert3 zugewiesen worden. Im Anschluss daran sind
verschiedene Formen der Dereferenzierung dargestellt.

An dieser Stelle sei noch erwähnt, dass bei Perl keine automatische Dereferenzierung erfolgt,
d. h. die entsprechende Konstruktion (siehe die nachfolgenden Abschnitte zum Thema Dereferenzieren) muss selbst ausgeführt werden.

Referenzen lassen sich an Funktionen übergeben oder umgekehrt. Standardmäßig liefert
return einen einfachen Skalar oder eine Liste zurück. Zur Rückgabe mehrerer Listen aus
einer Funktion werden diese als Referenzen zurückgegeben:

```
sub func{return (\@liste1, \@liste2, \@liste3);}
```

Symbolische Referenzen (Typeglobs)

In diesem Abschnitt wird ein Wert dereferenziert, der keine harte Referenz aufweist. Das
bedeutet, dass der Wert als symbolische Referenz behandelt wird. Die Referenz (als skalare
Größe) wird in diesem Fall als String interpretiert:

```
#!/usr/bin/perl

$var = "symb_Ref";
${$var} = 4711;
print "Wert: $symb_Ref\n";                    # Wert: 4711
```

Derefenzieren Sie einen String, gibt Perl den Wert der Variable zurück, deren Namen im
String steht:

```
#!/usr/bin/perl -w

${symb_Ref} = 4711;
print "Wert: $symb_Ref\n";                    # Wert: 4711
```

Ein Typeglob ist ein Eintrag in der Symboltabelle für alle globalen Variablen mit gleichem
Namen (abgesehen vom Präfix). Wenn z. B. eine skalare Variable $var vorhanden ist, teilt
sie sich mit der Liste @var und dem Hash %var einen Typeglob. Typeglobs haben als Präfix einen Stern *, der als Wildcard für alle Typen verstanden werden kann.

Weiterhin lässt sich mit Typeglobs ein Alias aufbauen, d. h. Sie können die gleiche Variable
unter verschiedenen Namen ansprechen. Im folgenden Beispiel wird ein Typeglob ali-
as_var aufgebaut:

```perl
#!/usr/bin/perl -w

$var = 'Perl';
@var = (1..3);
*alias_var = *var;              # Typeglob
pop @alias_var;                 # Letztes Element (3) entfernt
$alias_var = 4711;              # Skalar $var wird zu 4711
print "$var\t@var\n";           # 4711      1 2

*alias1_var = \$var;            # Referenz auf neuen Typeglob
$alias1_var = "Perl neu";       # $var wird verändert
pop @alias1_var;                # Operation ist wirkungslos
print "$var\t@var\n";           # Perl neu      1 2
```

Mit einem Backslash-Operator lässt sich ein Typeglob referenzieren; anschließend können
Sie gezielt an eine einzige Variable eines Alias entsprechende Werte zuweisen bzw. Werte
verändern.

Hierbei ist zu berücksichtigen, dass Variablen, die mit my deklariert werden, keinen Eintrag
in die Symboltabelle bewirken; damit ist der obige Mechanismus nicht wirksam.

Ferner können Sie Typeglobs auf Datei-Handles verwenden. Eine Referenz erzielen Sie
wieder durch den Backslash-Operator: Vor dem Datei-Handle muss das Präfix * stehen.

Wie das folgende Beispiel zeigt, lassen sich Referenzen auf Typeglobs bilden, die wiederum
Referenzen auf Datei-Handles ermöglichen:

```perl
#!/usr/bin/perl -w

$ref_handle = \*STDOUT;                    # Datei-Handle STDOUT
print <*$ref_handle>,"Referenzen\n";       # Referenzen
```

Solche Referenzen können Sie auch als Funktionsparameter an eine Funktion übergeben:

```perl
#!/usr/bin/perl -w

$var = "Referenzen";
func(\*STDOUT, $var);          # Übergabe
sub func {
    shift;                     # erstes Element entfernen
    print "$_[0]\n";           # Referenzen
}
```

Es wird mit der Funktion shift() das erste Element – eine übergebene Referenz vom Typ GLOB – aus dem Spezial-Array @_ geshiftet. Im Spezial-Array befindet sich nur noch ein Element, welches mit der Spezial-Variable $_[0] ausgegeben wird.

Referenzen von Referenzen

Da mittels Backslash-Operator die Adresse der Variable bestimmt wird, ist es möglich, von dieser Referenz wiederum die Adresse zu bestimmen und somit beliebig lange Referenzketten zu erzeugen:

```perl
#!/usr/bin/perl -w

$var = "Perl";
$ref_var = \$var;                   # Referenz
$ref_ref_var = \$ref_var;           # Referenz der Referenz
$ref_ref_ref_var = \$ref_ref_var;   # Nochmalige Referenz

print "\n
Referenz von \$var:              $ref_var
Referenz von \$ref_var:          $ref_ref_var
Referenz von \$ref_ref_var:      $ref_ref_ref_var
\n";
```

Die Ausgabe ist:

```
Referenz von $var:              SCALAR(0x17655a8)
Referenz von $ref_var:          SCALAR(0x1765608)
Referenz von $ref_ref_var:      SCALAR(0x17655dc)
```

In diesem Beispiel wird zunächst die Referenz der skalaren Variable $var ermittelt, dann die Referenz von dieser Referenz usw.

8.4   Die Funktion ref()

Um zu erfahren, welcher Art die Daten sind, auf die die Referenz verweist, setzen Sie die vordefinierte Funktion ref() ein. Die ref-Funktion liefert eine Zeichenkette, die das Referenzziel beschreibt.

So wird z. B.:

- bei einer Referenz auf eine weitere Referenz ein String **REF**,
- bei einer Referenz auf einen Skalar ein String **SCALAR**,
- bei einer Referenz auf ein Array ein String **ARRAY**,
- bei einer Referenz auf einen Hash ein String **HASH**,

- bei einer Referenz auf eine Funktion ein String **CODE** und
- bei einer Referenz auf ein Typeglob ein String **GLOB**

zurückgeliefert.

Somit kann die Funktion ref() als eine Art **type-of-Operator** angesehen werden. Wenn das übernommene Argument der ref-Funktion keine Referenz ist, gibt die Funktion den Wahrheitswert false zurück.

8.5   Dereferenzierung

Die Dereferenzierung ist eine wichtige Operation zur Ermittlung des Wertes, auf den die Referenz zeigt. Diese Operation liefert das Objekt zurück, auf das die Referenz verweist. Hierbei wird, wie bereits erwähnt, von Perl kein automatisches Dereferenzieren vorgenommen.

Der Einsatz der Dereferenzierung eines Arrays mit folgenden Zeilen:

```
#!/usr/bin/perl -w

@array = (1..10);
$ref_array = \@array;
push ($ref_array, A..E);
# Fehler! $ref_array ist ein Skalar!
```

führt zu einem Fehler. Die Funktion push() erwartet als erstes Argument ein Array und nicht eine Referenz (die ein Skalar ist) eines Arrays. Somit muss, damit ein richtiges Ergebnis erzielt werden kann, eine Dereferenzierung wie folgt vorgenommen werden:

```
push (@$ref_array, A..E);      # Dereferenzierung eines Arrays
print "@array";                # 1 2 3 4 5 6 7 8 9 10 A B C D
```

Durch diese Dereferenzierung wird auf den Inhalt eines Arrays zugegriffen. Die Funktion push() erweitert den Inhalt des Arrays @array um die Elemente A .. E. Es enthält jetzt die Elemente 1 bis 10 und die Buchstaben A bis E.

Für die einzelnen Elemente eines Arrays bzw. Hashs lassen sich drei verschiedene Syntax-Formen von Dereferenzierungen anwenden:

- Die **kanonische Syntax** der Dereferenzierung ist die Verwendung der Blockschreibweise in geschweiften Klammern.
- Die **Variablen-Syntax**. Der Einfachheit halber werden die geschweiften Klammern aus der kanonischen Syntax weggelassen. Um eine Dereferenzierung auf ein bestimmtes Element beim Array oder Hash zu erzielen, setzen Sie die Variable, die die Referenz enthält, dorthin, wo z. B. der Name des Arrays steht.

- Der **Arrow-Operator** ist eine dritte Möglichkeit der Dereferenzierung von Arrays bzw. Hashes. Hierbei wird die Arrow-Syntax verwendet. Diese Schreibweise wird auch im Zusammenhang mit der objektorientierten Programmierung eingesetzt. Auf der rechten Seite des Pfeils steht der Name einer Methode oder einer einfachen skalaren Variable. Auf der linken Seite steht entweder ein Objekt (Instanz) oder der Name einer Klasse.

Bei der jeweiligen Schreibweise ist auf das richtige Präfix zu achten. Enthält die Variable $ref eine Referenz, erhalten Sie deren Wert zum Beispiel in der kanonischen Syntax mit ${$ref}, @{$ref} oder %{$ref} in Abhängigkeit davon, ob $ref auf einen Skalar, ein Array oder einen Hash zeigt.

Die Verwendung eines falschen Präfixes führt zu schwerwiegenden Laufzeitfehlern.

Dereferenzierung von Skalaren

Wie in der Einleitung erwähnt wurde, verwendet die kanonische Syntax als Präfix die geschweiften Klammern, in denen der Name der Referenz enthalten ist. Der Block liefert das Ergebnis, d. h. den Speicherinhalt, auf den die Referenz verweist:

```perl
#!/usr/bin/perl -w

$var = 4711;
$ref_var = \$var;
# Referenz auf die Variable $var
print "${$ref_var}\n";
# 4711, Dereferenzierung
${$ref_var} = "Perl";
# Neuer Wert von $var ist jetzt Perl
print "$var\t${$ref_var}\n";        # Perl      Perl
```

Das Ergebnis der Dereferenzierung liefert den skalaren Wert 4711. Anschließend wird dieser Wert, auf den die Referenz $ref_var verweist (nämlich auf die Referenz von $var), durch einen neuen String "Perl" ersetzt. Da $var und ${$ref_var} die gleichen Speicherinhalte (Werte) besitzen, führt auch die anschließende print-Anweisung – getrennt durch den Tabulator \t – zum gleichen Ergebnis. Wie Sie sehen, können Sie den Inhalt bei gleicher Speicherposition beliebig ändern (wobei die Referenz $ref_var aber immer auf die gleiche Speicher-Position zeigt).

Eine weitere Möglichkeit zur Dereferenzierung ist die Variablen-Syntax. Dabei werden die geschweiften Klammern weggelassen:

```perl
#!/usr/bin/perl -w

$var = 4711;
$ref_var = \$var;           # Referenz auf die Variable $var
print "$$ref_var\n";        # 4711
```

Bei diesem Programm liefert $ref_var die Referenz von $var. Das zweite Dollarzeichen davor liefert in der print-Anweisung den entsprechenden Wert, auf den die Referenz zeigt.

Da bei skalaren Werten nicht auf ein Indexelement, wie z. B. bei einem Array, zugegriffen werden kann, entfällt hier die dritte Form der Dereferenzierung, nämlich die Arrow-Syntax.

Es lassen sich auch Referenzen auf konstante Werte bilden. Diese Werte können Sie aber nicht, wie im folgenden Beispiel praktiziert, mittels Dereferenzierung ändern, da dies zu Laufzeitfehlern führt:

```
$wert = \4711;              # Referenz auf einen konstanten Wert
$$wert = 123;              # Laufzeitfehler, Inhalt der Referenz
```

Dereferenzierung von Arrays

Nach dem gleichen Muster wird verfahren, wenn Sie Arrays dereferenzieren möchten:

```
#!/usr/bin/perl -w

@array = (1..10);                    # Liste 1..10
$ref_array = \@array;                # Referenz auf @array
print "@array\t@{$ref_array}\n";     # 1..10      1..10
push @$ref_array, A..E;              # A B C D E hinzu
print "@array\n";                    # 1..10 A..E
```

Zunächst wird durch den Backslash-Operator die Referenz des Arrays @array erstellt. Mit der kanonischen Syntax wird diese Array-Referenz dereferenziert. Anschließend werden in der ersten print-Anweisung jeweils die Inhalte des Arrays @array ausgegeben. Danach wird in Variablen-Syntax dereferenziert; es werden an die Listen-Werte 1 bis 10 mittels push-Funktion die Elemente A bis E angefügt und ausgegeben.

Um eine Referenz, die den Variablen-Namen enthält, zu dereferenzieren, setzen Sie das entsprechendes Präfix – hier ist es das @-Zeichen – vor den Variablen-Namen; somit können Sie auf die Werte des Arrays zugreifen.

Bei der Bildung von Referenzen eines Arrays bzw. dessen Elementen können Sie verschiedene Methoden verwenden:

- Zugriff mittels Referenz auf das entsprechende Array-Element
- Zugriff auf das ganze Array mit anschließender Angabe des Array-Elements
- Zugriff auf Bereiche von Elementen (Slices)

Im ersten Beispiel wird zunächst die Referenz von einem Array-Element $array[4] gebildet. Anschließend wird das entsprechende Element dereferenziert und der Wert von diesem Element ausgegeben:

```
#!/usr/bin/perl -w

@array = (1..5);                    # Liste 1..5
$ref_element = \$array[4];
# Referenz vom Element $array[4]
print "${$ref_element}\n";
# 5, Letztes Element $array[4]
```

Vergessen Sie nicht, das entsprechende Array-Element anzugeben, welches Sie dereferenzieren wollen. Da der Element-Wert bekanntlich eine skalare Größe ist, wird auch das zweite $-Zeichen bei der Dereferenzierung benötigt.

Im zweiten Beispiel wird nicht direkt die Referenz auf ein Array-Element vorgenommen, sondern zunächst die Referenz des Arrays erzeugt. Anschließend wird das entsprechende Element, welches Sie dereferenzieren möchten, durch den Index gekennzeichnet:

```
#!/usr/bin/perl -w

@array = (1..5);                    # Liste 1..5
$ref_array = \@array;
# Referenz vom Array @array
print "${$ref_array}[4]\n";
# 5, Letztes Element $array[4]
```

Es wird zunächst die Referenz des Arrays @array gebildet. Dann wird mittels Dereferenzierung der Wert des entsprechenden Array-Elements (Index 4) bestimmt und der entsprechende Wert ausgegeben.

Im dritten und letzten Beispiel erfolgt der Zugriff auf Bereiche (Slices) von Array-Elementen:

```
#!/usr/bin/perl -w

@array = (1..5);                    # Liste 1..5
$ref_array = \@array;               # Referenz vom Array @array
@array[1..3] = (77,88,99);          # (77 88 99 ) neue Werte
print \@array[1..3],"\n";
# SCALAR(0x17654c8) SCALAR(0x17654e0) SCALAR(0x17654f8)
print "@{$ref_array}[1..3]\n";# 77 88 99 Dereferenziert
```

Möchten Sie nun über die Referenz auf ein Element des Arrays (oder Hashs) zugreifen (dereferenzieren), bieten sich wieder die drei bekannten Varianten an, nämlich kanonische, Variablen- und Arrow-Syntax.

Als Beispiel dient das obige Array @array = (1..5), in dem die Referenz mit $ref_array = \@array gebildet wurde.

Sie können nun von diesem Array das letzte Element (Index 4) mit drei Varianten wie folgt dereferenzieren:

Kanonische Syntax
Die Dereferenzierung in kanonischer Syntax wird mittels geschweifter Klammern realisiert. Bezogen auf das letzte Element $array[4] des Arrays lautet die Ausgabe:

```
print "${$ref_array}[4]\n";
# 5 (Dereferenzierung kanonische Syntax)
```

Variablen-Syntax
Die entsprechende Dereferenzierung des letzten Elements $array[4] in Variablen-Syntax sieht wie folgt aus:

```
print "$$ref_array[4]\n";
# 5 (Dereferenzierung Variablen-Syntax)
```

Arrow-Syntax
Hier wird der Infix-Operator -> verwendet. Er darf nicht verwechselt werden mit der Hash-Syntax, wo zur besseren Lesbarkeit die Schlüssel-Wert-Paare mit einem => dargestellt werden.

Dabei hat sich die Arrow-Syntax, wie Sie anschließend an der grafischen Darstellung sehen können, als optisch leicht lesbare Syntax erwiesen.

Die Dereferenzierung des letzten Elements (Index 4) erfolgt durch die Arrow-Syntax:

```
print "$ref_array->[4]\n";
# 5 (Dereferenzierung Arrow-Syntax)
```

Bei der Auswertung von Ausdrücken müssen Sie aber berücksichtigen, dass Perl Schlüssel- und Indexwerte am Ende auswertet und dass das beim Variablen-Namen stehende Präfix am stärksten bindet. Somit wird aus $$ref_element[4] zuerst die Blocknotation ${$ref_element} und zum Schluss der Indexzugriff vorgenommen.

Andere Schreibweisen, wie z. B.{$$ref_element}[4] oder ${$ref_element[4]}, können somit zu Verwirrung führen. Bei der ersten Darstellung ist keine skalare Referenz vorhanden; die letzte Schreibweise bedeutet, dass das letzte Element (Index 4) des Arrays @ref_element genommen und dann als Skalarreferenz dereferenziert wird. Beide Schreibweisen führen daher nicht zum gewünschten Ergebnis.

Mit der folgenden grafischen Darstellung (LISP-Pfeildarstellung) werden die behandelten Beispiele veranschaulicht:

Name: Inhalt:

$ref_array   @$ref_array

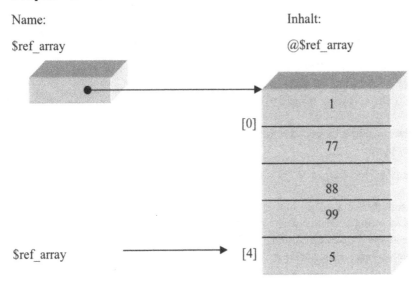

In den nächsten Programmzeilen wird das letzte Element mittels Dereferenzierung verändert. Alle drei Varianten führen zum gleichen Ergebnis:

```
${ $ref_array}[4] = 'Perl';     # Kanonische Syntax
$   $ref_array[4] = 'Perl';     # Variablen-Syntax
   $ref_array->[4] = 'Perl';    # Arrow-Syntax
```

Um den Inhalt des oben referenzierten Arrays $ref_array = \@array oder den letzten Index einer Liste zu erhalten, können Sie folgende Schreibweise verwenden:

```
print "@$ref_array\n";      # 1 77 88 99 Perl
print "$#$ref_array\n";     # 4
```

In der ersten print-Anweisung wird der Inhalt des Arrays ausgegeben. Es wird eine Dereferenzierung in Variablen-Syntax angewendet.

In der zweiten print-Anweisung wird der letzte Index 4 ausgegeben. Die Zählweise beginnt beim ersten Element mit 0. Da der Indexwert ein Skalar ist (die Spezial-Variable $# gibt den letzten Index eines Arrays an), muss das erste Präfix eine Skalar-Notation $ sein.

In der Blocknotation sieht die Schreibweise dann wie folgt aus:

```
print "@{$ref_array}\n";      # 1 77 88 99 Perl
print "$#{$ref_array}\n";     # 4
```

Es lassen sich Dereferenzierungen für komplexe Strukturen realisieren. Zum Beispiel kann eine Matrix wie folgt darstellt werden:

```
@zeile1 = (0, 1, 2);          # Array @zeile1 mit 3 Elementen
@zeile2 = (3, 4, 5);          # Array @zeile2 mit 3 Elementen
@zeile3 = (6, 7, 8);          # Array @zeile3 mit 3 Elementen
```

Anschließend wird ein Array von einzelnen Array-Referenzen erzeugt:

```
@matrix = (\@zeile1, \@zeile2, \@zeile3);
# einzelne Array-Referenzen bzw.
# @matrix = \(@zeile1, @zeile2, @zeile3);
```

Es lassen sich die einzelnen Werte der Matrix-Elemente mittels Arrow-Syntax wie folgt ausgeben oder verändern:

```
print "$matrix[0]->[2]\n";     # 2
```

Diese Programmzeile bedeutet, dass vom nullten Element des Arrays @matrix das zweite Element dereferenziert wird. Dieser Wert wird ausgegeben. Das nullte Element des Arrays @matrix ist das Array @zeile1. Davon wird nun das Element mit dem Index 2 dereferenziert und mit dem Wert 2 ausgegeben.

Eine kürzere Darstellung der Arrow-Syntax wird durch das Weglassen des Pfeils erreicht:

```
print "$matrix[0][2]\n";       # 2
```

Eine Veränderung der Inhalte lässt sich auf die gleiche Weise vornehmen, z. B.:

```
$matrix[1][1] = 'A';          # @zeile2, Index[1]
```

In einem Programm zusammengestellt sieht dies wie folgt aus:

```
#!/usr/bin/perl -w

@zeile1 = (0, 1, 2);          # Array @zeile1 mit 3 Elementen
@zeile2 = (3, 4, 5);          # Array @zeile2 mit 3 Elementen
@zeile3 = (6, 7, 8);          # Array @zeile3 mit 3 Elementen
@matrix = (\@zeile1, \@zeile2, \@zeile3);
$matrix[1][1] = 'A';          # @zeile2, Index[1]

foreach ( @matrix ) {          # \@zeile1 \@zeile2 \@zeile3
    foreach ( @$_ ) {          # Dereferenzierung
        print "$_   ";
    }
    print "\n";
}
```

Möchten Sie alle Elemente des Arrays ausgeben, können Sie dies mit zwei foreach-Schleifen realisieren. Dabei durchläuft die äußere foreach-Schleife die einzelnen Array-Referenzen des Gesamtarrays @matrix. Mit der inneren foreach-Schleife wird über die aktuelle Referenz (hier über die Spezial-Variable $_) auf die einzelnen Elemente mittels Dereferenzierung zugegriffen.

Die Ausgabe aller Inhalte (mit dem veränderten Element `$matrix[1][1]`) des Arrays `@matrix` ist:

```
0   1   2
3   A   5
6   7   8
```

Dereferenzierung von Hashes

Ein Hash lässt sich wie ein Array in kanonischer, Variablen-, oder Arrow-Syntax dereferenzieren:

```perl
#!/usr/bin/perl -w

%hash = (ilse => 26, ida => 32, udo => 40, tom => 44);
$ref_hash = \%hash;                     # Referenz auf ein %hash
print  %{$ref_hash},"\n";               # ida32tom44ilse26udo40
```

Die Reihenfolge der Ausgabe muss bekanntlich nicht mit der Reihenfolge der Initialisierung übereinstimmen.

In der Folge ein Dereferenzierungs-Beispiel, bei dem aus kanonischer Syntax eine Variablen-Syntax wird:

Aus `%{$ref_hash}` wird jetzt `%$ref_hash`.

Möchten Sie über die Referenz auf die einzelnen Elemente, d. h. auf die Werte des Schlüssels, zugreifen, bieten sich wie beim Array auch hier drei Möglichkeiten an:

Kanonische Syntax
Hierbei erfolgt der Zugriff auf den Hash `%hash` über die Referenz `$ref_hash`:

```perl
#!/usr/bin/perl -w

%hash = (ilse => 26, ida => 32, udo => 40, tom => 44);
$ref_hash = \%hash;
print "${$ref_hash}{udo}\n";
# 40, Zugriff auf den Schlüssel udo
```

Variablen-Syntax
Die entsprechende Dereferenzierung ohne Blocknotation auf den Schlüssel `{udo}` sieht wie folgt aus:

```perl
print "$$ref_hash{udo}\n";
# 40, Zugriff auf den Schlüssel udo
```

Arrow-Syntax

Die dritte Methode der Dereferenzierung ist die Verwendung der Arrow-Syntax:

```
print "$ref_hash->{udo}\n";
# 40, Zugriff auf den Schlüssel udo
```

Es wird über die Hashreferenz $ref_hash der zugehörige Wert 40 zum Schlüssel {udo} ausgegeben.

Die einzelnen Schlüssel-Werte lassen sich über die Referenz verändern. Wie beim Array sind alle drei nachfolgenden Varianten gleich:

```
${  $ref_hash}{udo} = 50;           # Kanonische Syntax
$     $ref_hash{udo} = 50;          # Variablen-Syntax
    $ref_hash->{udo} = 50;          # Arrow-Syntax
```

Der Schlüssel {udo} hat jetzt den Wert 50.

Dereferenzierung von Funktionen

Im ersten Beispiel wird eine Dereferenzierung in der kanonischen Syntax vorgenommen:

```
#!/usr/bin/perl -w

sub func {return 1..10;}
$ref_func = \&func;
# Funktions-Referenz, "&" notwendig
print &{$ref_func},"\n";
# 12345678910
```

Der Backslash vor der Funktion &func erzeugt eine Referenz auf diesen Code (Codereferenz). Neben der kanonischen Syntax lässt sich die Codereferenz auch über Variablen-Syntax und ab Perl 5.004 sogar mit der Arrow-Syntax ausführen:

```
#!/usr/bin/perl -w

sub func {reverse @_;}
$ref_func = \&func;
# Funktions-Referenz deklarieren
print $ref_func->(1..10);           # Arrow-Syntax
# 10987654321
```

Darstellungsarten des Aufrufs:

```
&{$ref_func} (1..10);               # Kanonische Syntax
  &$ref_func (1..10);               # Variablen-Syntax
  $ref_func->(1..10);               # Arrow-Syntax
```

Alle drei Arten der Syntax-Darstellungen liefern mit der obigen `print`-Anweisung jeweils alle Werte der Liste 1 bis 10 abwärts zurück.

Dereferenzierung von Typeglobs

Eine Referenz auf einen Typeglob lässt sich mittels Backslash vornehmen. Die Dereferenzierung geschieht wie folgt:

```perl
#!/usr/bin/perl -w

$ref_type = \STDOUT;
print <*{$ref_type}>, "Ausgabe\n";          # Ausgabe
```

Dereferenzierung von Referenzen

So wie sich Referenzen auf Referenzen bilden lassen, können Sie auch deren Dereferenzierung vornehmen:

```perl
#!/usr/bin/perl -w

@array = qw(Referenzen bei Perl);
$ref_1 = \@array;             # Referenz  ARRAY(0x17655ac)
$ref_2 = \$ref_1;             # Referenz  SCALAR(0x1765600)
$ref_3 = \$ref_2;             # Referenz  SCALAR(0x1765624)
print "\n
      \$ref_1:             $ref_1
      \$ref_2:             $ref_2
      \$ref_3:             $ref_3
\n";

# Folgende Referenzen werden ausgegeben:
#      $ref_1:             ARRAY(0x17655ac)
#      $ref_2:             SCALAR(0x1765600)
#      $ref_3:             SCALAR(0x1765624)

# Dereferenzierung:
$adr_1 = ${$ref_3};
print "$adr_1\n";
# SCALAR(0x1765600), identisch $ref_2

$adr_2 = ${${$ref_3}};
print "$adr_2\n";
# ARRAY(0x17655ac), identisch $ref_1

@array_neu = @{${${$ref_3}}};              # Objekt selber
print "@array_neu\n";
# Referenzen bei PerL
```

```
# Es lassen sich folgende Kombinationen von Ausgaben erzielen:
print "@$ref_1[2]          $$$ref_3->[0]\n";
# Perl         Referenzen
```

Wie bereits beschrieben, ist die Anzahl der Elemente des Arrays @array ein skalarer Kontext. Die einzelnen Elemente lassen sich durch den Index ansprechen und, wie im obigen Beispiel dargestellt, entsprechend ausgeben.

8.6   Autovivikation

Eine Referenz lässt sich auch direkt einsetzen, ohne dass wie bisher eine Variable zwischengeschaltet werden muss:

```
#!/usr/bin/perl -w

$$ref_var = "Perl";
print "$$ref_var\n";                    # Perl
```

Es wird automatisch der Wert "Perl" gespeichert, ohne dass vorher eine Variable eingesetzt wird. Die gleiche Abkürzung lässt sich z. B. auch beim Array verwenden:

```
#!/usr/bin/perl -w

$ref_array->[2] = "Perl";

print "\n
Kanonische Syntax:      ${$ref_array}[2]
Variablen-Syntax:       $$ref_array[2]
Arrow-Syntax:           $ref_array->[2]
\n";
```

Die Ausgabe ist:

```
Kanonische Syntax:      Perl
Variablen-Syntax:       Perl
Arrow-Syntax:           Perl
```

Ein Array wird ohne Namen mit der Referenz $ref_array erzeugt. Im vorliegenden Code wird automatisch ein Array bestehend aus drei Elementen erstellt. Das letzte Element besitzt den Index 2. Dies können Sie mit der print-Anweisung print "$#$ref_array\n" überprüfen. Hierbei sind die ersten beiden Elemente undef. Das letzte Element (Index 2) enthält den String "Perl". Wie Sie sehen, liefern alle drei Syntax-Formen von Dereferenzierungen das gleiche Ergebnis "Perl".

Dieses automatische Erzeugen von Speicherinhalten heißt Autovivikation (automatische Belebung).

8.7 Anonyme Referenzen

Referenzen lassen sich auch als anonyme Referenzen darstellen. Hierbei bedeutet anonym, dass Arrays bzw. Hashes im Speicher ohne Variablen-Namen angelegt werden. Auf diese Arrays oder Hashes können Sie über Referenzen zugreifen. Ebenso können Sie diese Referenzen dereferenzieren, um auf ihren Speicherinhalt zuzugreifen bzw. ihn zu manipulieren. Mit dieser Methode können Sie komplexe geschachtelte Strukturen erstellen, die wesentlich bei der objektorientierten Programmierung sind.

Um ein anonymes Array zu erzeugen, setzen Sie die Liste eines Arrays statt in runde Klammern in eckige Klammern. Einen anonymen Hash initialisieren Sie, indem Sie statt der bisherigen runden Klammern geschweifte Klammern verwenden.

Verwechseln Sie diesen Ausdruck in eckigen bzw. geschweiften Klammern nicht mit dem Zugriff auf entsprechende Array-Elemente $array[4] bzw. Hash-Elemente $hash{udo}.

Anonyme Arrays

Im folgenden Beispiel wird eine anonyme Referenz auf ein Array erzeugt, und zwar durch Ersetzen der runden Klammern durch eckige Klammern.

Die bisherige Darstellung einer Referenz auf ein Array sah wie folgt aus:

```
@array = ( 1..10 );
$ref_array = \@array;
```

Um ein Array anonym zu erzeugen, bedarf es der eckigen Klammern. In diesen befindet sich der Inhalt einer Liste, die einen unbenannten Speicherbereich alloziert und eine Referenz zurückgibt (wie malloc in C/C++). Dabei entfällt, wie Sie in folgenden Zeilen sehen, die verwendete Hilfsvariable @array. Die Liste hat zwar keinen Namen, aber eine Adresse:

```
#!/usr/bin/perl -w

$anonym_array = [1..5];               # Anonymes Array

print "\n
Anonyme Array-Adresse:        $anonym_array
Inhalt des letzten Elements:  $anonym_array->[4]
Inhalt des gesamten Arrays:   @$anonym_array
\n";
```

Die Ausgabe ist:

```
Anonyme Array-Adresse:          ARRAY(0x176f104)
Inhalt des letzten Elements:    5
Inhalt des gesamten Arrays:     1 2 3 4 5
```

Die Referenz des anonymen Arrays wird der Variable $anonym_array zugewiesen. Es wird ein Array bestehend aus einer Liste mit 5 Elementen erzeugt. Auf dieses Array wird über die Referenz zugegriffen. Auf ein Element können Sie mittels Dereferenzierung zugreifen. Im obigen Beispiel ist wieder auf das letzte Element durch die Arrow-Syntax zugegriffen worden.

Die grafische Darstellung veranschaulicht das obige Beispiel:

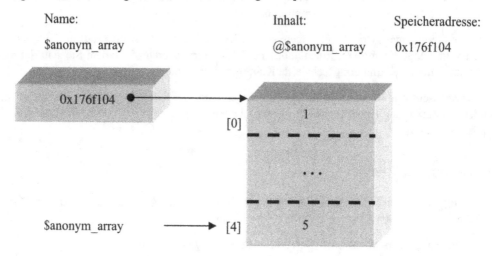

Wie Sie sehen, liefert die Referenz auf ein anonymes Array die entsprechende Speicherposition zurück. Sie können auch wie gewohnt auf entsprechende Elemente zugreifen bzw. diese manipulieren.

Ein Unterschied existiert aber bei folgenden Zeilen:

```
$ref_array = \@array;
$ref_array = [ @array ];
```

In der ersten Zeile wird von der Array-Variable die Referenz, d. h. Speicherposition, gebildet. In der zweiten Zeile entsteht ein neues anonymes Array, in den das gesamte Array @array (mit all seinen Elementen) kopiert wird. Von diesem neuen Array (mit entsprechender Speicherposition) wird eine Referenz erzeugt.

Im folgenden Programm können Sie in Abhängigkeit von der if-else-Bedingung auf das entsprechende Array mit seinem dereferenzierten Element (Index 4) zugreifen:

```perl
#!/usr/bin/perl -w

print "Ihre Eingabe\n";
$wert = <STDIN>;
chomp($wert);
     $array1 = [1 .. 5];
     $array2 = [A .. E];

$element = ${if ($wert > 0) {$array1} else {$array2}}[4];
print "$element\n";
```

Im obigen Beispiel erfolgt nach der numerischen Eingabe (z. B. größer 0 bzw. kleiner gleich 0) eine anschließende Auswertung der Variable $wert. Beim Wahrheitswert true wird aus dem Array $array1 das letzte Element "5" (mit dem Index 4) als dereferenzierter Wert ausgegeben.

Ist der Wahrheitswert false, wird "E" als dereferenzierter Wert (mit dem Index 4) aus dem Array $array2 ausgegeben.

Da die anonymen Arrays – wie oben gezeigt – keinen eigenen Variablen-Namen besitzen, kann nur über die Referenz auf den Inhalt des Arrays zugegriffen werden. Da ein solches anonymes Array eine Referenz liefert, können Sie daraus direkt mehrdimensionale Arrays erstellen. So ließe sich ein Array, das zwei anonyme Arrays enthält, wie folgt darstellen:

```perl
@matrix = ( ['a', b', c'] , ['d', 'e', 'f']);
```

Würden Sie hier runde statt eckige Klammern verwenden, erhielten Sie ein einfaches 6-elementiges Array.

Auch wenn ein Array, wie oben dargestellt, zwei anonyme Arrays enthält, handelt es sich um ein eindimensionales Array. Die enthaltenen Werte sind Referenzen von Datenstrukturen. Dieses gilt es bei der Ausgabe zu berücksichtigen. Wenn Sie die Werte nicht dereferenzieren, erhalten Sie die Referenzen. Möchten Sie auf ein Element zugreifen, dann ist der Dereferenzierungsmechanismus von Perl zu berücksichtigen.

In der obigen Matrix liefert z. B. $matrix[1] das Objekt ['d', 'e', 'f']. Möchten Sie davon das Element mit dem Index 2 ansprechen, können Sie folgende Ausgabeformen wählen:

```perl
print ${$matrix[1]}[2];          # f in kanonischer Syntax
print $matrix[1][2];             # f in Variablen-Syntax
print $matrix[1]->[2];           # f in Arrow-Syntax
```

Bei allen drei Formen wird auf das Element mit dem Index 2 des durch $matrix[1] referenzierten Arrays zugegriffen. Der Pfeil in der Arrow-Syntax kann nicht generell weggelassen werden; zum Beispiel würde eine Ausgabe mit $matrix[1]->[2] zu $$matrix[1][2] und somit zu einem Fehler führen. Ein richtiges Ergebnis würde die Darstellung in der kanonischen Syntax ${$matrix[1]}[2] liefern.

Bei den folgenden Programmzeilen bezieht sich die Referenz auf die einzelnen anonymen
Arrays:

```perl
#!/usr/bin/perl -w

@matrix = (['a', 'b', 'c'] , ['d', 'e', 'f']);
foreach $ref_zeile (@matrix) {


    foreach $spalte (@$ref_zeile) {print " $spalte "}
    print "\n";
}
# a b c
# d e f
```

Die äußere `foreach`-Schleife liefert die jeweilige Referenz der beiden anonymen Arrays,
während durch die innere `foreach`-Schleife die dereferenzierten Werte des anonymen
Arrays geliefert und mittels `print`-Anweisung ausgegeben werden.

Das folgende Beispiel geht einen Schritt weiter. Diese zweidimensionale Struktur ist von
ihrer Form her ein eindimensionales Array, das mit den bekannten Funktionen `push()` oder
`pop()` usw. dynamisch verändert werden kann. Beim Zugriff auf ein Element können die
anschauliche Arrow-Syntax oder die beiden anderen Syntaxformen eingesetzt werden:

```perl
#!/usr/bin/perl -w

@matrix = ([reverse qw(l r a) ] , [ 'k', 'a', 'n', 'n', 'e']);

    $matrix[0]->[0] = 'e';          # $matrix[0][0] oder
                                    # ${$matrix[0]}[0]


    pop ( @{$matrix[1]} );
    unshift (@{$matrix[0]}, 'P');

    push (@matrix, [ reverse qw( s e l l a) ] );

    foreach (@matrix) {
            foreach (@$_) {print "$_";}
            print "\n";
    }
```

Die Ausgabe ist:

```
Perl
kann
alles
```

Zunächst werden beim ersten anonymen Array durch die Funktion reverse() die Elemente der Liste umgedreht. Die Elemente der Liste ('l','r','a') werden zu ('a','r','l'). Anschließend wird das erste Element mit dem Index 0 des ersten referenzierten anonymen Arrays mittels $matrix[0]->[0] dereferenziert und ihm der Buchstabe "e" zugewiesen.

Mit der Funktion pop() wird aus dem zweiten anonymen Array @matrix das letzte Element "e" entfernt.

Berücksichtigen Sie hierbei, dass sich die Funktion pop() auf ein Array bezieht. Ebenso erwarten die Funktionen unshift() bzw. push() als erstes Präfix ein Array-Zeichen @. Würden Sie bei diesen Funktionen eine Dereferenzierung eines Skalars vornehmen, z. B. in der Form pop (${$matrix[1]}), ergäbe dies die Fehlermeldung: "Type of arg 1 to pop must be array (not scalar dereference)".

Die Funktion unshift() fügt dann beim ersten anonymen Array am Anfang der bestehenden Liste den Buchstaben "P" hinzu, so dass die Liste jetzt ('P','e','r','l') lautet.

Der anschließende Aufruf der Funktion push() fügt an das bestehende Array @matrix ein weiteres anonymes Array [reverse qw(s e l l a)] an. Durch die Funktion reverse() lautet die Liste ('a','l','l','e','s'). Somit besteht das Array @matrix aus drei anonymen Arrays, die zeilenweise ausgedruckt werden. Dabei wird in der ersten Zeile "Perl", in der zweiten Zeile "kann" und in der letzten "alles" ausgegeben.

Anonyme Hashes

Während beim anonymen Array statt der runden Klammern eckige Klammern verwendet werden, kommen beim anonymen Hash statt der runden Klammern geschweifte Klammern zum Einsatz:

```perl
#!/usr/bin/perl -w

$anonym_hash = {ilse => 26, ida => 32, udo => 40, tom =>44};
print "$anonym_hash\n";              # HASH(0x176f0b4)
print %{$anonym_hash},"\n";          # udo40ilse26tom44ida32
print "$anonym_hash->{udo}\n";       # 40
```

Im obigen Beispiel wird eine Referenz auf einen anonymen Hash mit vier Schlüssel-Wert-Paaren zurückgegeben. Eine Dereferenzierung (z. B. durch Arrow-Syntax) kann über den Schlüssel vorgenommen werden.

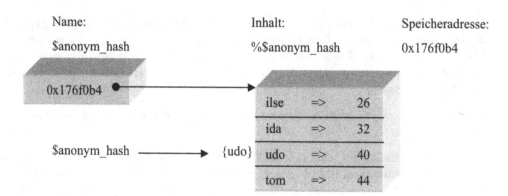

Durch Dereferenzierung können Sie den ganzen Hash ausgeben:

```
#!/usr/bin/perl -w

$anonym_hash = {ilse => 26, ida => 32, udo => 40, tom =>44};
     foreach (keys %{$anonym_hash}) {
          print $_, " => ", $anonym_hash->{$_},"\n";
     }
```

Die Ausgabe des Hashs ist:

```
udo   => 40
ilse  => 26
tom   => 44
ida   => 32
```

Mit der foreach-Schleife werden zu den jeweiligen Schlüsseln auch die zugehörigen Werte des anonymen Hashs ausgegeben. Dabei enthält die Spezial-Variable $_ jeweils den Schlüssel. Der entsprechende Wert zum Schlüssel wird durch den Ausdruck (Dereferenzierung in Arrow-Syntax) $anonym_hash->{$_} erzeugt. Bekanntlich muss die Reihenfolge der Eingabe nicht mit der Ausgabe übereinstimmen.

Natürlich können Sie statt der übersichtlichen Arrow-Syntax auch die kanonische Syntax ${$anonym_hash}{$_} oder die Variablen-Syntax $$anonym_hash{$_} verwenden.

Anonyme Funktionen

Eine Funktion ohne Namen gibt eine Referenz auf eine anonyme Funktion zurück. Referenzen auf Funktionen werden als Coderefenzen bezeichnet. Sie ähneln Funktionszeigern in C/C++. Im folgenden Programm wird nach der Referenzierung die Dereferenzierung vorgenommen:

```
#!/usr/bin/perl -w

$anonym_func = sub {print "Anonyme Funktionen \n";};
print "$anonym_func\n";                    # CODE(0x17655ac)
```

```
&{$anonym_func}();              # Anonyme Funktionen
&$anonym_func();                # Anonyme Funktionen
$anonym_func->();               # Anonyme Funktionen
```

Nachdem die Referenz CODE(0x17655ac) ausgegeben wird, folgen die Aufrufe der Funktion in kanonischer Syntax, in Variablen-Syntax und danach in Arrow-Syntax.

8.8   Komplexe Datenstrukturen

Mit Hilfe von Referenzen und anonymen Strukturen lassen sich aufwendige Datenstrukturen erstellen. In diesem Abschnitt werden die wesentlichen Arten dargestellt, nämlich ein Array von Arrays, ein Array von Hashes und ein Hash von Arrays sowie ein Hash von Hashes. Durch die Verwendung des Standardmoduls **Data::Dumper** lassen sich komplexe Datenstrukturen übersichtlicher darstellen.

Wie bereits erläutert, können bei Perl Arrays und Hashes, die an Funktionen übergeben werden, in ihre einzelnen Listen-Elemente aufgelöst werden. Somit greifen Sie mit $_[0] auf das erste Element, mit $_[1] auf das zweite Element usw. des Spezial-Arrays @_ zu. Die Übergabe an Funktionen funktioniert nur so lange, wie ihnen nur ein Array oder Hash übergeben wird. Möchten Sie aber mehrere Arrays, Hashes und vielleicht noch zusätzlich Skalare übergeben, ist diese direkte Art der Übergabe nicht erfolgreich. Da alle Parameter sich im Spezial-Array @_ befinden, ist es unmöglich, diese wieder den aufrufenden Argumenten der ursprünglichen Arrays, Hashs, Skalare usw. zuzuordnen. Dieses Problem lässt sich nur mit der Übergabe von Referenzen bewältigen.

Array von Arrays

Es gibt viele Möglichkeiten von verschachtelten Datenstrukturen. Die einfachste Art ist ein Array von Arrays, auch als mehrdimensionales Array bezeichnet. So ist im Abschnitt Anonyme Arrays bereits ein Array mit drei anonymen Arrays dargestellt worden. Im Folgenden wird ein Array von Arrays erzeugt. Die inneren Arrays haben die Syntax von anonymen Arrays, das äußere Array hat eine reguläre Listensyntax. Somit besteht das Gesamtarray aus einer Liste von anonymen Arrays:

```
@array = ( [ 2, 3 ] , [ A .. D ] , [ 7, 8] );
```

Ausgabe der Referenzen aller anonymen Arrays:

```
print "@array\n";
# ARRAY(0x176f0b4) ARRAY(0x176f198) ARRAY(0x1765504)
```
Ausgabe des nullten Elements des refenzierten anonymen Arrays $array[1]:

```
print $array[1]->[0],"\n";    # 'A' wird ausgegeben.
```

Möchten Sie alle Elemente des Arrays @array ausgeben, können Sie folgende Programmzeilen verwenden:

```
#!/usr/bin/perl -w

@array= ([2, 3] , [ A .. D] , [7, 8]);
foreach (@array) {
     foreach (@$_) {print "$_ "}
     print "\n";
}
```

Die Ausgabe ist:

```
2 3
A B C D
7 8
```

Die äußere foreach-Schleife durchläuft die anonymen Array-Referenzen des Gesamtarrays. Die innere foreach-Schleife greift über die aktuelle Referenz auf das zugehörige untergeordnete anonyme Array zu und gibt die einzelnen Elemente aus.

Mehrdimensionale Arrays sind in ihrer Form eindimensional, wobei ihre Werte Referenzen auf andere Datenstrukturen sind. Wird nicht dereferenziert, erhalten Sie die jeweiligen anonymen Array-Referenzen bei der Ausgabe.

Die grafische Darstellung des obigen Beispiels sieht wie folgt aus:

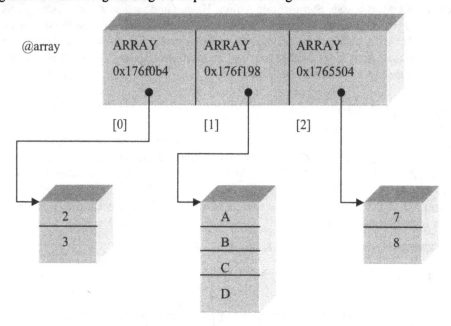

Es ist deutlich zu sehen, dass mit der Ausgabe des Arrays @array die jeweiligen Array-Referenzen der Liste, d. h. die Referenzen der drei enthaltenen anonymen Arrays, ausgegeben werden:

```
ARRAY(0x176f0b4)   ARRAY(0x176f198)   ARRAY(0x1765504)
```

Perl derefenziert die Variable nur, wenn eine Referenzierung vorgenommen wird. Um ein einzelnes Element anzusprechen, können Sie wieder die drei Syntax-Formen verwenden. Die äußere foreach-Schleife liefert die Referenzen, die innere die Werte. In obigem Programm wird die gesamte Liste einem Array @array zugewiesen. Soll stattdessen auf eine Referenz eines Arrays zugegriffen werden und eine Schachtelung erfolgen, sind hierzu eckige Klammern erforderlich.

Mit der Schachtelung von nur runden Klammern kommen Sie nicht ans Ziel. Das Ergebnis von @liste1 und @liste2 ist im folgenden Beispiel identisch:

```
@liste1 = ( (2, 3), ( A .. D ), (7, 8 ) );
@liste2 = ( 2, 3, A, B, C, D, 7, 8 );
```

Anders ist es, wenn Sie nur mit Referenzen auf Arrays arbeiten. Hier verwenden Sie statt der runden Klammern (die eine Liste bedeuten) eckige Klammern (die die Erzeugung einer Referenz auf ein Array angeben). Das obige Beispiel erhält jetzt folgende Struktur:

```
$array_array = [ [2, 3], [ A .. D ], [7, 8] ];
```

Durch die Verwendung von Referenzen – die skalare Werte sind –, erfolgt auch die Zuweisung auf eine Variable $array_array vom Typ Skalar. Im Gegensatz zum Array @array, das eine Liste von drei anonymen Arrays enthält, besitzt $array_array die Referenz des anonymen Arrays. Letztere besitzt Referenzen auf drei weitere anonyme Arrays.

Die entsprechenden Referenzen lassen sich mit folgenden Programmzeilen ausgeben.

Ausgabe der Referenz des äußeren anonymen Gesamtarrays:

```
print "$array_array\n";                  # ARRAY(0x17655e8)
```

Ausgabe der drei enthaltenen Referenzen:

```
print "@$array_array\n";
# ARRAY(0x176f0b4) ARRAY(0x176f198) ARRAY(0x1765504)
```

Möchten Sie ein entsprechendes Element aus den verschachtelten Arrays mittels Dereferenzierung ausgeben (z. B. nulltes Element des ersten anonymen Arrays [A..D]), können Sie folgende Programmzeilen schreiben:

```
#!/usr/bin/perl -w

$array_array = [ [2, 3], [ A .. D ], [7, 8] ];

print "\n
1.:    $array_array->[1][0]
2.:    $array_array->[1]->[0]
3.:    ${$array_array->[1]}[0]
```

```
4.:     ${${$array_array}[1]}[0]
5.:     $$array_array[1][0]
\n";
```

Sämtliche fünf Möglichkeiten liefern den Buchstaben "A".

Im ersten Beispiel wird mit der Referenz begonnen. Das zweite Beispiel liefert das gleiche Ergebnis mit zwei expliziten Pfeil-Operatoren. Ausgabe drei liefert das Ergebnis in kanonischer Syntax. Diese Form der Pfeilkaskadierung bedeutet aber nicht, dass Sie beliebig Pfeile weglassen können. Nur wenn eine eindeutige Struktur vorliegt, können Sie einen Pfeil weglassen, so wie in der vierten Ausgabe, wo eine kanonische, und in der fünften Ausgabe, wo eine Variablen-Syntax vorliegt.

Möchten Sie alle Elemente der anonymen Arrays ausgeben, geschieht dies wieder über die Derefenzierung:

```
#!/usr/bin/perl -w

$array_array = [ [2, 3], [ A .. D ], [7, 8] ];

foreach (@$array_array) {
        foreach (@$_) {print "$_ "}
        print "\n";
}
```

Die Ausgabe ist:

```
2  3
A  B  C  D
7  8
```

Dabei spricht die äußere Schleife durch die Dereferenzierung von @$array_array die einzelnen Referenzen der anonymen Subarrays an. Die innere Schleife greift durch die erneute Dereferenzierung auf die Elemente des entsprechenden Subarrays zu.

Array von Hashes

Beim Erzeugen eines Arrays von Hashes werden im folgenden Beispiel die einzelnen Hash-Referenzen in einem anonymen Array aufgenommen. Ein Array mit Referenzen macht Sinn, wenn Sie mehrere Objekte speichern möchten. Ein Objekt im Sinne der objektorientierten Programmierung ist eine Referenz auf einen Hash mit Attributen, die mit den Methoden seiner Klasse verbunden werden. Eine solche Struktur lässt sich einfach in einem Array speichern. Möchten Sie sequentiell auf eine Reihe von Datensätzen zugreifen, die Schlüssel-Wert-Paare enthalten, können Sie diese Struktur verwenden.

Ein geschachteltes Programm mit der Struktur eines anonymen Arrays von Hashes wird unter Verwendung des Standardmoduls **Data::Dumper** dargestellt:

```perl
#!/usr/bin/perl -w

use Data::Dumper;                        # Standardmodul

$array_hash = [ {"Nachname" => "Heit", "Vorname" => "Tom"},
                {"Beruf" => "Butler" , "Alter" => 47} ];
print "$array_hash\n";
# ARRAY(0x17654d4)
print "@$array_hash\n";
# HASH(0x176f0b4) HASH(0x176f198)
print $array_hash->[0] {"Nachname"}, "\n";        # Heit
print $array_hash->[1] {"Alter"}, "\n";           # 47

# Neuer Datensatz
$array_hash->[2] {"Wohnort"} = "Epe";     # 'Wohnort' => 'Epe'
print "@{$array_hash}[2]\n";              # HASH(0x17654bc)

print Dumper ($array_hash);               # Ausgabe der Stuktur
```

Im obigen Beispiel enthält $array_hash eine Array-Referenz mit weiteren Hash-Referenzen. Somit wird mit der ersten print-Anweisung die Referenz des anonymen Arrays ausgegeben. Die folgende print-Anweisung gibt die Referenzen der einzelnen anonymen Hashes aus. Anschließend werden Werte bezüglich ihres Schlüssels ausgegeben. Des Weiteren wird ein neues Schlüssel-Wert-Paar als weiterer Datensatz aufgenommen und die entsprechende Referenz ausgegeben:

Die Ausgaben lauten:

```
ARRAY(0x17654d4)
HASH(0x176f0b4) HASH(0x176f198)
Heit
47
HASH(0x17654bc)
```

Die Ausführung mit dem Standardmodul **Data::Dumper** ergibt anschließend die Struktur:

```
$VAR1 = [    {
                  ‚Nachname‘ => ‚Heit‘,
                  ‚Vorname‘  => ‚Tom‘
             },
             {
                  ‚Beruf‘ => ‚Butler‘,
                  ‚Alter‘ => 47,
             },
             {    ‚Wohnort‘ => ‚Epe‘    }
        ];
```

Simulation des Standardmoduls Data::Dumper

Mit der äußeren `foreach`-Schleife erhalten Sie mittels Dereferenzierung `@$array_hash` die jeweiligen Referenzen, die das Array enthält. Mit der inneren `foreach`-Schleife wird über die aktuelle Referenz `$_` durch Dereferenzierung `%$_` auf den zugehörigen untergeordneten Hash mit seinen Datensätzen zugegriffen:

```perl
#!/usr/bin/perl -w

$array_hash = [ {"Nachname" => "Heit", "Vorname" => "Tom"},
                {"Beruf" => "Butler" , "Alter" => 47} ];
# Neuer Datensatz
$array_hash->[2] {"Wohnort"} = "Epe";      # 'Wohnort' => 'Epe'

foreach (@$array_hash) {print "{";
     foreach $key (keys %$_) {
          print " $key  =>  ", $_->{$key};
     }
     print " }\n";
}
```

Die Ausgabe ist:

```
{ Nachname  =>  Heit Vorname  =>  Tom }
{ Beruf     =>  Butler Alter  =>  47 }
{ Wohnort   =>  Epe }
```

Die grafische Darstellung des obigen Beispiels sieht wie folgt aus:

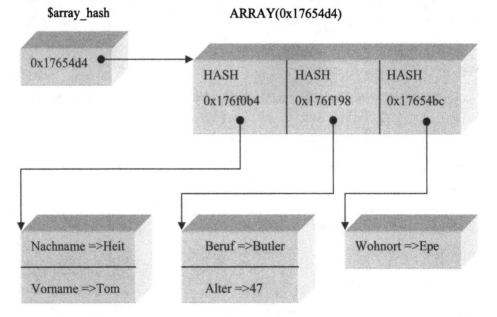

Hash von Arrays

Hashes können pro Schlüssel nur einen Wert speichern. Mit Hilfe von Referenzen lassen sich jedoch mehrere Werte problemlos speichern. Anstelle eines Wertes wird die Referenz auf ein anonymes Array verwendet.

Somit ist die verschachtelte Datenstruktur ein anonymer Hash mit normalen Schlüsseln, wobei als Werte Referenzen auf Arrays eingesetzt werden. Im folgenden Programm wird zur Darstellung der Struktur das Standardmodul **Data::Dumper** verwendet.

Auch bei diesem Programm muss zwischen geschweiften und runden Klammern unterschieden werden. Geschweifte Klammern erzeugen eine Referenz auf einen anonymen Hash. Im untenstehenden Beispiel erfolgt die Zuweisung eines skalaren Wertes (Referenz) an die Variable $hash_array. Runde Klammern hingegen bedeuten einen Hash mit Referenzen auf anonyme Arrays. Demzufolge muss auch die Variable vom Typ Hash sein:

```perl
#!/usr/bin/perl -w

use Data::Dumper;

$hash_array = { "Werte" => [ 1..3 ] ,
                "Pegel" => [ "tief", "mittel" ] };
print "$hash_array\n";                 # HASH(0x17654ec)

# Ein spezielles Element ausgeben:
print $hash_array->{"Pegel"}[1],"\n";          # mittel

# Mit push() wird das anonymes Array erweitert:
push ( @{$hash_array->{"Pegel"}}, "hoch");     # hoch am Ende

# Ein neues anonymes Array hinzufügen:
push(@{$hash_array->{"Jahr"}}, 2007, 2008, 2009);

foreach (%$hash_array) {print "$_ "; print " ";}
# Jahr ARRAY(0x1765534 Werte ARRAY(0x176f0b4)
# Pegel ARRAY(0x176548c)
print"\n";
print Dumper ($hash_array);            # Ausgabe der Struktur
```

Die obige Struktur sieht wie folgt aus:

```
$VAR1 = {

           ‚Jahr' => [

                      2007,

                      2008,

                      2009
```

```
                        ],
                ,Werte' => [

                              1,

                              2,

                              3

                        ],
                ,Pegel' => [

                                  ,tief',

                                  ,mittel',

                                  ,hoch'

                        ]

        };
```

Simulation des Standardmoduls Data::Dumper

Damit sämtliche Elemente ausgegeben werden können, durchläuft die äußere foreach-Schleife die jeweiligen Schlüssel des anonymen Hashs. Durch diese Schlüssel sind auch die Referenzen der anonymen Arrays bekannt. Sie können jetzt diese Referenzen dereferenzieren und mit der inneren foreach-Schleife alle Elemente des Arrays ausgeben:

```perl
#!/usr/bin/perl -w

$hash_array = { "Werte" => [ 1..3 ] ,
                "Pegel" => [ "tief", "mittel" ] };
push ( @{$hash_array->{"Pegel"}}, "hoch");
push( @{$hash_array->{"Jahr"}}, 2007, 2008, 2009);

foreach (keys %$hash_array){ print " $_  =>  ";
    foreach $element (@{$hash_array->{$_}})
        {print " $element ";}
        print "\n";
}
```

Die Ausgabe ist:

```
Jahr   =>  2007  2008  2009
Werte  =>  1 2 3
Pegel  =>  tief  mittel  hoch
```

Anstelle der obigen Dereferenzierung mit der Arrow-Syntax kann auch die kanonische Syntax eingesetzt werden:

```
foreach (keys %$hash_array){print "  $_  =>  ";
      foreach $element (@{${$hash_array}{$_}}) {
            print " $element ";
      }
print "\n";
}
```

Die grafische Darstellung des obigen Beispiels sieht wie folgt aus:

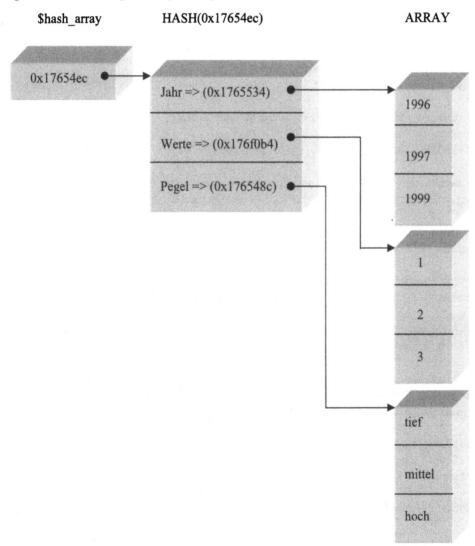

Hash von Hashes

In der folgenden Struktur wird ein Hash von Hashes gebildet. Damit lassen sich ebenfalls komplexe Datenstrukturen erzeugen. Beim Hash von Hashes enthält die verschachtelte Datenstruktur einen anonymen Hash mit Schlüsseln, wobei als Werte Referenzen auf einen anonymen Hash eingesetzt werden. Dieser mehrdimensionale Hash ist die flexibelste homogene Perl-Struktur.

Zur Darstellung der Programmstruktur wird das Standardmodul **Data::Dumper** eingesetzt:

```perl
#!/usr/bin/perl -w

use Data::Dumper;

$hash_hash = {"Eller"=>{"Vorname"=>"Max",
"Matr.Nr"=>4711,"Semester"=>4},
"Heit"=>{"Vorname"=>"Tom", "Matr.Nr"=>6511,"Semester"=>2}};

# Übergeordnetes anonymes Hash ausgeben:
print %{$hash_hash},"\n";
# EllerHASH(0x176f0b4)HeitHASH(0x176548c)

# Wert vom Schlüssel Matr.Nr des anonymen Hashs Heit ausgeben:
print %{$hash_hash}->{"Heit"}->{"Matr.Nr"},"\n";         # 6511

# Ohne zweiten Arrow-Operator:
print %{$hash_hash}->{"Heit"}{"Semester"},"\n";         # 2

# In kanonischer Syntax ganz ohne Arrow-Operator:
print ${${$hash_hash}{"Heit"}}{"Semester"},"\n";        # 2

# Anonyme Hash um einen Datensatz ("Fach" => "WI") erweitern:
%{$hash_hash}->{"Heit"}->{"Fach"} = "WI";

# Ausgabe eines anonymen Hashes Heit:
print %{$hash_hash->{"Heit"}},"\n";        # nicht interpoliert
# Semester2Matr.Nr6511FachWIVornameTom

# Ein neues anonymes Hash (Lerk) hinzufügen:
%{$hash_hash}->{"Lerk"} =
{"Vorname"=>"Kai", "Matr.Nr"=>2411, "Semester"=>1 };

print Dumper ($hash_hash);              # Ausgabe der Struktur
```

Die Ausgabe eines anonymen Hashs, z. B. "Heit", wird nicht interpoliert, so dass mit der print-Anweisung die Schlüssel-Wert-Paare ohne Leerzeichen ausgegeben werden.

Beziehen Sie sich auf ein entsprechendes Hash-Element, zum Beispiel `"Semester"`, können Sie die Anführungszeichen für den Schlüssel weglassen, wenn es sich um einen gültigen Perl-Bezeichner handelt.

Vergessen sollten Sie nicht, dass die Schlüssel-Wert-Paare in der Reihenfolge der Hash-Speicherung ausgegeben werden. Eine Sortierung können Sie mit der bekannten Funktion `sort()` vornehmen.

Die obige Struktur sieht wie folgt aus:

```
$VAR1 = {
              ,Eller'    =>      {
                                 ,Semester' => 4,
                                 ,Matr.Nr' => 4711,
                                 ,Vorname' => ,Max'
                                 },
              ,Heit'     =>      {
                                 ,Semester' => 2,
                                 ,Matr.Nr' => 6511,
                                 ,Fach' => ,WI',
                                 ,Vorname' => ,Tom',
                                 },
              ,Lerk'     =>      {
                                 ,Semester' => 1,
                                 ,Matr.Nr' => 2411,
                                 ,Vorname' => ,Kai'
                                 }
       };
```

Simulation des Standardmoduls Data::Dumper
Mit der folgenden geschachtelten `foreach`-Schleife lässt sich die gleiche Struktur mit all ihren Schlüssel-Wert-Paaren wie beim Standardmodul **Data::Dumper** ausgeben:

```
#!/usr/bin/perl -w

$hash_hash = {"Eller"=>{"Vorname"=>"Max",
"Matr.Nr"=>4711,"Semester"=>4},
"Heit"=>{"Vorname"=>"Tom","Matr.Nr"=>6511,"Semester"=>2}};
```

```
%{$hash_hash}->{"Heit"}->{"Fach"}= "WI";          # Fach => WI
%{$hash_hash}->{"Lerk"} =
{"Vorname"=>"Kai", "Matr.Nr"=>2411, "Semester"=>1 };

foreach (keys %{$hash_hash}) {
      print "$_  =>  \n";
      foreach $element (keys %{$hash_hash->{$_}}) {
            print "\t\t", $element," => ",
            %{$hash_hash}->{$_}{$element};
            print "\n";
      }
};
```

Die Ausgabe ist:

```
Eller =>
            Semester      => 4
            Matr.Nr       => 4711
            Vorname       => Max
Heit   =>
            Semester      => 2
            Matr.Nr       => 6511
            Fach          => WI
            Vorname       => Tom
Lerk   =>
            Semester      => 1
            Matr.Nr       => 2411
            Vorname       => Kai
```

Auch mit der Funktion each() lassen sich die entsprechenden Schlüssel-Wert-Paare einer Liste ($name, $ref) zuweisen. Anstatt der foreach-Schleife ermöglicht die geschachtelte while-Schleife die Ausgabe sämtlicher Schlüssel-Wert-Paare:

```
while (($name, $ref) = each %{$hash_hash}) {
      print "$name => \n";
      while (($key, $wert) = each %{$ref}) {
            print "\t\t", $key,  " => ",  $wert  ,"\n";
      }
      print "\n";
};
```

Mit der Funktion sort() können Sie eine Sortierung aller Schlüssel vornehmen:

```perl
#!/usr/bin/perl -w

$hash_hash = {"Eller"=>{"Vorname"=>"Max",
"Matr.Nr"=>4711,"Semester"=>4},
"Heit"=>{"Vorname"=>"Tom","Matr.Nr"=>6511,"Semester"=>2}};

%{$hash_hash}->{"Heit"}->{"Fach"}= "WI";          # Fach => WI
%{$hash_hash}->{"Lerk"} =
{"Vorname"=>"Kai", "Matr.Nr"=>2411, "Semester"=>1 };

foreach (sort keys %{$hash_hash}) {
      print "$_  =>  \n";

      foreach $element ( sort keys %{$hash_hash->{$_}}) {
            print "\t\t", $element," =>  ",
            %{$hash_hash}->{$_}{$element};
            print "\n";
      }
}
```

Die Ausgabe in sortierter Form ist:

```
Eller =>
            Matr.Nr       =>   4711
            Semester      =>   4
            Vorname       =>   Max
Heit  =>
            Fach          =>   WI
            Matr.Nr       =>   6511
            Semester      =>   2
            Vorname       =>   Tom
Lerk  =>
            Matr.Nr       =>   2411
            Semester      =>   1
            Vorname       =>   Kai
```

Im folgenden Bild wird das obige Beispiel Hash von Hashes (ohne Sortierung der Schlüssel) grafisch dargestellt:

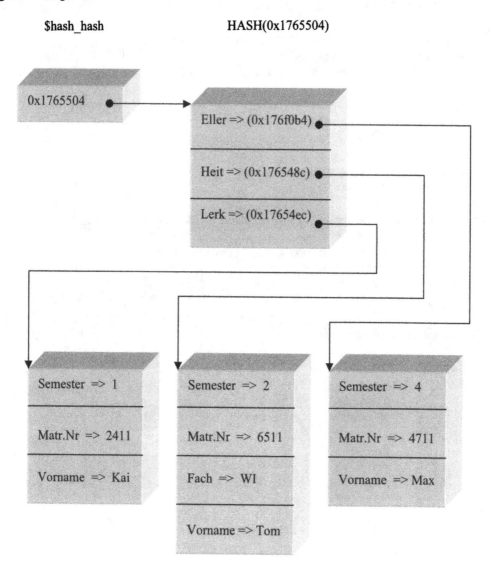

$hash_hash   HASH(0x1765504)

In diesem Abschnitt haben Sie einige komplexe homogene Datenstrukturen kennen gelernt. Es lassen sich natürlich weitere beliebige Kombinationen komplexer Datenstrukturen erstellen.

9   Dateien und Verzeichnisse

Mindestens ebenso wichtig wie die Standardeingabe über die Tastatur und die Standard-ausgabe auf dem Bildschirm ist das Verarbeiten von Daten aus Dateien. Anstatt dass Sie selber eine Datei öffnen, werden beim Programmstart automatisch drei globale Datei-Handles, nämlich STDIN (Standardeingabe), STDOUT (Standardausgabe) und STDERR (Standardfehlerausgabe) geöffnet. Demzufolge können über die Tastatur Eingaben getätigt werden und am Bildschirm erscheinen Ausgaben und Fehlermeldungen, ohne dass explizit per Programm entsprechende Dateien geöffnet werden.

Datei-Handles (File-Handles) werden benötigt zum Bearbeiten und zum Lesen von Dateien bzw. zum Schreiben auf Dateien. Datei-Handles sind keine Variablen, die mit $, @ oder % als erstes Präfix-Zeichen im Namen beginnen, sondern Teil der Symboltabelle. Datei-Handles sind eine besondere Art von Variablen, vor allem dann, wenn Sie diese an Funktionen über-geben. Datei-Handles sind als Pakete vorhanden; sie können den gleichen Namen besitzen, werden aber trotzdem getrennt behandelt.

Ein Datei-Handle ist eine Zugangsberechtigung für eine Datei. Es ist eine Imput/Output-Verbindung zwischen dem Perl-Prozess und dem Betriebssystem. Hierbei sind Dateien nicht nur dauerhafte Speicherungsorte für Daten, wie z. B. Festplatte, Diskette etc., sondern auch Dateiverzeichnisse, Gerätedateien und Netzverbindungen (Sockets).

Nachdem Sie dem Betriebssystem mitgeteilt haben, dass Sie Ein- und Ausgabeoperationen mit einer Datei vornehmen wollen, erstellen Sie ein Datei-Handle, um z. B. in eine Datei zu schreiben bzw. sie zu lesen. Die Datei wird geschlossen, nachdem das Datei-Handle nicht mehr benötigt wird. Nicht geschlossene Dateien werden bei Programmende automatisch geschlossen. Das Schließen einer Datei bewirkt, dass Ressourcen vom Betriebssytem wieder freigegeben werden.

9.1   Standard Ein-/Ausgabe

Wie bereits erwähnt, werden automatisch bei jedem gestarteten Programm drei Datei-Handles geöffnet:

Die Standardeingabe STDIN

Die Eingabe eines Programms erfolgt über das Datei-Handle STDIN. Da die Standard-eingabe normalerweise mit der Tastatur verbunden ist, liest der <STDIN>-Operator eine Zeile von der Tastatur. Er blockiert so lange, bis die Zeile mit einem Return (ENTER) abge-schlossen wird. Somit besitzt jede Zeile am Ende das abschließende Return als New-Line-Zeichen \n. Die Funktionen chomp() bzw. chop() entfernen das abschließende Return. Während die Funktion chomp() alle New-Line-Zeichen \n eines Strings entfernt, entfernt die Funktion chop() jedes letzte Zeichen eines Strings:

```
#!/usr/bin/perl -w

print "Ihre Eingabe: ";          # Aufforderung zur Eingabe
$eingabe = <STDIN>;              # Standardeingabe
chomp($eingabe);                # Entfernen des New-Line-Zeichen
print " Ihre Eingabe war: $eingabe\n";    # Ihre Eingabe war:
```

Die Standardausgabe STDOUT

Die Ausgaben eines Programms werden normalerweise zum Datei-Handle STDOUT ge-schickt. Da im Normalfall die Standardausgabe mit dem Bildschirm verbunden ist, erschei-nen diese dann auf dem Bildschirm.

Mit Hilfe der Funktionen print(), printf() (zur formatierten Ausgabe) sowie wri-te() werden Daten zur Standardausgabe geschickt. Auf die Angabe des Datei-Handles STDOUT kann verzichtet werden, da auf das Default-Datei-Handle STDOUT geschrieben wird, was bei jedem Programmstart geschieht.

Bei folgenden Programmzeilen:

```
print   STDOUT "Eine Ausgabe\n";
printf STDOUT "Ausgabe_Wert: %.2f\n", 4711;
write   STDOUT;
```

kann STDOUT als Default-Datei-Handle entfallen und die Programmzeilen lassen sich wie folgt schreiben:

```
print   "Eine Ausgabe\n";
printf "Ausgabe_Wert: %.2f\n",4711;
write;
```

Perl bietet die Möglichkeit, Funktionen in gepufferter (z. B. print, seek, tell) und ungepufferter (z. B. sysread, syswrite, sysseek) Form für die Ein-/Ausgabe zu verwenden. Sie sollten die gepufferte und ungepufferte Ein-/Ausgabe aber nicht mischen.

Bei der obigen Standardausgabe handelt es sich um eine gepufferte Form. Das heißt, dass nicht jeder der drei Ausgabe-Aufrufe unmittelbar eine Ausgabe bewirkt. Erst wenn der Puffer gefüllt ist, erfolgt die Ausgabe. New-Line \n bewirkt aber, dass sofort der Puffer entleert wird und die Daten zur Ausgabe gelangen. Durch Verwendung der Spezial-Variable $|=1 ($OUTPUT_AUTOFLUSH) wird erreicht, dass sämtliche Ausgaben auf dem Default-Handle ungepuffert sind.

Die Standardfehlerausgabe STDERR

STDERR ist die Standardfehlerausgabe und wird für Fehlermeldungen genutzt, die nicht Teil der eigentlichen Ausgabe sind. Normalerweise werden sowohl STDERR-Daten als auch STDOUT-Daten auf dem Bildschirm ausgegeben. Trotzdem unterscheiden sich Standardfehlerausgabe und Standardausgabe. Es gibt Fälle, wo normale Daten für die Standardausgabe in einer Datei abgelegt – umgelenkt – werden, während Fehlermeldungen nicht umgelenkt werden, sondern direkt auf dem Bildschirm erscheinen.

Die Funktion die() gibt die Fehlermeldung auf STDERR aus und beendet das Programm.

Die Funktion warn() erzeugt wie die Funktion die() eine Fehlermeldung auf STDERR, aber beendet nicht das Programm.

STDERR ist ungepuffert, da die Fehlermeldungen unmittelbar auf dem Bildschirm erscheinen sollen.

Die Funktion open()
open *dateihandle, dateiname*

Wenn Sie mit Perl in eine Datei schreiben bzw. aus einer Datei lesen möchten, muss diese mit der Funktion open() geöffnet werden. Sie verknüpft ein Datei-Handle mit einer Datei. Mit entsprechenden Operatoren (Zeichen: <, >, +<, >>) lassen sich die entsprechenden Zugriffsarten, wie z. B. Lesen, Schreiben, Lesen und Schreiben sowie Anhängen, einfach ausführen. Möchten Sie jedoch Zugriffsrechte, mit denen Dateien erzeugt werden, festlegen, benötigen Sie die Funktion sysopen(). Dazu wird neben den Argumenten *dateihandle*, *dateiname* noch der Parameter *modus* sowie optional der Parameter [*rechte*] benötigt. Für ein anonymes Datei-Handle wird das Modul **IO::FILE** verwendet.

Anhand der obigen Syntax erwartet die Funktion open() zwei Argumente. Durch *dateiname* wird die angegebene Datei geöffnet und mit *dateihandle* verbunden.

Neben den vordefinierten Datei-Handles STDIN, STDOUT und STDERR kann als Datei-Handle ein beliebiger Bezeichner (in Großbuchstaben) gewählt werden, über den nach erfolgreicher Ausführung der Funktion open() auf die Datei zugegriffen werden kann.

Mit dem zweiten Argument, nämlich *dateiname*, wird angegeben, welche Datei geöffnet werden soll. Es ist ein String, der den Dateinamen enthält. Dabei kann der Dateiname über den Pfad oder als Variable eingegeben werden.

Wird dem Dateinamen-Parameter *dateiname* kein Pfad vorangestellt, sondern die Datei direkt angegeben, versucht Perl die angegebene Datei im aktuellen Verzeichnis zu öffnen. Ansonsten sucht Perl im angegeben Pfad. In Windows-Systemen werden Verzeichnisse mit einem Backslash \ getrennt. Das führt dann nicht zu Konflikten, wenn der Pfadname in einfachen Anführungszeichen steht, z. B. *‚C:\temp\daten.txt'*. Ein Backslash in doppelten Anführungszeichen stellt in Perl ein Sonderzeichen dar und könnte einen unsinnigen Pfad ergeben. Im folgenden Beispiel erzeugen die doppelten Anführungszeichen bei *„C:\temp\daten. txt"* im ersten Teil z. B. einen Tabulator \t und nicht den oben gewünschten Pfad. Um ein korrektes Ergebnis mit einem Backslash in einem Pfadnamen zu erzielen, müssen Sie vor dem Backslash ein Escape-Zeichen (ebenfalls einen Backslash) setzen: *„C:\\temp\\daten.txt"*.

Die meisten Windows-Versionen erlauben die Verwendung eines einfachen Slashs beim Pfadnamen *„C:/temp/daten.txt"*. Dadurch wird auch eine Portierbarkeit auf Unix/Linux-Systeme erzielt.

Nach dem eventuellen Pfadnamen ist noch anzugeben, ob die Datei zum Lesen, zum Schreiben oder zum Anhängen geöffnet werden soll. Hierzu werden die drei wichtigsten Zugriffsarten < für das Lesen, > für das Schreiben (Überschreiben) und >> für das Anhängen eingesetzt.

9.2   Lesen von Daten aus Dateien

Steht vor *dateiname* der <-Operator oder gar nichts, wird die Datei zum Lesen (read-only) geöffnet. Dabei erfolgt das Lesen einer Datei in drei Schritten:

1. Datei öffnen und mit Datei-Handle verbinden
2. Daten aus Datei lesen
3. Datei schließen

Als Beispiel wird die Datei daten.txt verwendet:

Datei öffnen und mit Datei-Handle verbinden
Zum Öffnen von Dateien verwenden Sie wie zum Schreiben in Dateien die Funktion open(). Der erste Parameter der Funktion ist das zu öffnende Datei-Handle (DATEI). Der zweite Parameter $lies ist ein String, der die Datei daten.txt enthält, aus der gelesen werden soll:

```
#!/usr/bin/perl -w

$lies = "C:/Eigene Dateien/Perl/daten.txt";
# Pfad als Variable
open (DATEI, "< $lies")
or die "Fehler beim Lesen der Datei\n";
```

Es werden Klammern für die Funktion open() verwendet sowie die Pfad-Variable $lies
für den String und der logische Operator or für die Funktion die().

Die Funktion die()
die *string*

Da das Öffnen einer Datei fehlschlagen kann (z. B. die angegebene Datei ist nicht vorhanden), wird der logischen Operator or und die Funktion die() eingesetzt. Dies ist die meist
benutzte Form zum Öffnen einer Datei und zur gleichzeitigen Überprüfung, ob das Öffnen
der Datei gelungen ist, nach dem Motto: "Öffne oder stirb".

Perl bietet hier zwei Arten von logischen Operatoren an: Operatoren mit hoher Präzedenz
(z. B. C-Operatoren &&, ||), die ihre Argumente stärker binden, und Operatoren mit niedri-
ger Präzedenz (z. B. Perl-Operatoren and, or). Obwohl beide Kombinationen nach dem
Parsen (Aufteilen von Daten entsprechend einer bestimmten Menge syntaktischer Regeln)
sich identisch verhalten, sollten Sie die Kombination or die der Kombination || die
vorziehen (siehe Abschnitt: **Logische Operatoren**).

Alle diese Vergleichs-Operatoren werten ihre Ausdrücke nur so lange aus, bis das Ergebnis
des gesamten Vergleichsausdrucks feststeht (Short-cut-Auswertung).

Das Programm soll nicht weiter ausgeführt werden, wenn etwas falsch läuft und die Datei
zum Lesen nicht gefunden wird. Schlägt z. B. der Aufruf zur Datei fehl, wird undef zurückgegeben. Da undef im Booleschen Kontext false liefert, kommt es zur Ausführung
der Funktion die().

Wird die Datei gefunden, liefert die Funktion open() den Wahrheitswert true.

Dies wird im folgenden Beispiel erläutert:

```
open (DATEI, "< $lies")
or die "Fehler beim Lesen der Datei\n";
```

Wenn open() erfolgreich ist, liefert der linke Teilausdruck den Wahrheitswert true. Da
eine or-Konstruktion bereits true ist, wenn nur einer der Teilausdrücke true ist, bedeutet
dies, dass die Funktion die() nicht ausgeführt und das Programm weiter fortgesetzt wird.

Im anderen Fall, wenn die Funktion open() einen Wahrheitswert false liefert (z. B. sich
eine Datei nicht öffnen lässt bzw. nicht gelesen werden kann), muss, da der **ODER**-
Ausdruck noch nicht feststeht, der rechte Ausdruck noch berücksichtigt werden. Dieser Ausdruck ruft aber die Funktion die() auf. Die Funktion die() beendet automatisch das Perl-

Programm und gibt als Argument einen Rückgabewert – es ist die Fehlermeldung als String-Kontext – über das Datei-Handle STDERR am Bildschirm aus.

Die Systemfehlermeldung oder Systemfehlernummer ist über die Spezial-Variable $! verfügbar. Durch Einbindung der Spezial-Variable $! in den String-Kontext wird die Information der entsprechenden Systemfehlermeldung hinzugefügt.

Wird am Ende des Strings das New-Line-Zeichen \n weggelassen, gibt Perl als zusätzliche Information noch den Namen des verwendeten Programms sowie die aktuelle Zeilennummer an, an der die Funktion die() ausgelöst wurde.

Im folgenden Beispiel wird statt der Datei daten.txt (von der gelesen werden soll) versehentlich Datei raten.txt geschrieben – die aber nicht existiert. Folgende Fehlermeldung wird durch die Funktion die() ausgegeben:

```perl
#!/usr/bin/perl -w

$lies = "C:/Eigene Dateien/Perl/raten.txt";
open (DATEI, "< $lies")
or die "Fehler beim Lesen der Datei: $!";
# Fehler beim Lesen der Datei: No such file or directory at
# test.pl line 4.
```

Daten aus Datei lesen

Der zweite Parameter von open() ist ein Formatstring, der angibt, welche Datei geöffnet werden und wie diese verwendet werden soll. In diesem Beispiel soll die Datei daten.txt über die Pfad-Variable $lies geöffnet werden.

Normalerweise muss beim Öffnen einer Datei mit open() der Öffnungsmodus im Formatstring angegeben werden. Wird kein Öffnungsmodus angegeben, wird der Defaultmodus verwendet. Es lassen sich folgende äquivalente Beispiele zum Öffnen einer Datei angeben:

```perl
open (DATEI, "< $lies")
or die "Fehler beim Lesen der Datei\n";
open (DATEI, "$lies")
or die "Fehler beim Lesen der Datei\n";
open (DATEI, $lies)
or die "Fehler beim Lesen der Datei\n";
```

Zum Lesen der Daten über das Datei-Handle wird der Eingabe-Operator <> zusammen mit dem Namen des Datei-Handles verwendet. Eine so geöffnete Datei kann nur zum Lesen verwendet werden.

Perl macht bei der Darstellung keinen Unterschied, ob von der Tastatur eingegeben oder von einer Datei gelesen wird. In einem skalaren Kontext liest der Eingabe-Operator eine einzige Zeile bis zum Zeilenvorschub (New-Line-Zeichen \n). Im Listenkontext wird jede Zeile als ein Element in eine Liste abgelegt, und zwar so lange, bis das Dateiende (end-of-file)-Zeichen erreicht ist.

Bezogen auf das Lesen nur einer Zeile aus einer Datei sieht die Struktur wie folgt aus:

```perl
#!/usr/bin/perl -w

$lies = "C:/Eigene Dateien/Perl/daten.txt";
open (DATEI, "< $lies")
or die "Fehler beim Lesen der Datei: $!";
$zeile = <DATEI>;
print "$zeile\n";
close(DATEI) or die "Fehler beim Schließen:$!";
# Schließen mit Fehlermeldung
```

Nachdem die Daten aus der Datei gelesen wurden, folgt die Anweisung Datei schließen.

Datei schließen
Die Anweisung lautet:

```perl
close (DATEI) or die "Fehler beim Schließen: $!";
# Schließen mit Fehlermeldung
```

Zum Schluss wird mit der Funktion close(DATEI) die Datei mit dem angegeben Datei-Handle geschlossen. Diese Funktion kann entfallen, wenn an ihrer Stelle wiederum die Funktion open() verwendet werden soll. In diesem Fall wird durch open() das Datei-Handle geschlossen. Ebenso wie bei open() lässt sich bei close() die Kombination or die einsetzen.

Handelt es sich um einen Text, dessen einzelne Zeilen durch Trennzeichen \n aufgeteilt sind, können die Dateien mit dem Eingabe-Operator <> in einer while-Schleife zeilenweise gelesen werden.

Im folgenden Programm wird bei jedem Schleifendurchlauf jeweils eine Zeile eingelesen und dem Array @array durch die Funktion push() zugewiesen:

```perl
#!/usr/bin/perl -w

$lies= "C:/Eigene Dateien/Perl/daten.txt";
open (DATEI, "< $lies")
or die "Fehler beim Lesen der Datei\n";
while (<DATEI>) {
      chomp;
      push (@array, $_);
}
print "@array\n";                 # Ausgabe der gesamten Zeilen
close (DATEI) or die "Fehler beim Schließen: $!";
```

Im Schleifenkörper werden durch die Funktion chomp() jeweils die letzten Zeichen \n von jeder Zeile abgeschnitten. Mit der Funktion push() wird an das Array @array die jeweilige Zeile angefügt. Nach Beendigung der while-Schleife wird das gesamte Array ausgegeben. Zum Schluss wird sogar überprüft, ob die Schließoperation der Datei erfolgreich war oder nicht. Es ist durchaus sinnvoll, diesen Systemaufruf zu definieren, z. B. könnte bei Netzausfall eine Verbindung zum Gerät ausfallen.

Kürzer lassen sich obige Zeilen in einem weiteren Beispiel schreiben:

```perl
#!/usr/bin/perl -w

$lies = "C:/Eigene Dateien/Perl/daten.txt";
open (DATEI, "< $lies")
or die "Fehler beim Lesen der Datei\n";
@array = <DATEI>;        # Lesen von daten.txt ins Array @array
chomp(@array);           # Entfernen des letzten Zeichen
print "@array\n";        # Ausgabe der gesamten Zeilen
close (DATEI) or die "Fehler beim Schließen: $!";
```

Im obigen Beispiel wird der Eingabe-Operator <> dazu eingesetzt, um Daten aus einer Datei über das Datei-Handle zu lesen und in dem Array @array abzulegen. Der Eingabe-Operator enthält den Namen des entsprechenden Datei-Handles:

```perl
@array = <DATEI>;
```

Im Anschluss werden sämtliche Zeilen (ohne das letzte Zeichen) des Arrays mittels der Funktion print() ausgegeben.

Möchten Sie aus der Datei daten.txt nur bestimmte Zeilen (Muster-Zeilen) auslesen, benötigen Sie dazu ein entsprechendes Muster. Im aufgeführten Beispiel werden alle Zeilen ausgegeben, die das Wort "Perl" enthalten:

```perl
#!/usr/bin/perl -w

$lies= "C:/Eigene Dateien/Perl/daten.txt";
open (DATEI, "< $lies")
or die "Fehler beim Lesen der Datei\n";
while ( <DATEI> ) {            # Lesen der Datei daten.txt
     print if /Perl/;         # Muster Perl
}
close (DATEI) or die "Fehler beim Schließen: $!";
```

Der obige Eingabe-Operator mit Angabe eines Datei-Handles ist nicht mit dem Datei-Handle STDIN zu verwechseln. Wird der Eingabe-Operator ohne STDIN (<> identisch <STDIN>) verwendet, liest er über die Standardeingabe STDIN alle Eingaben, die in der Kommandozeile @ARGV eingegeben werden. Dieses Array wird vom Perl-Interpreter mit den Kommandoargumenten initialisiert. Jedes Kommandoargument ist ein Element dieses Arrays. Anders als `argv` in C/C++ und Unix enthält `@ARGV` nur die Argumente und nicht den Namen des Programms selber (`$ARGV[0]` enthält somit das erste Element, `$ARGV[1]` das zweite Element usw.).

Im folgenden Programm wird von der Kommandozeile `@ARGV` die jeweilige Zeile eingelesen und anschließend wieder ausgegeben, so lange, bis Sie mit der Tastenkombination **STRG-C** das Programm beenden:

```perl
#!/usr/bin/perl -w

while ( <> ) {print ; }
```

9.3   Schreiben (Überschreiben) von Daten in Dateien

Im folgenden Abschnitt wird gezeigt, wie Sie mit dem >-Operator in eine Datei entsprechende Daten schreiben bzw. dort Daten überschreiben können. Dabei wird eine eventuell vorhandene Datei geleert d. h. überschrieben. Wenn eine solche Datei vorher noch nicht existiert hat, wird sie neu erzeugt.

Möchten Sie in eine Datei z. B. `daten.txt` schreiben, erfolgt dies wieder in drei Schritten:

1. Datei öffnen und mit Datei-Handle verbinden
2. Daten in Datei schreiben
3. Datei schließen

Das nachstehende Programm zeigt, wie Daten in die Datei `daten.txt` geschrieben werden:

```perl
#!/usr/bin/perl -w

$schreib = "C:/Eigene Dateien/Perl/daten.txt";
open (DATEI, "> $schreib")
or die "Fehler beim Schreiben der Datei: $!";
@array = qw(ilse udo uwe);
foreach (@array) {# Schreiben auf Datei daten.txt
    print DATEI "$_";
}
close (DATEI) or die "Fehler beim Schließen: $!";
```

Die jeweiligen Schritte werden im Einzelnen erläutert:

Datei öffnen und mit Datei-Handle verbinden
Die Anweisung lautet:

```
$schreib = "C:/Eigene Dateien/Perl/daten.txt";
open (DATEI, "> $schreib")
or die "Fehler beim Schreiben der Datei: $!";
```

Wie beim Lesen aus einer Datei wird auch zum Schreiben in eine Datei mittels der Funktion open() die Datei geöffnet. Der erste Parameter der Funktion gibt wieder das entsprechende Datei-Handle an (DATEI). Der zweite Parameter ist die entsprechende Datei daten.txt, in die geschrieben und die als String oder als Pfad-Variable $schreib angegeben werden kann.

Existiert die Datei nicht, wird sie neu angelegt. Ist sie vorhanden, wird ihr alter Inhalt überschrieben; somit ist nur der aktuelle Inhalt vorhanden.

Es wird die Funktion die() mit der logischen or-Konstruktion eingesetzt, damit das Öffnen der Datei überprüft wird. Scheitert dies, gibt die Funktion die() wieder eine umfassende Fehlermeldung aus und beendet das Programm.

Daten in Datei schreiben
Um die Ausgabe über ein Datei-Handle zu schreiben, können Sie die gleichen Funktionen verwenden, z. B. print(), printf() oder write() (für Ausgabeformate), wie bei der gewöhnlichen Ausgabe von Daten, mit dem Unterschied, dass den Funktionen als erstes Argument das Datei-Handle vorangestellt wird:

```
#!/usr/bin/perl -w

$schreib = "C:/Eigene Dateien/Perl/daten.txt";
open (DATEI, "> $schreib")
or die "Fehler beim Schreiben der Datei: $!";
@array = qw(ilse udo uwe);
foreach (@array) {
        print DATEI " $_ ";      # Inhalt der Datei
}
```

Mit der foreach-Schleife werden aus dem entsprechen Array @array die einzelnen Elemente in die Datei daten.txt geschrieben. Somit enthält die Datei daten.txt (ilse udo uwe).

Einfacher lässt sich der Inhalt des Arrays @array mit folgenden Zeilen in die Datei daten.txt schreiben:

```
#!/usr/bin/perl -w

$schreib = "C:/Eigene Dateien/Perl/daten.txt";
open (DATEI, "> $schreib")
```

```
or die "Fehler beim Schreiben der Datei: $!";
@array = qw(ilse udo uwe);
print DATEI "@array";          # Inhalt der Datei
```

Werden keine Klammern für die Datei-Funktion verwendet, wird das Datei-Handle nicht durch ein Komma vom anderen Argument getrennt.

Datei schließen

Im dritten Schritt wird die Datei mit `close(DATEI)` geschlossen. Auch hier wird beim Scheitern des Schließens eine ausführliche Fehlermeldung ausgegeben:

```
close (DATEI) or die "Fehler beim Schließen: $!";
# Schließen mit Fehlermeldung
```

9.4   Anhängen von Daten an eine Datei

Wollen Sie die Datei nicht mit neuem Inhalt überschreiben, wie im obigen Abschnitt dargestellt, sondern Daten am Ende der Datei anfügen, verwenden Sie beim Öffnen der Datei den Operator >>. Dabei wird eine bereits existierende Datei durch das Anhängen von Daten nicht zerstört. Existiert noch keine Datei, an die etwas angehängt werden soll, wird sie einfach, wie im Falle **Daten in Datei schreiben**, erzeugt.

Auch hier geschieht der Ablauf in drei Schritten:

1. Datei öffnen und mit Datei-Handle verbinden
2. Daten in Datei schreiben
3. Datei schließen

Im folgenden Programm wird in die Datei neu.txt zunächst der Text: „Alles wieder neu" geschrieben. Danach wird der gleiche Text angehängt:

```
#!/usr/bin/perl -w

$schreib = "C:/Eigene Dateien/Perl/neu.txt";
foreach ( 1..2 ) {
    open (DATEI, ">> $schreib")
    or die "Fehler beim Schreiben: $!";
    @array = qw(Alles wieder neu);
    print DATEI "@array\n";              # Alles wieder neu
}                                        # Alles wieder neu
close (DATEI) or die "Fehler beim Schließen: $!";
```

Datei öffnen und mit Datei-Handle verbinden

Der Ablauf ist identisch mit den vorherigen Beispielen. Mit der Funktion open () wird die Datei geöffnet. Der erste Parameter (DATEI) gibt das entsprechende Datei-Handle an, der folgende Parameter die entsprechende Datei – hier neu.txt. Der vorangestellte Operator >> besagt, dass der Inhalt der Datei durch das Anhängen nicht zerstört wird. Da die Datei bisher noch nicht existiert, wird sie zunächst durch Schreiben erzeugt. Anschließend wird sie nochmals aufgerufen und die entsprechenden Daten werden angehängt. Im Fehlerfall wird der entsprechende Fehlerstring ausgegeben.

Zwischen den beiden spitzen Klammern >> darf kein Leerzeichen stehen.

Daten in Datei schreiben

In diesem Beispiel wird bedingt durch die foreach-Schleife die Datei neu.txt beim ersten Mal mit dem Inhalt des Arrays @array beschrieben. Beim zweiten Mal wird der gleiche Inhalt des Arrays an den bestehenden Inhalt angehängt.

Datei schließen

Wenn der Systemaufruf erfolgreich ist, wird die Datei im letzten Schritt mit close(DATEI) wieder geschlossen. Im anderen Fall wird der entsprechende Fehlerstring ausgegeben.

Als Ergebnis steht jetzt durch Schreiben und Anhängen in der Datei neu.txt folgender Inhalt:

```
Alles wieder neu
Alles wieder neu
```

Die folgende Tabelle gibt einen Überblick über mögliche Zugriffsarten.

Tabelle 9.4: Zugriffsarten

Zugriffsart	Bedeutung
open (Datei, "< *dateiname*");	Öffnet *dateiname* zum Lesen
open (Datei, "> *dateiname*");	Öffnet *dateiname* zum Schreiben
open (Datei, ">> *dateiname*");	Öffnet *dateiname* zum Anhängen
open (Datei, "+< *dateiname*");	Öffnet *dateiname* zum Lesen/Schreiben
open (Datei, "+> *dateiname*");	Gleiche Bedeutung wie +<, zuerst wird gelöscht
open (Datei, "+>> *dateiname*");	Öffnet *dateiname* zum Lesen/(Schreiben – nur am Ende möglich)

9.5   Dateitest-Operatoren

In einigen Fällen möchten Sie zum Beispiel die Eigenschaft einer Datei überprüfen, bevor Sie diese öffnen bzw. aufgrund ihrer Eigenschaft entsprechend verarbeiten.

Die Dateitest-Operatoren dienen dazu, verschiedene Eigenschaften einer Datei zu ermitteln, zum Beispiel, ob eine Datei, in die geschrieben werden soll, bereits existiert.

Ebenso gibt es Operatoren, die z. B. die Größe einer Datei feststellen bzw. Informationen über Leserechte oder Schreibrechte von einer Datei bekannt geben.

Die Operatoren bestehen aus verschiedenen Buchstaben, die die angegebene Datei auf eine spezielle Eigenschaft testen.

In folgender Tabelle sind die zur Verfügung stehenden Dateitest-Operatoren aufgelistet.

Tabelle 9.5: Dateitest-Operatoren

Operator	Bedeutung
-r -R	Leserechte (Unix: Effektive/Reale)
-w -W	Schreibrechte (Unix: Effektive/Reale)
-x -X	Ausführungsrechte (Unix: Effektive/Reale)
-o -O	Eigentümer (Unix: Effektive/Reale)
-e -z	Existiert/Größe 0
-s	Größer als 0 Bytes
-f -d	Datei oder Verzeichnis
-l	Unix: symbolischer Link
-S -p -b -c	Unix: Socket/Named Pipe/Block/Char Device
-u -g -k	Unix: Setuid/Setgid/Sticky-Bit gesetzt
-T -B	Text/Binärdatei
-M -C	Tageszahl der letzten Modifikation/Rechteänderung
-A	Tageszahl seit dem letzten Zugriff

An der obigen Datei neu.txt unter dem absoluten Pfad *C:/Eigene Dateien/Perl* werden einige Dateitest-Operatoren zur Überprüfung angewendet:

Der Operator -f überprüft, ob die Datei neu.txt eine Datei ist und es sich hier nicht um ein Verzeichnis, einen Link oder eine Netzwerkverbindung handelt. Da neu.txt als Datei vorhanden ist, liefert die if-Abfrage des -f-Operators den Wahrheitswert true und somit die Ausgabe: "neu.txt ist vorhanden":

```
#!/usr/bin/perl -w

$schreib = "C:/Eigene Dateien/Perl/neu.txt";
if (-f "$schreib") {
      print "neu.txt ist vorhanden\n";
}
```

Der Operator -e hingegen unterscheidet nicht die Art des Eintrags, sondern meldet true, wenn ein Eintrag existiert. Somit würde auch ein Verzeichnis einen wahren Wert liefern.

Mit dem Dateitest-Operator -w können Sie testen, ob in die aufgeführte Datei beschrieben werden kann:

```perl
#!/usr/bin/perl -w

$schreib = "C:/Eigene Dateien/Perl/neu.txt";
if (-w "$schreib") {
     print "neu.txt kann beschrieben werden\n";
}
```

Die if-Abfrage des -w-Operators ergibt einen wahren Wert, was zur Folge hat, dass „neu.txt kann beschrieben werden" ausgegeben wird.

Der -s-Operator sagt Ihnen, wie groß eine Datei ist:

```perl
#!/usr/bin/perl -w

$schreib = "C:/Eigene Dateien/Perl/neu.txt";
$groesse = -s "$schreib";
print "Groesse :$groesse\n";                    # Groesse: 36
```

Statt den Dateitest-Operator -s für die Größe einer Datei einzusetzen, können Sie die gleiche Information durch die aufwendigere stat-Funktion erreichen:

```perl
#!/usr/bin/perl -w

$schreib = "C:/Eigene Dateien/Perl/neu.txt";
$groesse = (stat "$schreib")[7];
print "Groesse: $groesse\n";                    # Groesse: 36
```

Einige Dateitest-Operatoren stehen nicht für alle Plattformen zur Verfügung.

Die Abfragen der Dateitest-Operatoren liefern den Wahrheitswert true oder false zurück. Nur -e, -s, -M und -A liefern andere Werte. Der -e-Test liefert undef zurück, sollte die Datei nicht vorhanden sein. Mit -s erhalten Sie die Anzahl der Bytes der entsprechenden Datei. Die Zeitoperatoren -M und -A liefern als Ergebnis das Alter der letzten Änderung bzw. des letzten Zugriffs zurück.

Die Funktion stat()
stat *dateihandle, ausdruck*

In einigen Fällen ist es notwendig, detaillierte Kenntnisse über Dateien und Verzeichnisse zu ermitteln. Hierzu wird die integrierte Funktion stat() aufgerufen, die alle zugeordneten Informationen liefert.

Sie liefert eine Liste mit 13 Elementen zur Statistik einer Datei zurück. Als Parameter akzeptiert sie entweder einen Pfadnamen, ein Datei-Handle oder kein Argument – ohne Argument vermutet stat(), dass der Pfad in der Spezial-Variable $_ vorhanden ist.

Liste der 13 Elemente zur Statistik:

```
($dev,              # Gerätenummer
$inode,             # I-Node-Nummer
$mode,              # Modus der Datei (Typ und Rechte)
$nlink,             # Links auf der Datei
$uid,               # User-ID
$gid,               # Gruppen-ID
$rdev,              # Geräte-ID (nur bei Gerätedateien)
$size,              # Gesamtgröße der Datei in Bytes
$atime,             # Letzter Lese-Zugriffs der "Epoche"
$mtime,             # Letzte Modifikation der "Epoche"
$ctime,             # Letzte Mode-Änderung der "Epoche"
$blksize,           # Bevorzugte I/O Blockgröße
$blocks)            # Aktuelle Anzahl belegter Blocks
        = stat($name);
```

Für Informationen über die Datei datei.pl mit der Pfad-Variable $dir = "*C:/Eigene Dateien/Perl/datei.pl*" lässt sich die unten aufgeführte stat-Funktion verwenden. Möchten Sie aber Informationen über den Zustand der eigenen Programmdatei gewinnen, verwenden Sie statt der Pfad-Variable $dir die Spezial-Variable $0:

```
#!/usr/bin/perl -w

$dir = "C:/Eigene Dateien/Perl/datei.pl";
@verz = stat("$dir");
print "Information von datei.pl:\n@verz\n";
```

Es erfolgen Informationen der datei.pl:

```
2 0 33206 1 0 0 2 616 1177704608 1173783820 1168373091
```

Dieses Ergebnis ist schwer zu interpretieren. Wünschen Sie eine lesbare Form mit detaillierten Informationen zu der jeweiligen Datei, können Sie den Inhalt der entsprechenden stat-Elemente wie folgt ausgeben (die Elemente $blksize und $blocks sind nicht definiert worden):

```
#!/usr/bin/perl -w

use Date::Calc qw(:all);
$datum = "27. April. 2007";
Language(Decode_Language("Deutsch"));
```

```
print"\nInformationen einer Datei vom:
",Date_to_Text_Long(Decode_Date_EU($datum)),"\n";

$dir = "C:/Eigene Dateien/Perl/datei.pl";
($dev, $inode, $mode, $nlink, $uid, $gid,
$rdev, $size, $atime, $mtime, $ctime)
      = stat ("$dir") or
die "Fehler bei stat() datei.pl: $!";
# Zuweisung der stat-Elemente
$t1 = localtime ($atime);     # Letzter Zugriff auf die Datei
$t2 = localtime ($mtime);     # Letzte Änderung der Datei
$t3 = localtime ($ctime);     # Letzte Mode-Änderung
print <<Ausgabe;
Datei                   \t$dir
Letzter Zugriff    =>\t$t1
Datei-Aenderung    =>\t$t2
Mode-Aenderung     =>\t$t3
Geraete-Nummer     =>\t$dev\tGeraete-ID\t=>\t$rdev
                      \tI-Node-Nr\t=>\t$inode
Type und Rechte    =>\t$mode \tAnzahl Links\t=>\t$nlink
                      \tGroesse \t=>\t$size
Nutzer-Gruppen-Nr =>\t($uid, $gid)
Ausgabe
```

Zunächst wird mit dem Modul **Date::Calc** das aktuelle Datum ausgegeben. Anschließend werden ausführliche Informationen durch die Funktion stat() mittels Here-Dokument ausgegeben. Die folgende Ausgabe bezieht sich auf die Datei datei.pl:

```
Informationen einer Datei vom: Freitag, den 27. April 2007
Datei C:/Eigene Dateien/Perl/datei.pl

Letzter Zugriff    =>    Fri Apr 27 22:10:08 2007
Datei-Aenderung    =>    Tue Mar 13 12:03:40 2007
Mode-Aenderung     =>    Tue Jan  9 21:04:51 2007
Geraete-Nummer     =>    2       Geraete-Id      =>      2
I-Node-Nr          =>    0
Type und Rechte    =>    33206 Anzahl Links      =>      1
Groesse            =>    616
Nutzer-Gruppen-Nr =>    (0, 0)
```

Möchten Sie Einzelergebnisse über eine Datei erfahren, brauchen Sie nur den entsprechenden Index des Elements einzusetzen. Im folgenden Programm wird die entsprechende Größe der Datei datei.pl ausgegeben. Um die **size**-Größe der Datei zu bestimmen, brauchen Sie nur den Index [7] zu verwenden:

```
#!/usr/bin/perl -w

$dir = "C:/Eigene Dateien/Perl/datei.pl";
$groesse = (stat "$dir")[7];
print "Datei-Groesse: $groesse\n";          # Datei-Groesse: 616
```

Mit Listen-Slices lassen sich die jeweiligen Datumsangaben einer Datei ermitteln:

```
#!/usr/bin/perl -w

$dir = "C:/Eigene Dateien/Perl/datei.pl";
($atime, $mtime) = (stat "$dir")[8,9];
$t1 = localtime ($atime);          # Letzter Zugriff
$t2 = localtime ($mtime);          # Datei-Aenderung
print "Letzter Zugriff:\t$t1\nDatei-Aenderung:\t$t2\n";
```

Die Ausgabe ist:

```
Letzter Zugriff:          Fri Apr 27  22:10:08 2007
Datei-Aenderung:          Tue Mar 13  12:03:40 2007
```

9.6   Manipulation von Dateien

Mit Perl können Sie nicht nur Dateien schreiben oder lesen, Sie können sie auch manipulieren. Perl bietet eine Reihe von Funktionen, die Sie vom Betriebssystem her kennen, wie
z. B. Dateien umbenennen, löschen, Zugriffsrechte ändern usw.

Die Funktion rename()
rename *altname, neuname*

Die Funktion rename() ändert den vorhandenen Namen der Datei in einen neuen Namen,
ohne den Inhalt der Datei zu zerstören. Sie gibt den Booleschen Wert true zurück, wenn
die Änderung gelingt, im anderen Fall wird false zurückgegeben. Eine Umbenennung über
Datei-Systemgrenzen hinweg ist mit rename nicht möglich.

Im folgenden Beispiel wird der Pfad *C:/Eigene Dateien/Perl* verwendet. Zunächst wird in
das übergeordnete Verzeichnis *Eigene Dateien* gewechselt. In diesem Verzeichnis wird das
Unter-Verzeichnis *Test* aufgerufen. Im Anschluss daran wird im Verzeichnis *Test* die Datei
alt.pl mit der Funktion rename() in neu.pl umbenannt:

```
#!/usr/bin/perl -w

$verz = "../Test";
rename ("$verz/alt.txt", "$verz/neu.txt")
or die "Fehler beim Oeffnen: $!";
```

Statt über die Variable $verz ins Verzeichnis *Test* zu wechseln, können Sie direkt in das Unter-Verzeichnis *Test* wechseln und dort die Datei alt.txt in neu.txt umändern:

```
#!/usr/bin/perl -w

rename ("../Test/alt.txt", "../Test/neu.txt")
or die "Fehler beim Oeffnen: $!";
```

Des Weiteren können Sie auch den absoluten Pfad angeben, um die Datei umzuändern:

```
#!/usr/bin/perl -w

rename ("C:/Eigene Dateien/Test/alt.txt",
       "C:/Eigene Dateien/Test/neu.txt")
    or die "Fehler beim Oeffnen: $!";
```

Selbstverständlich können Sie auch extern über die Kommandozeile den Namen der Datei ändern. Da der absolute Pfad hierbei *C:/Eigene Dateien/Perl* lautet, müssen Sie mit dem Befehl chdir.. zunächst vom aktuellen Verzeichnis *Perl* auf das übergeordnete Verzeichnis *Eigene Dateien* wechseln. Mit chdir *Test* wechseln Sie zum gewünschten Verzeichnis *Test*. Mit der Funktion rename(*alt.txt, neu.txt*) wird nun die Datei alt.txt in neu.txt geändert, d. h. nur die Datei neu.txt ist vorhanden.

Dieses schrittweise Vorgehen können Sie verkürzen, indem Sie vom Verzeichnis *C:/Eigene Dateien/Perl* einen direkten Wechsel in das Verzeichnis *Test* wie folgt vornehmen:

```
chdir ..\Test        # Sie sind jetzt im Verzeichnis Test
```

Anschließend können Sie mit der Funktion rename(*alt.txt, neu.txt*) eine Änderung des Dateinamens herbeiführen.

Die Funktion copy()
copy *woher, wohin*

Da in Perl kein Kopierbefehl integriert ist, verwenden Sie die Funktion copy() des Standardmoduls **File::Copy**. Das Copy-Modul verlangt zwei Parameter: Die Datei, aus der kopiert, und die Datei, in die kopiert werden soll.

Im folgenden Beispiel soll die vorhandene Datei neu.txt aus dem Verzeichnis *C:/Eigene Dateien/Test* in eine Datei neuer.txt kopiert werden:

```
#!/usr/bin/perl -w

use File::Copy;
copy ("../Test/neu.txt", "../Test/neuer.txt")
or die "Datei kann nicht kopiert werden: $!";
```

Im Verzeichnis *Test* sind jetzt die Dateien neu.txt und auch neuer.txt vorhanden.

Die Funktion move()
move *altname, neuname*

Statt der Funktion rename() können Sie auch die Funktion move() des **Modul::Copy** verwenden. Die Funktion move() funktioniert auch über Datei-Systemgrenzen hinweg:

```
#!/usr/bin/perl -w

use File::Copy;
move ("../Test/neuer.txt", "../Test/neuer.bak")
or die "Fehler beim Verschieben: $!";
```

Nach diesen Beispielen sind die Dateien neu.txt und neuer.bak übrig geblieben.

Die Funktion compare()
compare *datei1, datei2*

Zum Vergleich zweier Dateien können Sie die Funktion compare() des Standardmoduls **File::Compare** benutzen. Mit der Funktion compare() wird überprüft, ob in den obigen Beispielen die Dateien neu.txt und neuer.bak gleiche Byte-Größen besitzen:

```
#!/usr/bin/perl -w

use File::Compare;
if (compare ("../Test/neu.txt", "../Test/neuer.bak") == 0) {
    print "Beide Dateien sind identisch!\n";
}
else {
    print "Beide Dateien sind nicht identisch!\n";
}
```

Da beide Dateien neu.txt und neuer.bak identisch sind, erfolgt auch bei der if-Abfrage die Ausgabe:

```
Beide Dateien sind identisch!
```

Die Funktion `unlink()`
`unlink` *liste*

Mit der Funktion `unlink()` (benannt nach dem POSIX-Systemaufruf) wird der entsprechende Name der Datei aus dem Verzeichnis entfernt, d. h. die Verbindung zwischen dem entsprechenden Datei-Namen und der physischen Datei aufgehoben. Die Verwendung von `delete()` auf Dateien ist nicht möglich; sie bezieht sich auf Schlüssel-Wert-Paare eines Hashs.

Im Folgenden wird, da keine Liste angegeben ist, zunächst die Datei `neu.txt` unter *C:/Eigene Dateien/Test* gelöscht:

```
#!/usr/bin/perl -w

unlink ("../Test/neu.txt")
or die "Datei kann nicht geloescht werden: $!";
```

Es wird wieder der relative Pfad angegeben, damit die Datei `neu.txt` gelöscht werden kann. Natürlich können Sie auch den absoluten Pfad einsetzen.

Außerdem bietet die Funktion `unlink()` noch einen weiteren Vorteil: Mit ihr können Sie auch eine Liste von Dateien löschen. Sie müssen die Dateien im Klartext angeben. Um z. B. vom Standard-Verzeichnis *C:/Eigene Dateien/Perl* zum Verzeichnis *Test* zu wechseln und dort sämtliche Dateien mit Wildcard `*.txt` zu löschen, verwenden Sie den Datei-Globbing-Operator:

```
#!/usr/bin/perl -w

unlink (<../Test/*.txt>)
or die "Dateien können nicht geloescht werden: $!";
```

Unter dem Verzeichnis *Test* sind jetzt keine Dateien mit der Endung `.txt` mehr vorhanden.

9.7   Zugriff auf Verzeichnisse

Möchten Sie nun statt Dateien Verzeichnisse (Directories, Ordner) bearbeiten, sind selbstverständlich in Perl entsprechende Funktionen vorhanden. Sie können z. B. das aktuelle Verzeichnis ermitteln oder vom aktuellen Verzeichnis in ein anderes wechseln bzw. Inhalte auswerten und auflisten, bis hin zum Erstellen oder Löschen von Verzeichnissen.

Die Verzeichnisse enthalten entsprechende Dateinamen, die durch Größe, Schutzrechte, Eigentümer- und Gruppeninformationen usw. gekennzeichnet sind.

Soll ein Verzeichnis bearbeitet werden, wird statt eines Datei-Handles jetzt ein Verzeichnis-Handle verwendet. Diese Handles beziehen sich ausschließlich auf Verzeichnisse. Das bedeutet auch, dass Datei- und Verzeichnis-Handles unterschiedlich sind. Sie können z. B. den Eingabe-Operator `<>` nicht zum Lesen eines Verzeichnisses einsetzen.

Das Öffnen bzw. das Schließen einer Datei wird mit den Funktionen open() und clo-se() realisiert. Für das Öffnen bzw. Schließen eines Verzeichnisses werden in ähnlicher Weise die Funktionen opendir() und closedir() verwendet.

So besitzt z. B. die Syntax der Funktion opendir(*verzhandle, verz*) ähnlich wie die Funktion open(*dateihandle, dateiname*) zwei Argumente, nämlich ein Verzeichnis-Handle und den Namen des Verzeichnisses. Mit dieser Funktion opendir() wird das entsprechende Verzeichnis geöffnet und kann z. B. mit readdir, telldir, seekdir und mit re-winddir bearbeitet werden. Mit folgenden Funktionen können entsprechende Aktionen erzielt werden:

- opendir: Öffnet das Verzeichnis

- readdir: Liest die Verzeichniseinträge mit einem Verzeichnis-Handle

- telldir: Liefert die aktuelle Position des Verzeichnisses

- seekdir: Springt an eine beliebige Stelle innerhalb des Verzeichnisses

- rewinddir: Positioniert auf den Anfang des Verzeichnisses

- closedir: Schließt das Verzeichnis

Auch hier gilt beim Lesen eines Verzeichnisses wieder die gleiche Reihenfolge wie bei der Datei:

1.   Verzeichnis öffnen und mit Verzeichnis-Handle verbinden
2.   Daten aus dem Verzeichnis bearbeiten
3.   Verzeichnis schließen

Wird aus einem Verzeichnis *C:/Eigene Dateien/Perl* der entsprechende Inhalt gelesen, benötigen Sie zum Öffnen des Verzeichnisses opendir, zum Lesen des Inhalts readdir und zum Schließen closedir. Sie erhalten als Inhalt alle Dateien des Verzeichnisses, einschließlich der Dateien, die mit einem Punkt „." und mit zwei Punkten beginnen „..". Die Punkte kennzeichnen das aktuelle Verzeichnis "." sowie das übergeordnete Verzeichnis „..".

Wollen Sie Dateien von beliebigen Verzeichnissen auslesen, ist nur der entsprechende Pfad mit der Pfad-Variable anzugeben. Die verschiedenen Optionen wie beim Datei-Handle gibt es dabei nicht.

Verzeichnis öffnen und mit Verzeichnis-Handle verbinden
Das Öffnen erfolgt ähnlich wie bei einer normalen Datei. Der erste Parameter ist ein Verzeichnis-Handle. Da Datei-Handles ebenso wie Verzeichnis-Handles paketorientierte Konstrukte besitzen, gelten für beide die gleichen Regeln. So werden auch hier die Namen in Großbuchstaben geschrieben. Verzeichnis-Handles besitzen ihren eigenen Namensraum, d. h. Sie können den gleichen Namen für ein Verzeichnis-Handle auch für ein Datei-Handle verwenden, ohne dass es zu Konflikten führt.

Der zweite Parameter von opendir ist das Verzeichnis; er gibt den Pfadnamen des entsprechenden Verzeichnisses an. Wenn kein absoluter Pfad angegeben wird, wird das aktuelle Verzeichnis eingesetzt, das z. B. mit der Funktion chdir() (change directory) geändert werden kann.

Im Fehlerfall liefert opendir als Wert undef zurück. Mit der Spezial-Variable $! kann der Fehlergrund ermittelt werden.

Daten aus einem Verzeichnis bearbeiten

Nachdem das Verzeichnis mit der Funktion opendir() erfolgreich geöffnet wurde, kann es bearbeitet werden. Durch die Funktion readdir() wird jeweils der nächste Eintrag des Verzeichnisses zurückgeliefert bzw. undef, wenn das Ende des Verzeichnisses erreicht ist. Im skalaren Kontext liefert readdir einen einzelnen Dateinamen, im Listenkontext die ganze Liste der Dateinamen. Hierbei ist zu beachten, dass readdir keine automatische Zuweisung an die Spezial-Variable $_ vornimmt.

Verzeichnis schließen

Wird ein Verzeichnis-Handle nicht mehr benötigt, wird es automatisch bei Programmende zurückgegeben. Ähnlich wie bei Dateien kann mit closedir das Verzeichnis geschlossen werden.

Im folgenden Programm können die Inhalte (Einträge, Unterverzeichnisse) des aktuellen Verzeichnisses (hier ist es *Perl*) aufgelistet werden:

```perl
#!/usr/bin/perl -w

$dir = "C:/Eigene Dateien/Perl";          # Verzeichnis Perl
opendir (DIR, "$dir") or die "Fehler beim Oeffnen: $! ";
while (defined ($inhalt = readdir DIR)) {
        next if $inhalt eq '.';           # Eliminieren von "."
        next if $inhalt eq '..';          # Eliminieren von ".."
        $i++;                             # Einträge zählen
        print "$i.-te Eintrag\t$inhalt
        \t mit Return geht's weiter\n";
        <>;                               # Eingabe z. B. Return
}
closedir (DIR) or die "Fehler beim Schließen: $!";
```

Zunächst wird mit opendir das aktuelle Verzeichnis *Perl* geöffnet. Sollte es nicht zu öffnen sein, erfolgt eine Fehlermeldung.

Im Skalarkontext gibt readdir den nächsten Verzeichniseintrag zurück, wenn dieser definiert ist. Ist kein weiterer Eintrag mehr vorhanden, wird undef zurückgeliefert und die while-Schleife beendet.

Im Bedingungteil der while-Schleife liest readdir(DIR) jeweils die definierten Verzeichniseinträge mit dem Verzeichnis-Handle, das mit opendir geöffnet wird. Mit der Funktion defined() wird der Inhalt $inhalt getestet, und zwar nicht nur auf true, sondern auch darauf, ob der jeweilige Inhalt überhaupt definiert ist.

Im Anschluss werden die speziellen Verzeichniseinträge „." (Link auf das aktuelle Verzeichnis) und „.." (Link auf das übergeordnete Verzeichnis) durch die next-Funktionen eliminiert.

Der Zähler $i, der die Einträge zählt, wird um den Wert 1 erhöht. Anschließend wird durch die print-Funktion der Zählerstand der Variable $i und der Name des entsprechenden Verzeichniseintrags $inhalt ausgegeben. Nach dem zweiten Tabulatorzeichen \t erfolgt noch die Angabe, wie Sie zum nächsten Eintrag kommen, nämlich mittels Return (ENTER). Das abschließende New-Line-Zeichen \n bewirkt in der Ausgabe einen Zeilenvorschub.

Die nächste Programmzeile enthält einen alleinstehenden Eingabe-Operator <>, der aber keiner Variable zugewiesen wird. Diese STDIN-Eingabe ist eine Dummy- bzw. eine Abfall-Eingabe (garbage). An dieser Stelle hält das Programm an und wartet auf eine Eingabe in der Kommandozeile @ARGV. Erfolgt diese, wird das Programm fortgesetzt. Auch mit Return (erscheint nicht auf dem Bildschirm) wird das Programm fortgesetzt.

Ist ein weiterer Eintrag im Verzeichnis vorhanden, wird dieser wieder im Bedingungteil der while-Schleife der Variable $inhalt zugewiesen und das Programm läuft wieder wie oben beschrieben ab. Ist kein Eintrag mehr vorhanden, erhält die Variable $inhalt den Wert undef. Die Auswertung des Bedingungteils ist somit false, was eine Beendigung der while-Schleife bedeutet.

In der letzten Zeile des Programms wird mit der Funktion closedir(DIR) das entsprechende Verzeichnis geschlossen; ist dies nicht möglich, wird eine Fehlermeldung ausgegeben.

Im obigen Programm wird nicht unterschieden, ob es sich um ein Verzeichnis oder um eine Datei handelt.

Dies wird im folgenden Beispiel untersucht. Sowohl die vorhandenen Verzeichnisse als auch die vorhandenen Dateien werden in sortierter Reihenfolge ausgegeben. Da bei readdir die zurückgegebenen Verzeichniseinträge (bestehend aus Dateien, Verzeichnissen und sonstigen Einträgen) implementierungsabhängig sind, ist es sinnvoll eine Sortierung für die Ausgabe vorzunehmen:

```perl
#!/usr/bin/perl -w

$dir = "C:/Eigene Dateien/Perl";
opendir (DIR, "$dir") or die "Fehler beim Oeffnen: $! ";
foreach (readdir (DIR)) {
    next if $_ eq '.';              # Eliminieren von "."
    next if $_ eq '..';            # Eliminieren von ".."
    push (@verz, $_)  if -d  "$dir/$_";       # Verzeichnis?
    push (@datei, $_)  if -f  "$dir/$_";       # Eine Datei?
}
```

```
closedir (DIR) or die "Fehler beim Schließen: $!";
print "\nDirectories:\n";
foreach (sort @verz) {print " $_ \n";}
# Sortierte Verzeichnisse
print "\nDateien:\n";
foreach (sort @datei) {print " $_ \n";}
# Sortierte Dateien
```

Mit opendir wird zunächst das entsprechende Verzeichnis geöffnet. Möchten Sie ein anderes Verzeichnis untersuchen, geben Sie den entsprechenden Pfad in der Pfad-Variable $dir an. Mit readdir(DIR) werden durch die foreach-Schleife die jeweiligen Einträge dahingehend ausgewertet, ob es sich um Verzeichnisse bzw. um Dateien handelt. Durch die next-Funktion wird das aktuelle Verzeichnis „." bzw. das übergeordnete Verzeichnis „.." übersprungen.

Die Dateitest-Operatoren prüfen dann, ob es sich um ein Verzeichnis (if -d) oder um eine Datei (if -f) handelt. Das entsprechende Ergebnis wird mittels der push-Funktion in die Array-Variable @verz bzw. @datei eingetragen. Das Verzeichnis $dir mit der Spezial-Variable $_ (entsprechender Inhalt vom Verzeichnis) muss in Hochkommas gesetzt werden, da die von readdir zurückgegebenen Namen nicht den Verzeichnisnamen selbst enthalten. Möchten Sie den von readdir zurückgegebenen Namen bearbeiten, müssen Sie in das gewünschte Verzeichnis wechseln oder das Verzeichnis vor die jeweilige Variable in Hochkommas stellen.

Für die Auswahl von Text-Dateien kann auch der Datei-Operator -T, verwendet werden.

Danach wird mit closedir(DIR) das entsprechende Verzeichnis geschlossen. In den folgenden Zeilen werden über die foreach-Schleife die sortierten Verzeichnisse @verz bzw. die sortierten Dateien @datei ausgegeben.

Es ist zu berücksichtigen, dass die sort-Anweisung die sortierte Liste nach folgenden Regeln ausgibt:

- Sonderzeichen vor Zahlen,
- Zahlen aufsteigend von 0 bis 9 nach ihren einzelnen Ziffern und nicht nach Wertigkeit der gesamten Zahl,
- Zahlen vor Buchstaben,
- Großbuchstaben vor Kleinbuchstaben,
- Sonderbuchstaben.

Das obige Programm lässt sich wesentlich kürzer schreiben. Um die Einträge des aktuellen Verzeichnisses „." zu erhalten, setzen Sie statt der push-Funktion die grep-Funktion ein. Diese arbeitet jedes Element der Liste ab, wobei der Ausdruck auf seinen Wahrheitsgehalt in Bezug auf das jeweilige Element überprüft wird.

Die Ausgabe des Inhalts bezieht sich auf das aktuelle Verzeichnis *Perl*, demzufolge wird „.“
verwendet:

```perl
#!/usr/bin/perl -w

opendir (DIR, ".") or die "Fehler beim Oeffnen: $! ";
@array = readdir (DIR);
@verz = grep  -d, @array;      # Überprüfen auf Verzeichnisse
@datei = grep -T, @array;      # Überprüfen auf Text-Datei
closedir (DIR) or die "Fehler beim Schließen: $!";
print "\nDirectories:\n";
foreach (sort @verz) {print " $_ \n";}
# Sortiertes Verzeichnis
print "\nDateien:\n";
foreach (sort @datei) {print " $_ \n";}
# Sortierte Dateien
```

Mit der grep-Funktion wird überprüft, ob die einzelnen Elemente Verzeichnisse -d bzw.
Text-Dateien -T sind. Die Ergebnisse werden den Array-Variablen @verz bzw. @datei
zugewiesen.

In einem weiteren Beispiel wird überprüft, ob ein beliebiges Verzeichnis (z. B. *Test*) Verzeichnisse oder Dateien enthält. Der absolute Pfad ist wieder *C:/Eigene Dateien/Perl* und das
zu prüfende Verzeichnis *Test* steht im Verzeichnis *Eigene Dateien*. Der Inhalt des Verzeichnisses *Test* wird in den folgenden Programmzeilen auf entsprechende Verzeichnisse -d bzw.
auf Text-Dateien -T überprüft und diese werden im Anschluss sortiert ausgegeben. Zum
Eliminieren des aktuellen Verzeichnisses „.“ bzw. des übergeordneten Verzeichnisses „..“
wird ein regulärer Ausdruck eingesetzt:

```perl
#!/usr/bin/perl -w

$dir = "../Test";              # Wechseln zum Verzeichnis Test
opendir (DIR, "$dir") or die "Fehler beim Oeffnen: $! ";
@array = readdir (DIR);        # Eintrag lesen
@array = grep !/^\.\.?$/, @array;
# Eliminieren von "." und ".."
@verz = grep -d   "$dir/$_", @array;
# Überprüfen auf Verzeichnisse
@datei = grep -T  "$dir/$_", @array;
# Überprüfen auf Text-Dateien
closedir (DIR) or die "Fehler beim Schließen. $!";
print "\nDirectories:\n";
foreach (sort @verz) {print " $_ \n";}
# Sortiertes Verzeichnis
print "\nDateien:\n";
foreach (sort @datei) {print " $_ \n";}
# Sortierte Dateien
```

Zum Testen sind wieder die Dateitest-Operatoren verwendet worden. Diese liefern jeweils true, wenn es sich um ein Verzeichnis bzw. um eine Text-Datei handelt.

In diesem Programm muss beim Prüfen mit -d und -T der entsprechende Pfadname (wie weiter oben erläutert) mit angegeben werden. Da durch opendir das relative Arbeitsverzeichnis *Test* geöffnet wird, muss auch beim Prüfen mit -d und -T das gleiche relative $dir-Verzeichnis angesprochen werden.

Die Funktion rewinddir()
rewinddir *verzhandle*

Mit der Funktion rewinddir() wird der Verzeichniszeiger wieder auf den Anfang zurückgesetzt. Beim Einsatz dieser Funktion können Sie sich ein erneutes Schließen und Öffnen sparen:

```perl
#!/usr/bin/perl -w

$i = 0;
opendir (DIR, ".") or die "Fehler beim Oeffnen: $! ";
foreach ( 1..2 ) {
     print "\nVerzeichnisanfang:\n\n";   # Verzeichnisanfang
     foreach (sort readdir(DIR)) {       # Eintrag lesen
          next if $_ eq '.';        # Eliminieren von "."
          next if $_ eq '..';       # Eliminieren von ".."
          print " $_ \n";
          last if $i >= 4;
          $i++;
     }
     $i = 0;
     rewinddir (DIR);
}
closedir (DIR) or die "Fehler beim Schließen: $!";
```

Zunächst beginnt das Öffnen des Verzeichnisses, anschließend der zweimalige Durchlauf der foreach-Schleife jeweils mit der Ausgabe:

```
Verzeichnisanfang
```

Im Anschluss werden mit der inneren foreach-Schleife die sortierten Einträge behandelt. Wie bereits erwähnt, liegen die Einträge nicht in einer sortierten Form vor. Die Funktion readdir() liefert im Listenkontext eine Liste zurück. Die anschließende Funktion sort() sortiert die Liste und liefert den sortierten Listenwert zurück. Bei der foreach-Schleife wird die voreingestellte Spezial-Variable $_ verwendet (da keine andere definiert worden ist). Danach werden das aktuelle und das übergeordnete Verzeichnis eliminiert.

Es werden insgesamt fünf sortierte Einträge ausgegeben, bevor durch den `last`-Operator die Schleife verlassen wird.

Mit `rewinddir` wird die aktuelle Position des Verzeichnisses auf den Anfang im Verzeichnis-Handle `DIR` zurückgestellt.

Es beginnt nun der zweite Durchlauf. Dieser behandelt bis auf `rewinddir` die gleichen Aussagen.

Da nach zwei Durchläufen die `foreach`-Schleife beendet ist, wird mit `closedir` das Verzeichnis geschlossen.

9.8   Manipulation von Verzeichnissen

Es lassen sich in Perl die bekannten Funktionen zum Erzeugen eines Verzeichnisses mit `mkdir()` (make directory) oder zum Löschen des Verzeichnisses mit `rmdir()` (remove directory) verwenden. Im Folgenden werden außer diesen beiden noch weitere Funktionen dargestellt.

Die Funktion `mkdir()`
`mkdir` *verzname, modus*

Verzeichnisse lassen sich ebenso einfach erstellen wie neue Dateien. Mit `mkdir` *verzname* wird ein neues Verzeichnis im aktuellen Verzeichnis erzeugt. Soll das Verzeichnis woanders angelegt werden, brauchen Sie nur den entsprechenden Pfad anzugegeben.

Zusätzlich zum Verzeichnisnamen wird mit dem zweiten Parameter *modus* der Code für die entsprechenden Rechte festgelegt. Unter Windows ist dieser Code nicht von Bedeutung. Unter Unix werden die Dateiattribute (mit dem Befehl `ls`) mit den entsprechenden Zugriffsrechten in einer vierstelligen Zahl angegeben. Jede Zahl ist ein Dreier-Block mit den Attributen r (lesen), w (schreiben) und x (ausführen). Dieser Dreier-Block ist für drei Userbereiche gedacht. Diese Bereiche lauten:

user, group, all

Die erste Stelle mit dem Wert 0 zählt nicht zu den Dateiattributen, sondern zum Verzeichnis. Die zweite Stelle im Dreier-Block gilt den Rechten für den **user** (Besitzer der Datei). Der nächste Dreier-Block gilt für die Gruppe **group**. Die letzten Attribute gelten schließlich für den Bereich Rest der Welt **all**.

Zur Ermittlung des Zahlenwertes werden die Zugriffsrechte (r, w, x) als Stellen einer Zahl im Binärsystem mit folgenden Kombinationen interpretiert:

Tabelle 9.8: Zugriffsrechte

Zugriffsrechte	Zahl
rwx	7
rw-	6
r-x	5
r--	4
-wx	3
-w-	2
--x	1
---	0

Um den Modus als vierstelligen Zahlenwert mit entsprechenden Rechten darzustellen, verwenden Sie folgenden Code: -rwxr--r--. Dieser entspricht dem Zahlenwert: 0744.

Ein neues Verzeichnis mit entsprechendem Modus lässt sich nun wie folgt erstellen:

```
#!/usr/bin/perl -w

$verzeichnis = "verzneu";
mkdir ($verzeichnis, 0744)
or warn "Fehler beim Erstellen: $!\n";
print "Neues Verzeichnis: $verzeichnis\n";
```

In diesem Beispiel wird ein neues Verzeichnis im aktuellen Verzeichnis mit den Zugriffsrechten 0744 erzeugt. Bei einem Fehler werden der Warn-String Fehler beim Erstellen und der genaue Fehlercode durch $! ausgegeben.

Ebenso können Sie auch unter dem Verzeichnis *Test* ein Verzeichnis mit gleichem Namen anlegen:

```
#!/usr/bin/perl -w

mkdir "../Test/verzneu",1
```

Mit dem Parameter *modus* werden die entsprechenden Zugriffsrechte auf das Verzeichnis festgelegt (für Unix-Systeme relevant). Bei Win32-Perl reicht eine 1 als Modus.

Die Funktion rmdir()
rmdir *name*

Mit remove-directory *name* wird das im obigen Programm angelegte Verzeichnis *verzneu* entfernt. Damit es gelöscht werden kann, muss das Verzeichnis leer sein. Fehlt *name*, wird die Funktion von der Spezial-Variable $_ bearbeitet:

```
#!/usr/bin/perl -w

rmdir "verzneu";
```

Ebenso einfach ist es, im Verzeichnis *Test* das angelegte Verzeichnis z. B. *verzneu* zu löschen:

```
#!/usr/bin/perl -w

rmdir "../Test/verzneu";
```

Die Funktion glob()
glob *ausdruck*

Eine weitere Möglichkeit, den Inhalt eines Verzeichnisses aufzulisten, bietet die Funktion glob(). Sie erlaubt es, eine Liste von Dateien aus einem Verzeichnis nach einem bestimmten Muster zu behandeln. Hierzu stehen das Schlüsselwort glob sowie der <> Fileglob-Operator zur Verfügung. Dieser Operator ist nicht mit dem Eingabe-Operator zu verwechseln.

Die Funktion glob() darf auch nicht mit Typeglob verwechselt werden. Sie arbeitet genau wie ein Shell-Kommando und enthält als Parameter nur das gewünschte Suchmuster, z. B. *, das in Anführungszeichen gesetzt wird. Die Funktion glob() übernimmt das Öffnen und Schließen des Verzeichnisses.

Im folgenden Programm werden alle Text-Dateien im aktuellen Verzeichnis sortiert in Großbuchstaben ausgegeben:

```
#!/usr/bin/perl -w

chdir (".") or die "Fehler bei chdir ";
foreach (sort glob "*") {
        # Sortiert in Großbuchstaben
        print uc $_,"\n", if -T $_;
}
# Ausgabe von Text-Dateien
```

In einem weiteren Programm werden im entsprechenden Verzeichnis alle Dateien mit der Endung .pl gesucht, wobei Wildcard Stern * als beliebiges Zeichen betrachtet wird.

Des Weiteren wird im Programm die Funktion chdir() eingesetzt.

Im Beispiel wird mittels chdir vom aktuellen Verzeichnis *C:/Eigene Dateien/Perl* zunächst in ein übergeordnetes Verzeichnis *Eigene Dateien* gewechselt, und von dort in das Verzeichnis *Test* (relativer Pfad). In diesem Verzeichnis werden alle Dateien mit der Endung .pl sortiert in Großbuchstaben ausgegeben:

```
#!/usr/bin/perl -w

chdir "../Test" or die "Fehler bei chdir \n";
# Wechsel ins Verzeichnis Test
@array = glob  "*.pl";
# Suchen in Test nach *.pl
@array = grep -T, @array;              # Text-Dateien
foreach (sort @array) {print uc $_, "\n";}
# Sortierte Text-Dateien
```

Die entsprechenden pl-Dateien mit Pfadnamen können Sie in der Ausgabe mit dem Such-muster *.pl erhalten:

```
#!/usr/bin/perl -w

@array = glob "../Test/*.pl";        # *.pl-Dateien
@array = grep -T, @array;
foreach (sort @array) {print uc $_, "\n";}
# Sortierte Text-Dateien
```

Neben der Funktion glob() besteht eine weitere Möglichkeit, nämlich die Verwendung des <> Fileglob-Operators (kein Eingabe-Operator). Möchten Sie wie im obigen Beispiel die Text-Einträge mit der Endung .pl sortiert in Großbuchstaben aus dem Verzeichnis *Test* auswerten, können Sie folgende Zeilen verwenden:

```
#!/usr/bin/perl -w

chdir "../Test" or die "Fehler bei chdir \n";
# Wechsel ins Verzeichnis Test
@array = <*.pl>;                      # Fileglob-Operator für *.pl
@array = grep -T, @array;
foreach (sort @array) {print uc $_, " \n";}
# Sortierte Text-Dateien
```

Natürlich können Sie die sortierten Dateien auch mit Pfadnamen ausgeben:

```
#!/usr/bin/perl -w

@array = <../Test/*.pl>;                          # *.pl-Dateien
@array = grep -T, @array;
foreach (sort @array) {print uc $_, "\n";}        # sort. Dateien
```

10   Reguläre Ausdrücke

Eine der großen Stärken von Perl sind die regulären Ausdrücke. Wenn Sie sich mit der The-matik von Modellen wie endliche Automaten (Sichtweise Sprachverarbeitung) befasst haben, ob nun deterministische oder nichtdeterministische Automaten, dann sind Sie auch mit der Problematik von Definition, Erkennung und Verwendung von Mustern vertraut, die sich durch sogenannte formale Sprachen beschreiben lassen. Reguläre Ausdrücke lassen sich durch eine Klasse der formalen Sprachen (die sogenannten einseitig linearen oder regulären Sprachen) charakterisieren.

Ein regulärer Ausdruck ist seiner Form nach entweder ein **DFA** (Deterministischer Finiter Automat) – textgesteuert – oder ein **NFA** (Nicht Deterministischer Finiter Automat) – regex-gesteuert (regex = regular expressions).

Beim textgesteuerten **DFA** wird nur dann ein Fortschreiten von Zeichen im String erreicht, wenn eine Übereinstimmung und somit ein Treffer mit dem regulären Ausdruck vorliegt. Nach jedem Fortschreiten der Zeichen wird eine Liste der möglichen Treffer neu formuliert. Dieses bewirkt, dass der Automat beispielsweise bei vorliegenden Alternativen weiß, welche Alternativen bezüglich Treffer nicht mehr in Frage kommen. Je mehr Zeichen ein String hat, um so mehr werden ausgesondert, bis eine passende Alternative vorliegt.

Der **DFA**-Automat wird von jedem Zeichen des Strings gesteuert und gilt somit als textge-steuert.

Reguläre Ausdrücke in Perl basieren auf **NFA**. Beim **NFA**-Automaten wird jedes Element des regulären Ausdrucks auf Übereinstimmung mit dem Ziel-String (Element für Element) überprüft. Beim Überprüfen von Alternativen wird das Prinzip des Backtracking praktiziert: Wie im Irrgarten wird, wenn es nicht mehr weitergeht, entsprechend zurückgegangen und eine neue Alternative ausprobiert. Der **NFA**-Automat weiß, wohin er zurückkehren muss, um eine neue Alternative auszuprobieren, bis ein Treffer gefunden wird. Somit wird der Automat vom Regex kontrolliert. Durch dieses Vorgehen erlaubt Perl – wie in diesem Kapi-tel noch beschrieben wird – z. B. numerische Rückbezüge.

Eine weitere Variante von regulären Ausdrücken ist der **POSIX-NFA**. Dieser entspricht dem **POSIX**-Standard, d. h. dem **P**ortable **O**pen **S**ystem **I**nterface for UNIX. Somit können Sie z. B. die Zeichenklasse für Kleinbuchstaben [:lower:] auch in **POSIX**-Schreibweise verwenden.

Perl bietet als Erweiterung die Assertionsmechanismen (lookahead-, lookbehind-assertions) an. Sie können damit vorhersehen (lookahead), ob ein String passen könnte. Diese Muster werden mit einem ? eingeleitet, dem dann ein Zeichen folgt, das die Art der Assertion fest-legt (positive oder negative Assertion, Assertion ohne Speicherung usw.).

In der Folge werden praktische Beispiele mit regulären Ausrücken behandelt, mit denen ein Text nach Wörtern, Textpassagen oder Zeichenmustern durchsucht weden kann. Mit diesen regulären Ausdrücken können Sie Ihre Perl-Programme schneller, kürzer, einfacher und somit wesentlich effektiver schreiben.

10.1 Pattern Matching

In Perl steht ein regulärer Ausdruck als String-Muster z. B. zwischen zwei Slashes (Schräg-strichen). Das Muster des regulären Ausdrucks besteht aus einzelnen Elementen, die Zeichen aus dem Perl-Zeichenvorrat sind. Zeichen, die keine andere Bedeutung haben, als sich selbst darzustellen, sind literale Zeichen. Somit sind alle Buchstaben und Ziffern, sofern sie in einem regulären Ausdruck auftreten, literale Zeichen.

Der Matching-Operator, auch als Musterbindungs-Operator (pattern binding operator) be-zeichnet, wird durch die Zeichenfolge =~ (Gleichheitszeichen mit Tilde) dargestellt. Es handelt sich hierbei nicht um einen Zuweisungs-Operator, sondern der Ausdruck ist in Ver-bindung mit der Tilde als eine Operation auf die davor stehende Variable zu verstehen. Somit analysiert der Matching-Operator, ob z. B. eine literale Zeichenfolge eines Musters auf der rechten Seite der eines Zielstrings auf der linken Seite entspricht:

```perl
$string =~ /Katze/;
```

Die Frage lautet: Stimmt das Muster "Katze" des regulären Ausdrucks mit dem Zielstring $string oder mit einem Teil davon überein? Das Ergebnis im Booleschen Kontext ist entweder true oder false.

Beim obigen Ausdruck liefert der Matching-Operator true, falls das Muster oder der regu-läre Ausdruck "Katze" im Zielstring $string enthalten ist. Dabei kann der Zielstring eine Variable, ein String oder ein beliebiger Ausdruck sein.

Die Anwendung des regulären Ausdrucks "Katze" auf eine Variable $string könnte wie folgt aussehen:

```perl
#!/usr/bin/perl -w

$string = "ABC die Katze lief im Schnee";
print "Das Ergebnis ist true.\n"
if $string =~ /Katze/ or die "Fehler\n";
```

Das Ergebnis muss – da die Buchstabenfolge `"Katze"` im Zielstring vorhanden ist – folgerichtig `true` lauten:

```
Das Ergebnis ist true.
```

Der reguläre Ausdruck mit dem Muster `"Katze"` testet alle seine einzelnen Zeichen auf Übereinstimmung im Zielstring. Zunächst wird das Anfangs-Zeichen des Zielstrings, das `"A"`, mit dem Anfangsbuchstaben `"K"` aus dem Muster verglichen. Da keine Übereinstimmung vorhanden ist, wird die nächste Zeigerposition des Zielstrings – der Buchstabe `"B"` – bereitgestellt und wieder mit dem Anfangsbuchstaben `"K"` aus dem Muster verglichen. Hier ist auch keine Übereinstimmung vorhanden, somit wird die nächste Zeigerposition - der Buchstabe `"C"` – bereitgestellt. Auch hier schlägt der Versuch mit dem Anfangsbuchstaben `"K"` des Musters fehl. Dies geschieht so lange, bis die Zeigerposition den Buchstaben `"K"` aus dem Zielstring bereitstellt. Hier ist eine Übereinstimmung mit dem Anfangsbuchstaben `"K"` aus dem Muster vorhanden. Es folgt die nächste Zeigerposition des Zielstrings, die den Buchstaben `"a"` liefert und jetzt mit dem nächsten Element – Buchstabe `"a"` – aus dem Muster verglichen wird und so fort. Auch die folgenden drei Zeichen (Buchstabe `"t"`, `"z"`, und `"e"`) des Zielstrings stimmen mit den Buchstaben des Musters überein. Sie sind somit deckungsgleich. Da Muster und ein Teilstring des Zielstrings übereinstimmen, ist der Wahrheitswert `true`.

Solche Such-Wort-Regex-Beispiele sind die einfachste Form für endliche Automaten. Es gibt wesentlich kompliziertere Formen, die in der Automatentheorie behandelt werden.

Statt der Slash-Striche `/` können Sie andere Regex-Begrenzer einsetzen, sofern es sich nicht um alphanumerische Symbole handelt. Erlaubt sind Doppelpunkt, runde, geschweifte, spitze Klammern, Raute-Zeichen usw. Setzen Sie diese statt der Slash-Striche als Begrenzer ein, müssen Sie den Muster-Operator m verwenden.

Das obige Beispiel sähe mit einem Doppelpunkt als Begrenzer wie folgt aus:

```
$string =~ m:Katze:;
# ohne Slash-Striche m-Operator einsetzen
```

oder mit geschweiften Klammern:

```
$string =~ m{Katze};
```

Des Weiteren wird beim Vergleich zwischen Groß- und Kleinbuchstaben unterschieden. Im folgenden Beispiel wird das Muster `"katze"` verglichen:

```
#!/usr/bin/perl -w

$string = "ABC die Katze lief im Schnee";
if ($string =~ m:katze:) {print "true\n";}
     else {print "false\n";}
```

Die Ausgabe ist:

```
false
```

Der Einsatz des Operators !~ anstelle von =~ bewirkt das Gegenteil, nämlich eine logische Negation. Wird der Operator !~ im obigen Ausdruck eingesetzt, liefert die anschließende if-Abfrage if($string !~ m:katze:){...} das Ergebnis true. Da das Muster "katze" nicht im Zielstring $string gefunden wird, ergibt !~ als Negation den Wert true.

Möchten Sie den Vergleich mit dem Suchmuster ohne Berücksichtigung der Groß- und Kleinschreibung durchführen, verwenden Sie als Option bzw. als Modifier das Flag i (case-insensitive). Dadurch wird die Suche aber verlangsamt. Um diese Verlangsamung zu vermeiden, benutzen Sie die Konvertierungs-Funktionen für Groß- und Kleinschreibung, wie uc(), lc() usw:

```perl
#!/usr/bin/perl -w

$string = "ABC die Katze lief im Schnee";
print "Das Ergebnis ist true"
if $string =~ /katze/i or die "Fehler\n"; # Ergebnis ist true
```

Die Ausgabe ist:

```
Das Ergebnis ist true
```

Schneller geht es mit folgenden Programmzeilen:

```perl
#!/usr/bin/perl -w

$string = "ABC die \LKatze\E lief im Schnee";
# \L bis \E klein
print "Das Ergebnis ist true"
if $string =~ /katze/ or die "Fehler\n"; # Ergebnis ist true
```

Die Ausgabe ist:

```
Das Ergebnis ist true
```

Diese Option funktioniert auch bei deutschen Umlauten:

```perl
#!/usr/bin/perl -w

$umlaut = "Kätzchen";
if ($umlaut =~ /kätz/ ) {print "true\n";}
            else {print "false\n"; }     # false
if ($umlaut =~ /kätz/i) {print "true\n";}
            else {print "false\n"; }     # true
```

Wollen Sie den Inhalt der Spezial-Variable $_ durchsuchen, können Sie den Matching-Operator =~ weglassen:

```
#!/usr/bin/perl -w
$_ = "ABC die Katze lief im Schnee";
print "Das Ergebnis ist true\n" if /Katze/ or die "Fehler\n";
# Das Ergebnis ist true
```

Hier ist der String der Spezial-Variable $_ zugeordnet.

Nach dem positiven Vergleich können Sie im Anschluss sogar ein leeres Muster verwenden. Es wird dabei das Muster des letzten erfolgreichen regulären Ausdrucks verwendet. Die Spezial-Variable $& enthält den erfolgreichen passenden String, der im folgenden Beispiel mit ausgegeben wird:

```
print "Es ist die: '$&' \n" if // or die "Fehler\n";
```

Somit lautet die Ausgabe:

```
Es ist die: 'Katze'
```

Sie können ferner auch nur nach einem Teil eines Wortes suchen, z. B. nach der Buchstabenfolge "ie":

```
#!/usr/bin/perl -w

$string = "ABC die Katze lief im Schnee";
print "Die Buchstabenfolge '$&' ist vorhanden\n"
if $string =~ /ie/ or die "Fehler\n";
```

Die Ausgabe ist:

```
Die Buchstabenfolge 'ie' ist vorhanden
```

Diese kleine Einführung in reguläre Ausdrücke zeigt die Stärke von Pattern Matching (Suche nach Mustern).

10.2   Metazeichen

Reguläre Ausdrücke können Metazeichen enthalten. Die Komplementärmenge von literalen Zeichen sind Metazeichen. Als reservierte Metazeichen in einem regulären Ausdruck gelten folgende Darstellungen:

```
+   ?   .   *   ^   $   ( )   [ ]   { }   |   \
```

Solange diese Zeichen wie oben angegeben werden, haben sie eine besondere Bedeutung. Werden sie als literales Zeichen ohne ihre spezielle Bedeutung benötigt, muss diese durch einen vorangestellten Backslash \ aufgehoben werden. So besitzt z. B. der Punkt eine besondere Bedeutung. Möchten Sie aber nach einen gewöhnlichen Punkt im Zielstring suchen, müssen Sie einen Backslash davorsetzen.

Literale Zeichen werden durch den Backslash in Metazeichen (Sonderzeichen) umgewandelt.

So sucht ein "d" ohne Backslash nach dem Buchstaben "d", aber die Kombinataion \d sucht nach einer Dezimalziffer im Zielstring.

Ein Backslah wird somit dazu benutzt, die übliche Bedeutung des nachfolgenden Zeichens zu ändern.

Anfang und Ende eines regulären Ausdrucks werden durch Begrenzer, z. B. / (Slashes) gekennzeichnet. Diese gehören nicht zum regulären Ausdruck. Möchten Sie diese aber in einem regulären Ausdruck verwenden, der dann nach einer Zeichenfolge mit Slashes sucht, müssen Sie diese im regulären Muster durch einen vorangestellten Backslash markieren.

Die folgenden Zeilen suchen nach einer gewöhnlichen Zeichenfolge | / im Zielstring:

```
#!/usr/bin/perl -w

$string = " |/ ";
print "Die Zeichenfolge ist vorhanden.\n"
if $string =~ / \|\/ / or die "Fehler\n";
```

Die Ausgabe ist:

```
Die Zeichenfolge ist vorhanden.
```

Die Bedingung wäre false, wenn der entsprechende Backslash vor dem senkrechten Strich | und dem Slash / fehlen würde. Ebenso käme es zu einem Fehler, wenn zwischen dem senkrechten Strich und dem Slash ein Leerzeichen stehen würde und die if-Abfrage folgendes Aussehen hätte: if ($string =~ / \| \/ /).

Die übermäßige Verwendung von Backslashes im Muster zur Verwendung von normalen Zeichen (|, / usw.) ist schwer zu erkennen und wird als **LTS** (Leaning Toothpick Syndrome) bezeichnet. Etwas anschaulicher wird es, wenn Sie statt der Slashes andere Begrenzer nehmen:

```
#!/usr/bin/perl -w

$string = " |/ ";
print "Die Zeichenfolge ist vorhanden.\n"
if $string =~ /# |/ #/ or die "Fehler\n";
```

Die Ausgabe ist:

```
Die Zeichenfolge ist vorhanden.
```

Auch Buchstaben werden, wenn ihnen ein Backslash vorangestellt wird, zu Sonderzeichen. Ohne Backslash stellen Buchstaben sich im Normalfall selber dar:

```
/ABZ/        # sucht die Zeichenfolge ABZ

/\A\B\Z/     # Symbole für Bindungen bzw. Verankerungen
```

Außerdem lassen sich alle Zeichen durch einen dreistelligen oktalen ASCII-Code darstellen. Mit einem vorangestellten Backslash können Sie das Suchmuster /Katze/ in oktaler Schreibweise wie folgt realisieren:

```
#!/usr/bin/perl -w

$_ = "ABC die Katze lief im Schnee";
print "Das Wort '$&' ist vorhanden.\n"
if /\040\113\141\164\172\145/ or die "Fehler\n";
```

Da das Suchmuster /Katze/ im String enthalten ist, lautet die Ausgabe:

```
Das Wort 'Katze' ist vorhanden.
```

Hierbei besitzt das Leerzeichen im Suchmuster den dreistelligen oktalen Wert 040, der Buchstabe "K" den oktalen Wert 113, der Buchstabe "a" den oktalen Wert 141 usw. Das gefundene Muster wird mit der Spezial-Variable $& ($MATCH erfolgreich erkannter String) ausgegeben.

Die überwiegende Anzahl von Metazeichen ist nicht verankert. Das bedeutet, dass ein regulärer Ausdruck mit Metazeichen an jeder Stelle im String erkannt wird. Lediglich die Zeichen ^ und $ ermöglichen einen Ankerpunkt für den Anfang und das Ende eines Strings:

```
/^ABC/
# Übereinstimmung nur, wenn ABC am Anfang eine Zeile steht.

/Schnee$/
# Übereinstimmung nur, wenn Schnee am Ende einer Zeile steht.
```

Bedeutung der reservierten Metazeichen
Ein **senkrechter Strich** als Metazeichen im regulären Ausdruck präsentiert Alternativen, d. h. es ist eine **ODER**-Verknüpfung. Innerhalb von Zeichenklassen signalisiert er, ob er zur Treffermenge der Zeichenklasse gehört oder nicht.

So prüft der reguläre Ausdruck mit dem Muster /a|b/, ob der Zielstring ein "a" oder ein "b" enthält.

Die Spezial-Variable $ | kann in regulären Ausdrücken nicht verwendet werden, da diese Kombination als Anker und **ODER**-Verknüpfung interpretiert wird.

Die **geschweifte Klammer** wird zur Bildung von Quantifizierern benutzt. So entsprechen geschweifte Klammern mit einer Zahl oder zwei Zahlen darin entsprechenden Wiederholungen des Zeichens vor der Klammer.

Zum Beispiel prüft der reguläre Ausdruck mit dem Muster /a{2,4}/, ob der Zielstring 2-, 3- oder 4-mal ein "a" enthält.

Die **eckigen Klammern** signalisieren eine Zeichenklasse. Der reguläre Ausdruck prüft mit dem Muster /[ab]/, ob der Zielstring ein "a" oder ein "b" enthält.

Die **runden Klammern** im regulären Ausdruck können Sie für eine Vielzahl von Möglichkeiten nutzen. Ohne spezielle Zeichen hinter der öffnenden Klammer erfolgt die Bildung einer Gruppierung komplexer Elemente aus einfacheren Elementen. So prüft der reguläre Ausdruck mit dem Muster /^a(nsprechen)/, ob der Zielstring zu Beginn die passende Zeichenfolge "ansprechen" enthält.

Ferner können Sie eine Markierung eines Substrings vornehmen. Innerhalb des Musters können Sie z. B. mit \1 darauf Bezug nehmen, außerhalb mit $1.

Die Spezial-Variable $), die aus der Zeichenfolge Anker mit schließender Klammer besteht, kann in regulären Ausdrücken nicht verwendet werden.

Das **Dollar-Zeichen** wird in mehrfacher Weise als Metazeichen benutzt. Zum einen wird es als Anker verwendet, das zum Zeilen- und Textende im Zielstring passt. So prüft der reguläre Ausdruck mit dem Muster /a$/, ob der Zielstring am Ende das passende Zeichen "a" enthält. Zum anderen werden skalare Variablen durch ein einleitendes Dollar-Zeichen markiert.

Die Spezial-Variablen $ |, $/ ,$), $? usw. können Sie, wie bereits erläutert wurde, nicht in Ihren regulären Ausdrücken verwenden.

Das **Caret-Zeichen** wird als Anker verwendet und bezeichnet normalerweise den Anfang des Textes. So prüft der reguläre Ausdruck mit dem Muster /^a/, ob der Zielstring mit einem "a" beginnt. Verwendet wird das Caret-Zeichen auch zur Kennzeichnung der negierten Zeichenklasse. So bedeutet der reguläre Ausdruck /^[\\]/ alles außer einem Backslash.

Das **Stern-Zeichen** bedeutet keine, eine oder mehrere Wiederholungen des Zeichens, das vor dem Stern-Zeichen steht. So prüft der reguläre Ausdruck mit dem Muster /a*/, ob es im Zielstring auf "a", "aa" und "aaaaa" sowie "b" (kein oder beliebig viele "a") passt.

Ein **Punkt-Zeichen** kennzeichnet ein beliebiges Zeichen, außer der Zeilenende-Markierung. So prüft der reguläre Ausdruck mit dem Muster /a./, ob im Zielstring nach dem "a" ein beliebiges Zeichen folgt (außer \n).

Das **Fragezeichen** im regulären Ausdruck kennzeichnet die genügsame Variante. So prüft der reguläre Ausdruck mit dem Muster /a?/, ob der Zielstring 0- oder 1-mal ein "a" enthält. Am Anfang in einer runden Klammer markiert das Fragezeichen gefolgt von einem

Zeichen eine spezielle Bedeutung. So wird mit (?:) das Ergebnis z. B. nicht gespeichert. Bei der Definition einer Zeichenklasse [?] entspricht das Fragezeichen einem literalen Zeichen.

Das **Pluszeichen** als Quantifizierer deutet an, dass eine oder mehrere Wiederholungen des Zeichens vorgenommen werden, das vor dem Pluszeichen steht. Der reguläre Ausdruck mit dem Muster /a+/ passt im Zielstring auf "a", "aa" und "aaaaa" (ein und beliebig viele "a").

Nachdem Sie die grundlegenden Metazeichen in kurzen Erläuterungen kennen gelernt haben, werden jetzt prägnante reguläre Ausdrücke und deren Muster mit folgenden Konstrukten erstellt:

- Verkettung
- Beliebiges Zeichen
- Alternativen
- Ankerpunkte
- Zeichenwiederholung mit Quantifizierern
- Gruppierung von Ausdrücken
- Gruppierung und Rückverweise
- Zeichenklassen
- Erweiterte reguläre Ausdrücke

10.3 Verkettung

Als Verkettung können Sie zwei oder mehr Muster zu einem komplexeren Muster aufbauen. So können z. B. die einzelnen Muster, wie die Zeichenklasse Plus-Minus [+-] mit anschließender Dezimalzahl \d, gefolgt von einem Punkt \. und weiteren Dezimalzahlen, zu einem regulären Ausdruck mit dem Muster /[+-]\d\.\d*/ verkettet werden. So wird im Zielstring nach einer Zahlenfolge gesucht, die mit einem Plus- oder Minuszeichen vor einer Zahl mit anschließendem Punkt beginnt. Im Anschluss kann eine beliebige Anzahl von Zahlen folgen:

```perl
#!/usr/bin/perl -w

$_ = "+3.14";
print "Wert: '$&'\n" if /[+-]\d\.\d*/ or die "Fehler\n";
```

Die Ausgabe ist:

```
Wert: '+3.14'
```

10.4   Beliebiges Zeichen

Als Symbol für ein beliebiges Zeichen können Sie, wie schon definiert, das Punktzeichen "." einsetzen. Es stimmt mit jedem einzelnen Zeichen überein, ausgenommen dem Zeichen für eine neue Zeile New-Line (\n-Zeichen).

Für das Muster /Ka.ze/ liegt dann eine Übereinstimmung vor, wenn nach der Buchstabenkombination "Ka" ein beliebiges Zeichen steht, dem anschließend die Buchstabenkombination "ze" folgt:

```
#!/usr/bin/perl -w

$_ = "ABC die Katze lief im Schnee";
print "True, da das beliebige Zeichen 't' in '$&' vorliegt.\n"
if /Ka.ze/ or die "Fehler\n";
```

Die Ausgabe ist:

```
True, da das beliebige Zeichen 't' in 'Katze' vorliegt.
```

Die obige Ausgabe ist erfolgreich, da der reguläre Ausdruck einen passenden Substring findet. Der Positions-Zeiger des Zielstrings der Spezial-Variable $_ findet bei seiner Suche erst beim Zeichen "K" eine Übereinstimmung mit dem regulären Ausdruck. Auch mit dem anschließenden "a" ist eine Übereinstimmung vorhanden. Der Punktoperator im regulären Ausdruck stimmt mit allem überein, somit auch mit dem Zeichen "t" im Zielstring. Danach werden noch die nächsten Zeichen "z" und "e" auf Übereinstimmung überprüft. Hier ist ebenfalls eine Übereinstimmung mit dem Zielstring vorhanden. Das Ergebnis ist true und die Spezial-Variable $& liefert den gefundenen Substring "Katze", welcher das beliebige Zeichen "t" enthält.

Im nächsten Beispiel sollen mehrere Punktoperatoren verwendet und erkannt werden:

```
#!/usr/bin/perl -w

$_ = "ABC die Katze lief im Schnee";
print "True, da der Substring 'atze' zu '$&' passt.\n"
if /K..../ or die "Fehler\n";
```

Dies Ausgabe ist:

```
True, da der Substring 'atze' zu 'Katze' passt.
```

Auch hier werden die beliebigen übereinstimmenden Zeichen erkannt.

10.5   Alternativen

Wenn Sie einen vorgegebenen Text nach Alternativen absuchen, setzen Sie das Metazeichen | – den senkrechten Strich (**ODER**-Verknüpfung) –, der einzelne Alternativen trennt:

```
#!/usr/bin/perl -w

$_ = "Hauskatze";
print "Es ist die '$&'-Katze.\n"
if /Haus|Wild|Raub/ or die "Fehler\n";
```

Die Alternativen der Zeichenfolgen "Haus", "Wild" oder "Raub" werden von links beginnend durchsucht, bis die passende Zeichenfolge im Zielstring gefunden wird. Ist die entsprechende Zeichenfolge im Zielstring nicht vorhanden, verlässt die Funktion die() das Programm und der String "Fehler" wird ausgegeben.

Die Spezial-Variable $_ enthält in der obigen Zuweisung den Substring "Haus".

Die Ausgabe ist:

```
Es ist die 'Haus'-Katze.
```

Hier stimmt die Alternative "Haus" mit der Zeichenfolge im Zielstring "Hauskatze" überein. Das gefundene Muster wird somit durch die Spezial-Variable $& ausgegeben.

Im folgenden Beispiel soll eine einfache Form einer Gruppierung dargestellt werden:

Möchten Sie Substrings mit den Varianten "Haus-, "Wild- oder "Raubkatze" in einem vorgegebenen String "Wildkatze" untersuchen, werden die infrage kommenden Varianten in Klammern gesetzt /(Haus|Wild|Raub)katze/. In den folgenden Programmzeilen wird geprüft, ob die alternativen Substrings "Haus-, "Wild- oder "Raubkatze" zum Zielstring "Wildkatze" passen:

```
#!/usr/bin/perl -w

$_ = "Wildkatze";
print "Es ist die '$&'.\n"
if /(Haus|Wild|Raub)katze/ or die "Fehler\n";
```

Die Ausgabe ist:

```
Es ist die 'Wildkatze'.
```

Da die Alternative mit dem Muster "Wildkatze" des regulären Ausdrucks mit dem Zielstring der Spezial-Variable $_ übereinstimmt, wird "Es ist die 'Wildkatze'" ausgegeben. Würde im regulären Ausdruck die Buchstabenkombination "katze" fehlen, würde nur das Muster "Wild" mit dem Zielstring übereinstimmen und auch ausgegeben werden.

10.6   Ankerpunkte

Um Muster an einer bestimmten Position zu suchen, können Sie, wie bereits erwähnt, einen
Ankerpunkt setzen. Er legt fest, an welcher Stelle bzw. an welchen Stellen im Zielstring ein
Treffer vorkommen muss. Soll nach einem Muster nur am Anfang gesucht werden, setzen
Sie als Positionsmarke das Caret-Zeichen ^ oder \A an den Beginn Ihres regulären Ausdrucks. Das Suchen am Ende eines Musters wird mit dem Dollarzeichen $ bzw. \Z reali-
siert. Ein Unterschied zwischen ^ und \A bzw. $ und \Z liegt in der Bearbeitung des regulä-
ren Ausdrucks mit dem Modifier m (multiple lines, nicht zu verwechseln mit dem Muster-
Operator m). Bei Verwendung des Modifiers m können mehrere Zeilenanfänge bzw. Zeilenenden existieren. In der unten angegebenen Tabelle stehen noch weitere Beispiele von Modifiern.

Allgemein gilt: Ohne den Modifier m steht Caret ^ für den Anfang eines Strings, das Dollarzeichen $ steht für sein Ende:

```perl
#!/usr/bin/perl -w

$_ = "Hauskatzen gehören keiner bestimmten Rasse an";
print "Treffer am Anfang: '$&'\n"
if /^Haus/ or die "Fehler\n";        # Treffer am Anfang:'Haus'
print "Treffer am Ende: '$&'\n"
if /an$/ or die "Fehler\n";          # Treffer am Ende:'an'
```

Der passende Substring "Haus" steht am Anfang und "an" am Ende des Strings. Somit ist
das Ergebnis true, was zur Ausgabe von Treffern führt.

Mit \A bzw. dem Caret-Zeichen ^ wird nur der Beginn des Strings erkannt. Der Unterschied
von \A bzw. ^ ist im folgenden Beispiel bei Verwendung des Modifiers m erkennbar. Wie
Sie sehen, legt der Modifier m fest, dass der zu untersuchende String als mehrzeiliger String
untersucht und der Anfang jeder Zeile erkannt werden soll:

```perl
#!/usr/bin/perl -w

$string = "Hauskatzen\ngehoeren
keiner
Rasse
an";

while ($string =~ /\A\w/g) {# gleich zu /^\w/g
    print "Anfang des Strings: '$&'\n";
    # Anfang des Strings: 'H'
}
while ($string =~ /^\w/mg) {
    print "'$&' ist ein Zeilenanfang\n";
    # Ausgabe der Zeilenanfänge
}
```

Die Ausgabe des jeweiligen Zeilenanfangs ist:

```
'H' ist ein Zeilenanfang
'g' ist ein Zeilenanfang
'k' ist ein Zeilenanfang
'R' ist ein Zeilenanfang
'a' ist ein Zeilenanfang
```

In der ersten while-Schleife wird mit /\A\w/g oder mit /^\w/g das erste alphanumerische Zeichen des mehrzeiligen Strings, nämlich "H", ausgegeben. Die Abkürzung \w (Zeichenklasse) bedingt alphanumerische Zeichen. Der Modifier g (g steht für global und gilt als ein weiterer Modifier der Zeichenfolge gimosx) hinter dem abschließenden Begrenzer durchsucht den String nach alphanumerischen Zeichen. Die while-Schleife gibt den gefundenen Buchstaben "H" des Strings aus und ist damit beendet.

In der zweiten while-Schleife passt das Muster ^ mit dem Modifier m auf jeden Zeilenanfang. Somit werden alle Zeilenanfänge mit der while-Schleife ausgegeben. Der reguläre Ausdruck /\A\w/mg würde hier versagen.

Mit \Z bzw. $ können Sie das Ende des Strings einer ganzen Zeichenkette ausdrücken. Mit dem Modifier m in Verbindung mit $ werden die betreffenden Zeilenenden ausgegeben:

```perl
#!/usr/bin/perl -w

$string = "Hauskatzen\ngehoeren\nkeiner\nRasse\nan";

while ($string =~ /\w\Z/g) {  # gleich zu /\w$/g
      print "Zeichen am Stringende: '$&'\n";
      # Zeichen am Stringende: 'n'
}

while ($string =~  /\w$/mg) {
      print "Zeichen am Zeilenende: '$&'\n";
}
```

Die Ausgabe der Zeichen am Ende jeder Zeile ist:

```
Zeichen am Zeilenende: 'n'
Zeichen am Zeilenende: 'n'
Zeichen am Zeilenende: 'r'
Zeichen am Zeilenende: 'e'
Zeichen am Zeilenende: 'n'
```

In der ersten while-Schleife wird sowohl mit dem regulären Ausdruck /\w\Z/g als auch mit /\w$/g der letzte Buchstabe, nämlich "n", des gesamten Strings ausgegeben.

In der zweiten while-Schleife mit dem regulären Ausdruck /\w$/mg – wobei hier auch der Modifier m verwendet wird – erhalten Sie die jeweiligen Endbuchstaben der Zeile.

Sie können also das Verhalten des regulären Ausdrucks durch Verwendung von entsprechenden Modifiern beeinflussen.

In der folgenden Tabelle sind die jeweiligen Modifier mit ihrer Bedeutung dargestellt.

Tabelle 10.6a: Modifier

Modifier	Bedeutung
g	Globale Suche, sucht nach allen Übereinstimmungen mit dem Muster
i	Groß- und Kleinschreibung ignorieren
m	String wird mehrzeilig behandelt
o	Suchmuster wird nur einmal kompiliert
s	String wird einzeilig behandelt
x	Erweitert die regulären Ausdrücke

Ein weiterer Einsatz von Ankerpunkten ist die Kombination von String-Anfängen bzw. String-Enden mit Alternativen.

Dabei ist zu beachten, dass verwendete Ankerpunkte eine höhere Priorität besitzen als die Alternativen:

```
#!/usr/bin/perl -w

$_ = "Die Wildkatze";
print "Es ist die: '$&'\n"
if /^Hauskatze|Wildkatze|Raubkatze$/ or die "Fehler\n";
```

Die Ausgabe ist:

```
Es ist die: 'Wildkatze'
```

Bei dieser if-Abfrage ist der Wahrheitswert true, da "Wildkatze" oder auch "Raubkatze" am Ende des Strings stehen können. Würde die Spezial-Variable $_ stattdessen den String "Die Hauskatze" enthalten, wäre der Wahrheitswert false (da der reguläre Ausdruck mit nur "Hauskatze" nicht mit dem Stringanfang "Die Hauskatze" übereinstimmt).

Im folgenden Programm wird der obige reguläre Ausdruck als Gruppierung vorgenommen:

```
#!/usr/bin/perl -w

$_ = "Die Wildkatze";
print "Es ist '$&'\n"
```

```
if /^(Hauskatze|Wildkatze|Raubkatze)$/
or die "Fehler\n";
# Fehler
```

Der reguläre Ausdruck mit seinem Muster "Hauskatze", "Wildkatze" oder "Raub-katze" als Gruppierung in runden Klammern stimmt vom Anfang bis zum Ende nicht mit der Zeichenfolge "Die Wildkatze" im Zielstring überein. Die Funktion die() gibt somit den String "Fehler" aus und beendet das Programm. Anders sähe es aus, wenn der reguläre Ausdruck z. B. /^(Hauskatze|Die Wildkatze|Raubkatze)$/ lauten würde. Hier wäre natürlich der Wahrheitswert true.

Es können Anker verwendet werden, um die Stellen einzuschränken, an denen nach einem Treffer gesucht werden soll. Dabei werden Wortgrenzen als Positionsmarken eingesetzt. Als Wortgrenze wird das Zeichen \b bezeichnet. Eine Wortgrenze \b ist der Übergang von einem Wort-Zeichen aus der Klasse \w, d. h. Zeichen, die in einem normalen Wort vorkommen (alphanumerische Zeichen), und einem Nicht-Wort-Zeichen \W, d. h. Zeichen, die nicht in einem Wort vorkommen dürfen (Interpunktionszeichen).

An den folgenden zwei Beispielen von "Wild-katze" und "Wildkatze" wird die Wortgrenze \b erläutert:

```
#!/usr/bin/perl -w

$_ = "Wild-katze";
print "Wortgrenze ist: '$&'\n" if /\bWild\b/
or die "Fehler\n";
# Wortgrenze ist: 'Wild'
```

Das Ergebnis der if-Abfrage im ersten Beispiel ist true. Es ist eine Wortgrenze vorhanden, da das Muster /\bWild\b/ mit dem Zielstring "Wild-katze" übereinstimmt, so dass die Ausgabe mit dem gefundenen Muster lautet: "Wortgrenze ist: 'Wild'".

Beim Durchlaufen des Zeigers im Zielstring (Zeichen zwischen den zwei \b-Symbolen) ist eine Übereinstimmung sämtlicher Wort-Zeichen mit dem Muster vorhanden. Nach dem abschließenden \b-Symbol im Muster wird durch das Zeichen "-" im Zielstring – welches nicht zu den Wort-Zeichen zählt – eine Wortgrenze erzielt.

Im zweiten Beispiel steht an der Stelle des Zeichens "-" nun der Buchstabe "k". Dieser zählt aber zur Klasse der Wort-Zeichen \w. Es findet an dieser Stelle somit kein Übergang zu der Klasse der Nicht-Wort-Zeichen \W statt. Es ist also keine Wortgrenze vorhanden, was in der if-Abfrage false bedeutet. Die Funktion die() tritt in Aktion, so dass der String "Fehler" ausgegeben und das Programm beendet wird:

```
#!/usr/bin/perl -w

$_ = "Wildkatze";
print "Wortgrenze ist: '$&'\n"
if /\bWild\b/ or die "Fehler\n";
# Fehler
```

In der folgenden Tabelle sind nochmals die entsprechenden Anker aufgeführt.

Tabelle 10.6b: Anker

Anker	Bedeutung
\b	Wortgrenze (Übergang von \w zu \W)
\B	Keine Wort-Grenze (Gegenteil von \b)
^	Anfang des Strings (wenn der Modifier m gesetzt ist)
$	Ende des Strings (wenn der Modifier m gesetzt ist)
\A	Anfang eines Strings
\z	Ende eines Strings
\Z	Ende eines Strings oder Zeile

10.7 Zeichenwiederholung mit Quantifizierer

Eine besondere Art von regulären Ausdrücken ist die Zeichenwiederholung. Diese Art der Wiederholung wird als Quantifizierer bezeichnet. Mit dem Quantifizierer können Sie angeben, wie oft ein Zeichen oder Zeichenmuster wiederholt werden soll. Als Quantifizierer stehen die bereits oben genannten Metazeichen (ohne Backslash) ?, * und + zur Verfügung. Sie können diese Metazeichen auch in Zeichenklassen – wie im nächsten Abschnitt dargestellt – verwenden.

Als Einführungsbeispiel wird das Muster für eine Integer-Zahl dargestellt:

```perl
#!/usr/bin/perl -w

$_ = -12345;                    # Integer-Zahl
print "Integer-Zahl: '$&'\n"
if /^[+-]?\d+$/ or die "Fehler\n";
# Integer-Zahl: '-12345'
```

Die Ausgabe ist:

```
Integer-Zahl: '-12345'
```

Zunächst wird der Anfang des Strings ^ und die Zeichenklasse [+-]? dahingehend untersucht, ob null- oder einmal ein Vorzeichen vorhanden ist. Das (eine) Minuszeichen vor 12345 erfüllt die Bedingung. Anschließend wird durch das Metazeichen \d und den Quantifizierer + signalisiert, dass es sich um mindestens eine oder um beliebig viele Ziffern aus der Zeichenklasse [0-9] handelt. Das Ende des Strings wird durch das Metazeichen $ gekennzeichnet. Das Muster stimmt mit dem Zielstring des obigen Beispiels überein.

Es wird nun auf die verschiedenen Quantifizierer ausführlicher eingegangen.

Das Metazeichen ?

Im folgenden Programm können Sie das Zeichen vor einem Fragezeichen entweder berücksichtigen oder nicht. Statt des Fragezeichens können Sie auch das Äquivalent {0,1}, d. h. die Instanz **null** oder **einmal** verwenden.

Zunächst überprüft Perl, ob bis zum Zeichen vor dem Fragezeichen eine Übereinstimmung vorhanden ist. Ohne Backtracking wird das Zeichen vor dem gierigen Fragezeichen mit dem Zielstring verglichen. Anschließend wird überprüft, ob der Rest mit dem Zielstring identisch ist:

```perl
#!/usr/bin/perl -w

$_ = "Eine Katze";
print "Ergebnis1: '$&'\n" if /Katz?e/ or die "Fehler\n";
print "Ergebnis2: '$&'\n" if /Katz{0,1}e/  or die "Fehler\n";
# Ergebnis1: 'Katze'
# Ergebnis2: 'Katze'
```

Beide regulären Ausdrücke /Katz?e/ bzw. /Katz{0,1}e/ ergeben eine Übereinstimmung mit dem Zielstring, d. h. es ist ein Matching des ganzen regulären Ausdrucks erzielt worden.

Im anderen Fall, wenn das entsprechende Zeichen vor dem Fragezeichen nicht im Zielstring vorhanden ist, erfolgt ein Backtracking, d. h. es wird bis zum Zeichen vor dem Fragezeichen zurückgegangen. Danach wird ein neuer Weg eingeschlagen und alle Zeichen nach dem Fragezeichen mit dem Zielstring überprüft:

```perl
#!/usr/bin/perl -w

$_ = "Eine Kate";
print "Ergebnis1: '$&'\n" if /Katz?e/ or die "Fehler\n";
print "Ergebnis2: '$&'\n" if /Katz{0,1}e/  or die "Fehler\n";
# Ergebnis1: 'Kate'
# Ergebnis2: 'Kate'
```

Im obigen Beispiel kann der Buchstabe "z" berücksichtigt oder nicht berücksichtigt werden und ist somit optional.

Ebenso können Sie auch eine Gruppierung, d. h. eine Kombination von Zeichen in runden Klammern, vor das Fragezeichen setzen:

```perl
#!/usr/bin/perl -w
$_ = "Es gibt Katzen";
print "Ergebnis: '$&'\n"
if /Katzen(jammer)?/ or die "Fehler\n";
# Ergebnis: 'Katzen'
```

```
$_ = "Es gibt Katzenjammer";
print "Ergebnis: '$&'\n"
if /Katzen(jammer){0,1}/ or die "Fehler\n";
# Ergebnis: 'Katzenjammer'
```

In den beiden obigen Beispielen ist die optionale Zeichenfolge (jammer) als Gruppierung in Klammern gesetzt. Der Wahrheitswert ist dann true, wenn im String das Wort "jammer" 0-mal bzw. 1-mal enthalten ist. Das Ergebnis wird jeweils mit der Spezial-Variable $& ausgegeben.

Das Metazeichen *

Ihren regulären Ausdruck können Sie auch mit Hilfe des Metazeichens * aufbauen. Im Gegensatz zum ?, wo keine oder nur eine Instanz des vorangehenden Zeichens erlaubt ist, können Sie mit dem Metazeichen * keine oder beliebig viele Zeichen verwenden. Als Äquivalent steht hier {0,} zur Verfügung.

Die Ausdrücke mit den Metazeichen * und + verhalten sich gierig (greedy). Ein so aufgebauter Ausdruck soll auf so viele Zeichen wie möglich passen:

```
#!/usr/bin/perl -w

$_ = "Eine Katzzze";
print "Ergebnis: '$&'\n" if /Katz*e/ or die "Fehler\n";
# Ergebnis: 'Katzzze'
print "Ergebnis: '$&'\n" if /Katz{0,}e/ or die "Fehler\n";
# Ergebnis: 'Katzzze'
```

Das Stern-Zeichen im Muster bewirkt, dass Sie das davor stehende Zeichen – hier den Kleinbuchstaben "z" – nullmal oder beliebig oft im Zielstring einsetzen können. Somit würde auch bei einer Zeichenkombination im Zielstring $_="Eine Kate" mit der if-Abfrage bei gleichem Muster /Katz*e/ eine Übereinstimmung ergeben und der Wahrheitswert true lauten.

Das Stern-Zeichen wird hauptsächlich in Verbindung mit dem Punkt-Zeichen eingesetzt. Die Kombination Punkt- mit Stern-Zeichen besagt, dass Sie für den Punkt beliebige Zeichen und für den Stern eine unbegrenzte Vielzahl dieser beliebigen Zeichen verwenden können:

```
#!/usr/bin/perl -w

$_ = "Ein Katzenauge";
print "Ergebnis: '$&'\n" if /Kat.*/ or die "Fehler\n";
# Ergebnis: 'Katzenauge'
print "Ergebnis: '$&'\n" if /Kat.{0,}/ or die "Fehler\n";
# Ergebnis: 'Katzenauge'
```

Der reguläre Ausdruck mit dem Muster `/Kat.*/` bedeutet, dass ein beliebiges Zeichen beliebig oft vorhanden sein kann. Somit stimmt das Muster mit der Zeichenfolge `"Katzen-auge"` des Zielstrings überein.

Das Metazeichen +

Dieses Metazeichen ist bis auf die Anzahl der Wiederholungen in seiner Arbeitsweise mit dem Stern-Zeichen identisch. Das Zeichen bzw. die Zeichenfolge kann **einmal** oder **beliebig** oft vorkommen. Als Äquivalent gilt eine folgende geschweifte Klammer `{1,}`:

```
#!/usr/bin/perl -w

$_ = "Ein Katzzzzzenauge";
print "Ergebnis: '$&'\n" if /Katz+e/ or die "Fehler\n";
# Ergebnis: 'Katzzzzze'
print "Ergebnis: '$&'\n" if /Katzzzzz{1,}e/ or die "Fehler\n";
# Ergebnis: 'Katzzzzze'
```

Hier ist eine Übereinstimmung des Musters mit dem Substring gegeben, und zwar `"Katze"` mit einem bis zu beliebig oft geschriebenem `"z"`.

Möchten Sie genau das Gegenteil bewirken, d. h. die minimalste Lösung einer Übereinstimmung finden, setzen Sie hinter die Quantifizierer ein `?` mit der Wirkung `{0,1}` **einmal** oder **keinmal**, wie es die folgenden Zeilen zeigen:

```
#!/usr/bin/perl -w

$_ = "Katzzzzzenauge";
print "Ergebnis: '$&'\n" if /z+/ or die "Fehler\n";   # gierig
# Ergebnis: 'zzzzz'
print "Ergebnis: '$&'\n" if /z+?/ or die "Fehler\n"; # minimal
# Ergebnis: 'z'
print "Ergebnis: '$&'\n" if /z*?/ or die "Fehler\n"; # minimal
# Ergebnis: ' '
print "Ergebnis: '$&'\n" if /z*?e/ or die "Fehler\n";# /z*e/
# Ergebnis: 'zzzzze'
```

In der ersten `print`-Anweisung wird bei der (gierigen) Mustersuche `/z+/` die größtmögliche Übereinstimmung, d. h. das Maximum der Zeichen `"z"` (fünf an der Zahl), ausgegeben.

Die nächste `print`-Anweisung liefert bei der Mustersuche `/z+?/` durch die Angabe des Fragezeichens dagegen die kleinstmögliche Übereinstimmung. Ein Minimum des Quantifizierers `+`, d. h. `{1,}`, ist aber mindestens einmal. Das bedeutet, das Zeichen `"z"` ist einmal vorhanden.

Die folgende `print`-Anweisung liefert bei der Mustersuche `/z*?/` ebenfalls die kleinstmögliche Übereinstimmung. Ein Minimum des Quantifizierers `*`, d. h. `{0,}`, kann somit auch keinmal bedeuten. Das heißt, das Minimum ist ein leerer String. Hier ist aber Vorsicht angebracht, wie es die letzte print-Anweisung zeigt.

In der letzen print-Anweisung mit dem Muster /z*?e/ wird kein leerer String als Ergebnis geliefert. Durch das Fragezeichen ? als Quantifizierer, d. h. {0,1}, wird beim Muster /z*?e/ jetzt die Zeichenfolge als einmal vorhanden ausgewertet. Dies führt zum gleichen Ergebnis wie bei den Mustern /z*e/ oder /z+e/, nämlich "zzzzze".

Möchten Sie die Anzahl von Zeichenwiederholungen und somit deren Übereinstimmung begrenzen, können Sie die Wiederholungen von Zeichen und Zeichengruppen in geschweifte Klammern setzen, beispielsweise {n,m} (wobei n bzw. m Ganzzahlen sind). Diese Form bedeutet, dass das Muster wenigstens n-mal (als Untergrenze) und höchstens m-mal (als Obergrenze) vorkommen darf:

```perl
#!/usr/bin/perl -w

$_ = "Katzzzzzenauge";
print "Ergebnis: '$&'\n" if /z{2,4}/ or die "Fehler\n";
# Ergebnis: 'zzzz'
```

In diesem Beispiel wird als gefundenes Muster (mit der Obergrenze 4) viermal das "z"-Zeichen ausgegeben. Mit dem Fragezeichen erhalten Sie wieder eine minimale Anzahl:

```perl
#!/usr/bin/perl -w

$_ = "Katzzzzzenauge";
print "Ergebnis: '$&'\n" if /z{2,4}?/ or die "Fehler\n";
# Ergebnis: 'zz'
```

Es werden zwei passende "z"-Buchstaben ausgegeben.

Bei der Abfrage eines Musters, z. B. /z{6,20}/, ist weder im minimalen noch im maximalen Bereich eine Übereinstimmung mit "Katzzzzzenauge" vorhanden.

Bei der Form {n,m} kann das n durch eine Ganzzahl, und zwar mit oder ohne Komma, dargestellt werden.

Wenn eine Übereinstimmung erzielt werden soll, muss beim Muster /z{2}/ "z" zweimal im Zielstring vorkommen:

```perl
#!/usr/bin/perl -w
$_ = "Katzzzzzenauge";
print "Ergebnis: '$&' \n" if /z{2}/ or die "Fehler\n";
# Ergebnis: 'zz'
```

Auch ein Fragezeichen im Muster /z{2}?/ bringt genau zweimal 'zz' als Ergebnis. Etwas anders ist es, wenn Sie im Muster /z{2,}/ ein Komma setzen. Dies bedeutet, dass ein "z" mindestens zweimal, aber auch mehrmals vorkommen darf:

```perl
#!/usr/bin/perl -w

$_ = "Katzzzzzenauge";
print "Ergebnis: '$&' \n" if /z{2,}/ or die "Fehler\n";
# Ergebnis: 'zzzzz'
```

Diese maximale Übereinstimmung können Sie wieder auf die minimale Anzahl (zweimal 'zz') bringen, wenn Sie das Fragezeichen im Muster /z{2,}?/ verwenden.

Mit dem Quantifizierer können auch bestimmte Wort- und Zahlenlängen ausgegeben werden. Der Einsatz von \w bedeutet, dass Sie Zeichen aus der Klasse [a-zA-Z0-9_] als Mustervergleich verwenden können. Es werden die Modifier g zur globalen Suche und i zum Ignorieren der Groß- und Kleinschreibung eingesetzt:

```perl
#!/usr/bin/perl -w

$_ = "ABC die Katze lief im Schnee";
while (/\w{4,}/gi) {
        print "'$&' ";           # 'Katze' 'lief' 'Schnee'
}
```

Mit diesem Programm werden alle Zeichenfolgen ausgegeben, die mindestens aus vier Buchstaben bestehen, egal ob Groß- oder Kleinbuchstaben. Dadurch wird die Zeichenfolge 'Katze' 'lief' 'Schnee' als gefundenes Muster ausgegeben.

Im anschließenden Programm können Sie z. B. alle Zahlen herausfinden, die mindestens aus drei oder mehr Ziffern bestehen. Die Nachkommastellen sind auf zwei Stellen beschränkt, da sie sonst ebenfalls erkannt werden:

```perl
#!/usr/bin/perl -w

$_ = "1.11 230.23 45.45 670.67 8900.89";

while (/\w{3,}/g) {
        print "'$&' ";           # '230' '670' '8900'
}
```

Es werden sämtliche Zahlen, die aus mindesten drei Ziffern (vor dem Punkt) bestehen, ausgegeben.

Statt des Symbols \w können Sie auch das Symbol \d für Ziffern aus der Klasse [0-9] verwenden.

In folgender Tabelle werden die Quantifizierer und ihre Bedeutung aufgelistet.

Tabelle 10.7.3: Quantifizierer

Quantifizierer (gierige Version)	Quantifizierer (nicht gierige Version)	Bedeutung
*	*?	Keinmal oder beliebig oft
+	+?	Einmal oder beliebig oft
?	??	Einmal oder keinmal
{n}	{n}?	Genau n-mal
{n,}	{n,}?	Mindestens n-mal
{n,m}	{n,m}?	n-mal bis m-mal

Es entspricht

- der Ausdruck des Quantifizierers * dem Ausdruck {0,}, somit {0,unendlich},
- der Ausdruck des Quantifizierers + dem Ausdruck {1,}, somit {1,unendlich},
- der Ausdruck des Quantifizierers ? dem Ausdruck {0,1},
- der Ausdruck des Quantifizierers {n} dem Ausdruck {n,n},
- der Ausdruck des Quantifizierers {n,} dem Ausdruck {n,unendlich}.

Der Ausdruck {,n} existiert nicht.

Diese Formen von Quantifizierern sind immer bestrebt, die maximale Anzahl der Treffer im Suchtext zu finden, d. h. es sind gierige Varianten.

Zu jedem gierigen Quantifizierer gibt es auch, wie Sie gesehen haben, eine genügsame Variante, die jeweils durch ein angehängtes Fragezeichen entsteht.

Es entspricht

- der Ausdruck des Quantifizierers *? dem Ausdruck {0,unendlich}?,
- der Ausdruck des Quantifizierers +? dem Ausdruck {1,unendlich}?,
- der Ausdruck des Quantifizierers ?? dem Ausdruck {0,1}?,
- der Ausdruck des Quantifizierers {n}? dem Ausdruck {n,n}?, {n,n}, {n},
- der Ausdruck des Quantifizierers {n,}? dem Ausdruck {n,unendlich}?,
- der Ausdruck des Quantifizierers {n,m}? dem Ausdruck {n}, höchstens {m}.

10.8   Gruppierung von Ausdrücken

Bei den bisher aufgeführten Beispielen wirkte die entsprechende Anweisung immer nur auf das eine davor stehende Zeichen. Durch Klammerung können Sie längere Ausdrücke mehrfach suchen.

Das nächste Beispiel zeigt, wie Sie längere Ausdrücke, z. B. eine mehrmalige "tz" Folge, überprüfen können:

```perl
#!/usr/bin/perl -w

$_ = "ABC die Katztztze lief im Schnee";
print "Ergebnis: '$&' \n" if /(tz){2,3}/ or die "Fehler\n";
# Ergebnis: 'tztztz'
print "Ergebnis: '$&' \n" if /tz{2,3}/ or die "Fehler\n";
# Fehler
```

In den obigen Zeilen liefert die erste if-Abfrage den Wahrheitswert true. Die if-Abfrage erzeugt durch die Gruppierung (tz) im Muster /(tz){2,3}/ eine Ausgabe "tztztz", die aber gierig ist. Um eine minimale passende Übereinstimmung zu erhalten, könnten Sie wieder das Fragezeichen im Muster /(tz){2,3}?/ verwenden. Als Ergebnis würde die Untergrenze mit 'tztz' als Übereinstimmung ausgegeben.

Im Anschluss liefert die nächste if-Abfrage den Wahrheitswert false, und die Ausgabe "Fehler". Das Programm wird beendet, da es im Zielstring mindestens "Katzze" bzw. "Katzzze" heißen müsste. Die Folge {2,3} bezieht sich auf die vorliegenden Zeichen "tz". Das bedeutet, dass mindestens einmal "t" und zweimal "zz" bzw. einmal "t" und dreimal "zzz" im Substring vorhanden sein müssten.

Des Weiteren gibt es für die einzelnen Musterbestandteile entsprechende Vorrangsstufen (Klammer zuerst, dann Häufigkeiten vor Anker und anschließend Alternativen); diese sind in der folgenden Tabelle aufgeführt.

Tabelle 10.8: Vorrangsstufen

Operator	Bedeutung
( )	Klammer
? + * {n, m}	Wiederholungen
^ $ \A \Z	Folgen und Anker
|	Alternative

10.9   Gruppierung und numerische Rückverweise

Manchmal möchten Sie den durch das Matching gefundenen Teilausdruck weiter verarbeiten. Mithilfe der Klammerung können Sie übereinstimmende Teilausdrücke speziellen numerischen Variablen (internen Variablen) zuführen. Perl bietet Ihnen zwei Schreibweisen für numerische Rückverweise an.

Bei der ersten Schreibweise enthalten die numerischen Dollar-Spezial-Variablen $1, $2 usw. Werte, die von der ersten, zweiten Klammer etc. durch das passende Muster spezifiziert wurden. So wird z. B. der erste Teilausdruck, der mit seinem Muster auf die erste Klammer passt, der Spezial-Variable $1 zugewiesen, der zweite Teilausdruck, der auf die zweite Klammer passt, der Spezial-Variable $2 zugewiesen usw.

Bei der zweiten Schreibweise enthalten die Backslash-Spezial-Variablen \1 \2 usw. ebenfalls Werte, die durch das passende Muster in der ersten, zweiten Klammer usw. spezifiziert wurden. Mit dieser Schreibweise ist es möglich, schon innerhalb des regulären Ausdrucks auf die vorher im String gefundenen Werte zuzugreifen. Obwohl ihre Zuordnung identisch mit der Dollar-Spezial-Variable ist, dürfen Sie die Backslash-Spezial-Variablen nur innerhalb des Suchmusters und die Dollar-Spezial-Variable nur außerhalb verwenden.

Bei beiden Schreibweisen ist die Anzahl der Rückbezüge unbegrenzt.

In den folgenden Beispielen sehen Sie, wie eine Gruppierung zur Speicherung von Spezial-Variablen eingesetzt wird. Dabei werden neben den gefundenen Spezial-Variablen noch die Werte des Musters, die vor bzw. nach diesen Spezial-Variablen stehen, ausgegeben:

```
#!/usr/bin/perl -w

$_ = "ABC die Katze lief im Schnee";
print "\$`: $`\n\$1: $1\n\$2: $2\n\$3: $3\n\$4: $4\n\$': $'\n"
if /(die K([aeiou])tz(\w+))\s(.{4})/ or die "Fehler\n";
```

Als Ausgabe erscheint:

```
$`: ABC
$1: die Katze
$2: a
$3: e
$4: lief
$': im Schnee
```

Im obigen Beispiel sind die Teilmuster in ihren Klammern verschachtelt worden. Da die Abfolge von außen nach innen und von links nach rechts erfolgt, wird als erstes Teilmuster, d. h. als erste umfassende Klammer, die Gruppierung "die Katze" gefunden und der Spezial-Variable $1 zugewiesen. Zum Teilstring "die Katze" passt in der verschachtelten Gruppierung aus der Klasse von Vokalen [aeiou] nur das einzelne Zeichen "a" (in der ersten inneren Klammer K([aeiou])), welches der Spezial-Variable $2 zugewiesen wird. Anschließend wird für \w+ nach mindestens einem alphanumerischen Zeichen gesucht und der gefundene Buchstabe "e" wird der Spezial-Variable $3 zugewiesen. Nach dem Whitespace-Zeichen \s werden mit der Gruppierung (.{4}) genau vier Zeichen gefunden, nämlich "lief", die der Spezial-Variable $4 zugewiesen werden.

Außerdem werden noch Werte vor und nach dem gefundenen Muster ausgegeben. Die Spezial-Variable $` enthält die Zeichenkette vor dem gefundenen Muster, nämlich "ABC". Die Spezial-Variable $' enthält die Zeichenkette, die hinter dem gefundenen Muster steht, und zwar "im Schnee".

Bei jedem Matching belegt Perl, wie Sie gesehen haben, weitere Spezial-Variablen. Die Variablen $&, $`, $' und $+ können im Perl-Programm nur gelesen, aber nicht verändert werden:

- Die Variable $& ist identisch mit der Variable $MATCH und speichert den Treffer der relevanten Mustersuche.
- Die Variable $` ist identisch mit der Variable $PREMATCH und speichert den Teil des Suchtexts, der bei der relevanten Mustersuche vor dem Treffer stand.
- Die Variable $' ist identisch mit der Variable $POSTMATCH und speichert den Teil des Suchtexts, der bei der relevanten Mustersuche nach dem Treffer stand.
- Die Variable $+ ist identisch mit der Variable $LAST_PAREN_MATCH und speichert den letzten Treffer der passenden relevanten Mustersuche.

In einem weiteren Beispiel werden die Backslash-Spezial-Variablen zur Suche von doppelten Wörtern in einem Text verwendet:

```
#!/usr/bin/perl -w

$_ = "Es gibt solche und solche Katzen";
print "Doppelte Woerter sind: '$&'\n"
if (/\b(\w+)\s.*?\1\b/) or die "Fehler\n";
```

Die Ausgabe ist:

```
Doppelte Woerter sind: 'solche und solche'
```

Der reguläre Ausdruck sucht nach Zeichenketten, an deren Anfang und Ende ein Wort steht. Mit dem klassischen Muster (\w+) ist eine Musterdefinition mit mindestens einem Wortzeichen gemeint. Diese Musterdefinition ergibt somit das Wort "solche", das in der ersten Klammer gefunden wurde. Gefolgt wird dieses Wort von dem Whitespace \s, das der Zeichenklasse [\t\n\r\f] entspricht. Im Anschluss daran soll mit .*? eine möglichst kurze beliebige Zeichenkette gefunden werden. Damit das Muster aber den Wahrheitswert true liefert, müssen hier alle Zeichen zwischen der Klammer und der Backslash-Spezial-Variable \1 gefunden werden. Dies ist durch die Zeichenfolge "und" gewährleistet. Der gefundene Teilstring lautet also "solche und solche". Wie Sie sehen, stimmt der Inhalt der ersten Klammer (\w+) mit der ersten Backslash-Spezial-Variable \1 überein.

10.10   Zeichenklassen

Wie im vorherigen Abschnitt ausgeführt, können Sie bei der Arbeit mit regulären Ausdrücken auf verschiedene Symbole zurückgreifen, die für einzelne Zeichenklassen stehen. Eine Zeichenklasse wird durch eckige Klammern symbolisiert, in denen die zu der Klasse gehörenden Zeichen enthalten sind.

Wenn Sie die Reihenfolge der Zeichen kennen, können Sie mit einem Bindestrich auch die Zeichenbereiche angeben; so entspricht die Zeichenklasse [1-4] der Zeichenklasse [1234].

Berücksichtigen Sie, dass Sie statt der eckigen Klammern, z. B. [0-9a-zA-Z_], für alle zulässigen Zeichen wie Zahlen, Buchstaben und Unterstriche auch das entsprechende Symbol \w für Wortzeichen verwenden können.

Die meisten Zeichenklassen gibt es auch in der negierten Form. Somit gilt z. B. \W als negierte Klasse zu den Wortzeichen \w. Somit ergibt \W als äquivalente Zeichenklasse in eckigen Klammern ausgedrückt [^0-9a-zA-Z_]. Berücksichtigen Sie ferner, dass Perl versucht, bei Zeichenklassen den frühesten Treffer zu landen. So findet das Muster /[pKT]atzen/ im String "patzen Katzen mit ihren Tatzen?" zuerst "patzen", obwohl "Katzen" ebenfalls richtig wäre.

Weiterhin können Sie in eckigen Klammern eine bestimmte Auswahl von Zeichen definieren:

[aeiou] Die Zeichen stehen stellvertretend für die Vokal-Zeichen als Kleinbuchstaben a, e, i, o und u.

[^aeiou] Die Zeichen stehen **nicht** stellvertretend für die Zeichen a, e, i, o und u.

Durch einen Bindestrich können – wie bereits erwähnt – Bereiche und Ausschnitte definiert werden. Auch hier können Sie negierte Aussagen treffen:

[0-9A-Z] Es sind die Zahlzeichen 0,1,2,...,9 und die Großbuchstaben A-Z gemeint.

[^0-9A-Z] Hier sind alle Zeichen **außer** 0,1,2,...,9 und die Großbuchstaben A-Z gemeint.

Beachten Sie, dass es in den obigen Beispielen keinen Trenner für die einzelnen Listen gibt; wenn Sie [a e i o u] schreiben, gehört auch das Leerzeichen mit zur Zeichenklasse.

In der nachstehenden Tabelle werden die Äquivalenzen zu den Zeichenklassen dargestellt.

Tabelle 10.10a: Äquivalente Zeichenklassen

Darstellung	Klasse	Äquivalenz	Äquivalenz
Ziffern	\d	äquivalent zu [0-9]	und zu [^\D]
Keine Ziffern	\D	äquivalent zu [^0-9]	und zu [^\d]
Buchstaben und Ziffern	\w	äquivalent zu [a-zA-Z0-9_]	und zu [^\W]
Keine Buchstaben und Ziffern	\W	äquivalent zu [^a-zA-Z0-9_]	und zu [^\w]
Zwischenräume	\s	äquivalent zu [\n\t\r\f]	und zu [^\S]
Keine Zwischen-räume	\S	äquivalent zu [^ \n\t\r\f]	und zu [^\s]

In einem Beispiel werden sämtliche Elemente einer Liste auf Übereinstimmung überprüft. Ist eine Übereinstimmung der Array-Elemente mit der Zeichenklasse vorhanden, wird das entsprechende Array-Element ausgegeben:

```perl
#!/usr/bin/perl -w

@array = qw(patzen Katzen Tatzen schwatzen);
foreach (@array) {
      print "'$&'\n" if /[KT]atzen/;
}
```

Die Ausgabe ist:

```
'Katzen'
'Tatzen'
```

Im obigen Beispiel wird innerhalb der foreach-Schleife der if-Modifikator verwendet. Die einzelnen Array-Elemente werden der Spezial-Variable $_ zugewiesen. Durch ihren Einsatz kann der Matching-Operator =~ weggelassen und ein kurzer Ausdruck geschrieben werden. Nur wenn das Muster mit dem Array-Element übereinstimmt, wird es ausgegeben. Dies sind die Array-Elemente "Katzen" und "Tatzen". Ihre Anfangsbuchstaben entsprechen der Zeichenklasse [KT].

In folgender Tabelle sind die entsprechenden Zeichenklassen aufgelistet.

Tabelle 10.10b: Zeichenklasse

Symbol	Äquivalente Zeichenklasse	Bedeutung
[...]		Zeichenklasse
[^...]		Negative Zeichenklasse
\w	[0-9a-zA-Z_]	Wort-Zeichen, alphanumerische Zeichen und Unterstrich
\W	[^0-9a-zA-Z_]	Alle Zeichen außer Wort-Zeichen
\d	[0-9]	Alle Ziffern
\D	[^0-9]	Alle Zeichen, außer Ziffern
\s	[\t\n\r\f]	Whitespace-Zeichen (Leerzeichen, Tabulator, Neue Zeile, Wagenrücklauf, Blattvorschub)
\S	[^ \t\n\r\f]	Alle Zeichen außer Whitespace-Zeichen

10.11   Erweiterte reguläre Ausdrücke

Die Syntax für erweiterte reguläre Ausdrücke besteht aus runden Klammern mit einem Fragezeichen an der ersten Stelle. Das Zeichen nach dem Fragezeichen bestimmt die Funktion der Erweiterung (Assertion). Als Erweiterungen sind die Assertionsmechanismen (lookahead-, lookbehind-Assertion) gemeint.

Um die Erweiterungen zu nutzen, müssen Sie den Modifier x angeben. Mit ihm können Sie Ihre komplexen regulären Ausdrücke wesentlich übersichtlicher auf mehrere Zeilen verteilt darstellen. Sie können auch entsprechende Kommentare in Ihre regulären Ausdrücke einbauen, ohne den Sinn zu verändern:

```
#!/usr/bin/perl -w

$_ = " ABC die, Katze lief, im Schnee";
print "\$1: $1\n\$2: $2\n\$3: $3\n"
if /
      (.*)    # $1
      ,       # Trennzeichen
      (.*)    # $2
      ,       # Trennzeichen
      (.*)    # $3
 /x or die "Fehler\n";
```

Die Ausgabe ist:

```
$1: ABC die
$2: Katze lief
$3: im Schnee
```

Im obigen Beispiel sind durch den Modifier x entsprechende Muster und Kommentare über mehrere Zeilen verteilt worden. Das erste Teilmuster (.*), bestehend aus einem beliebigen Zeichen, welches **nullmal** oder **mehrmals** vorkommen kann, wird in der Spezial-Variable $1 gespeichert. Nach dem Komma als Trennzeichen wird das zweite Teilmuster in der Spezial-Variable $2 gespeichert, nach dem weiteren Trennzeichen das letzte Teilmuster in der Spezial-Variable $3. Diese Spezial-Variablen werden bei Übereinstimmung ausgegeben.

Möchten Sie eine Zuweisung z. B. an die Dollar-Spezial-Variable $2 verhindern, setzen Sie nach der öffnenden Klammer ?: ein.

Damit Sie die in folgender Tabelle aufgelisteten Ausdrücke verwenden können, muss der Modifier x angegeben werden.

Weitere Erweiterungen sind:

(?#Kommentar) Ein Kommentar. Hierbei wird der Text ignoriert.

(?=Ausdruck)   Stellt fest, ob als nächstes der Ausdruck passen würde.

(?!Ausdruck)   Stellt fest, ob als nächstes der Ausdruck nicht passen würde.

(?<=Ausdruck)   Stellt fest, ob der Ausdruck vorher gepasst hätte.

(?<!Ausdruck)   Stellt fest, ob der Ausdruck vorher nicht gepasst hätte.

10.12   Transliteration

Möchten Sie ein bestimmtes Zeichen durch ein anderes ersetzen, verwenden Sie den Trans-literations-Operator `tr` mit der Syntax: $string =~ tr/Suchliste/Ersetzungsliste/[Optionen] bzw. $string =~ y/Suchliste/Ersetzungsliste/[Optionen]. Diese Operation verwendet zwar nicht das Patternmatching, ähnelt aber mit ihrer Methode der Textbearbeitung und in ihrer Form den regulären Ausdrücken. Wenn Sie die Spezial-Variable $_ verwenden, können Sie den Matching-Operator =~ weglassen.

Bei der Transliteration handelt es sich um Zeichen, nach denen in einer Liste gesucht werden soll. Jedes Zeichen dieser Liste wird durch das korrespondierende Zeichen in der Ersetzungs-liste ersetzt. Die Aktion läuft wie folgt ab:

Wenn z. B. in der Variable `$string` ein Zeichen gefunden wird, das in der Suchliste vor-kommt, wird es mit dem Zeichen ersetzt, das an derselben Position in der Ersetzungsliste steht.

Als Trennsymbole zwischen der Such- und Ersetzungsliste stehen Schrägstriche. Sie können auch anstelle der Schrägstriche in der Ersetzungsliste eigene Arten von Klammerung vor-nehmen, wie z. B. `tr[a-z] [A-Z]` oder `tr <a-z> \A-Z\`. Ist die Ersetzungsliste leer, wird die Suchliste in die Ersetzungsliste kopiert und Sie erhalten die Anzahl der in der Such-liste stehenden Zeichen.

Im folgenden Beispiel wird im `$string` das Zeichen `"K"` durch `"T"` ersetzt:

```
#!/usr/bin/perl -w

$string = "Katzen und nochmals Katzen";
$string =~ tr/K/T/;
print "$string\n";      # Tatzen und nochmals Tatzen
```

Als Ergebnis wird der modifizierte `$string` `"Tatzen und nochmals Tatzen"` ausgegeben.

Natürlich können Sie wieder die Spezial-Variable `$_` einsetzen. Beim Wort `"Katzenjam-mer"` soll der Buchstabe `"j"` durch `"k"` ersetzt werden:

```
#!/usr/bin/perl -w

$_ = "Katzenjammer";
print if tr/j/k/ or die "Fehler\n";       # Katzenkammer
```

In diesem Beispiel bearbeitet der Transliterations-Operator den Wert der Spezial-Variable $_. Hier wird das Zeichen "j" durch "k" ersetzt, so dass das Ergebnis "Katzenkammer" ausgegeben wird. Natürlich leistet der Operator y/// das Gleiche.

Eine Klasse von Zeichen, in eckige Klammern gesetzt, kann auch ersetzt werden. So sollen im folgenden Programm alle Kleinbuchstaben des Bereichs [a-e] ersetzt werden durch entsprechende Zahlen des Zahlenbereichs [1-5]:

```perl
#!/usr/bin/perl -w

$string = "Katzenjammer";
$string =~ tr/[a-e]/[1-5]/;
print "$string\n";                # K1tz5nj1mm5r
```

Da vom Bereich [a-e] nur die Buchstaben "a" und "e" vorhanden sind, tritt auch nur an der Stelle des Kleinbuchstabens "a" die Zahl 1. Der Kleinbuchstabe "e" wird durch die Zahl 5 ersetzt.

Als Ergebnis wird "K1tz5nj1mm5r" ausgegeben.

Hier stimmen Anzahl der Zeichen von Such- und Ersetzungsliste überein. Ist dies nicht der Fall, d. h. sind in der Ersetzungsliste weniger Zeichen vorhanden als in der Suchliste, wird das letzte Zeichen der Ersetzungsliste so lange vervielfacht, bis beide Listen übereinstimmen. Im folgenden Programm besteht die Klasse der Suchliste aus [ae]. Die Ersetzungsliste soll nur aus einem Zeichen, nämlich der Zahl 1 bestehen:

```perl
#!/usr/bin/perl -w

$string = "Katzenjammer";
$string =~ tr/[ae]/1/;           # entspricht /ae/11/
print "$string\n";               # K1tz1nj1mm1r
```

Hier wird die Zahl 1 in der Ersetzungsliste so lange vervielfacht, bis beide Listen hinsichtlich Anzahl übereinstimmen. Die Zahl 1 in der Ersetzungsliste wird zu 11 vervielfacht, so dass eine längengleiche Liste von Zeichen bezüglich Suchliste entsteht:

```perl
$string =~ tr/[ae]/[11]/;
```

Ist die Anzahl von Zeichen in der Ersetzungsliste größer als die in der Suchliste, werden nur die benötigten Zeichen (von links beginnend) aus der Ersetzungsliste berücksichtigt und in der Suchliste ersetzt:

```perl
#!/usr/bin/perl -w

$string = "Katzenjammer";
$string =~ tr/[ae]/[1-5]/;
print "$string\n";
```

Hier wird anstelle des Kleinbuchstabens "a" die Zahl 1 und anstelle des Kleinbuchstabens "e" die Zahl 2 gesetzt, so dass die Ausgabe lautet: "K1tz2nj1mm2r".

Wird keine Ersetzungsliste angegeben, wird – wie bereits beschrieben – die Suchliste kopiert:

```
#!/usr/bin/perl -w

$string = "Katzenjammer";
$anzahl = $string =~ tr/[ae]//;
# entspricht $anzahl = tr/[ae]//;
print "Anzahl: $anzahl $string\n";
# Anzahl:4 Katzenjammer
```

Im obigen Beispiel enthält die Variable $string den Inhalt der kopierten Suchliste "Katzenjammer". Die Variable $anzahl enthält als Rückgabewert den Wert 4 als Anzahl für die Ersetzungsoperationen.

Im anschließenden Beispiel wird die bekannte ROT13-Verschlüsselung durchgeführt. Dabei werden alle Zeichen der ersten Alphabethälfte in solche der zweiten verwandelt und umgekehrt (sie werden sozusagen um 13 Zeichenwerte rotiert, so dass "A" durch "N" und "b" durch "o" usw. ersetzt wird und umgekehrt):

```
#!/usr/bin/perl -w

$rot13 = "Auch das funktioniert";
$rot13 =~ tr/a-zA-Z/n-za-mN-ZA-M/;
print "\$rot13: $rot13\n";
```

Die Ausgabe ist:

```
$rot13: Nhpu qnf shaxgvbavreg
```

Das ROT13-Prinzip wird manchmal in den Newsgroups angewendet, um auf höfliche Weise unangenehme Dinge zu sagen.

In den folgenden Beispielen können Sie durch entsprechende Optionen die Transliteration beeinflussen. Als Optionen können Sie folgende Buchstaben einsetzen:

- Die Option c: verwendet das Komplement der Suchliste.
- Die Option d: löscht alle in der Suchliste gefundenen Zeichen, die kein direktes Gegenstück in der Ersetzungsliste haben.
- Die Option s: transferiert aufeinander folgende identische Zeichen aus der Suchliste zu einem einzelnen Zeichen.

Komplement

In diesem Beispiel wird das Komplement der Suchliste dargestellt:

```perl
#!/usr/bin/perl -w

$string = "Käaötüzäe";
$string =~ tr/A-Za-z/_/c;
print "$string\n";                # K_a_t_z_e
```

Die Option c bedeutet, dass alle Zeichen außer den Buchstaben von "A" bis "Z" oder "a" bis "z" durch den Unterstrich "_" ersetzt werden.

Die Ausgabe ist:

```
K_a_t_z_e
```

Löschen

Hier sollen alle in der Suchliste gefundenen Zeichen gelöscht werden:

```perl
#!/usr/bin/perl -w

$string = "Käaötüzäe";
$string =~ tr/äöü/_/d;
print "$string\n";                     # K_atz_e
```

In diesem Beispiel wird anstelle des Umlauts "ä" der Unterstrich "_" gesetzt. Anschlie-ßend werden die restlichen Umlaute "ö" und "ü" gelöscht.

Die Ausgabe ist:

```
K_atz_e
```

Entfernen aller mehrfachen Zeichen

Als letzte Option sollen aufeinander folgende Zeichen durch ein Zeichen, das nur einmal erscheint, ersetzt werden:

```perl
#!/usr/bin/perl -w

$string = "Katzenjammer";
$string =~ tr/m/z/s;
print "$string\n";               # Katzenjazer
```

Der Buchstabe "m" wird durch den Buchstaben "z" ersetzt. Ohne die Option s würde das die Ausgabe "Katzenjazzer" ergeben. Mit der Option s werden die aufeinander folgen-den Zeichen "zz" durch das gleiche Zeichen, aber nur einmal ersetzt.

Somit lautet die Ausgabe:

```
Katzenjazer
```

In der folgenden Tabelle sind nochmals die Optionen aufgeführt.

Tabelle 10.12: Optionen

Optionen	Bedeutung
c	Komplement der Suchliste
d	Entfernt nicht ersetzte Zeichen
s	Keine Duplikate erzeugen
U	Konvertiert von/nach UTF-8
C	Konvertiert von/nach 8-Bit-Zeichen

10.13 Substitution

Möchten Sie nicht nur einzelne Zeichen wie beim Transliterationsoperator tr///, sondern Texte ersetzen, können Sie dies mit dem Substitutionsoperator und der Syntax s/Muster/Ersetzung/ [Optionen] erzielen. Anders als bei der vorangegangenen Mustersuche dürfen Sie das Operator-Symbol s nicht weglassen.

Bei Verwendung eines Musters als regulären Ausdruck wird bei Übereinstimmung eine Ersetzung im vorgegebenen String erzielt. Dabei wird wie beim Matching-Operator m die String-Variable (oder Suchvariable) nach einer zum Muster passenden Zeichenkette durchsucht. Ist dabei eine Übereinstimmung vorhanden, wird an deren Stelle die entsprechende Ersetzung vorgenommen. Die Textersetzung arbeitet im skalaren Kontext. Mit dieser Methode können Sie unter Verwendung von Mustern Substitutionen im String vornehmen.

Statt durch Transliteration wird jetzt "K" durch "T" mittels Substitution ersetzt:

```perl
#!/usr/bin/perl -w

($string = "Katzen und nochmals Katzen") =~ s/K/T/g;
print "$string\n";      # Tatzen und nochmals Tatzen
```

Die Ausgabe ist:

```
Tatzen und nochmals Tatzen
```

In den nächsten zwei Beispielen wird der Suchtext als Suchvariable auf unterschiedliche Weise behandelt.

Im ersten Beispiel behält die Variable $string den Ursprungstext, während die Variable $kopie den geänderten Wert besitzt:

```perl
#!/usr/bin/perl -w

$string = "Katzen und nochmals Katzen";
($kopie = $string) =~ s/K/T/g;
```

```
print "$kopie\n";        # Tatzen und nochmals Tatzen
print "$string\n";       # Katzen und nochmals Katzen
```

Die Variable $kopie erhält eine Kopie der Variable $string und wird zur Suchvariable der Textersetzung.

Ganz anders verhält sich das zweite Beispiel. Hier enthält $string als Suchvariable den geänderten Text, während $anzahl das Ergebnis der Ersetzungen enthält:

```
#!/usr/bin/perl -w

$string = "Katzen und nochmals Katzen";
$anzahl = $string =~ s/K/T/g;
print "$anzahl\n";       # 2
print "$string\n";       # Tatzen und nochmals Tatzen
```

In obigen Beispiel erhält $anzahl die Anzahl der Treffer und damit die Anzahl der Ersetzungen, nämlich 2, zurückgeliefert. Wenn Sie keine Option g angeben, erhalten Sie den Wert 1 und als Ersetzung wird nur einmal der erste Treffer "Katzen" zu "Tatzen" ersetzt.

Sie können auch wieder die Spezial-Variable $_ einsetzen. In diesem Fall benötigen Sie keinen match-Operator:

```
#!/usr/bin/perl -w

$_= "Katzen und nochmals Katzen";
print if s/K/T/g or die "Fehler\n";
```

Auch hier wird "Tatzen und nochmals Tatzen" ausgegeben.

Ferner haben die Optionen g, i, m, o, s und x die gleiche Bedeutung wie beim m-Operator. Die Option e evaluiert den Ersetzungsstring. Es wird zunächst der Programmcode interpretiert und abgearbeitet, bevor dessen Wert den gefundenen Bereich ersetzt.

Im folgenden Programm werden die Wörter verdoppelt:

```
#!/usr/bin/perl -w

$string = "doppelte Katzen";
$string =~ s/(\w+)/$1 x2/eg;
print "$string\n";              # doppeltedoppelte KatzenKatzen
```

Dieses Beispiel erfüllt mit "doppeltedoppelte KatzenKatzen" als Ausgabe die geforderte Bedingung.

Ohne Option e würde als Inhalt der normale Text "doppelte x2 Katzen x2" ausgegeben werden.

In einem weiteren Beispiel soll mittels Substitution eine Vertauschung von Wörtern erfolgen:

```
#!/usr/bin/perl -w

$string = "Anfang Ende";
$string =~ s/^(\w+) (\w+)$/$2 $1/;
print "$string\n";          # Ende Anfang
```

Hier werden Anfang und Ende vertauscht, so dass "Ende Anfang" ausgegeben wird.

Im nächsten Beispiel sollen Wörter in einem Text durch das Wort "Perl" ersetzt werden:

```
#!/usr/bin/perl -w

$string = "Ein Text wird ersetzt";
$string =~ s/\w+/Perl/g;
# Option g ersetzt sämtliche Wörter
print "$string\n";
# Perl Perl Perl Perl
```

Das Muster \w+ (ein regulärer Ausdruck für Wortzeichen) mit Ersetzung "Perl" (Folge von Zeichen) wird anstelle des "gematchten" Musters in der Variable $string ersetzt. Mit der Option g wird ein globales Ersetzen aller Vorkommen des Musters erzielt.

Die Ausgabe ist:

```
Perl Perl Perl Perl
```

In einem weiteren Beispiel soll bei Eingabe in alter Rechtschreibung die neue Rechtschreibung ausgegeben werden. Dabei ist im Hash %schreib eine beschränkte Anzahl von Schlüssel-Wert-Paaren – als beliebige Auswahl von alter und neuer Rechtschreibung – dargestellt worden.

Mit der Funktion exist() (gibt true zurück, wenn der angegebene Hash-Schlüssel existiert) wird überprüft, ob die Eingabe, d. h. alte Rechtschreibung, als Schlüssel im Hash vorhanden ist. Ist dies nicht der Fall, wird durch die Funktion die() der String "Fehler" ausgegeben und das Programm beendet.

Ist der Schlüssel existent, d. h. ist die alte Darstellung der Rechtschreibung im Hash vorhanden, wird mittels Substitution die alte Rechtschreibung im String $ein durch die neue Rechtschreibung ersetzt und ausgegeben:

```
#!/usr/bin/perl -w

%schreibneu = (
'After-Shave'     => 'Aftershave',          # alt neu
'Bonbonniere'     => 'Bonboniere',          # alt neu
'Corned beef'     => 'Cornedbeef',          # alt neu
```

```
'Diktaphon'           => 'Diktafon',                    # alt neu
'fritieren'           => 'frittieren',                  # alt neu
'Gewinnummer'         => 'Gewinnnummer',                # alt neu
'hellicht'            => 'helllicht',                   # alt neu
'Mop'                 => 'Mopp',                        # alt neu
'Numerierung'         => 'Nummerierung',                # alt neu
'Portemonnaie'        => 'Portmonee',                   # alt neu
'Schiffahrt'          => 'Schifffahrt',                 # alt neu
'Zierat'              => 'Zierrat',                      # alt neu
);
# Eingabe
print "Eingabe in alter Rechtschreibung\n";
$ein = <STDIN>;
chomp($ein);                                  # z. B. Schiffahrt


# ist die Eingabe als Schlüssel im Hash vorhanden?
print "Alte Rechtschreibung: $ein \n"    # Schiffahrt
if exists $schreibneu{"$ein"} or die "Fehler\n";


# Ausgabe in neuer Rechtschreibung
print "Neue Rechtschreibung: $ein\n"     # Schifffahrt
if $ein =~ s/\b$ein\b/$schreibneu{$ein}/g;
```

Das obige Programm läuft wie folgt ab: Wenn Sie nach der Aufforderung "Eingabe in alter Rechtschreibung" z. B. "Schiffahrt" eingeben, wird, wenn sich dieses Wort als Schlüssel im Hash befindet, zunächst in alter Rechtschreibung ausgegeben.

Ist der Schlüssel nicht vorhanden, d. h. existiert das Wort in alter Rechtschreibung nicht, gibt die Funktion die() als Ausgabe "Fehler" aus und beendet das Programm.

In den nächsten Zeilen wird eine Ersetzung in neuer Rechtschreibung vorgenommen. Das entsprechende Wort, "Schifffahrt", wird ausgegeben.

Die beiden Ausgaben lauten:

```
Alte Rechtschreibung: Schiffahrt
Neue Rechtschreibung: Schifffahrt
```

Möchten Sie weitere Kombinationen von alter und neuer Rechtschreibung verwenden, brauchen Sie nur die jeweiligen Hash-Werte zu erweitern.

11 Objektorientierte Programmierung (OOP)

Beim objektorientierten Programmieren (OOP) stehen die Objekte im Mittelpunkt der Betrachtung.

Die Vorteile der objektorientierten Programmierung überwiegen bei größeren Programmiervorhaben bzw. sind darauf ausgelegt, die reale Welt in Programmen darzustellen. Alle Daten sind sogenannte Objekte, wie sie auch im realen Leben vorkommen.

In diesem Kapitel soll aber nicht über Sinn oder Unsinn der OOP philosophiert werden, ebenso sollen keine allgemeinen weltanschaulichen Erläuterungen gegeben werden, sondern es wird konkret OOP mit Perl angewendet.

Jedes Objekt besitzt eine eindeutige Identität. Jeder Zustand eines Objektes wird durch Variablen mit entsprechenden Werten dargestellt. Jedes Objekt erhält seine Verhaltensweisen, indem es zu einer Instanz einer Klasse wird. Die Klasse definiert Methoden (Funktionen), die das Verhalten der Klasse und der Instanzen beeinflussen können.

Als Konvention gilt: Methoden, die auf die ganze Klasse angewendet werden, sind Klassenmethoden, Methoden, die auf ein bestimmtes Objekt angewendet werden, sind Instanzmethoden.

In Perl basiert die Objektarchitektur im Wesentlichen auf Packages/Modulen, Funktionen und Referenzen. Eine Klasse definiert sich als ein Package, dessen Funktionen Objekte manipulieren und somit Methoden im Sinne der objektorientierten Programmierung sind.

11.1 Klassenmethode

Zunächst soll der Einstieg in OOP mit der einfachen Struktur von Klassenmethoden erfolgen. Es ist eine Methode, die direkt in der Klasse aufgerufen wird und nicht im Objekt.

Um den Einstieg in die OOP zu erleichtern, werden zunächst Grundlagen von Packages und deren Aufrufe dargestellt. Dabei werden Funktionen aus verschiedenen Packages, über den echten, d. h. vollständigen Packagenamen aufgerufen. Die Vererbung wird an Hand eines einfachen Beispiels erläutert. Im Anschluss daran stehen Instanzmethoden im Vordergrund.

Dabei ist jeder Standardtyp in Perl, der in einem speziellen Package mit `bless()` zugewiesen wird, eine Instanz.

In den folgenden Beispielen werden einfache Funktionen aus verschiedenen Packages über den vollständigen Packagenamen aufgerufen:

```
sub cleo::aktion  {print "Cleo klettert\n";}
sub lilli::aktion {print "Lilli schnurrt\n";}


# Aufruf:
cleo::aktion;
lilli::aktion;
```

Diese trivialen Aufrufe mit dem vollständigen Packagenamen erzeugen als Ergebnis:

```
Cleo klettert
Lilli schnurrt
```

In einem weiteren Beispiel soll wie oben erwähnt der Aufruf mittels symbolischer Referenz erfolgen:

```
sub cleo::aktion  {print "Cleo klettert\n";}
sub lilli::aktion {print "Lilli schnurrt\n";}


@katzen = qw(lilli cleo lilli);
foreach $name (@katzen) {
      &{$name."::aktion"};     # symbolische Referenz
}
```

Das Ergebnis ist:

```
Lilli schnurrt
Cleo klettert
Lilli schnurrt
```

Die Dereferenzierung der symbolischen Referenz ist in der Praxis unüblich. Im Allgemeinen werden Methodennamen direkt als Konstante verwendet:

```
sub cleo::aktion  {print "Cleo klettert\n";}
sub lilli::aktion {print "Lilli schnurrt\n";}


@katzen = qw(lilli cleo lilli);
foreach $name (@katzen) {
      $name->aktion;            # Pfeilnotation
}
```

Diese gefällige Pfeilnotation erzielt das gleiche Ergebnis, ohne dass dabei die symbolischen Referenzen verwendet werden.

Im Folgenden wird nun der allgemeine Aufruf `Klasse->methode{@argumente}` auf das obige triviale Beispiel angewendet. Dabei wird die Funktion `Klasse::methode` nach folgendem Schema aufgerufen:

```
Klasse::methode("Klasse", @argumente);
```

Hierbei werden als erster Parameter der Klassenname und anschließend die entsprechenden Argumente übergeben. Sind keine Argumente angegeben, ist der Klassenname der einzige Parameter.

Im nächsten Beispiel wird dies berücksichtigt:

```
sub cleo::aktion {
     $klasse = shift;
     print "$klasse klettert\n";
}

sub lilli::aktion{
     $klasse = shift;
     print "$klasse schnurrt\n";
}

# Aufruf:
cleo->aktion;
lilli->aktion;
```

Die aufgerufenen Funktionen erhalten jeweils für `$klasse` den entsprechenden Klassennamen. Somit lautet das Ergebnis:

```
cleo klettert
lilli schnurrt
```

Im folgenden Beispiel werden die entsprechenden Aktionen in Form einer Methode definiert:

```
package cleo;
     sub meth1 {"klettert"}
     sub aktion {
          $klasse = shift;
          print "$klasse ",$klasse->meth1,"\n";
     }

package lilli;
     sub meth1 {"schnurrt"}
     sub aktion {
```

```
                    $klasse = shift;
                    print "$klasse ",$klasse->meth1,"\n";
        }
```

```
# Aufruf:
cleo->aktion;
lilli->aktion;
```

Wie Sie sehen, sind auch hier die gleichen Ergebnisse vorhanden wie im Beispiel davor.

Um die Funktion aktion() von beiden Katzen gemeinsam zu nutzen, wird die Vererbung verwendet. Dazu wird ein gemeinsames Package felin erstellt, welches die Funktion aktion() enthält:

```
package felin;                    # felin von lat. felis "Katze"
        sub aktion {
                $klasse = shift;
                print "$klasse ",$klasse->meth1,"\n";
        }
```

```
package cleo;
        @ISA = qw(felin);
        sub meth1 {"klettert"}
```

```
# Aufruf:
cleo->aktion;
felin::aktion("cleo");
```

Bei beiden Aufrufen wird jeweils cleo klettert ausgegeben. Das Array @ISA legt fest, dass cleo zu felin gehört. Innerhalb der Funktion felin() wird durch die Funktion shift() "cleo" extrahiert, d. h. die skalare Variable $klasse erhält den Wert "cleo". Damit wird beim Aufruf $klasse->meth1, in der print-Anweisung "klettert" ausgegeben.

11.2   Instanzmethoden

Um objektorientierte Programme zu erstellen, brauchen Sie im Wesentlichen nur die "drei Schritte von Larry Wall" zu beachten:

Schritt 1: Um eine Klasse zu erzeugen, erstelle ein Package.

Eine Klasse ist somit ein Package mit einer Menge von Funktionen. Dabei wird eine Datei mit dem Namen der Klasse und der Endung .pm angelegt. In dieser Klasse wird ein Namensraum mit dem Namen der Klasse definiert. Des Weiteren liefert das Package getreu den

Perl-Konventionen 1 als Rückgabewert und signalisiert dem Perl-Skript, das es einbindet, die ordnungsmäßige Initialisierung.

Schritt 2: Um eine Methode zu erzeugen, erstelle Funktionen.

Die entsprechenden Funktionen implementieren die Methoden, zuerst den Konstruktor new() (der eine Intanz eines Objektes erzeugt), dann die weiteren Eigenschaften und Methoden. Dabei sind Eigenschaften (auch Attribute genannt) Variablen, wenn eine Instanz eines Objekts erzeugt wurde.

Schritt 3: Um ein Objekt zu erzeugen, verwende bless().

Den Klassenbezug eines neuen Objekts stellt die Funktion bless() her, die den Datentyp mit einem Package verbindet. Dabei erwartet die Funktion bless() zwei Argumente: den Zeiger, der zu einem Objekt gemacht werden soll, und den Namen der Klasse, d. h. des Packages, zu dem die Verbindung erfolgen soll. Dies teilt bless() dem Zeiger mit und liefert außerdem diesen Zeiger zurück.

Eine typische Klassendefinition stellt sich in Perl somit wie folgt dar:

```
package Felin;              # Klasse mit Namen Filena.pm
sub new { … }              # Konstruktor, für die Objekt-
                           # Instanziierung
sub methode_1 { … }        # eine Methode
sub methode_2 { … }        # eine weitere Methode
sub DESTROY { … }          # Destruktor (optional)
1;                         # Initialisierung ok
```

Klasse
In Perl ist eine Klasse einfach ein Package, in dem Funktionen Objekte manipulieren und somit Methoden darstellen. Wie Sie am obigen Schema sehen können, wird durch das Package eine Klasse erzeugt. Dies entspricht dem Vorgehen beim Erstellen normaler Module. Das obige Package mit dem frei gewählten Modulnamen Felin.pm steht im Suchpfad @INC und kann somit von einem Perl-Skript unter use Felin genutzt werden. Innerhalb des Package müssen Sie zunächst eine Methode zum Erzeugen eines neuen Objektes definieren. Eine solche Methode ist die Konstruktormethode, die einen beliebigen Namen tragen kann, aber in der Regel mit new() bezeichnet wird. Wird der Konstruktor mit Hilfe des Pfeilsymbols aufgerufen, übernimmt die Funktion den Packagenamen vor dem Pfeil als erstes Argument.

Den Klassenbezug des neuen Objektes stellt die Funktion bless() her. Dieser Blessing-Mechanismus (Blessing gleich segnen, wird aber im Sinn von Taufen verwendet) bildet den Kern der OOP-Fähigkeiten von Perl.

Objekte
Objekte werden nach einem gemeinsamen Muster aus einer Klasse erzeugt. Der Ausdruck dafür ist Instanziieren. Objekte gestatten es, Daten zu identifizieren, einzukapseln (d. h. At-

tribute eines Objektes sind nicht für das gesamte Programm zugänglich) und Zugriffe zu organisieren.

Eine Instanziierung eines Objektes aus einer Klasse geschieht durch den so genannten Konstruktor. Dieser Konstruktor erzeugt ein Objekt aus einer Klasse.

Wird ein Objekt nicht mehr benötigt, kann durch Verwendung der Objektmethode DESTROY() das Ableben des Objektes herbeigeführt werden. In C/C++ gibt es einen speziellen Destruktor, der aufgerufen wird, wenn das Objekt nicht mehr benötigt wird. In Perl wird im Gegensatz zu C/C++ der Speicher automatisch gesäubert, wenn keine Referenz mehr auf das Objekt zeigt.

Methoden

Wie bereits gesagt, sind Methoden Funktionen, die mit einer bestimmten Klasse assoziiert sind. Sie operieren auf Objekten, die Instanzen dieser Klasse sind. In Perl ist eine Funktion, die in einem Package deklariert wurde, mit dem Package assoziiert. Damit agiert eine geschriebene Funktion in einem Package als Methode.

Wird eine Klasse zum Aufruf der Methode verwendet, ist das Argument der Name der Klasse. Wird ein Objekt zum Aufruf der Methode verwendet, enthält das Argument eine Referenz auf dieses Objekt.

Wie beim Konstruktor können Sie auch auf jede Methode des Objektes mit Hilfe des Pfeilsymbols zugreifen. Wenn Sie auf ein Objekt zugreifen wollen, müssen Sie entscheiden, auf welche Art und Weise oder mit welchen Methoden dies geschehen soll.

Bei Perl ist es möglich, dass der Methodenname als skalare Variable definiert ist, wobei diese entweder den Namen der Funktion zugewiesen bekommt (symbolischer Verweis) oder einen echten Verweis auf die entsprechende Funktion erhält.

Somit lässt sich eine Struktur einer Klasse wie folgt darstellen:

```perl
package Felin;                        # Klassen-Name
sub new {                             # Konstruktor
     my ($klasse) = shift;            # Klassen-Namen erzeugen
     my $objref = {};                 # Referenz auf anony. Hash
     bless($objref, $klasse);         # Blessing
     return $objref;                  # Instanz zurueckgeben
}

# Objekt-Methode
sub methode {
my ($objref) = shift;
}
1;                                    # Standardkonvention
```

Im nachstehenden Beispiel wird gezeigt, wie Sie eine Klasse erstellen, eine Instanz erzeugen und wie Sie mit Methoden des Objektes arbeiten können:

```perl
package Felin;                        # 1. Schritt Felin.pm

sub new {                             # 2. Schritt Konstruktor
     my $klasse = shift;              # Klassen-Namen empfangen
     my ($name, $alter, $wohnort, $aktion) = @_;  # Argumente

     # Anonymes Hash zur Aufnahme der Eigenschaftswerte
     my $ref_katze = {
             "name"      => $name,
             "alter"     => $alter,
             "wohnort"   => $wohnort,
             "aktion"    => $aktion
     };

     bless($ref_katze, $klasse);      # Blessing (taufen)
     return $ref_katze;               # Instanz zurueckgeben
}

sub name {                            # 3.Schritt
     my $ref_katze = shift;           # Referenz
     $ref_katze->{'name'} = shift if @_;   # Wert
     return $ref_katze->{'name'};
}

sub alter {                           # 3.Schritt
     my $ref_katze = shift;           # Referenz
     $ref_katze->{'alter'} = shift if @_;  # Wert
     return $ref_katze->{'alter'};
}

sub wohnort {                         # 3.Schritt
     my $ref_katze = shift;           # Referenz
     $ref_katze->{'wohnort'} = shift if @_;  # Wert
     return $ref_katze->{'wohnort'};
}

sub aktion {                          # 3.Schritt
     my $ref_katze = shift;           # Referenz
     $ref_katze->{'aktion'} = shift if @_;  # Wert
     return $ref_katze->{'aktion'};
}
```

```
sub DESTROY {                          # bereinigen
    my $ref_katze = shift;             # Referenz
    print "$ref_katze->{name} ist weg.\n";
}
1;                                     # ok
```

Erläuterungen:

Der 1. Schritt beginnt mit einer Packageanweisung, die den Namen der Klasse nennt. Der Name sollte identisch mit dem Dateinamen sein, d. h. Felin.pm.

Im 2. Schritt wird die Konstruktorfunktion erstellt, die üblicherweise den Namen new() erhält, wie auch bei C/C++ oder Java. In Perl könnte theoretisch auch ein anderer Name verwendet werden. Die Konstruktorfunktion muss einen Aufruf der Funktion bless() enthalten. Diese bindet eine Referenz an ein Klasse, so dass anschließend über diese Referenz auf das Objekt zugegriffen werden kann.

Mit my $klasse=shift wird der erste Parameter übernommen, den die Konstruktorfunktion new() übergeben bekommt. Der Aufruf Felin->new(@argument) hat zur Folge, dass $klasse durch die Funktion shift() als ersten Parameter (Name vor dem Pfeil) den Klassennamen Felin zugewiesen bekommt.

Im Anschluss werden die Argumente deklariert und mit my $ref_katze wird eine Referenz auf eine anonyme Hash-Variable erzeugt, die benötigt wird, damit die Funktion bless() korrekt bedient wird.

Mit bless($ref_katze,$klasse) wird die Hash-Referenz in eine Objektreferenz "umgetauft" und die benötigte Verbindung zwischen Referenz ($ref_katze) und Objekt ($klasse) hergestellt. Anschließend wird $ref_katze zurückgegeben. Durch dieses Blessing weiß das Perl-Skript jederzeit, dass diese Hash-Referenz zum Package Felin gehört.

Die übrigen Methoden der Funktionen (3. Schritt) sind alle recht ähnlich. Sie bekommen automatisch die Objektreferenz als erstes Argument übergegeben. Die Funktionen extrahieren das erste Argument in eine skalare Variable, die hier $ref_katze genannt wird, aber auch jeden anderen Namen haben könnte. Diese Variable enthält die Referenz auf die Hash-Variable. Der Zugriff auf die Hash-Variable erfolgt in der bekannten Weise.

Mit der Funktion DESTROY(), die wie jede Methode definiert wird, werden Aufräumarbeiten erledigt.

Wichtig ist noch zu erwähnen, dass am Ende die Standard-Anweisung 1 steht, Das bedeutet, dass hier ein wahrer Wert zurückgegeben wird. Andernfalls würde der Perl-Interpreter einen Fehler melden.

Diesen erstellten Datentyp können Sie jetzt im folgenden Perl-Skript verwenden:

```
#!/usr/bin/perl    -w

use Felin;                              # Klassen-Name

@eigenschaften = qw(Cleo 5-Jahre Landshut klettert);
$felin = Felin->new(@eigenschaften);    # Klassen-Methode

# Objekt-Methode
print $felin->name." ist ".$felin->alter." alt, wohnt in ".
$felin->wohnort." und ".$felin->aktion."\n";

# Name, Alter und Aktion aendern
$felin->name('Lilli');
$felin->alter('9-Jahre');
$felin->aktion('schnurrt');

# Objekt-Methode
print $felin->name." ist ".$felin->alter." alt, wohnt in ".
$felin->wohnort." und ".$felin->aktion."\n";
```

Das obige Ergebnis lautet:

```
Cleo ist 5-Jahre alt, wohnt in Landshut und klettert
```

Nach den Änderungen lautet das Ergebnis:

```
Lilli ist 9-Jahre alt, wohnt in Landshut und schnurrt
Lilli ist weg
```

Da es sich um Hash-Referenzen handelt, können Sie auch direkt auf Namen, Alter usw. zugreifen. Um Namen bzw. Alter des Felin-Objektes zu erhalten, ließe sich folgender Code schreiben:

```
print $felin->{name}.$felin->{alter}."\n";
```

Dies ist aber kein guter Programmierstil, da bei Änderung der Referenzart der Zugriff nicht funktionieren würde.

Vererbung mit @ISA
Vererbung ist eine wichtige Eigenschaft in der objektorientierten Programmierung.

Durch Vererbung können Sie aus einer oder mehreren vorhandenen Basisklassen weitere Klassen ableiten oder bestehende Methoden verändern, ohne dabei völlig neue Klassen zu erstellen. Dies ist in Perl sehr einfach. Dazu brauchen Sie nur das Array @ISA (sprechweise: "is a") einfügen.

Im folgenden Beispiel wird eine weitere Klasse `Felin_1` erstellt:

```perl
package Felin_1;                        # 1.Schritt Felin_1.pm

use strict;
use Felin;                              # Felin einbinden
use vars '@ISA';                        # wegen strict
@ISA =qw(Felin);                        # Klasse Felin

sub new {                               # 2.Schritt Konstruktor
      my $klasse = shift;               # Klassen-Namen empfangen
      my ($name, $alter, $wohnort, $aktion) = @_; # Argumente

      # Anonymes Hash zur Aufname der Eigenschaftswerte
      my $ref_katze = {
              "name"      => $name,
              "alter"     => $alter,
              "wohnort"   => $wohnort,
              "aktion"    => $aktion
      };
      bless($ref_katze, $klasse);       # Blessing (taufen)
      return $ref_katze;                # Instanz zurueckgeben
}

1;                                                      # ok

sub wohnort {                                           # 3.Schritt
      my $ref_katze = shift;                            # Referenz
      $ref_katze->{'wohnort'} = shift if @_;
      print "Die Katze ".$ref_katze->{'name'};
      if (@_ eq 'Landshut') {print " kennt sich aus\n";
      }
      else {print " kennt sich nicht aus!\n";
      }
      return $ref_katze->{'wohnort'};
}
```

Im obigen Beispiel erbt `Felin_1` alle Methoden der Basisklasse `Felin`. Wenn eine Methode aufgerufen wird, wird zunächst in der Klasse des aufrufenden Objekts nach dieser Methode gesucht. Ist sie dort gefunden, wird sie ausgeführt. Ist sie nicht vorhanden, wird der Vererbungsbaum durchsucht, bis eine passende Methode in der Basisklasse gefunden wird:

```perl
#!/usr/bin/perl   -w

use Felin_1;
```

```
@eigenschaften = qw(Minou 1/2 Epe);
$felin_1 = Felin_1->new(@eigenschaften);
# Ausgabe Objekt-Methode
print $felin_1->name." ist ".$felin_1->alter.
" Jahr alt, wohnt in ".$felin_1->wohnort."\n";
```

Als Ausgabe erscheint:

```
Die Katze Minou kennt sich nicht aus
Minou ist ½ Jahr alt, wohnt in Epe
Minou ist verschwunden
```

Im obigen Beispiel wird zunächst die eigene Methode ausgeführt, anschließend die der Basisklasse.

12   Perl-CGI

Dieses Kapitel befasst sich damit, wie Perl im Zusammenhang mit Web-Servern nicht nur für übliche Aufrufe von statischen **Hypertext Markup Language (HTML)**-Seiten genutzt wird, sondern wie mit Hilfe des **Common Gateway Interface (CGI)** sich eine interaktive Kommunikation mit Anwendern durchführen lässt, z. B. Informations-Formulare, Feedback-Formulare zu Lerninhalten, Imagemaps, die das Anklicken von Grafiken erlauben, Zähler, die die Anzahl der Benutzer angeben usw.

Das Common Gateway Interface stellt eine Schnittstelle zur Datenübertragung von einem Internet-Browser zu einem Web-Server dar. Über diese Schnittstelle können verschiedene Daten an den Server übertragen und verarbeitet werden. Es können beliebige HTML-Seiten (Formulare) als grafische Oberflächen für Perl-Programme (CGI-Skript) verwendet werden. Damit ist die grafische Oberfläche stets getrennt vom eigentlichen Perl-Programm. Im Vergleich zu anderen Sprachen, wie z. B. C/C++ oder Java, eignet sich die Kombination CGI/Perl besonders, da sie plattformübergreifend verfügbar und hervorragend für die Manipulation von Texten einzusetzen ist. Außerdem ist es auch äußerst einfach, ansprechende grafisch gestaltete Seiten damit zu erstellen.

Das Kommunikationsschema zwischen Web-Browser und Perl (CGI-Skript) einerseitzs und die Mittlerrolle des Web-Servers (Sambar Server Version 6.4) zwischen beiden andererseits ist in folgender Abbildung dargestellt:

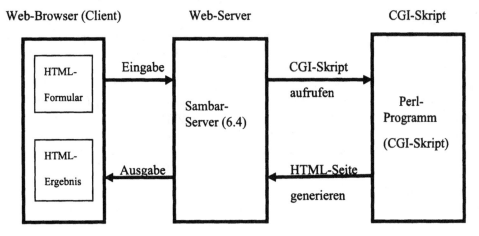

Wie die obige Abbildung zeigt, ist CGI ein Protokoll, das der Kommunikation zwischen HTML-Formularen und einem Programm dient.

Die Standardein- und -ausgaben werden über das Internet mittels HTTP-Protokolls ausgeführt. Hierbei erfolgt die Eingabe im URL-Adressfeld des Web-Browsers und die Ausgabe im Fenster des gleichen Browsers.

Bevor auf die CGI-Programmierung eingegangen wird, soll zum besseren Verständnis ein kurzer Abriss über HTML/HTM erfolgen.

12.1 Hypertext Markup Language (HTML/HTM)

HTML ist eine textbasierte Sprache (Seitenbeschreibungssprache), mit der das Dokumentaussehen z. B. von Texten, Bildern (WWW-Seiten) strukturell und logisch produziert wird. Mit dieser Sprache können Sie mit Hilfe von Hyperlinks Querverweise (farblich markiert) auf andere Dokumente per Mausklick ausführen.

Zum Anschauen eines HTML-Dokumentes wird ein sogenannter "Client", auch Browser genannt, benötigt, wie z. B. Mozilla, NCSA, NetScape oder Microsoft Internet Explorer usw. Zur Erzeugung eines HTML-Dokumentes im Internet wird ein WWW-Server benötigt.

Aufbau eines HTML-Dokumentes

Ein HTML-Dokument wird grunsätzlich mit den Tags (Befehlen) <HTML> begonnen und mit </HTML> abgeschlossen. Dabei handelt es sich um paarige Tags, die nicht "case-sensitiv" sind – es kann <HTML> oder <html> geschrieben werden. Eine Realisierung bzw. Ausführung dieser Tags erfolgt durch den speziellen Text, der zwischen diesen beiden Anfangs- und Endetags steht. Im HTML-Dokument gibt es auch unpaarige Tags, wie z. B. eine Drucktaste <BUTTON>, Einfügen eines Bildes in den aktuellen Textfluss <IMG> usw.

Dokumentkopf (Header)
Prinzipiell besteht ein HTML-Dokument aus zwei Teilen, dem Dokumentkopf (Header) und einem Dokumentkörper (Body). Der Header wird mit <HEAD> und </HEAD> abgegrenzt. Er enthält den Titel des HTML-Dokuments. Die Formatierung für den Dokumenttitel wird begrenzt durch <TITEL> und </TITEL>. Bei den meisten Browsern erscheint dann der Titel auf dem obersten Fensterbalken. Außer dem Titel kann der Header noch weitere Tags enthalten, wie z. B. für Skripte <SCRIPT>, für die Basis-URL <BASE>, bei Dokumentbeschreibungen <META> mit entsprechenden Attributen, zur Einbindung von Stylesheets <LINK> und des entsprechenden Stylesheets-Codes <STYLE> usw.

Dokumentkörper (Body)
Auf den Header folgt der Body, der den eigentlichen HTML-Text enthält. Er wird mit <BODY>, </BODY> abgegrenzt. Body-Tags können Attribute enthalten, die die Seitengestaltung betreffen, wie z. B. Hintergrundbild <BACKGROUND>, Farbe des Textes <TEXT> usw.

Kommentare
Nicht angezeigt werden Kommentare, die mit dem Tag `<!-->` eingeleitet und mit dem Tag `<-->` beendet werden.

Textstrukturen
Der Text kann mit jedem Editor erstellt werden. Durch bestimmte Tags kann einem Text eine Struktur verliehen werden, wie z. B. Überschriften `<H1..H6>`, Tabellen `<TABLE>` usw. Da der Browser jede Zeile bis zum Rand auffüllt, stellt HTML Funktionen zur Verfügung, um die Darstellung des Dokuments zu steuern. Mit `<DIV>` stellen Sie eine Abschnittsunterteilung, mit `<P>` einen Absatzbruch und mit dem Tag `<BR>` den Zeilenumbruch her. Das Tag `<CENTER>` zentriert ihren Text.

Hervorhebungen
Es gibt die Möglichkeit, bestimmte Textstellen gesondert hervorzuheben. Hier wird zwischen den physikalischen und den logischen Hervorhebungen unterschieden. Bei der ersten Art wird der Text vom Browser in einer bestimmten Art z. B. kursiv dargestellt. Bei der zweiten Art geben Sie vor, wie Sie sich den Grad der Hervorhebung vorstellen, z. B. wenig hervorgehoben, stark hervorgehoben usw. und überlassen dem Browser (aufgrund seiner Benutzereinstellungen) die Art der Darstellung.

Überschriften
Hier stehen Ihnen sechs Überschrift-Tags `<H1>` bis `<H6>` zur Verfügung. Wobei Sie mit `<H1>` eine große und mit `<H6>` eine kleine Schriftgröße erzielen. Ihre Überschrift können Sie mit dem `<ALLIGN>`-Attribut ausrichten, entweder linksbündig `<LEFT>`, zentriert `<CENTER>`, rechtsbündig `<RIGHT>` oder im Blocksatz `<JUSTIFIED>`.

Tabellen
Eine Tabelle mit ihren enthaltenen Elementen wird zwischen dem Anfangs-Tag `<TABLE>` und dem zugehörigen End-Tag `</TABLE>` definiert. Das Tag `<TR>` definiert eine Tabellenzeile. Mit den Tags `<TH>` und `<TD>` bestimmen Sie den Tabellenkopf und die Tabellenzellen, während das Tag `<CAPTION>` den Titel festlegt. Mit entsprechenden Attributen können Sie die entsprechenden Tabellenzellen gestalten.

Hyperlinks
Mit Hilfe von Hyperlinks können Sie auf andere Internet-Dokumente oder auf ihre eigenen Dokumente verweisen. Mit anderen Worten: "Mit Hyperlinks steht Ihnen das Wissen des gesamten Internets zur Verfügung".

Jedes Dokument im Internet hat eine eigene Adresse, die als Uniform Resource Locator (URL) bezeichnet wird. Ein URL besteht aus folgender Struktur:

```
Protokoll://Domainname/Pfad
```

Ein URL mit allen drei Komponenten (http://Server/Pfadname) ist z. B.:

```
http://www.page-workshop.de/CGI-Perl/index.html
```

Der obige Server beginnt mit "www", es folgt der Servername mit seiner Netzwerk-Domain. Der Pfadname besteht aus einem oder mehreren durch Schrägstriche "/" getrennten Namen. Alle Namen bis auf den letzten gelten als Verzeichnisse, die zum Dokument führen, während der letzte Name das Dokument selbst ist (Unix-basierte Server verwenden gern den Namen "index.html").

Beginnt ein Teil eines Pfadnamens mit einer Tilde "~", bedeutet dies, dass der restliche Pfadname vom einem privaten HTML-Verzeichnis im Home-Verzeichnis eines Benutzers ausgeht.

Um auf andere Dokumente zu verweisen, verwenden Sie als HTML-Ausdruck das Tag <A>. Mit Tag <A> und dem Attribut "HREF" mit darauffolgender Internet-Adresse erzeugen Sie eine Hypertext-Verbindung bzw. einen Hyperlink.

Mit diesem allgemeinen HTML-Überblick sind Sie in der Lage, CGI-Applikationen mit Perl zu erstellen.

12.2   Interaktive und dynamische Webseiten mit Perl

Wie in der obigen grafischen Darstellung bereits angedeutet, zählt die Verarbeitung von Anwendereingaben, d. h. Auswerten von HTML-Formularen, zu den wichtigsten Aufgaben von CGI. Anschließend müssen die verarbeiteten Daten auch wieder an den Anwender ausgegeben werden. Um das CGI besser von normalen HTML-Seiten unterscheiden zu können, werden zwei Varianten von Abrufen vom Server dargestellt:

Abruf statischer HTML-Seiten vom Server

In vielen Fällen handelt es sich bei den Inhalten der Web-Seiten um nicht dynamische Informationen. Diese Informationen werden vom Anwender als statische Datei in Form eines HTML-Dokuments erstellt und im Dateisystem des Web-Servers abgespeichert.

Bei der Ausführung gibt der Anwender eine URL mit dem entsprechenden Dokumentnamen im Browser an. Der Web-Server überprüft sie und sucht die bei ihm abgelegte Datei (HTML-Dokument). Ist nach erfolgreicher Suche die Datei vorhanden, steht sie zur Interpretation dem Browser zur Verfügung.

Im folgenden Beispiel soll ein einfaches HTML-Dokument in ihrem Browser-Fenster dargestellt werden. Hierzu werden entsprechende HTML-Tags aus dem vorherigen Abschnitt verwandt:

Das entsprechende HTML-Dokument `beispiel1.html` lautet:

```
<!-- HTML-Tags -->
<HTML>
<HEAD><TITLE>Wesentliche HTML-Tags</TITLE></HEAD>

<BODY>
<!-- Zweispaltige Tabelle -->
<TABLE BORDER=3><TD>
<!--******************************************************** -->
<!-- Schriftarten -->
<H1>H1-Überschrift</H1>
<H2>H2-Überschrift</H2>
<H3>H3-Überschrift</H3>
<H4>H4-Überschrift</H4>
<H5>H5-Überschrift</H5>
<H6>H6-Überschrift</H6>
<!-- ****************************************************** -->
<!-- Bullet-Liste -->
<UL>
<LI>Text eins ist normal
<LI>Text <I>zwei ist kursiv</I>
<LI>Text <B>drei ist fett</B>
<LI>Text <TT>vier ist Schreibmaschinenschrift</TT>
<LI>Text <BIG>fünf wird <BIG>immer größer</BIG></BIG> und ist
<STRIKE>durchgestrichen</STRIKE>
<LI>Text <SMALL>sechs wird <SMALL>immer kleiner
</SMALL></SMALL>
<LI>Text <BLINK>sieben blinkt</BLINK>
<LI>Text acht ist <SUP>hoch</SUP>gestellt
<LI>Text neun ist <SUB>tief</SUB>gestellt
<LI>Text <U>zehn ist unterstrichen</U>
</UL>
<TD>
<!-- ****************************************************** -->
<!-- Hyperlinks -->
<A HREF="http://www.Perl.com"> Hyperlink als Text </A>
<P>
<A HREF="http://www.Perl.com">
<IMG SRC="C:/Cleo.gif" Alt="*" VSPACE=0 HSPACE=2 Border=4></A>
Hyperlink
<!-- ****************************************************** -->
<!-- Inhaltsverzeichnis --><P>
<UL>
<LI><A HREF="einf.html" TARGET="Sichtfenster">Einführung</A>
<LI><A HREF="kap1.html" TARGET="Sichtfenster">Kapitel 1</A>
```

```
<LI><A HREF="kap2.html" TARGET="Sichtfenster">Kapitel 2</A>
</UL>
<!-- ************************************************** -->
<!-- Eingabefelder --><P>
<INPUT TYPE="text" NAME="textfeld" VALUE="Eingabefeld">
<INPUT TYPE="password" NAME="password" Value "Perl">
<P>
<TEXTAREA ROWS="4" COLS="20" NAME="areal">
Dieser Text
ist ein
mehrzeiliger
Text

</TEXTAREA>
<!-- ************************************************** -->
<!-- Radio Button --><P>
<INPUT TYPE="radio" NAME="radio" VALUE="Radiobutton1">
Radiobutton1
<INPUT TYPE="radio" Name="radio" VALUE="Radiobutton2" checked>
Radiobutton2

<!-- CheckButtom --><P>
<INPUT TYPE="checkbox" NAME="check" VALUE="Checkbutton1" >
Checkbutton1
<INPUT TYPE="checkbox" NAME="check" VALUE="Checkbutton1"
checked>Checkbutton2

<!-- Drucktasten --><P>
<INPUT TYPE="submit" NAME="aktion" VALUE="Ersetzen">
<INPUT TYPE="submit" NAME="aktion" Value="Abbrechen">

<!-- Beenden -->

</TABLE>
</BODY>
</HTML>
```

Der Browser interpretiert obiges statisches HTML-Dokument und liefert die entsprechende Ausgabe als Screenshot:

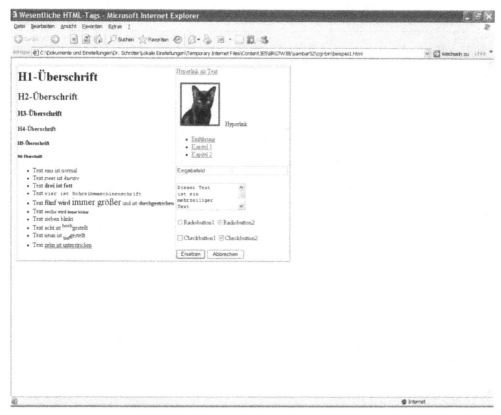

Wie Sie erkennen, sind die wichtigsten HTML-Strukturen definiert worden. Die Verweise zu den weiteren HTML-Dokumenten einf.html, kap1.html und kap2.html sind nicht grafisch dargestellt, aber nach dem gleichen Muster erstellt worden.

Abruf dynamischer HTML-Seiten vom Server

Aus Sicht des Browsers bleibt alles wie gehabt. Es wird eine Anfrage seitens Browser an den Web-Server gestellt und ein entsprechendes HTML-Formular wird Ihnen dann als Anwender auf dem Bildschirm angezeigt. Nach Ausfüllen und Absenden des Formulars verweist dessen URL auf ein vom Web-Server auszuführendes CGI-Programm. Dieses befindet sich entweder in einem speziellen, dem Server aufgrund seiner Konfiguration bekannten Verzeichnis (z. B. cgi-bin), oder dessen Dateiendung wird – im Falle eines Apache-Web-Servers – dem internen Apache-Handler cgi-script zugeordnet.

Der Server erkennt an der Dateiendung, dass es sich um ein Skript handelt und führt es aus. Das Skript erzeugt einen Anwort-Header gemäß dem HTTP-Protokoll, eine Leerzeile sowie den Inhalt der Antwort, die der Web-Server entgegennimmt und dem Client, also dem Browser, zurückliefert, als wäre es eine normale Webseite.

Ein CGI-Skript kann entweder über einen GET-Request oder einen POST-Request aufgerufen werden. Der Hauptunterschied zwischen diesen Methoden besteht darin, wie die Formulardaten an das CGI-Programm übergeben werden sollen.

Bei der Methode GET wird der Query-String einfach an den URL angehängt, wenn der Browser die Anforderung an den Web-Server schickt. Auf diesen String kann dann über die Umgebungsvariable QUERY_STRING zugegriffen werden.

Bei der Methode POST werden die Daten dem Web-Server im Entity-Body übergeben und an das CGI-Skript über die Standardeingabe STDIN weitergeleitet. Dabei werden die Daten für den Anwender unsichtbar an den Server übertragen, was aus Datenschutzgründen von Vorteil ist.

HTML-Header und MIME-Typen
Der Header besteht aus entsprechenden Textzeilen mit dem Format des schon beschriebenen Headers und wird durch eine Leerzeile abgeschlossen. Jeder Header besteht aus mindestens zwei Zeilen (für jedes Skript notwendig), den MIME-Typ und der Leerzeile, die den Header von den eigentlichen Nutzdaten abtrennt.

Somit bezeichnet die erste Zeile print"Content-Type: text/html\n\n"; im Header den MIME-Typ des Dokuments und ist für den Browser wichtig, da er wissen muss, welche Daten er erhält und wie er sie ausgeben soll.

Der sogenannte MIME (Multipurpose Internet Mail Extension)-Typ legt fest, um welche Art von Information es sich handelt, die vom Browser angezeigt werden soll.

Einige MINE-Typen sind in folgender Tabelle aufgelistet:

Tabelle 12.2.2: MINE-Typen

MIME-Typen	Bedeutung
text/html	HTML-Dokument
text/plain	Textdatei
multipart/mixed	HTML-Dokument, unterteilt in Segmente
application/binary	Binärdatei auf Festplatte speichern
image/gif	Bild im Gif-Format
image/jpeg	Bild im JPEG-Format
audio/aiff	Tonwiedergabe im AIFF-Format

Soll z. B. ein HTML-codierter Text ausgegeben werden, wird der Typ text/html verwendet. Die Header-Information muss mit einer zweiten Zeile – einer Leerzeile – abgeschlossen werden, was durch die beiden New-Lines "\n\n" realisiert wird. Beim Fehlen dieses Abschlusses würden alle nachfolgenden Daten als zum Header gehörig betrachtet werden.

In der Folge wird zunächst die Arbeitsweise der CGI-Prorammierung an einem einfachen Beispiel (Abfrage zu einem Wiederholungsthema) gezeigt.

Als Erstes wird ein HTLM-Dokument erzeugt:

```
<HTML>
<HEAD><TITLE>Wiederholung</TITLE></HEAD>

<BODY>
<FORM ACTION="/cgi-bin/wahl1.pl" METHOD="POST">
<!******************************************************* -->
<H1><CENTER>Wiederholungsthema:</CENTER></H1>
<HR>
<TABLE>
<TR>
<TD>Name:</TD>
<TD><INPUT TYPE="text" NAME="name"></TD>
</TR>
<TR>
<TD>Matr.-Nr.:</TD>
<TD><INPUT Type="text" NAME="matr"></TD>
</TR>
</TABLE>
<HR>
<!--******************************************************* -->
<BR>
Welches Thema soll nochmals behandelt werden?<P>

Klicken Sie auf einen entsprechenden Button:<BR>
<BR>
<INPUT TYPE="radio" NAME="thema" VALUE="Grundlagen">
Grundlagen:<BR>
<INPUT TYPE="radio" NAME="thema" VALUE="CGI">CGI-Perl:<BR>
<INPUT TYPE="radio" NAME="thema" VALUE="TK">TK-Perl:<BR>
<INPUT TYPE="radio" NAME="thema" VALUE="GD">GD-Perl:<BR>
<INPUT TYPE="radio" NAME="thema" VALUE="Andere">
Andere Themen:<BR>
<P><BR></P>
Texteingabe:<BR>
<BR>
<TEXTAREA COLS="50" ROWS="6" NA-
ME="texteingabe"></TEXTAREA><BR>
<!--******************************************************* -->
<BR>
<INPUT TYPE="submit" VALUE="senden">
<!--******************************************************* -->
</FORM>
</BODY>
</HTML>
```

Nach Anforderung des HTML-Formulars und den Eingaben (siehe Screenshot) kann der Web-Server in Aktion treten und das CGI-Skript ausführen.

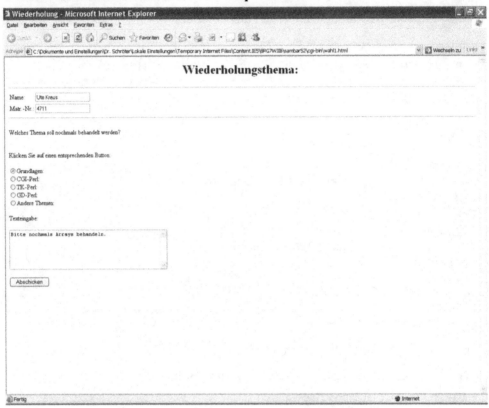

Das entsprechende CGI-Programm wahl1.pl in Perl sieht wie folgt aus:

```perl
#!/usr/bin/perl          -w

# Eingaben ueber STDIN einlesen
read (STDIN, $eingabe, $ENV{'CONTENT_LENGTH'});

# Name-Wert-Paare splitten
@argument = split(/&/, $eingabe);

# Zuweisungen
foreach $arg (@argument) {
      ($key, $value) = split(/=/, $arg);

      # Transliteration der Variablen $value
      $value =~ tr/+/ /;

      # Pluszeichen durch Leerzeichen usw. ersetzen
```

```
        $value =~ s/%(..)/pack("C",hex($1))/eg;
        $value =~ s/<!--(.|\n)*-->/ /g;
        # Dekodierte Daten im Hash abspeichern
        $arg{$key} = $value;
}
############################################################
# HTML-Ausgabe
print "CONTENT-Type: text/html\n\n";
# Ausgabe der Daten

print "<HTML><BODY>";

print "<H2> Die eingegebene Daten waren: </H2>";
print "Name: $arg{'name'}<BR>";
print "Matr.Nr: $arg{'matr'}<BR>";
print "<H1>Wiederholungsthema: <U>$arg{'thema'}</U></H1><BR>";
print "<H3>Texteingabe: $arg{'texteingabe'}</H3>";

print "</BODY></HTML>";
```

Die entsprechende Ausgabe als Screenshot sieht wie folgt aus:

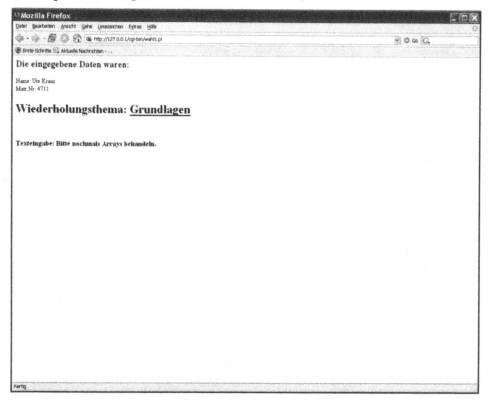

Im folgenden Beispiel wird Bezug zu dem Wiederholungsthema <u>Grundlagen</u> genommen. Es werden nochmals einfache Array-Operationen in Perl behandelt. Die entsprechenden Operationen können nur ausgeführt werden, wenn das entsprechende Passwort "Perl" eingegeben wird. Zunächst wird das auszufüllende HTML-Dokument dargestellt:

```
<HTML>
<HEAD>
<TITLE>Wiederholung</TITLE>
</HEAD>
<BODY>
<FORM ACTION = "/cgi-bin/array1.pl" METHOD="POST">
<!--
******************************************************************
*********** -->
<H1><CENTER>Wiederholung Grundlagen</CENTER></H1>
<H1><CENTER>Array-Operationen</CENTER></H1>
<HR>
<TABLE>
<TR>
<TD>Name:</TD>
<TD><INPUT TYPE="text" NAME="name"></TD>
</TR>
<TR>
<TD>Passwort:</TD>
<TD><INPUT TYPE="password" NAME="password"></TD>
</TR>
</TABLE>
<HR>
<!--****************************************************** -->
<P>
<B>Geben Sie bitte die Array-Elemente ein:</B>
<INPUT TYPE="TEXT" NAME="text" SIZE ="20">
</P><BR><BR>
<P>
<B>Wählen Sie jetzt bitte die Art der Array-Operation aus:</B>
</P>
<INPUT TYPE="radio" NAME="num" VALUE="1">Ausgabe des gesamten
Arrays.<BR>
<INPUT TYPE="radio" NAME="num" VALUE="2">Array umkehren.<BR>
<INPUT TYPE="radio" NAME="num" VALUE="3">Anfangs-Element ent-
fernen.<BR>
<INPUT TYPE="radio" NAME="num" VALUE="4">Ende-Element entfer-
nen.<BR><BR>
<INPUT TYPE="radio" NAME="num" VALUE="5">Elemente
```

```
<INPUT TYPE="text"  NAME="pu1" Value="" SIZE="20"> an den An-
fang des Arrays hinzufügen.<BR>
<INPUT TYPE="radio" NAME="num" VALUE="6">Elemente
<INPUT TYPE="text"  NAME="po1" Value="" SIZE="20"> an das Ende
des Arrays hinzufügen.<BR><BR>
<INPUT TYPE="radio" NAME="num" VALUE="7">Element mit dem In-
dex-Wert
<INPUT TYPE="text"  NAME="anz" VALUE="" SIZE="2"> ausge-
ben.<BR>
<INPUT TYPE="radio" NAME="num" VALUE="8">Element mit dem In-
dex-Wert
<INPUT TYPE="text"  NAME="ae1" VALUE="" SIZE="2"> soll wie
folgt zu
<INPUT TYPE="text"  NAME="ae2" VALUE="" SIZE="20"> verändert
werden.<BR><BR>
<INPUT TYPE="radio" NAME="num" VALUE="9">Vom 1. Index-Wert
<INPUT TYPE="text"  NAME="sl1" VALUE="" SIZE="2"> bis einschl.
2. Index-Wert
<INPUT TYPE="text"  NAME="sl2" VALUE="" SIZE="2"> alles ausge-
ben.<BR>
<INPUT TYPE="radio" NAME="num" VALUE="10">Vom 1. Index-Wert
<INPUT TYPE="text"  NAME="sl3" VALUE="" SIZE="2"> bis einschl.
2. Index-Wert
<INPUT TYPE="text"  NAME="sl4" VALUE="" SIZE="2"> alles lö-
schen.<BR>
<INPUT TYPE="radio" NAME="num" VALUE="11">Vom 1. Index-Wert
<INPUT TYPE="text"  NAME="sl5" VALUE="" SIZE="2"> bis einschl.
2. Index-Wert
<INPUT TYPE="text"  NAME="sl6" VALUE="" SIZE="2"> alles lö-
schen und stattdessen folgende Elemente
<INPUT TYPE="text"  NAME="ei1" VALUE="" SIZE="20"> eingefügen.
<P><BR><BR>
<INPUT TYPE="submit" VALUE = "Abschicken">

</P>
<!--*********************************************** -->
</FORM>
</BODY>
```

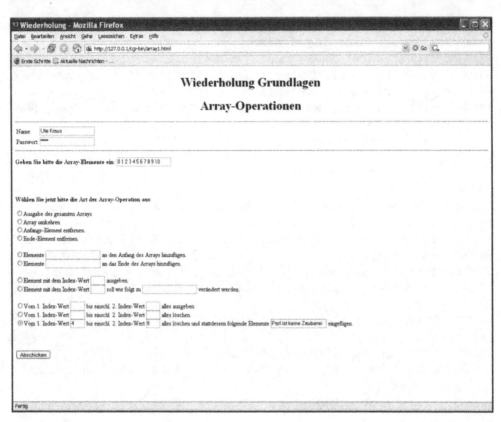

Obiges HTML-Formular ist bereits mit den gewünschten Eingaben ausgefüllt und zur Auswertung abgeschickt worden. Das entsprechende Perl-Programm übernimmt die Auswertung (es sollen Elemente aus einem Array entfernt und durch neue ersetzt werden):

```perl
#!/usr/bin/perl          -w
#array1.pl

# Eingaben ueber STDIN einlesen
read (STDIN, $eingabe, $ENV{'CONTENT_LENGTH'});

# Name-Wert-Paare splitten
@argument = split(/&/, $eingabe);

# Zuweisungen
foreach $arg (@argument) {
      ($key, $value) = split(/=/, $arg);

      # Transliteration der Variablen $value
      $value =~ tr/+/ /;
```

```perl
      # Pluszeichen durch Leerzeichen usw. ersetzen
      $value =~ s/%([a-fA-F0-9][a-fA-F0-9])/pack("C",
      hex($1))/eg;
      $value =~ s/<!--(.|\n)*-->/ /g;

      # Dekodierte Daten im Hash abspeichern
      $arg{$key} = $value;
}
###############################################################
# HTML-Ausgabe
print "CONTENT-Type: text/html\n\n";
# Ausgabe der Daten

print "<HTML><BODY>";

if ($arg{'password'} eq "Perl") {
      print "<H2>$arg{'name'}<BR> Sie haben die Array-
      Operation \'$arg{'num'}\' gewählt:</H2><BR>";
}
else {
      print "<H2>$arg{'name'}:<BR><BLINK> Sie benutzen ein
      falsches Passwort!</BLINK></H2><BR>";
      exit();
}


# Array erstellen
my @array = split (/ /,  $arg{'text'});
my $anzahl = scalar @array;   # Anzahl der Elemente
my $index_h = $#array;        # Hoechster Index
###############################################################

if ($arg{'num'} == 1) {# Array-Ausgabe
      print "<H2>Die Ausgabe vom Array
      \'$arg{'text'}\'</H2><BR>";
      print "<H2>Das Ergebnis ist:</H2><BR>";
      print "<H2>Die Elemente vom Array \'$arg{'text'}\' lau-
      ten: <U>@array</U></H2>";
}

if ($arg{'num'} == 2) {# Array umkehren mit reverse()
      print "<H2>Das Array \'$arg{'text'}\' soll umgekehrt
      werden.</H2><BR><BR>";
      @array_r = reverse @array;
      print "<H2>Das Ergebnis ist: </H2><BR>";
```

```perl
        print "<H2>Das Array \'$arg{'text'}\' umgekehrt lautet:
        <U>@array_r</U></H2>";
}


if ($arg{'num'} == 3) {# Anfangs-Element entfernen mit shift()
        print "<H2>Vom Array \'$arg{'text'}\' soll das Anfangs-
        Element entfernt werden.</H2><BR><BR>";
        $anfang = shift @array;

        print "<H2>Das Ergebnis ist:</H2><BR>";
        print "<H2>Das Anfangs-Element welches vom Array
        \'$arg{'text'}\' entfernt worden ist lautet:
        <U>$anfang</U></H2>";
        print "<H2>Das Array ohne Anfangs-Element \'$anfang\'
        lautet: <U>@array</U></H2>";
}


if ($arg{'num'} == 4) {# Ende-Element entfernen mit pop()
        print "<H2>Vom Array \'$arg{'text'}\' soll das Ende-
        Element entfernt werden.</H2><BR><BR>";
        $ende = pop @array;

        print "<H2>Das Ergebnis ist:</H2><BR>";
        print "<H2>Das Ende-Element welches vom Array
        \'$arg{'text'}\' entfernt worden ist lautet:
        <U>$ende</U></H2>";
        print "<H2>Das Array ohne Ende-Element \'$ende\' lautet:
        <U>@array</U></H2>";
}


if ($arg{'num'} == 5) {# Elemente an den Anfang mit
        unhift()einfuegen
        print "<H2>Beim Array \'$arg{'text'}\' sollen Elemente
        am Anfang eingefügt werden.</H2><BR><BR>";
        @array_1 = $arg{'pul'};
        unshift @array, @array_1;

        print "<H2>Das Ergebnis ist:</H2><BR>";
        print "<H2>Die Elemente \'@array_1\' sind am Anfang
        vom Array \'$arg{'text'}\' eingefügt worden.</H2>";
        print "<H2>Das gesamte Array lautet jetzt:
        <U>@array</U></H2>";
}
```

```perl
if ($arg{'num'} == 6) {# Elemente ans Ende mit push()
    einfuegen
    print "<H2>Beim Array \'$arg{'text'}\' sollen Elemente
    an das Ende eingefügt werden.</H2><BR><BR>";
    @array_1 = $arg{'po1'};
    push @array, @array_1;

    print "<H2>Das Ergebnis ist:</H2><BR>";
    print "<H2>Die Elemente \'@array_1\' sind an das Ende
    vom Array \'$arg{'text'}\' eingefügt worden.</H2>";
    print "<H2>Das gesamte Array lautet jetzt:
    <U>@array</U></H2>";
}


if ($arg{'num'} == 7) {# Element mit dem Index-Wert ausgeben
    print "<H2>Vom Array \'$arg{'text'}\' soll das Element
    mit dem Index-Wert \'$arg{'anz'}\'
    ausgegeben werden.</H2><BR><BR>";
    $index = $arg{'anz'};
    if (($index < 0) || ($index > $index_h)) {
    print "<H2>Das \'$index\'. Index-Element ist nicht vor-
    handen!</H2>"; exit();
}


    print "<H2>Das Ergebnis ist:</H2><BR>";
    print "<H2>Das $index. Index-Element aus dem Array
    \'$arg{'text'}\' lautet: <U>$array[$index]</U></H2>";
}


if ($arg{'num'} == 8) {# Element mit dem Index-Wert veraendern
    print "<H2>Vom Array \'$arg{'text'}\' soll das Element
    mit dem Index-Wert \'$arg{'ae1'}\' zu \'$arg{'ae2'}\'
    verändert werden.</H2><BR><BR>";
    $index = $arg{'ae1'};
    if (($index < 0) || ($index > $index_h)) {
    print "<H2>Das \'$index\'. Index-Element ist
    nicht vorhanden!</H2>"; exit();
    }
    $array[$index] = $arg{'ae2'};

    print "<H2>Das Ergebnis ist: </H2><BR>";
    print "<H2>Das $index. Index-Element aus dem ursprüngli-
    chen Array \'$arg{'text'}\' wurde verändert; also lautet
    das Array: <U>@array</U></H2>";
}
```

```perl
if ($arg{'num'} == 9) {# Elemente zwischen den
     Indexwerten ausgeben
     $index_1 = $arg{'sl1'};
     $index_2 = $arg{'sl2'};

     print "<H2>Vom Array \'$arg{'text'}\' soll vom $index_1.
     Index-Element bis zum $index_2. Index-Element alles aus-
     gegeben werden.</H2><BR><BR>";
     if ($index_2 < $index_1) {print "<H2> Falsche Index-
     Eingabe!</H2>";exit();
     }
     if (($index_1 < 0) || ($index_2 > $index_h)) {
     print "<H2>Die Index-Elemente sind nicht vorha-
     den!</H2>";exit();
     }
     @array_1 = @array[$index_1..$index_2];

     print "<H2>Das Ergebnis ist: </H2><BR>";
     print "<H2>Die Elemente vom Element \'$array[$index_1]\'
     bis zum Element \'$array[$index_2]\' lauten:
     <U>@array_1</U></H2>";
}

if ($arg{'num'} == 10) {# Elemente zwischen den
     Indexwerten löschen
     $index_1 = $arg{'sl3'};
     $index_2 = $arg{'sl4'};
     $diff = ($index_2 - $index_1) + 1;

     print "<H2>Vom Array \'$arg{'text'}\' soll vom $index_1.
     Index-Element
     bis zum $index_2. Index-Element alles gelöscht wer-
     den.</H2><BR><BR>";
     if ($index_2 < $index_1) {print "<H2> Falsche Index-
     Eingabe!</H2>";exit();}
     if (($index_1 < 0) || ($index_2 > $index_h)) {
     print "<H2>Die Index-Elemente sind nicht vorhan-
     den!</H2>";exit();
     }
     @entfernt = splice @array, $index_1, $diff;

     print "<H2>Das Ergebnis ist: </H2><BR>";
     print "<H2>Das Array \'$arg{'text'}\' ist vom $index_1.
     Index-Element
```

```perl
      bis zum $index_2. Index-Element gelöscht worden.</H2>";
      print "<H2>Das ursprüngliche Array \'$arg{'text'}\' be-
      steht nur noch aus
      den Elementen: <U>@array</U></H2><BR>";
      print "<H2>Die gelöschten Elemente sind:
      <U>@entfernt</U></H2>";
}


if ($arg{'num'} == 11) {# Elemente zwischen
      den Indexwerten löschen und einfuegen
      $index_1 = $arg{'sl5'};
      $index_2 = $arg{'sl6'};
      $diff = ($index_2 - $index_1) + 1;
      @neu = $arg{'ei1'};

      print "<H2>Vom Array \'$arg{'text'}\' soll das $index_1.
      Index-Element
      bis einschl. $index_2. Index-Element gelöscht und statt-
      dessen \'@neu\'
      eingefügt werden.</H2><BR><BR>";
      if ($index_2 < $index_1) {print "<H2> Falsche Index-
      Eingabe!</H2>";exit();}
      if (($index_1 < 0) || ($index_2 > $index_h)) {
      print "<H2>Die Index-Elemente sind nicht vorhan-
      den!</H2>";exit();
      }
      @entfernt = splice @array, $index_1, $diff, @neu;

      print "<H2>Das Ergebnis ist:</H2><BR>";
      print "<H2>Beim Array \'$arg{'text'}\' sind vom $in-
      dex_1. Index-Element
      bis einschl. $index_2. Index-Element sämtliche Elemente
      entfernt worden.</H2>";
      print "<H2>Dafür sind die Elemente \'@neu\' ersetzt wor-
      den.</H2>";
      print "<H2>Das ursprüngliche Array \'$arg{'text'}\' lau-
      tet jetzt: <U>@array</U></H2><BR>";
      print "<H2>Die gelöschten Elemente sind:
      <U>@entfernt</U></H2>";
}
print "</BODY></HTML>";
```

Das entsprechende Ergebnis der Array-Operation "11" – Extrahieren von Elementen in einem Bereich und Ersetzen von Elementen eines anderen Bereichs – zeigt folgender Screenshot:

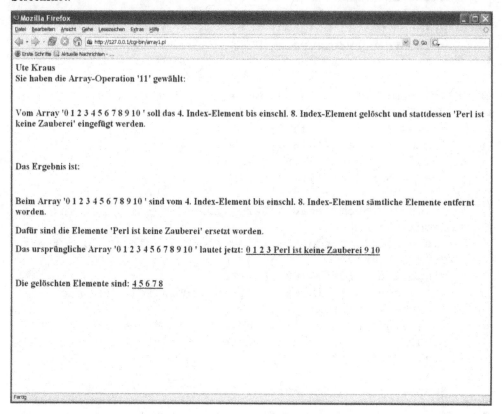

Wie Sie im obigen Programm erkennen können, wird zusätzlich der Bereichsoperator über-prüft. Der Bereichsoperator funktioniert nur, wenn das linke Argument kleiner oder gleich dem rechten Argument ist. Des Weiteren wird überprüft, ob die Eingaben der jeweilen Ar-gumente vom Bereichsoperator korrekt sind.

12.3   Bilderstellung mit dem Modul GD

Mit dem CPAN-Modul GD.pm steht Ihnen eine Schnittstelle zur Grafikbibliothek GD mit entsprechenden Funktionen zur Verfügung. GD ist die Abkürzung von "GIFDraw" und heißt soviel wie "GIF"-Zeichnen (ab Version 1.22 lassen sich auch PNG-Grafiken erstel-len). Als Zeichenobjekte können sie Linien, Rechtecke, Polygone, Kreise und Ellipsen ver-wenden. Sie können verschiedene Linienstile auswählen und beliebige Flächen mit Mustern ausfüllen.

Das GD-Modul ist hervorragend geeignet für den Einsatz in einer CGI-Umgebung. Sie können es somit innerhalb eines Webservers zum dynamischen Generieren von Bildern benutzen.

Das GD-Modul besteht aus drei Klassen:

- GD::Image: Methoden zur Bilderzeugung
- GD::Font: Zeichensatzdefinitionen für Texte
- GD::Poligon: Methoden zur Erzeugung von Polygonen

Erstellen von Rechtecken
Im folgenden Beispiel soll eine einfache Grafik erstellt werden, die zwei Rechtecke mit Text aufweist:

```perl
#!/usr/bin/perl          -w

use GD;

print "Content-type: image/gif\n\n";

$bild = GD::Image->new(400,400);

$grau = $bild->colorAllocate(200,200,200);
$rot  = $bild->colorAllocate(255,0,0);
$blau = $bild->colorAllocate(0,0,255);

$bild->rectangle(40,40,350,160,$blau);
$bild->rectangle(40,200,350,320,$rot);

$bild->string(gdGiantFont,160,90, "1.Rechteck",$rot);
$bild->string(gdGiantFont,160,250,"2.Rechteck",$blau);

binmode STDOUT;

print $bild->gif;
```

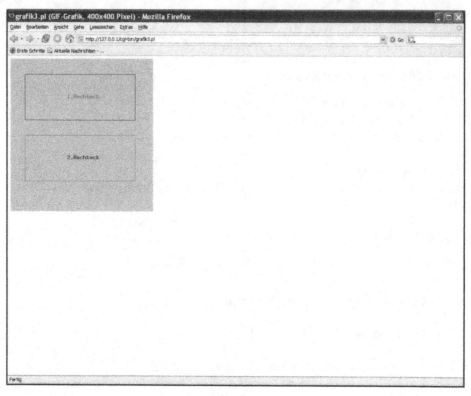

Nachdem mit use GD das GD-Modul eingebunden wird, bildet das Programm eine Instanz der Klasse GD::Image.

Mit dem Konstruktor GD::Image->new() erzeugen Sie ein neues Bildobjekt. Dem Konstruktor übergeben Sie als Argmente Breite und Höhe des Bildes (z. B. 400 × 400 Pixel als Bildpunkte). Geben Sie keine Dimensionen an, wird der Standardwert 64 × 64 gewählt.

Anschließend ordnen Sie dem Objekt drei Farben zu. Die Methode collorAllocate definiert die Farbe mit den entsprechenden Rot, Grün- und Blau-Anteilen. Die erste angegebene Farbe wird zur Hintergrundfarbe des Images. Mit collorAllocate(255,255, 255) erzeugen Sie die Farbe Weiß und collorAllocate(0,0,0) steht für Schwarz usw.

Die Grafikprimitive des Moduls werden als Methoden eines mit new() erzeugten Bildobjektes aufgerufen. Im obigen Programm wird ein rotes und blaues Rechteck erzeugt, wobei die linke obere Ecke die Koordinaten (x1, y1) und die rechte untere Ecke die Koordinaten (x2, y2) besitzt.

Mit der Methode string können Sie einen String beginnend bei der Position (x, y) in der festgelegten Schrift und Farbe darstellen. Hierzu können Sie verschiedenen Fonts wählen, wie z. B. gdSmallFont, gdMediumBoldFont, gdTinyFont, gdLargeFont und gdGiantFont.

Das generierte Bild wird bei CGI-Skripten zur Ausgabe an STDOUT übergeben. Wahlweise können GIF- und PNG-Bilder berzeugt werden.

Erstellen von Rechtecken, die mit Farben ausgefüllt sind
Im folgenden Beispiel sollen Rechtecke mit Farben ausgefüllt werden:

```perl
#!/usr/bin/perl            -w

use GD;

print "Content-type: image/gif\n\n";

$bild    = GD::Image->new(400,400);

$grau    = $bild->colorAllocate(200,200,200);
$schwarz = $bild->colorAllocate(0,0,0);

$rot  = $bild->colorAllocate(255,0,0);
$gelb = $bild->colorAllocate(255,255,0);

$bild->filledRectangle(40,40,360,140,$schwarz);
$bild->filledRectangle(40,140,360,240,$rot);
$bild->filledRectangle(40,240,360,340,$gelb);

binmode STDOUT;

print $bild->gif;
```

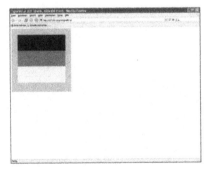

Statt der Methode `rectangle` wird hier die Methode `filledRectangle` mit der entsprechenden Farbe zum Ausfüllen der Rechtecke verwendet.

Erstellen eines Polygons
Zum Zeichnen von Polygonen stehen Ihnen die Methoden der Klasse GD::Polygon zur
Verfügung. Ein Polygonobjekt wird durch den Aufruf des Konstruktors new() erzeugt:

```perl
#!/usr/bin/perl          -w

use GD;

print "Content-type: image/png\n\n";

$bild = GD::Image->new(400,400);

$schwarz = $bild->colorAllocate(0,0,0);
$grau    = $bild->colorAllocate(200,200,200);
$weiss   = $bild->colorAllocate(255,255,255);
$blau    = $bild->colorAllocate(0,0,255);
$rot     = $bild->colorAllocate(255,0,0);

$bild->fill(20,20, $grau);
$poly    = GD::Polygon->new();

#Polygon
$poly->addPt(200,50);
$poly->addPt(300,150);
$poly->addPt(300,250);
$poly->addPt(200,350);
$poly->addPt(100,250);
$poly->addPt(100,150);
$poly->addPt(200,50);

$bild->polygon($poly,$schwarz);
$bild->fillToBorder(20,250,$schwarz,$blau);

$bild->string(gdGiantFont,170,190,"Sechseck",$schwarz);

$bild->string(gdGiantFont,170,30, "200,50",$weiss);
$bild->string(gdGiantFont,310,140,"300,150",$weiss);
$bild->string(gdGiantFont,310,240,"300,250",$weiss);
$bild->string(gdGiantFont,170,355,"200,350",$weiss);
$bild->string(gdGiantFont,30,240, "100,250",$weiss);
$bild->string(gdGiantFont,30,140, "100,150",$weiss);

binmode STDOUT;

print $bild->png;
```

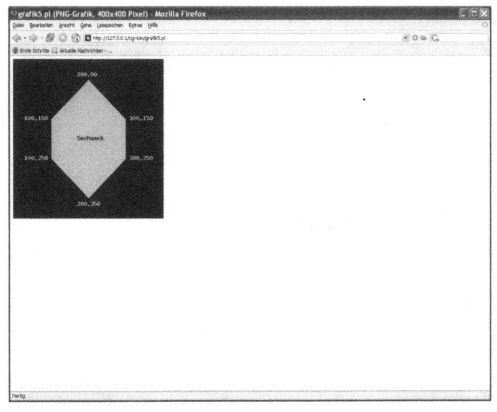

Die Eckpunkte des Polygons werden mit der Methode addPt erzeugt. Im obigen Beispiel wird ein geschlossener Polygonzug erzeugt, da Anfangs- und Endpunkt zusammenfallen.

Um das Polygon in der angegebenen Farbe zu erzeugen, wird die Methode polygon verwendet.

Mit der Methode fill wird der Polygonbereich mit der Farbe "grau" ausgefüllt. Wie fill füllt auch die Methode fillToBorder ab der Position (x, y) Bereiche mit der angegebenen Farbe. Wie Sie im obigen Programm sehen, werden der Methode als Parameter ein Koordinatenpaar, eine Grenzfarbe sowie eine Füllfarbe übergeben.

Die jeweiligen Eckpunkte werden durch die Methode string beschriftet.

13   Grafische Oberflächen mit Tk

Perl/Tk (Toolkit) ist eine Sammlung von Modulen (Tk.pm), mit denen sich grafische Oberflächen darstellen lassen. Sie wurde als Erweiterung der Sriptsprache Tcl von Dr. John Ousterhout entwickelt. Nick Ing-Simmons hat sie anschließend nach Perl portiert.

Perl/Tk (nicht zu verwechseln mit seinem Vorgänger TkPerl) ist eine grafische Schnittstelle zu Perl und stellt somit eine Verknüpfung zwischen Toolkit und den objektorientierten Möglichkeiten der Skriptsprache Perl her.

Im Gegensatz zu einer textbasierten Schnittstelle (Konsolenprogramm), wo der Benutzer über die Tastatur kommuniziert, werden bei einer grafischen Benutzerschnittstelle (fensterbasierte Programme, engl. Graphical User Interface) verschiedene Kombinationen aus Tastatur- und Mausinteraktionen ausgeführt. Somit bietet Tk einen sehr guten Kompromiss zwischen Mächtigkeit und einfacher Benutzung.

Die Eingaben in ein GUI sind ereignisbasiert (event driven). Es gibt eine große und vielfältige Anzahl von Ereignissen (events), auf die Tk reagieren kann, wie z. B. das Drücken der linken Maustaste oder das Tippen eines Buchstabens usw. Also ist alles, worauf reagiert werden kann, ein Ereignis.

13.1   Klassen und Objekte im Tk-Package

Wie Sie aus dem Kapitel OOP erfahren haben, ist bei Perl eine Klasse lediglich ein Package, dessen Funktionen Objekte manipulieren können und damit Methoden im Sinne der OOP sind.

Ein Package ist in Perl bekanntlich ein abgeschlossener Namensraum für Funktionen und Variablen. Dadurch können in einem Programm Namenskollisionen vermieden werden.

Ein Modul ist ein Package, das in einer Datei gleichen Namens abgelegt ist. Ein Modul wird im Hauptprogramm aufgerufen durch:

```
use <modulname>;
```

Durch use TK wird das Modul Tk beim Kompilieren geladen und die Namen in den Namensraum eingesetzt. Dabei handelt es sich beim Toolkit "Tk" um ein grafisches User-Interface, das auf dem X-Windows- bzw. Windows-System aufsetzt.

Toolkits definieren sogenannte Widgets, grafische Einheiten, die nach bestimmten Interaktionen (Tastatur und Maus) funktionieren. Hierbei setzt sich das Wort "Widget" aus den Begriffen Window und Gadget zusammen und bedeutet soviel wie grafisches Interaktions-Objekt.

Bekannte Widgets sind z. B. das Label, der Button, eine Listbox usw. Sie besitzen alle ein grafisches Layout, reagieren aufgrund von Benutzereingaben, d. h. Tastatur- und Mausinteraktionen (Benutzer Events), wobei sie dadurch ihren Status verändern und eventuell angefügte Programme (Callbacks) abarbeiten.

Widgets erzeugen

Im Prinzip werden alle Widgets auf die gleiche Art und Weise erzeugt. Jedes Widget muss einen Vater haben, der, wenn er erzeugt ist, die anschließende Lebensdauer überwacht und die entsprechenden Applikationen verwaltet.

Der Ablauf zur Erzeugung eines Widgets lässt sich in folgenden Schritten darstellen:

Schritt 1:
Zunächst werden Objekte erzeugt, die auf dem Bildschirm erscheinen sollen. Als Grundlage dient ein zentrales Fenster (Hauptfenster), das durch ein Objekt der Klasse MainWindow definiert wird. Mit Hilfe des Konstruktors new() erzeugen Sie ein MainWindow-Objekt, unter dessen Hierarchiestufe alle weiteren Widgets entstehen. Intern wird ein Hauptfenster erzeugt, das mit dem MainWindow-Objekt verbunden ist.

Damit Sie im Programm mit dem erzeugten Hauptfenster arbeiten können, liefert der new-Konstruktor eine Referenz von MainWindow zurück, die z. B. in einer skalaren Variable $vater gespeichert ist. Die Syntax für die Erzeugung eines Hauptfensters könnte dann wie folgt lauten:

```
$vater = MainWindow->new(); # Hauptfenster erzeugen
```

Sobald Sie das MainWindow-Objekt erzeugt haben, können weitere Widgets-Objekte über die Variable $vater auf das Hauptfenster zugreifen.

Im übertragenen Sinne der OOP ist das zentrale Hauptfenster ein Vater-Widget. Die neu zu erzeugenden Widgets (Kinder) stehen syntaktisch bei einem vorhandenen Vater-Widget in folgender Beziehung:

```
$kind = $vater->Widget-Typ([-option => wert, ...]);
```

Die Variablen (Referenzen auf Widget-Objekte), in denen die Widgets abgelegt werden, sind wiederum Skalare.

Die Konfigurationsparameter bzw. Eigenschaften eines Widgets kommen stets paarweise vor. Die Syntax ist bei allen Widgets stets dieselbe:

```
-Eigenschaft => Eigenschaftswert,
```

Es lassen sich z. B. als Optionen -text, -state oder -variable mit entsprechenden Eigenschaftswerten verwenden.

Bezogen auf das Vater-Widget können Sie weitere Widgets, wie z. B. ein Label, ein Button, ein Frame oder ein Textfeld, allgemein nach obiger Definition sehr einfach definieren und an das Hauptfenster anhängen:

```
$kind_1 = $vater->Label();    # Label-Widget-Objekt erzeugen
$kind_2 = $vater->Button();   # Button-Widget-Objekt erzeugen
$kind_3 = $vater->Frame();    # Frame-Widget-Objekt erzeugen
$kind_4 = $vater->Text();     # Text-Widget-Objekt erzeugen
```

Wie im wirklichen Leben kann auch hier ein Vater viele Kinder haben, aber ein Kind kann nur einen Vater haben.

Der Pfeil-Operator für die Dereferenzierung -> zwischen $vater und Widget-Typ ruft die Methode Widget-Typ am Objekt $vater auf.

Schritt 2:
Hier wird für jedes Widget eine Position gesetzt. Die verschiedenen Verfahren werden als Geometrie-Manager bezeichnet. Mit dem Verfahren placer geben Sie die Position mittels Koordinaten im Fenster an. Mit der Methode pack wird jedes Widget-Objekt innerhalb eines Bezugswidgets positioniert. Mit der Option -in lässt sich auch ein Widget geometrisch in ein anderes Widget ablegen. Beim Verfahren grid werden die Widgets in einem Gitter angeordnet.

Schritt 3:
Im letzten Schritt wird durch Aufruf der Routine MainLoop() die Ereignisschleife gestartet und das Hauptfenster geöffnet. Die Widgets werden dann an den Positionen sichtbar, die Sie angegeben haben.

Widgets darstellen

Für jedes Widget kann die entsprechende Position festgelegt werden. Im einfachsten Fall geben Sie mit placer die Position als Koordinaten im Fenster an. Für die verschiedenen Verfahren ist der Geometrie-Manager da.

Nachdem ein MainWindow-Objekt erzeugt wurde, können im MainWindow andere Widgets plaziert werden.

Die verschiedenen Widget-Typen, wie z. B. Button, Checkbutton, Radiobutton, Label, Entry, Listbox und Menu, unterstützen unterschiedliche Optionen. So legen Sie z. B. beim Label mit der Option -text den Text fest oder bestimmen mit -background die Hintergrundfarbe eines Buttons.

Für die geometrische Anordnung der Widgets untereinander ist ebenfalls der Geometrie-Manager verantwortlich. So können Sie z. B. mit der Option -side bestimmen, wo ihre Widgets positioniert werden sollen.

Anschließend werden sämtliche auszuführenden Ereignisse Ihres Programms in einer Ereignisschleife abgearbeitet. In ihr wird festgestellt, welche Art von Eingabe gemacht worden ist. In Tk wird die Ereignisschleife mit MainLoop gestartet. Es wird nun das entsprechende Fenster ausgeführt, d. h. die Widgets, die Sie definiert haben, werden an den entsprechenden Positionen sichtbar gemacht.

Die wesentlichen Widget-Typen sind in der folgenden Darstellung aufgeführt:

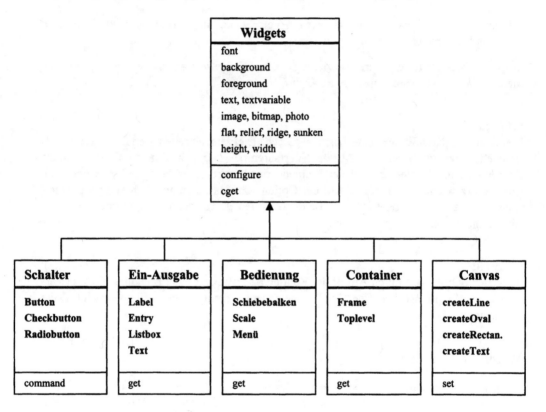

13.2   Die Schalter-Widgets

Zur Gruppe von Schaltern zählt der Button, der Checkbutton und der Radiobutton. Alle drei Schalter unterscheiden sich durch den inneren Zustand nach dem Drücken der Maustaste:

Beim Drücken eines Buttons wird eine Aktion ausgeführt. Dies kann z. B. das Beenden eines Programms sein oder der Beginn eines Prozesses. Danach vergisst der Button aber, dass er gedrückt worden ist. Er verhält sich wie ein Taster, der nicht einrastet.

Checkbuttons und Radiobuttons unterscheiden sich hauptsächlich durch die Anzahl der Aktionen, die Sie ausführen möchten. Beim Checkbutton können Sie beliebig viele Elemente auswählen. Der Radiobutton wählt aber nur eine Möglichkeit von vielen aus.

Das Button-Widget

Ein viel verwendeter Widget-Typ ist der Button. Das folgende Programm erzeugt einen einfachen Button, der, wenn er gedrückt wird, die Aktivierung beendet:

```perl
#!/usr/bin/perl    -w

use Tk;                              # Tk einbinden

$fenster = MainWindow->new();        # Fenster erzeugen
# oder $fenster = new MainWindow;

$fenster->title('Tk');               # Methode title

$button = $fenster->Button(          # Methode Button
                -text      => 'Beenden',
                -background => 'red',
                -command   => \&callback      # Callback
                );
$button->pack();                     # Button ins Fenster einhängen

MainLoop();                          # Ereignisschleife starten

sub callback {                       # bzw. sub {exit 0};
print "Rueckkehr zum System\n";      # Ausgabe
exit(0);
}
```

Zunächst wird ein Hauptfenster MainWindow mit Hilfe von new() – dem Konstruktor der Klasse des MainWindow-Objekts – erzeugt. Die Referenz davon wird der skalaren Variable $fenster zugewiesen. Mit Hilfe dieser Variable können Sie immer wieder auf das Hauptfenster zugreifen – wie es in den nächsten Programmzeilen geschehen ist –, um z. B. einen Button darzustellen. Der Titel des Fensters wird durch die Methode -title festgelegt.

Lässt man den Titel weg, verwendet Tk standardmässig den Namen des Programms als Titel der Applikation.

Mit der Option -text wird die Beschriftung des Buttons festgelegt. Die Option -command legt die Reaktion fest – hier wird die Funktion callback() mit ihrem auszuführenden Code angebunden für den Fall der Aktivierung. Das Hauptfenster erzeugt nun ein Button-Widget (mit den vorher definierten Eigenschaften), welches durch pack() angezeigt wird.

Damit der Button etwas tun kann, wenn er gedrückt wird, muss der Option -command ein Callback zugewiesen werden. Dieser Callback wird ausgeführt, wenn die linke Maustaste über dem Button losgelassen wird. Der Callback kann auf mehrere Arten definiert werden:

- Mit einer anonymen Funktion: z. B. sub{ exit 0 }
- Mit einer Funktionsreferenz: z. B. \&func
- Mit einer anonymen Liste, deren erstes Element eine Funktionsreferenz ist und deren weitere Elemente Argumente dieser Funktion sind: z. B. [\&func, $arg0, $arg1, \@arg2…]

Im obigen Programm wird als Callback eine Funktionsreferenz \&callback ausgeführt, die, bevor das Programm verlassen wird, den Text "Rueckkehr zum System" ausgibt.

Die Beschriftung des Buttons kann dynamisch mit der Option -textvariable erfolgen. Das bedeutet, wenn sich der Wert der Variable ändert, ändert sich auch der Text des Buttons. Durch die Option -state wird der Button mit disabled in einen inaktiven Zustand und mit normal wieder in den aktiven Zustand gesetzt.

Mit MainLoop() wird die Ereignisschleife für die grafische Schnittstelle gestartet; diese führt die entsprechenden Interaktionen aus, d. h. die Applikation wird beendet, sobald der Button betätigt wird.

Das folgende Beispiel zeigt, wie die Option -textvariable verwendet wird:

```perl
#!/usr/bin/perl    -w

use Tk;                            # Tk einbinden
use Date::Calc    qw(:all);        # Datum-Uhrzeit einbinden

$i = 0;
sub datum {
      $date = Date_to_Text_Long(Add_Delta_Days(Today, $i));
      $i++;
}

$fenster = MainWindow->new();      # Fenster erzeugen
$fenster->title('Tk');             # Methode title

$fenster->Button(-text    => "Tages-Zähler",
                 -command => \&datum)->pack(-side => 'left');
```

```
$fenster->Button(-textvariable => \$i)->pack(-side =>'left');
$fenster->Button(-textvariable => \$date)
->pack(-side => 'left');

$fenster->Button(-text        => "Beenden",
                 -command     => sub { exit })
->pack(-side => 'left');

MainLoop();                               # Ereignisschleife starten
```

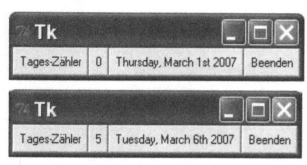

Im oberen Fenster wird das aktuelle Datum mit dem Startwert angezeigt. Das untere zeigt das Datum und die Anzahl der Tage, nachdem der Button "Tages-Zähler" mehrmals gedrückt worden ist.

Anstatt einen Textstring im Button anzuzeigen, können Sie mit der Option -image auch ein Image, z. B. unsere Katze Cleo, als Cleo.gif oder mit der Option -bitmap ein Bitmap zur Anzeige bringen. Im nachstehenden Beispiel soll ein Image: Cleo.gif und mehrere Default-Bitmaps: error, gray50, hourglass usw. zur Anzeige gebracht werden:

```
#!/usr/bin/perl   -w

use Tk;                              # Tk einbinden

$fenster = MainWindow->new();        # Fenster erzeugen
$fenster->title('Tk');               # Methode title

$bild = $fenster->Photo(-file => "Cleo.gif");

$fenster->Button(-background =>'red',
                 -command    => sub { exit },
                 -image      => $bild
                 )->pack;

@bitmaps = qw(error gray50 hourglass info questhead question
warning);
```

```perl
foreach (@bitmaps) {
    $fenster->Button(-bitmap => $_)->pack(-side => 'left');
}

MainLoop();                              # Ereignisschleife starten
```

Um eine $bild-Variable zu erzeugen, verwenden Sie die Methode Photo. Hierbei wird der Zeiger $bild als Wert an die Option -image übergeben. Sie sollten darauf achten, dass als Image-Formate GIF und PPM/PGM verwenden. Bei JPEG-Images müssen Sie das Zusatzmodul TK::JPEG verwenden.

Mit der Option -bitmap werden die jeweiligen Bitmaps angezeigt.

Der Checkbutton

Der Checkbutton unterstützt sämtliche Optionen eines gewöhnlichen Buttons. Mit dem Checkbutton lassen sich mehrere Dinge gleichzeitig einschalten. Mit der Option -variable wird eine Variable durch Übergabe ihrer Referenz (Wert) mit dem Zustand des Anzeigefeldes verknüpft.

Ist der Wert der Variable Null, besitzt der Checkbutton den Zustand "Aus". Im anderen Fall, wenn der Wert ungleich Null ist, schaltet der Checkbutton in den Zustand "Ein". Umgekehrt steuert der Checkbutton wiederum die Variable. Beim eingeschaltenen Checkbotton enthält die Variable (aufgrund des Anzeigefeldes) den Wert 1, ist er augeschaltet, erhält sie den Wert 0, bedingt durch die Optionen -onvalue bzw. -offvalue.

Hier soll ein Checkbutton erzeugt werden, der beim Betätigen weitere Checkbuttons anzeigt:

```perl
#!/usr/bin/perl    -w

use Tk;                                  # Tk einbinden

$fenster = MainWindow->new();            # Fenster erzeugen
$fenster->title('Tk');                   # Methode title
```

```perl
# Variablen mit "0" vorbesetzen
$wert1 = 0;
$wert2 = 0;
$wert3 = 0;

# 1. Checkbutton erzeugen
$fenster->Checkbutton(
      -text          => 'Was wuenschen Sie?',
      -variable    => \$value,
      -command     => sub {
            if ($value) {
            # weitere Chekbottons erzeugen
                  $fenster->Checkbutton(
                        -text          => 'Vorspeise',
                        -variable    => \$wert1,
                        -command     => sub{callback()}
                  )->pack(-side => 'left');

                  $fenster->Checkbutton(
                        -text          => 'Hauptspeise',
                        -variable    => \$wert2,
                        -command     => sub{callback()}
                  )->pack(-side => 'left');

                  $fenster->Checkbutton(
                        -text          => 'Dessert',
                        -variable    => \$wert3,
                        command      => sub{callback()}
                  )->pack(-side => 'left');
            }else{ exit }
      }
)->pack;

$label = $fenster->Label->pack(-side => 'bottom');
$fenster->Label(-text => 'Das haben Sie gewaehlt: ')
->pack(-side => 'bottom');

MainLoop();                               # Ereignisschleife starten

sub callback {
      $text='';
      if ($wert1){$text .= 'Vorspeise  ';}
      if ($wert2){$text .= 'Hauptgericht  ';}
      if ($wert3){$text .= 'Dessert';}
      $label->configure(-text => $text);
}
```

Zunächst wird ein Checkbotton erzeugt:

Wenn Sie den dargestellten Checkbutton "Was wünschen Sie" anklicken, verändert sich das obige Fenster wie folgt:

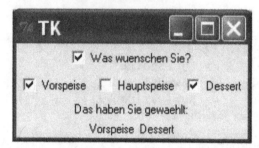

Der Screenshot zeigt, welche Eingaben Sie getätigt haben.

Im Perl-Programm wird zunächst ein Checkbutton erzeugt. Sobald Sie diesen anklicken, werden über die durch -command festgelegte anonyme Funktion drei weitere Checkbuttons zur Auswahl dargestellt. Je nach Auswahl von "Vorspeise", "Hauptspeise" oder "Dessert" wird durch die Funktion callback() der entsprechende Text des gewählten Ckeckbutton durch das Label-Widget angezeigt.

Der Radiobutton

Ein Radiobutton sieht ähnlich wie ein Checkbutton aus. Er besitzt ebenfalls auf der rechten Seite das Anzeigefeld. Mit ihm können Sie aus einer Reihe zur Verfügung stehender Möglichkeiten eine auswählen. Mit anderen Worten: Aus dieser Reihe von Möglichkeiten darf jeweils nur eine aktiv sein. Wählen Sie z. B. eine zweite an, wird die erste automatisch deaktiviert.

```perl
#!/usr/bin/perl    -w

use Tk;                              # Tk einbinden

$fenster = MainWindow->new();        # Fenster erzeugen
$fenster->title('Tk');               # Methode title

$gruppe='';

$fenster->Label(
        -text => 'Als Vorspeise koennen Sie waehlen:',
        )->pack;
```

```
foreach (qw(Salat Suppe Carpaccio Austern Schnecken)) {
     $fenster->Radiobutton(
               -text       => $_,
               -value      => $_,
               -variable   => \$gruppe,
               -foreground => 'red'
               )->pack(-side => 'left');
}

MainLoop;                              # Ereignisschleife starten
```

Obiges Programm definiert 5 Radiobuttons sowie ein Label. Auch hier wird der Zustand wie beim Checkbutton mit der Variable -variable verknüpft. Jeder Radiobutton aus der Gruppe verwendet die gleiche Variable. Da jeder Radiobutton in einer Gruppe auf die gleichen Variablen verweist, gibt es hier keine Werte wie den "ein- bzw. ausgeschalteten" Zustand. Somit lassen sich alle 5 Radiobuttons über eine foreach-Anweisung erstellen. Als Option ist hier -foreground=>'red' gewählt worden. Sobald Sie auf einen angegebenen Radiobutton klicken, verändert sich seine Farbe.

13.3   Das Label-Widget und die Texteingabe-Widgets

Zur Ein- bzw. Ausgabe von Texten können Sie vier verschiedene Widget-Typen verwenden. Wenn Sie Benutzern nur Textinformationen geben wollen, eignet sich insbesondere das Label-Widget. Der Typ Entry mit seinem einzeiligen Feld eignet sich zur Eingabe von einfachem Text. Der Typ Text mit seinem mehrzeiligen Feld eignet sich zur Eingabe von formatiertem Text. Beide Typen sind zur Eingabe von Text geeignet. Der Typ Listbox ermöglicht es, zwischen den verschiedenen Texten auszuwählen.

Das Label-Widget

Das Label-Widget ist das einfachste Beispiel der Widget-Typen. Es wird ein Fenster Main-Window erzeugt, in dem der Text "Label-Widget" steht. Dieser Text wird mit dem Widget-Typ Label erzeugt. Im Gegensatz zum Button können mit ihm keine Interaktionen mit einer Tab-Taste ausgeführt werden. Es passiert nichts, wenn Sie ihn anklicken.

In den folgenden Code-Zeilen wird ein einfaches Label-Widget erzeugt:

```perl
#!/usr/bin/perl    -w

use Tk;                                 # Tk einbinden

$fenster = MainWindow->new();           # Fenster erzeugen
$fenster->title('Tk');                  # Methode title

$fenster->Label(-text           => 'Label-Widget',
                -foreground => 'red')->pack;

MainLoop();                             # Ereignisschleife starten
```

Das Hauptfenster, das erzeugt wird, besitzt wieder den konventionellen Konstruktor new(). Das Label enhält als Textfeld den Text "Label-Widget". Die entsprechenden Optionen stellen den Titel und die Farbe des Textes dar. Durch die Methode pack() (Geometrie-Manager) wird anschließend das Textfeld angezeigt. Die Referenz auf das Label könnten Sie wiederum einer skalaren Variable zuweisen. Zum Schluss werden die Ereignisse durch die Methode MainLoop weiterverarbeitet.

Das Entry-Widget

Wie bereits angekündigt, eignet sich dieser Widget-Typ zur Eingabe von Text. Dabei bietet das Entry-Widget eine einzeilige Version, wobei die Entry-Box leer oder mit einer vorgegebenen Textzeile dargestellt werden kann. Im Prinzip arbeitet der Entry-Typ wie ein einzeiliger Texteditor. Text kann eingegeben, mit der Maus selektiert, gelöscht und hinzugefügt werden.

Im ersten Beispiel wird eine leere Entry-Box erstellt und im zweiten Beispiel wird die Texteingabe ausgewertet:

```perl
#!/usr/bin/perl    -w

use Tk;                                 # Tk einbinden

$fenster = MainWindow->new();           # Fenster erzeugen
$fenster->title('Tk');                  # Methode title

$fenster->Entry->pack;

MainLoop;                               # Ereignisschleife starten
```

Hier ist ein Entry-Widget mit einer leeren Textzeile dargestellt. Im anschließenden Beispiel wird die jeweilige Texteingabe, nach Betätigung des Buttons, angezeigt.

```perl
#!/usr/bin/perl    -w

use Tk;                            # Tk einbinden

$fenster = MainWindow->new();      # Fenster erzeugen
$fenster->title('Tk');             # Methode title

$entry = $fenster->Entry->pack;

$button=$fenster->Button(-text => 'Zeige Entry-Text');
$button->configure(-command => [\&callback, $entry]);
$button->pack;

MainLoop;                          # Ereignisschleife starten

sub callback {
$eingabe = shift;
$wert = $eingabe->get;
$fenster->Label(-text        => $wert,
                -foreground  => 'red')->pack;
}
```

Durch die Zuweisung der Referenz auf Entry an die skalare Variable $entry wird die Texteingabe mit der Funktion get() angezeigt. Dazu wird die Variable $entry als Referenz an die Funktion callback() übergeben. Zunächst wurde die Eingabe einer leeren Textzeile durch Drücken des Buttons angezeigt. Danach ist "Die Texteingabe war:" eingegeben worden. Anschließend wurde dieser Text mit "Ein Entry-Widget" überschrieben. Dieser Text ist ebenfalls nach Betätigen des Buttons angezeigt worden.

Das Listbox-Widget

Eine Listbox ist ein Widget, mit dem ein bestimmtes Element aus einer Liste von Elementen angezeigt werden kann. Dieses Widget zeigt eine Reihe von Strings in einer Liste an, so dass in jeder Zeile genau ein Eintrag enthalten ist. Mit der Option selectmode können Sie einen oder mehrere Stringeinträge auswählen.

Da ein Fenster durch eine übermäßige Anzahl von Radio- bzw. Checkbuttons unübersichtlich wird, sollten Sie ein Listbox-Widget einsetzen. Die Größe einer Listbox kann automatisch eingestellt werden, damit alle Elemente darin Platz haben.

Mit Hilfe des Schiebebalkens kann die Navigation in einem Listbox-Widget erleichtert werden.

Der folgende Programmcode erzeugt ein Listbox-Widget:

```perl
#!usr/bin/perl     -w

use Tk;                                 # Tk einbinden
$fenster->title('Tk');                  # Methode title

@katzen = qw(Abessiner Angora Balinesen Kurzhaar Bengal Birma
            Burma Chinchilla Colourpoint Hauskatze Kartaeuser
            Perser Ragdoll Siam Somali);

$fenster = MainWindow->new;             # Fenster erzeugen
$fenster->title('Tk');                  # Methode title

$box = $fenster->Listbox(-height      => 4,
                         -relief      => 'raised',
                    -selectforeground => 'red',
                    -selectbackground => 'green',
                    -selectborderwidth => 5
                    );

foreach (@katzen){$box->insert('end', $_)};

$box->selectionSet(7, 8);

$box->activate(9);
$box->focus();

$scroll = $fenster->Scrollbar(-command => ['yview', $box]);

$box->configure(-yscrollcommand => ['set' => $scroll]);
$box->pack(-side => 'left');

$scroll->pack(-side => 'right', -fill => 'y');

MainLoop;                               # Ereignisschleife starten
```

Durch die Methode Listbox ist das Widget konfiguriert worden, z. B. Höhe, Listbox-Kanten, Farbe des Hintergrunds, Textfarbe, Breite des Randes um den ausgewählten Text. Danach werden mit der Methode insert Einträge vom Array @katzen in die Listbox eingefügt. Mit der Methode selectionSet wählen Sie einen Bereich von Einträgen aus der Listbox aus. Mit der Methode activate und ihrem Index wird ein entsprechendes Element der Liste zum aktiven Element (unterstrichen).

Anschließend wird mit der Methode Scrollbar ein Schiebebalken erzeugt. Mit ihm können Sie sich den Inhalt anzeigen lassen. Die Kommunikation des Inhalts mit dem Schiebebalken wird durch die Option -yscrollcommand erzielt. Mit yview wird die Verbindung vom Schiebebalken zur Listbox hergestellt.

Das Text-Widget

Das Text-Widget ist ebenfalls ein mächtiges Standard-Widget. Als simpler Editor bietet es eine umfangreiche Funktionalität, wobei Tk die komplette Steuerung übernimmt. Mit der Methode Text wird ein Text-Widget erzeugt. Mit einem zusätzlichen Schiebebalken-Widget können Sie den dargestellten Text in x- und y-Richtung schieben.

Das Widget kann ebenso zur Textdarstellung eingesetzt werden.

Der folgende Programmcode erzeugt ein Text-Widget mit zusätzlichen Schiebebalken-Widgets:

```perl
#!/usr/bin/perl   -w

use Tk;                               # Tk einbinden

$fenster = MainWindow->new();         # Fenster erzeugen
$fenster->title ('Tk');               # Methode title

$frame = $fenster->Frame();

$yscroll = $frame->Scrollbar();       # default vertikal
$xscroll = $frame->Scrollbar(-orient =>'horizontal');
```

```perl
$text = $frame->Text(-width => 40, -height => 10,
                     -font => "{Arial} 8 {bold}",
                     -background        => 'black',
                     -foreground        => 'white',
                     -insertbackground => 'white',
                     -insertwidth       => '5',
                     -wrap              => 'none',
                     -xscrollcommand => ['set' => $xscroll],
                     -yscrollcommand => ['set' => $yscroll]
                     );

$xscroll->configure(-command => ['xview' => $text]);
$yscroll->configure(-command => ['yview' => $text]);

# Zuerst die Scrollbalken packen
$xscroll->pack(-side => 'bottom', -fill => 'x');
$yscroll->pack(-side => 'right',  -fill => 'y');
$frame->pack(-side => 'top',    -expand => 1, -fill => 'both');
$text->pack(-side => 'left',    -fill => 'both', -expand => 1);
$text->pack(-side => 'bottom', -fill => 'both', -expand => 1);

# 20 Zeilen einfügen
foreach (1..20) {$text->insert("end", "$_. Zeilentext\n")};

# Zeile 4 und 5 loeschen
$text->delete("4.0", "5.0");

# Zeile 4 mit neuem Text versehen
$text->insert("4.0", "\"neuer Zeilentext\"\n");

# Zeilentext 10 in Zeile 5 einfügen
$wert = $text->get("10.0", "11.0");
$text->insert("5.0", $wert);

MainLoop;                                    # Ereignisschleife starten
```

Ein Text-Widget besteht normalerweise aus einer Breite von 80 Zeichen und einer Höhe von 24 Zeichen. Mit `-width=>40` und `-height=>10` ist ein 40 Zeichen breites und 10 Zeichen hohes Text-Widget erzeugt worden.

Mit der Option `-font` können Sie beliebige Fonts verwenden, um einen Text darzustellen. Im obigen Programm ist ein Standardfont `"Arial 8 bold"` verwendet worden, wobei hier speziell ein weißer Text (fett) auf schwarzem Hintergrund gewählt wurde.

Mit `-insertbackground=>'white'` und `-insertwidth=>'5'` als Optionen wird die Farbe und die Größe des Eingabecursors definiert.

Zu dem eigentlichen Text-Widget sind noch zwei Schiebebalken hinzugefügt worden. Mit diesen beiden Schiebebalken können Sie sich den Inhalt des Widget horizontal oder vertikal anzeigen lassen.

Mit der Methode `Scrollbar` wird der Schiebebalken erzeugt. Damit das Text-Widget mit dem Schiebebalken kommunizieren kann, wenn der Inhalt umherbewegt wird, wurde jeweils die Option `-xscrollcommand` und `-yscrollcommand` verwendet.

Mit `['xview'=>$text]` und `['yview'=>$text]` tritt das Gegenteil ein. Hierdurch wird der Schiebebalken so konfiguriert, dass er jetzt mit dem Text-Widget kommuniziert, d. h. wenn der Schiebebalken in x- bzw. y-Richtung bewegt wird, wird auch das Sichtfenster des Widgets verändert.

Ein Zeilenumbruch wird durch die Option `-wrap=>"char"` (Defaulteinstellung) erzeugt. Er führt den Cursor in die nächste Zeile, sobald die aktuelle Zeile voll ist. Mit `-none` ist der Zeilenumbruch deaktiviert worden.

Im letzten Abschnitt des obigen Programms wurden mit der Methode `$text->insert` Textzeilen eingefügt. Mit `delete` und Angabe der Zeilen- und Spaltenposition können Zeilen gelöscht und mit `get` entsprechende Zeilen kopiert werden.

Damit die Schiebebalken beim Verkleinern des Fensters weiterhin sichtbar bleiben, sind sie zuerst in ein Frame gepackt worden.

13.4 Die Bedienungs-Widgets

Neben dem Schiebebalken-Widget und dem Scale-Widget ist die Pulldown-Menütechnik ein wichtiger Vertreter grafischer Benutzerführung. In einem Balken (Frame-Widget) sind Objekte vom Typ Menubutton eingebaut. Diese Menubuttons, die auf Knopfdruck Pulldown-Menüs herunterfallen lassen, aktivieren spezielle Widgets zur Interaktion. Zunächst werden aber Schiebebalken- und Scale-Widgets dargestellt.

Das Schiebebalken- und das Scale-Widget

Im folgenden Programm werden der vorher beschriebene Schiebebalken, ein Scale-Widget und einige Labels an einem konkreten Beispiel dargestellt. Mit der Eingabe eines Startkapitals, der Inflationsrate und einer Laufzeit soll die Kaufkraft berechnet werden:

```perl
#!usr/bin/perl      -w

use Tk;                                 # Tk einbinden

$fenster = MainWindow->new;              # Fenster erzeugen
$fenster->title('Tk');                   # Methode title

$frame = $fenster->Frame();

$frame->Label(-text => 'Startkapital')->pack;
$kapital = $frame->Entry->pack;

$frame->Label(-text => 'Jährliche Inflationsrate')->pack;
$inflation = $frame->Entry->pack;

$frame1 = $fenster->Frame(-borderwidth => '1');

$scale=$frame1->Scale(-from    => 0,
                      -to      => 20,
                      -label   => "Laufzeit",
                      -orient  => "vertical",
                      )->pack;

$frame2 = $fenster->Frame();
$werte = $frame2->ScrlListbox(-label => 'Kaufkraft:');
$werte->pack;

$button = $fenster->Button(-text    => 'Start',
                           -command => \&berechnen
                           );

$frame->pack( -side    => 'left');
$frame1->pack(-side    => 'left');
$frame2->pack(-side    => 'right');
$button->pack(-expand  => 'yes',
              -padx    => '5m',
              -pady    => '5m'
              );
```

```
MainLoop;                              # Ereignisschleife starten

sub berechnen {

$kap = $kapital->get;
$inf = $inflation->get;
$jahr = $scale->get;

for ($i = 0; $i < $jahr; ++$i){

    $kap -= $kap * $inf/100;
    $endkap = int ($kap);
    $werte->insert('end', $endkap);
    }
}
```

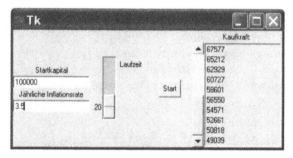

Zunächst werden zwei Label-Widgets ("Startkapital" und "Jährliche Inflationsrate") dargestellt. Mit der Methode Entry werden die Eingaben vorgenommen.
Anschließend wird ein Scale-Widget erzeugt mit einer vertikalen Skalierung von 0 bis 20
(Jahren). Als nächstes Widget erscheint der Schiebebalken, der nach dem Betätigen des Buttons "Start" die Ergebnisse ausgibt. Die Anordnung der Widgets ist in einem Container-
Fenster mit der Methode Frame erzeugt worden. Zur Berechnung wird die Funktion be-
rechnen() eingesetzt und als Callback-Funktion für den Button eingerichtet. In der Funktion werden mit get die jeweilgen Eingabewerte abgefragt. Die berechneten Werte werden
durch die Methode insert in das Listenfeld kopiert.

Wie man im obigen Beispiel sieht, wird sich die heutige Kaufkraft z. B. von 100.000 € in den
nächsten 20 Jahren mehr als halbiert haben (auf 49.039 €), bei einer fiktiven jährlichen Inflationsrate von 3,5 %.

Das Menü-Widget

Das Menü-Widget funktioniert nach der Pulldown-Technik. Sobald Sie in einem Balken
(Menubar), der sich am obersten Fensterrand befindet, ein Widget vom Typ Menubutton
drücken, klappen entsprechende Widgets mit wählbaren Einträgen herunter. Folgende Typen
können Sie dabei zur Interaktion verwenden: Der bekannteste ist wohl das Command-Widget

für einfache Befehle. Möglich sind auch die vorher erwähnten Check- und Radiobuttons für
den Dialogbetrieb. Mit einem Separator erzeugen Sie eine horizontale trennende Linie zwischen den einzelnen Gruppen. Eine Cascade hängt in ein bestehendes Pulldown-Menü einen
Eintrag ein.

Im nächsten Beispiel soll ein Menü-Widget erstellt werden:

```perl
#!/usr/bin/perl    -w

use Tk;                               # Tk einbinden

$fenster = MainWindow->new;           # Fenster erzeugen
$fenster->title('TK');                # Methode title
# Menuebar
$menu=$fenster->Frame(-relief => 'ridge', -bd => 5);


# Menuebuttons
$pd1=$menu->Menubutton(-text => 'Datei',      -underline => 0);
$pd2=$menu->Menubutton(-text => 'Optionen',   -underline => 0);
$pd3=$menu->Menubutton(-text => 'Bearbeiten',-underline => 0);
$button = $menu->Button(-text       => 'Hilfe',
                        -command    => sub{print "Hilfe\n"});
# Untermenues
$pd1->command(-label    => 'Schliessen',
              -command  => sub{print "Datei schliessen\n"});
$pd1->command(-label    => 'Oeffnen',
              -command  => sub{print "Datei oeffnen\n"});

$pd2->command(-label        => 'Exit',
              -accelerator  => 'Alt+F4',
              -command      => sub{ exit 0 });
$pd2->separator();

$pd2->checkbutton(-label        => 'Checkbutton1',
                  -underline    => 0,
                  -variable     => \$var_check,
                  -command      => sub{print "Checkbutton1\n"});

$pd2->checkbutton(-label        => 'Checkbutton2',
                  -underline    => 4,
                  -variable     => \$var_check,
                  -command      => sub{print "Checkbutton2\n"});
$var_check = 1;
$pd2->separator();
```

```
$pd2->radiobutton(-label      => 'Radiobutton1',
                  -underline  => 11,
                  -variable   => \$var_radio,
                  -value      => 'Radio1',
                  -command    => sub{print "$var_radio\n"});

$pd2->radiobutton(-label      => 'Radiobutton2',
                  -underline  => 11,
                  -variable   => \$var_radio,
                  -value      => 'Radio2',
                  -command    => sub{print "$var_radio\n"});

$var_radio = "Radio1";
$pd2->separator();

$pd3->command(-label    => 'Kopieren',
              -command  => sub{print "Kopieren\n"});
$pd3->command(-label    => 'Ausschneiden',
              -command  => sub{print "Ausschneiden\n"});
$pd3->command(-label    => 'Einfuegen',
              -command  => sub{print "Einfuegen\n"});
$pd1->separator();

$menu->pack(-side => 'top',-fill => 'x');
$pd1->pack(-side  => 'left');
$pd2->pack(-side  => 'left');
$pd3->pack(-side  => 'left');
$button->pack(-side =>'right');

MainLoop;                              # Ereignisschleife starten
```

Menubar mit seinen Menubuttons

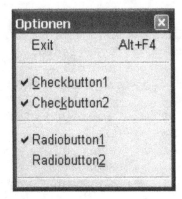

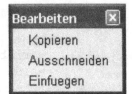

Die einzelnen Pulldown-Menüs

Die Menubuttons erzeugen, wenn man sie anklickt, entsprechende Pulldown-Menüs. Diese werden über die Methode command aktiviert. Als Optionen sind für die Methode command Beschriftungstexte und Funktionaufrufe gewählt worden.

In weiterer Pulldown-Menüs sind im obigen Beispiel Checkbuttons und Radiobuttons mit der Methode checkbutton und radiobutton erzeugt worden.

Der Separator letztendlich trennt inhaltlich verwandte Gruppen voneinander und dient der optischen Verbesserung.

13.5   Die Container-Widgets

In der Gruppe der Container-Widgets sind Frame-Widgets und Toplevel-Widgets zu finden. Dabei stellt das Frame-Widget lediglich Platz für andere Widgets bereit und passt sich den Gegebenheiten an. Sobald sich die Größe des enthaltenen Widgets verändert, versucht auch das Frame seine Größe zu verändern.

Wie bereits dargestellt, konnten einem Hauptfenster weitere Widgets zugeordnet werden. Somit ist das Hauptfenster ein Container für die Widgets, die in dem Fenster enthalten sind, d. h. jedes Widget kann Container für andere Widgets sein. Ein Toplevel-Widget ist eine äußere Schale für weitere Widgets der speziellen Klasse TopLevel.

Das Frame-Widget

Mit dem Container-Widget Frame lassen sich (sichtbar oder unsichtbar) andere Widgets aufnehmen. Es können Frames in Frames enthalten sein. Ebenso können Widgets vom Typ Buttons, Labels usw. in Frames enthalten sein, die wiederum selbst in einem Frame enthalten sind.

Mit Frames sind Sie in der Lage, Unterbereiche festzulegen, die individuell gestaltet werden können und somit für Platzierungen und zu Dekorationszwecken bestens geeignet sind. Zum

Beispiel kann der Rand eines Frames unterschiedliche Formen annehmen. Das Frame-Widget ist nicht interaktiv. Die Widgets innerhalb eines Frames dagegen können es sein.

Mit der Option -relief und den Parameterwerten, wie z. B. flat, groove, raised, ridge und sunken, entsteht ein dreidimensionaler Eindruck. Mit der Option -border-width bestimmen Sie die Pixelbreite vom Rand:

```perl
#!/usr/bin/perl    -w

use Tk;                           # Tk einbinden

$fenster = MainWindow->new;       # Fenster erzeugen
$fenster->title('TK');            # Methode title

foreach (qw(flat groove raised ridge sunken)) {

$frame = $fenster->Frame(-relief => $_, -borderwidth => '10');

$frame->pack(-padx => '2', -pady => '2');

# Label hinzufuegen
$frame->Label(-text => "relief: $_")->pack;     # Label
}

MainLoop;                         # Ereignisschleife starten
```

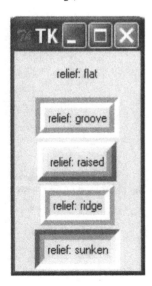

Mittels Schleifendurchläufen werden die Parameterwerte an die Option -relief zugewiesen und erzeugen dann ein entsprechendes Frame sowie ein Label mit Text.

Das Toplevel-Widget

Sie haben bisher durch die Methode new() in der Klasse MainWindow bereits ein Toplevel-Widget erzeugt. Neben diesem Toplevel-Widget können noch weitere Widgets erzeugt werden. Bildlich gesprochen ist das besagte Hauptfenster ein Container für all die Widgets, die in dem Fenster enthalten sind.

Wenn Sie Widgets in Widgets einbauen, dient die äußere Schale quasi als spezielle Klasse TopLevel. Dabei ist das Toplevel-Widget MainWindow als Wurzel eines Widgets-Baums anzusehen:

```perl
#!/usr/bin/perl   -w

use Tk;                            # Tk einbinden

$fenster = MainWindow->new;        # Fenster erzeugen
$fenster->title ('TK');            # Methode title

$fenster->Label(-text   => 'Bitte Text eingeben',
                -height => '2',
                -width  => '20'
               )->pack;
$ein = $fenster->Entry->pack;

$fenster->Button(-text        => 'Toplevel',
                 -height      => '1',
                 -width       => '8',
                 -command     => \&func
                )->pack;

$fenster->Button(-text        => 'Beenden',
                 -height      => '1',
                 -width       => '8',
                 -command     => sub{ exit 0}
                )->pack;

MainLoop;                              # Ereignisschleife starten

sub func {
if (! Exists($top)) {
     $top = $fenster->Toplevel();
     $top->title('Toplevel');

     $top->Label(-text => 'Die Eingabe war: '.$ein->get,
                 -foreground => 'red')->pack;
```

```
$top->Button(-text      => 'Beenden',
             -command   => sub{$top->withdraw})->pack;

$ein->delete(0, 'end');          # loescht die Eingabezeile
}else{
      $top->deiconify();
      $top->raise();
}
}
}
```

Die Methode `$top=$fenster->Toplevel();` initialisiert ein neues Fenster und zeigt es nach der Texteingabe und dem anschließenden Anklicken des `Toplevel`-Buttons gleich an. Die Methode `get` erzeugt den Text, der mittels `Entry` eingegeben wurde.

Das Toplevel-Widget wird durch Anklicken des Buttons `"Beenden"` wieder geschlossen und verschwindet vom Bildschirm. Durch die Methode `withdraw` existiert es zwar noch, ist aber nicht sichtbar. Erst die Methoden `deiconify` und `raise` stellen das mit neuem Inhalt versehene Toplevel-Widget wieder dar.

13.6   Das Canvas-Widget

Mit dem Canvas-Widget können Sie geometrische Objekte, z. B. Linien, Kreise, Bögen, Rechtecke usw., zeichnen. Das Canvas-Widget hat keine begrenzte Größe, da es in alle Richtungen zu schieben ist. Im folgenden Beispiel werden als geometrische Objekte ein Ellipsen-Element, ein Polygon-Element und ein Rechteck-Element erzeugt, die sowohl in x- als auch in y-Richtung zu schieben sind:

```
#!/usr/bin/perl   -w

use Tk;                           # Tk einbinden

$fenster = MainWindow->new;       # Fenster erzeugen
$fenster->title ('TK');           # Methode title

$fenster->Label(-text => 'Zeichenflaeche')->pack;
```

```
$canvas = $fenster->Canvas(-width   => '300',
                           -height  => '300')->pack;

$canvas->createRectangle(100, 100, 50, 150, -fill => 'blue');
$canvas->createOval(10, 10, 80, 50, -fill => 'red');
$canvas->createPolygon
      (100, 100, 150, 70, 40, 50, -fill => 'black');
$canvas->createText
      (0, 0, -text => 'Geometrische Objekte', -fill =>'blue');

$y = $fenster->Scrollbar(-command => ['yview',$canvas],
                         -orient  => 'vertical');

$x = $fenster->Scrollbar(-command => ['xview',$canvas],
                         -orient  => 'horizontal');

$canvas->configure(-scrollregion => [0, 0, 100, 100]);

$canvas->configure(-xscrollcommand => ['set', $x],
                   -yscrollcommand => ['set', $y]);

$y->pack(-side => 'right', -fill => 'y');
$x->pack(-side => 'bottom',-fill => 'x');

$canvas->pack(-expand => 'yes', -fill => 'both');

MainLoop;                              # Ereignisschleife starten
```

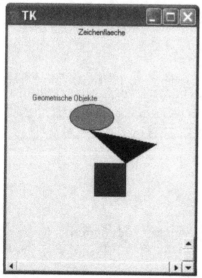

14   Uhrzeit und Datum

Bei vielen Anwendungen sind Sie auf die Behandlung von Uhrzeit und Datum angewiesen. Perl stellt hierzu nicht nur grundlegende Funktionen zur Verfügung. Sie können mit der **CPAN**-Modulsammlung **Date** und dem enthaltenen Modul **Date::Calc** (über 45 Funktionen) weitergehende Datums- und Zeitberechnungen vornehmen.

Für die Zeit- und Datumsberechnung verwendet Perl skalare Typen (Skalarkontext) und Array-Typen (Listenkontext). Der Typ bestimmt jeweils die Darstellung von Zeit- und Datums-Rechnungen.

Folgende Darstellungen sind möglich:

- Als Zahl: Alle Zeit- und Datumsrechnungen beziehen sich auf ein Referenzdatum (Epoche), nämlich seit Mitternacht 01.01.1970, 00:00:00 Uhr Weltzeit (UTC: Universal Time Coordinated; oder GMT: Greenwich Mean Time). Ein Datum ist in Perl der Zeitraum in Sekunden (Timestamp), der seit dem Beginn der Epoche bis zum entsprechenden Datum vergangen ist, z. B. 1_158_957_250.
- Als String: Der übergebene Timestamp wird als ein Datum (als lokale Zeit) im Format D M Y H:M:S zurückgegeben, z. B. 22. September 2006 22:34:10.
- Als Array: Die Funktion localtime() gibt eine aus neun Elementen bestimmte Liste mit Datumsangaben zurück, z. B. 10 34 22 22 8 106 5 264 1 (sek, min, std, Tag, Monat, Jahr, Wochentag, Jahrestag, Sommer/Winterzeit).

14.1   Berechnung der Uhrzeit

Bei den meisten Systemen wird zur Anzeige der Zeit die Funktion time() eingesetzt. Sie gibt die Anzahl der Sekunden an, die seit dem 1. Januar 1970, 00:00:00 Uhr GMT bis zur Abrufzeit vergangen sind. Durch Einsatz der Funktion leap_year() erfahren Sie, ob ein Jahr ein Schaltjahr ist oder nicht. Beim Wahrheitswert true handelt es sich um ein Schaltjahr.

Mit den Werten von Timestamp hatten Perl-Anwendungen kein Jahr-2000-Problem (Y2K). Da die Zahl in Sekunden seit Beginn – wie in C/C++ – als int-Typ gespeichert wird, besteht für die Darstellung mit 32-Bit bis dato kein Problem. Erst ab dem Jahr 2038 wird der Timestamp für 32-Bit-Systeme zu groß, so dass dann mindestens Wortbreiten von 64 Bit und größer nötig sind.

Die folgenden Berechnungsbeispiele beziehen sich, wenn kein anderes Datum angegeben ist, auf den 22. September 2006.

Die Funktion `time()`
```
time
```

Wie Sie am folgenden Beispiel deutlich sehen können, ist die Darstellung als Zahl durch die Funktion `time()` schwer lesbar. Aus diesem Grund wird die Zeit (Timestamp) der Funktion `time()` durch die Zeitfunktionen `localtime()` bzw. `gmtime()` in eine lesbare Form konvertiert:

```
#!/usr/bin/perl -w

$aktuell = time;
print "Aktuelle Zeit seit dem Beginn der Epoche in Sekunden:
$aktuell\n";
$jahre = $aktuell / (60*60*24*365);        # Berechnung in Jahre
printf "Dies sind umgerechnet: %5.2f Jahre\n", $jahre;
```

Dieses Programm gibt aufgrund des Datums vom 22. September 2006 Folgendes aus:

```
Aktuelle Zeit seit dem Beginn der Epoche in Sekunden:
1_158_957_250
Dies sind umgerechnet: 36.75 Jahre
```

Die Funktion `time()` zählt die Anzahl der seit der Epoche (01.01.1970) bis zum aktuellen Zeitpunkt (22.09.2006) verflossenen Sekunden (1_158_957_250). Diese Anzahl wird mit der `print`-Anweisung ausgegeben. Die folgende Zeile berechnet die entsprechenden Jahre, wobei aus Gründen der Einfachheit das Jahr mit 365 Tagen angenommen wird. Das Ausgabeformat der `printf`-Anweisung liefert 36.75 Jahre als Ergebnis.

Die Funktion `localtime()`
```
localtime [sekunden]
```

Sie können in den folgenden Programmzeilen mit der Funktion `localtime()` die aktuellen Sekunden in einen String umwandeln. Im skalaren Kontext gibt diese Funktion einen ausführlichen String im Format **D M Y H:M:S** zurück. Dabei kann der Parameter `time` weggelassen werden. Hier bezieht sich die Funktion `localtime()` auf die lokale Zeitzone, z. B. Mitteleuropäische Zeit (MEZ):

```
#!/usr/bin/perl -w

$epoche = localtime 0;
print "Epoche: $epoche\n";   # Epoche: Thu Jan 1 01:00:00 1970
```

```
$aktuell = localtime time;
# time entspricht 1158957250 Sekunden
print "Das aktuelle Datum ist: $aktuell\n";
```

Bezogen auf 1_158_957_250 Sekunden ergibt sich daraus folgendes Datum:

```
Das aktuelle Datum ist: Fri Sept 22 22:34:10 2006
```

Mit localtime wird die Referenzzeit - die Funktion time() gibt die vergangenen Sekunden seit der Epoche an - in ein Datum mit Uhrzeit relativ zum 01.01.1970 (Epoche) umgewandelt. Ist der Wert des Parameters 0, ergibt dies für localtime natürlich das Ursprungsdatum sowie die Ursprungszeit. Wird ein anderer Parameterwert eingeben, wird das entsprechende Referenzdatum bzw. die Referenzzeit geliefert.

Wird an Stelle der vergangenen Sekunden time z. B. ein anderer Sekunden-Wert verwendet, wird die entsprechende Referenzzeit seit dem 01.01.1970 ausgegeben:

```
#!/usr/bin/perl -w

@epoche = (0, 2, 62, 3602);        # Sekundenwerte
foreach (@epoche) {
    $date = localtime $_;
    print "$date\n";
}
```

Mit der foreach-Schleife werden die einzelnen Werte der Liste (0, 2, 62, 3602) als Sekundenwerte an localtime übergeben. Der Parameter von localtime ist die Spezial-Variable $_.

Die Ausgabe ist:

```
Thu Jan 1 01:00:00 1970        # Ursprungsdatum (Epoche)
Thu Jan 1 01:00:02 1970        # nach    2 Sekunden
Thu Jan 1 01:01:02 1970        # nach   62 Sekunden
Thu Jan 1 02:00:02 1970        # nach 3602 Sekunden
```

Im Listenkontext gibt localtime Zahlenwerte als Liste in folgender Reihenfolge aus: Sekunden (0-60), Minuten (0-59), Stunden (0-23), Tag (1..31), Monat (0..11), Jahreszahl (minus 1900), Wochentag (0..6), Tag im Jahr (0..365), DST (Daylight Saving Time). Das heißt bei Sommerzeit wird der Wahrheitswert true zurückgeliefert:

```
#!/usr/bin/perl -w

@date = localtime;
print "Als Listenkontext: @date";
# Als Listenkontext: 10 34 22 22 8 106 5 264 1
```

Um die Rückgabewerte der Funktion `localtime()` lesbarer zu gestalten, sind folgende Zuweisungen getroffen worden:

```perl
#!/usr/bin/perl -w

$aktuell = time;
($sek, $min, $std, $tag, $mon, $jahr, $wt, $jtag, $sn)
      = localtime ($aktuell);
print "

Sekunden:            $sek
Minuten:             $min
Stunden:             $std
Tag im Monat:        $tag
Monat:               $mon
Jahreszahl:          $jahr
Wochentag:           $wt
Jahrestag:           $jtag
\n";
if ($sn) {print "Sommerzeit:\n";}
else     {print "Normalzeit:\n";}
```

Die Ausgabe der einzelnen Elemente von `localtime` beziehen sich weiterhin auf die vergangene Zeit von 1_158_957_250 Sekunden.

Die Ausgabe ist:

```
Sekunden:            10
Minuten:             34
Stunden:             22
Tag im Monat:        22
Monat:                8
Jahreszahl:          106
Wochentag:             5
Jahrestag:           264
Sommerzeit:          true
```

Bei dieser Ausgabe müssen Sie berücksichtigen, dass die Werte für Sekunden, Minuten, Stunden, Wochentage und Monate beginnend mit 0 zurückgegeben werden, während der Tag im Monat mit der Zählung bei 1 beginnt.

Das Jahr wird als Wert seit dem Jahr 1900 zurückgegeben. Sie erhalten die tatsächliche Jahreszahl 2006, indem Sie zum obigen Ausgabewert Jahreszahl 106 den Offset 1900 addieren.

Die Funktion gmtime()

gmtime [*sekunden*]

Die Funktion gmtime() konvergiert die Zeit, die von time geliefert wird, in Greenwich Mean Time (GMT) als Zeitzone, und zwar in ($sek, $min, $std, $tag, $mon, $jahr, $wt, $jtag, $dst). Sie entspricht der Funktion localtime().

Die Funktion timelocal()

timelocal *datumsliste*

Mit dieser Funktion (aus dem Package **Time::Local**) können Sie ein beliebiges Datum in Listenform wieder in Sekunden bis zum 01.01.1970 zurückrechnen. Die Liste enthält sechs Elemente, die denen der Rückgabewerte der Funktion localtime() entsprechen – sie sind die Umkehrfunktion von localtime.

Berücksichtigen Sie beim Einsatz der Funktion timelocal(), dass alle sechs Variablen als Listen-Elemente übergeben werden, obwohl Sie nicht allen Variablen Werte zuweisen müssen:

```perl
#!/usr/bin/perl -w

use Time::Local;

$sek = 10;          # Sekunden
$min = 34;          # Minuten
$std = 22;          # Stunden

$diff_jahr = 2006 - 1900;      # 106
$datum = "22 8 $diff_jahr";

($tag, $mon, $jahr) = split / /, $datum;
@date = ($sek, $min, $std, $tag, $mon, $jahr);
$zeit = timelocal @date;
# Sekunden vom 01.01.1970
print "Die Zeit in Sekunden: $zeit \n";
#
$aktuell = localtime $zeit;
# Argument von localtime ist Sek
print "Das entspricht dem Datum: $aktuell\n";
```

Die Ausgabe ist:

```
Die Zeit in Sekunden: 1158957250
Das entspricht dem Datum: Fri Sep 22 22:34:10 2006
```

Die Funktion `timegm()`
`timegm` *datumsliste*

Die Funktion `timegm()` arbeitet entsprechend, d. h. es erfolgt eine Umrechnung der Listenform von Datum/Uhrzeit in Sekunden nach dem 01.01.1970, aber diesmal in Greenwich
Mean Time (GMT).

14.2   Berechnung des Datums

Neben den Standardfunktionen bietet Perl mit seinem Modul **Date::Calc** eine weitere Möglichkeit zur Datumsberechnung an. Mehr als 45 Funktionen mit Daten des Gregorianischen
Kalenders stehen gemäß ISO/R 2015-1971 und DIN 1355 zur Verfügung. Bei der Übergabe
von Parametern wird bei einer eventuellen Zählung mit dem Wert 1 begonnen.

Mit den vorhandenen Funktionen des Moduls **Date::Calc** können Sie fast spielerisch ein
beliebiges Zeitszenario entwickeln.

Im folgenden Beispiel werden Datumswerte einer Auftragsabwicklung (in einem Zeitfenster
von 2006 bis 2008) dargestellt, und zwar vom Zeitpunkt der Projektvorstellung bis zum
Zeitpunkt der Projektabgabe. Die benötigten Funktionen werden explizit in den qw-Klam-
mern einzeln angegeben. Mit **use Date::Calc** bzw. `qw(:all)` können Sie alle vorhandenen
Funktionen importieren. Im Anschluss daran werden die verwendeten verschachtelten Funktionen näher erläutert.

Bei diesem Programm sind als skalare Ausgangsgrößen nur die String-Variable `$vor-
stellung = "16 Juli 2007";` und `$abgabe = "31 März 2008";` sowie die
skalare Offsetgröße `$offset = 14;` (Zeitraum in Tagen bis zur Auftragserteilung) definiert. Der aktuelle Zeitpunkt (`Today`) ist der 25. September 2006. Dabei wird das Datum in
der europäischen Reihenfolge **Tag Monat Jahr** angegeben. Zwischen diesen drei Elementen
steht ein Leerzeichen. Der Monat kann entweder in Ziffern oder Buchstaben (ohne Abkürzung) dargestellt werden. Das Jahr besteht aus vier Ziffern.

Möchten Sie eventuell andere Datumswerte berechnen, brauchen Sie nur die jeweiligen Ausgangsgrößen zu ändern. Folgende Datumsangaben werden ausgeführt:

- Aktuelles Datum in der Überschrift.
- Ausgabe in deutscher Notation.
- Textdarstellung des Datums mit Wochentag der Projektvorstellung.
- Textdarstellung des Datums mit Wochentag der Auftragserteilung.
- Textdarstellung mit Wochentag des Abgabedatums.
- Berechnung der Tage von der Auftragserteilung bis zur Abgabe.
- Bestimmung des Wochentags bei der Abgabe.
- Welcher Kalenderwoche entspricht der Abgabetag?

Das Programm sieht wie folgt aus:

```perl
#!/usr/bin/perl -w

use Date::Calc    qw(Today Date_to_Text_Long Decode_Date_EU
Add_Delta_Days Delta_Days Day_of_Week_to_Text Day_of_Week
Week_of_Year Decode_Month Decode_Language Language);
# bzw. use Date::Calc qw(:all);

Language(Decode_Language("Deutsch"));      # bzw. "de"
$vorstellung = "16 Juli 2007";             # Projektvorstellung
$abgabe = "1 April 2008";                  # Projektabgabe
($tag, $monat, $jahr) = split / /,$abgabe;
$offset = 14;                              # Anzahl der Tage


# Überschrift
print "\n\t Aus heutiger Sicht vom ",
Date_to_Text_Long (Today),
" \n\t sieht der zeitliche Ablauf des Projekts wie folgt
aus:\n\n";

# Aus heutiger Sicht vom Montag, den 25. September 2006
# sieht der zeitliche Ablauf des Projekts wie folgt aus:

# Textdarstellung des Datums der Vorstellung
print "\n Eine Vorstellung des Projekts erfolgt am  ",
Date_to_Text_Long (Decode_Date_EU ($vorstellung)), ".\n";

# Eine Vorstellung des Projekts erfolgt am Montag, den 16.
# Juli 2007

# Textdarstellung des Datums (14 Tage später)
print "\n Der Auftrag kann $offset Tage spaeter am ",
Date_to_Text_Long (Add_Delta_Days (Decode_Date_EU
($vorstellung),$offset)), " erteilt werden.\n";

# Der Auftrag kann 14 Tage spaeter am Montag, den 30. Juli
# 2007 erteilt werden.

# Textdarstellung des Datums der Abgabe
print "\n Die Abgabe des Projekts erfolgt am ",
Date_to_Text_Long (Decode_Date_EU ($abgabe)),".\n";

# Die Abgabe erfolgt am Dienstag, den 1. April 2008.
```

```
# Differenz in Tagen zwischen den zwei Datumsangaben
$diff = Delta_Days (Add_Delta_Days (Decode_Date_EU
($vorstellung), $offset), Decode_Date_EU ($abgabe));
print "\n Von der Auftragserteilung bis zur Abgabe sind es nur
$diff Tage!\n";
```

 # Von der Auftragserteilung bis zur Abgabe sind es nur 246
 # Tage!

```
# Bestimmung des Wochentags
$wochentag = Day_of_Week_to_Text (Day_of_Week (Decode_Date_EU
($abgabe)));
print "\n Der $tag. $monat ist ein $wochentag.\n";
```

 # Der 1. April ist ein Dienstag.

```
# Bestimmung der Kalenderwoche
($kw, $y) = Week_of_Year ($jahr, (Decode_Month ($monat),
$tag));
print "\n Der $tag. $monat $y ist in der $kw. ";
print "Kalenderwoche.\n\n\n";
```

 # Der 1. April 2008 ist in der 14. Kalenderwoche.

Die Ausgabe im MS-DOS-Fenster sieht wie folgt aus:

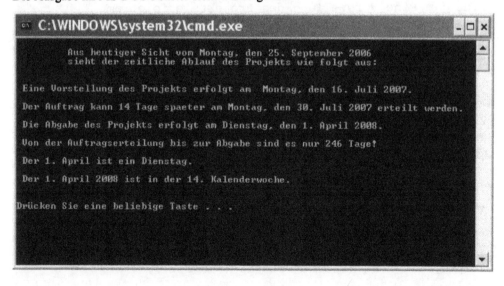

In den folgenden Zeilen werden die wichtigsten Funktionen näher erläutert:

Die Funktion Decode_Language()
```
$nr = Decode_Language ($str);
```

Die Funktion wandelt einen String (Name bzw. Abkürzung der vom Paket unterstützten Sprache) in eine Zahl (1..6) der entsprechenden Sprache (Deutsch = 3) um:

```perl
#!/usr/bin/perl -w

use Date::Calc    qw(Decode_Language);

print Decode_Language("Deutsch"),"\n";      # 3
```

Die Funktion Language_to_Text()
```
$str = Language_to_Text ($nr);
```

Die Funktion gibt den Namen der vom Paket unterstützten Sprachen zurück. Als Parameter wird die entsprechende Nummer übergeben:

```perl
#!/usr/bin/perl -w

use Date::Calc    qw(Language_to_Text Decode_Language);

print Language_to_Text (Decode_Language("Deutsch")),"\n";
# Deutsch
```

Die Funktion Today()
```
($jahr, $monat, $tag) = Today;
```

Die Funktion gibt das aktuelle Jahr, den Monat und den Tag der durch die Funktion System_Clock() gelieferten Werte zurück:

```perl
#!/usr/bin/perl -w

use Date::Calc    qw(Today);

# aktuelles Datum

($jahr, $monat, $tag) = Today;
print "$tag $monat $jahr\n";               # 25 9 2006
```

Die Funktion Date_to_Text_Long()
```
$str = Date_to_Text_Long ($jahr, $monat, $tag);
```

Die Funktion liefert einen ausführlichen Text-String des angegebenen Datums zurück. Das aktuelle Datum (Today) ist wieder der 25. September 2006:

```perl
#!/usr/bin/perl -w

use Date::Calc    qw(Language Decode_Language Today
                     Date_to_Text_Long);

Language(Decode_Language("Deutsch"));
($jahr, $monat, $tag) = Today;              # (2006, 9, 25)
$str = Date_to_Text_Long ($jahr, $monat, $tag);
print "$str\n";
# Montag, den 25. September 2006
```

Natürlich können Sie als Parameter die Funktion Today() selbst einsetzen. Sie können auch den Variablen $jahr, $monat, $tag skalare Werte zuweisen oder die Zahlenwerte direkt einsetzen.

Die Funktion Decode_Date_EU()
```perl
($jahr, $monat, $tag) = Decode_Date_EU ($str);
```

Die Funktion untersucht den übergebenen String auf ein entsprechendes Datum. Hierbei soll der String in europäischer Reihenfolge **Tag Monat Jahr** angegeben werden. Zwischen den drei Elementen können entsprechende nicht-alphanumerische Zeichen stehen.

Der Monat kann entweder in Buchstaben (bzw. in eindeutiger Abkürzung) oder numerisch (zwischen 1..12) dargestellt werden:

```perl
#!/usr/bin/perl -w

use Date::Calc        qw(Language Decode_Language Today
                         Date_to_Text_Long Decode_Date_EU);

Language(Decode_Language("Deutsch"));
$vorstellung = "16 Juli 2007";
print Decode_Date_EU($vorstellung),"\n";  # 2007716
print Date_to_Text_Long(Decode_Date_EU($vorstellung)),"\n";
# Montag, den 16. Juli 2007
```

Um eine ausführliche Text-Darstellung zu erhalten, sollten Sie, wie die obigen Zeilen zeigen, die Funktion Date_to_Text_Long() verwenden.

Die Funktion Add_Delta_Days()
```perl
($jahr,$monat,$tag) = Add_Delta_Days ($jahr, $monat, $tag,
$offset);
```

Bei dieser Funktion wird aus dem Anfangsdatum und dem Offset in Tagen das neue Datum berechnet:

```perl
#!/usr/bin/perl -w

use Date::Calc          qw(Language Decode_Language Today
                           Date_to_Text_Long
                           Decode_Date_EU Add_Delta_Days);

Language (Decode_Language ("Deutsch"));
$vorstellung = "16 Juli 2007";
$offset = 14;
print Add_Delta_Days (Decode_Date_EU ($vorstellung),
$offset),"\n";                                  # 2007730
print Date_to_Text_Long (Add_Delta_Days (Decode_Date_EU
($vorstellung), $offset)),"\n";
# Montag, den 30. Juli 2007
```

Auch in diesem Beispiel wird die ausführliche Textdarstellung mit der Funktion Date_to_Text_Long() vorgenommen.

Die Funktion Delta_Days()
```perl
$diff = Delta_Days ($jahr1,$monat1,$tag1,$jahr2,$monat2,
$tag2);
```

Diese Funktion berechnet die Differenz in Tagen zwischen den beiden Datumseingaben:

```perl
#!/usr/bin/perl -w

use Date::Calc    qw(Delta_Days);

$jahr1 = 2007;            # erstes Datum 16.7.2007
$monat1 = 7;
$tag1 = 16;
$jahr2 = 2008;            # zweites Datum 1.4.2008
$monat2 = 4;
$tag2 = 1;

$diff = Delta_Days ($jahr1, $monat1, $tag1, $jahr2, $monat2,
$tag2);
print " Die Differenz zwischen dem $tag1.$monat1.$jahr1 und
dem $tag2.$monat2.$jahr2 ";
print "betraegt: $diff Tage.\n";
```

Die Ausgabe ist: Die Differenz zwischen dem 16.7.2007 und dem 1.4.2008 betraegt: 264 Tage.

Mit der Funktion Delta_Days() können Sie sehr einfach die Differenz in Tagen zwischen zwei Datumseingaben (Datum 1 und Datum 2) bestimmen. So können Sie z. B. vom Referenz-Datum (Today 25.9.2006) die Anzahl der Tage bis zum Jahresende 2006 ermitteln. Für Today können Sie auch die direkten Werte (2006, 9, 25) einsetzen.

Dabei ist der Rückgabewert zwischen den beiden Datumseingaben positiv, wenn die zweite Datumseingabe (Datum 2) chronologisch nach der ersten Datumseingabe (Datum 1) liegt; anderenfalls ist das Ergebnis negativ. Sind beide Datumseingaben identisch, wird null zurückgegeben:

```
#!/usr/bin/perl -w
```

```
use Date::Calc    qw(Language Decode_Language Today
                    Decode_Date_EU Date_to_Text_Long
                    Delta_Days);
```

```
Language (Decode_Language ("Deutsch"));
($jahr1, $monat1, $tag1) = Today;    #(25. September 2006)
$jahresende = "31 Dezember 2006";
($jahr2, $monat2, $tag2) = Decode_Date_EU ($jahresende);
$str = Date_to_Text_Long ($jahr2, $monat2, $tag2);
print "Das Jahresende ist am $str\n";
# Das Jahresende ist am Sonntag, den 31. Dezember. 2006
$diff = Delta_Days (Today, $jahr2, $monat2, $tag2);
print "\n Vom $tag1. $tmonat1. $jahr1 bis zum $str sind es
$diff Tage\n";
```

Die Ausgabe der Datums-Differenz lautet: Vom 25.9.2006 bis zum Sonntag, den 31. Dezember 2006 sind es 97 Tage

Die Funktion Day_of_Week()
```
$nr = Day_of_Week ($jahr, $monat, $tag);
```

Die Funktion Day_of Week() gibt die Zahl des Wochentags (1–7, Montag = 1) des angegebenen Datums zurück. Als Eingabe werden die entsprechenden Abgabewerte des Projekts verwendet:

```
#!/usr/bin/perl -w
```

```
use Date::Calc    qw(Day_of_Week);
$jahr = 2008;
$monat = 4;
```

```
$tag = 1;
print Day_of_Week ($jahr, $monat, $tag), "\n";
```

Als Ausgabe erscheint eine 2 für den Wochentag "Dienstag".

Die Funktion Day_of_Week_to_Text ()
```
$str = Day_of_Week_to_Text ($nr);
```

Die Funktion gibt den Namen des Wochentags zur eingegebenen Nummer des Wochentags zurück:

```
#!/usr/bin/perl -w

use Date::Calc    qw(Language Decode_Language Day_of_Week
                     Day_of_Week_to_Text);

Language (Decode_Language ("Deutsch"));
$jahr = 2008;
$monat = 4;
$tag = 1;
print Day_of_Week_to_Text (Day_of_Week ($jahr, $monat, $tag));
```

Im obigen Beispiel wird Dienstag ausgegeben.

Die Funktion Week_of_Year ()
```
($kw,$jahr) = Week_of_Year ($jahr,$monat,$tag);
```

Möchten Sie z. B. die Kalenderwoche eines Datums bestimmen, verwenden Sie die Funktion Week_of_Year (). Als Parameter übergeben Sie das entsprechende Datum. Die Funktion Week_of_Year () berechnet die Nummer der Woche $kw und das Jahr $jahr des entsprechenden Datums:

```
#!/usr/bin/perl -w

use Date::Calc    qw(Week_of_Year Language
                     Decode_Language);

Language (Decode_Language ("Deutsch"));
$jahr = 2008;
$monat = 4;
$tag = 1;
($kw, $jahr) = Week_of_Year ($jahr, $monat, $tag);
print "\nDer $tag. $monat. $jahr ist die
$kw. Kalenderwoche\n";
```

Die Ausgabe der entsprechenden Kalenderwoche lautet:

```
Der 1.4.2008 ist die 14. Kalenderwoche
```

Die Funktion Decode_Month()
```
$nr = Decode_Month ($str);
```

Diese Funktion wandelt einen Monats-String in die entsprechende Monats-Nummer (1..12) um.

Wie im obigen Programm "Auftragsabwicklung" wurde die Funktion Decode_Month() eingesetzt, um den String April, der durch die split-Funktion erzeugt wurde, in eine Zahl umzuwandeln. Dieser skalare Wert wurde als Parameter für die Funktion Week_of_Year() benötigt:

```
#!/usr/bin/perl -w

use Date::Calc          qw(Decode_Month Week_of_Year Language
                         Decode_Language);

Language (Decode_Language ("Deutsch"));

$jahr = 2008;
$monat = "April";
$tag = 1;
$nr = Decode_Month ($monat);          # nr = 4
($kw, $jahr) = Week_of_Year ($jahr, $nr, $tag);
print "\n Der $tag.$monat $jahr ist die $kw. Kalenderwoche\n";
```

Die Ausgabe ist:

```
Der 1. April 2008 ist die 14. Kalenderwoche.
```

Die Funktion Calendar()
```
$str = Calendar ($jahr,$monat);
```

Perl bietet in seinem Modul **Date::Calc** auch die Ausgabe eines Kalenders durch die Funktion Calendar() an. Diese Funktion gibt einen Kalender des angegebenen Monats für das entsprechende Jahr zurück.

Im folgenden Beispiel wird die Funktion Calendar() für die Ausgabe eines Kalenders für die Monate April und Mai eingesetzt.

Die Anweisung zur Funktion Calendar() lautet: $str = Calendar ($jahr, $monat). Für den Parameter $jahr wird in diesem Beispiel das Jahr 2008, für @monate die entsprechenden Werte vom Monat Juni und Juli eingesetzt. Mit der geschachtelten Funktion Language (Decode_Language ("Deutsch")) erfolgt eine Notation in deutscher Sprache.

Dadurch erfolgt die Ausgabe in dieser Sprache:

```perl
#!/usr/bin/perl -w

use Date::Calc    qw(Calendar Language Decode_Language);

Language (Decode_Language ("Deutsch"));
$jahr = 2008;                           # Ausgabe in Deutsch
@monate = 4..5;                         # Monat April-Mai
foreach(@monate) {
       $monat = $_;
       $str = Calendar($jahr,$monat);
       print $str;
}
```

Die Ausgabe der Monate April und Mai vom Jahr 2008 werden als Screenshot dargestellt:

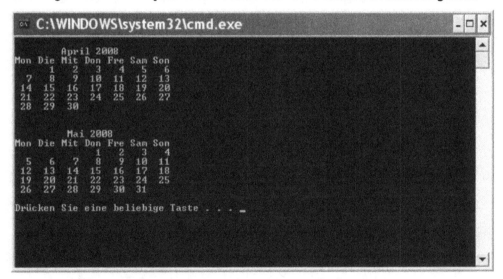

Sie können mit der Verwendung der Funktion Calendar() gezielt einen bestimmten Monat oder mehrere Monate (Jahreskalender) erstellen.

Die Funktion Days_in_Month()
$nr = Days_in_Month ($jahr,$monat);
Möchten Sie zum Beispiel die Anzahl der Tage des Monats Februar vom Jahr 2008 ausgeben, verwenden Sie hierzu die Funktion Days_in_Month(). Als Parameterwerte werden für ($jahr, $monat) die Werte (2008, 2) erwartet. Da im obigen Programm der Parameter für den Monat aber als String vorhanden ist und nicht die 12 als Monats-Wert, wird durch den Einsatz der Funktion Decode_Month() der String in eine Zahl umgewandelt:

```perl
#!/usr/bin/perl -w
```

```
use Date::Calc    qw(Days_in_Month Decode_Month
                     Language Decode_Language);

Language (Decode_Language ("Deutsch"));
$jahr = 2008;
$monat = "Februar";
$nr = Days_in_Month ($jahr, (Decode_Month ($monat)));
print "\n Der Monat $monat im Jahr $jahr hat $nr Tage.\n";
```

Die Ausgabe ist:

```
Der Monat Februar im Jahr 2008 hat 29 Tage.
```

An diesen praktischen Beispielen sehen Sie, wie einfach es ist, in Perl eine Datumsberechnung unter Verwendung von Modulen auszuführen.

In Perl stehen noch weitere Module für die Datumsberechnung zur Verfügung, z. B. **Date::Format** (konvertiert Zeitangaben in ASCII-Zeichenketten), **Date::Parse** (Gegensatz zu **Date::Format**), **Date::Manip** (mehr als 20 Funktionen zur Vereinfachung von Datums- und Zeitangaben), um nur einige zu nennen.

15 Formate

Formate zählten mit zu den ersten Konstrukten von Perl. Mit Formaten (Reports) lässt sich die Gestaltung von textbasierten Ausgaben im Sinne des Akronyms von Perl (Praktische Extraktions- und Reportsprache) vornehmen. Formate können wie Funktionen und Pakete an jeder Stelle im Programm stehen. Formate besitzen ihren eigenen Namensraum. Das bedeutet, dass ein Format DATEI, ein Datei-Handle DATEI und eine Datei DATEI unabhängig voneinander sind.

Wie in FORTRAN lässt sich auch mit Perl auf jeder Seite ein definiertes Format zum Beispiel für Spaltenüberschriften, Textzeilen usw. ausgeben. Auch **format** zur Deklaration und **write** zur Ausgabe sind die gleichen Schlüsselwörter wie bei FORTRAN.

Vor allem für übersichtliche Präsentationen von Tabellen und Textausgaben ist der Einsatz von Formaten besser geeignet als die Ausgabe durch die `print`-Anweisung. Mit Hilfe von Formaten können Sie eine spezielle Schablone (Template) erstellen, die festlegt, wie Ihre Ausgabe aussehen soll. Eine Schablone beginnt mit dem Schlüsselwort `format`. Es folgt der Name sowie eine Anordnung von Format- und Argument-Zeilen.

Format-Zeilen können aus normalem Text und etwaigen speziellen Zeichen-Platzhaltern bestehen. In einer neuen Zeile folgen in gleicher Reihenfolge wie die Zeichen-Platzhalter die entsprechenden Argumente, d. h. die Variablen. Zeichen-Platzhalter geben mit ihren entsprechenden Symbolen Größe und Position an. In der folgenden Zeile werden sie durch die entsprechenden Variablen-Werte ersetzt. Die Variablen werden in der Argument-Zeile als Liste – durch Kommas getrennt – spezifiziert. Erstreckt sich die Liste über mehrere Zeilen, ist sie in geschweifte Klammern zu setzen.

Danach wird das Format mit einem Punkt am Anfang einer neuen einzelnen Zeile beendet.

Hier ein Beispiel einer Schablone mit Format-Zeile aus normalem Text und Zeichen-Platzhaltern sowie nachfolgender Argument-Zeile mit ihren Variablen:

```
#!/usr/bin/perl -w

format STDOUT =

@|||||||||||||||||||||||||||||||||||||||||||||||||||||
'Format-Beispiel:'
```

```
Die Programmierspache @<<< erlaubt die Ausgabe von @<<<<<<!
                      $name,                          $format
.
```

```
$name = 'Perl';
$format = 'Formaten';
write STDOUT;
```

Die Ausgabe des obigen Formats sieht wie folgt aus:

```
                    Format-Beispiel:
Die Programmiersprache Perl erlaubt die Ausgabe von Formaten!
```

Die Schablone wird im obigen Programm mit dem Schlüsselwort format eingeleitet, gefolgt vom Standardnamen STDOUT und einem Gleichheitszeichen. Wie bereits gesagt, verfügt der Formatname über seinen eigenen Namensraum. Wird der Name weggelassen, wird format über STDOUT definiert.

Anschließend erfolgt die Formatierung der Schablone. Sie besteht in der ersten Zeile aus dem Zeichen-Platzhalter @| | |, der ein zentriertes Feld ausgibt. Dann folgt die Argument-Zeile, die hier aus einem normalen Text (Format-Beispiel:) besteht, der aber zentriert ausgegeben werden soll.

Eine weitere Zeile besteht aus Text und Zeichen-Platzhaltern @<<. Die nächste Zeile – die Argument-Zeile – enthält, durch Komma getrennt, die entsprechenden Variablen: $name (für den ersten Zeichen-Platzhalter) und $format (für den zweiten Zeichen-Platzhalter). Zur besseren Übersicht stehen sie an der gleichen Position wie ihre Platzhalter. Das Format endet mit einem Punkt am Anfang einer neuen Zeile.

Getrennt von der Schablone werden anschließend die Variablen definiert, deren Werte anstelle der Zeichen-Platzhalter eingesetzt werden. An der Stelle des ersten Zeichen-Platzhalters wird die Variable $name, nämlich "Perl", eingesetzt, an der Stelle des zweiten Zeichen-Platzhalters die Variable $format, nämlich "Formaten".

Zur Ausgabe des Formats wird die write-Funktion eingesetzt. Beachten Sie, dass der Name des Formats mit dem des Datei-Handles, an das die Ausgabe erfolgt, übereinstimmen muss. In dem obigen Beispiel wird das Format mit der Funktion write() über STDOUT auf dem Bildschirm ausgegeben.

Es gibt nun verschiedene Arten von Zeichen-Platzhaltern.

15.1   Textfelder

In den meisten Fällen beginnt jedes zu ersetzende Feld des Zeichen-Platzhalters mit einem @-Zeichen. Die dem @ folgenden Zeichen geben den Typ an, die Anzahl der Zeichen (einschließlich @-Zeichen) legen die Breite des Ausgabefeldes fest. Das @-Zeichen ist nicht mit dem Array-Symbol zu verwechseln.

Folgende Zeichensymbole sind möglich:

Verwenden Sie nach dem @-Zeichen linke spitze Klammern <<<, erhalten Sie ein linksbündig ausgerichtetes Feld. Es wird nach rechts mit Leerzeichen aufgefüllt, wenn der Variablen-Wert weniger Zeichen hat als die vorgesehene Feldbreite. Überschreitet der Variablen-Wert die spezifizierte Feldbreite, wird der Rest automatisch abgeschnitten.

Verwenden Sie nach dem @-Zeichen rechte spitze Klammern >>>, erhalten Sie ein rechtsbündig ausgerichtetes Feld. Hier wird nach links mit Leerzeichen aufgefüllt, wenn der Variablen-Wert weniger Zeichen hat als die vorgesehene Feldbreite. Ist der Variablen-Wert länger als die vorgesehene Feldbreite, wird auch hier der Rest automatisch abgeschnitten.

Ein weiterer Typ (Pipe-Symbol) sind die dem @-Zeichen folgenden senkrechten Striche | | |. Mit diesen erhalten Sie ein zentriertes Feld. Ist der Variablen-Wert kürzer als die Feldbreite, wird auf beiden Seiten des Zeichen-Platzhalters aufgefüllt, so dass der Wert zentriert im Feld steht.

15.2   Numerische Felder

Zeichen zur Ausgabe von Zahlen sind die numerischen Felder mit fester Stellenanzahl. Diese Felder beginnen ebenfalls mit einem @-Zeichen und den entsprechenden #-Zeichen. Durch Einfügen eines Punkts zwischen den einzelnen Gattern können Sie Kommazahlen gerundet ausgeben. Ohne Punkt werden sie zu Ganzzahlen gerundet.

Bei allen beschriebenen Zeichen-Platzhaltern wird das @-Zeichen mit zur Feldbreite gezählt.

Im folgenden einfachen Beispiel einer Zugverbindung werden die oben genannten Felder verwendet:

```
!#/usr/bin/perl -w

format STDOUT =

@|||||||||||||||||||||||||||||||||||||||||||||||||||||||
'Zugverbindung'

Von:   @<<<<<<<<<<<<<<        Nach:  @>>>>>>>>>>>>>>
       $von,                         $nach,

Ab:    @#.##                  An:    @#.##
       $ab,                          $an,
Gleis:     @##                km:    @###        Zug:@>>@####
           $gleis,                   $km,             $zug,$nr,

Preis:     @###.## EUR
           $preis
```

```
$von = 'Landshut';
$nach = 'Regensburg';
$ab = 7.35;
$an = 8.16;
$gleis = 5;
$km = 61;
$zug = 'IR';
$nr = 2640;
$preis = 21;

write;
```

Die Ausgabe ist:

```
                    Zugverbindung

Von:   Landshut                Nach: Regensburg
Ab:       7.35                 An:     8.16
Gleis:  5                      km:     61     Zug: IR 2640
Preis:  21.00 EUR
```

Die Textfelder werden rechtsbündig, linksbündig oder zentriert in das entsprechende Feld eingepasst. Ist der Text zu kurz, wird er mit Leerzeichen aufgefüllt. Ist er zu lang, wird er abgeschnitten. Bei numerischen Feldern können Sie nach dem Dezimalpunkt angeben, wie viele Stellen hinter dem Komma stehen sollen. Das Format endet mit einem Punkt am Anfang einer neuen Zeile.

15.3   Füll-Felder

Um Textfelder über mehrere Zeilen darzustellen, ist das Karet-Zeichen ^ statt des @-Zeichens vor den Zeichen-Platzhaltern <, > oder | zu setzen. Es wird nur soviel Text-String der skalaren Variablen in Form von Wörtern ausgegeben, wie in einer Text-Zeile an Platz vorgesehen ist. Die übrig gebliebenen Wörter des Text-Strings werden dann in einer weiteren Zeile untergebracht usw. Hier wird nicht wie in Textfeldern der Text an den Feldgrenzen gekappt, sondern entschieden, ob das Wort mit seiner Länge noch in die jeweilige Text-Zeile hineinpasst oder eine neue Text-Zeile benötigt wird. Der entsprechende Text für ein Füll-Feld muss eine skalare Variable sein.

Das folgende Beispiel ist ein bewährtes Hausmittel gegen Schnupfen:

```
#!/usr/bin/perl -w

$name = 'Thymus vulgaris';
```

```
$text = 'Ein Teeloefel des Thymian-Krauts wird
mit einer Tasse kochendem Wasser uebergossen.
Man laesst den Tee kurz ziehen und trinkt ihn warm.';

write;

format STDOUT =

@||||||||||||||||||||||||||||||||||||||||||||||||
'Schnupfenmittel:'

Name: @<<<<<<<<<<<<            Anwendung: ^<<<<<<<<<<<<<<<<<
       $name,                            $text
                                         ^<<<<<<<<<<<<<<<<<
                                         $text
                                         ^<<<<<<<<<<<<<<<<<
                                         $text
                                         ^<<<<<<<<<<<<<<<<<
                                         $text
                                         ^<<<<<<<<<<<<<<<<<
                                         $text
                                         ^<<<<<<<<<<<<<<<<<
                                         $text
                                         ^<<<<<<<<<<<<<<<<<
                                         $text
                                         ^<<<<<<<<<<<<<<<<<
                                         $text
.
```

Die Ausgabe ist:

```
Schnupfenmittel:
Name: Thymus vulgaris    Anwendung: Ein Teeloeffel des
                                    Thymian-Krauts wird
                                    mit einer Tasse
                                    kochendem Wasser
                                    uebergossen. Man
                                    laesst den Tee kurz
                                    ziehen und trinkt
                                    ihn warm.
```

Zunächst wird der Text "Schnupfenmittel:" zentriert ausgegeben. Danach folgt die Ausgabe: "Name: Thymus vulgaris". Für die Ausgabe der Anwendung steht der skalaren Variable $text ein Füll-Feld bestehend aus acht Text-Zeilen mit jeweils neunzehn Zeichen-Platzhaltern zur Verfügung.

Die erste Textzeile wird mit den Wörtern "Ein Teeloeffel des" gefüllt. Die restlichen Wörter des Text-Strings der Variable $text passen in diese Text-Zeile nicht mehr hinein und müssen auf die restlichen Text-Zeilen aufgeteilt werden.

Diese Art der Ausgabe hat folgende Nachteile:

Um den Text unterzubringen, müssen Sie für den entsprechenden Platz im Füll-Feld selbst sorgen. Es werden die Text-Zeilen des Text-Strings nur so lange mit Wörtern gefüllt, wie Wörter hineinpassen. Kann der verbleibende Rest von Wörtern des Text-Strings nicht mehr untergebracht werden, da keine Text-Zeilen mehr vorhanden sind, wird dieser nicht ausgegeben.

Haben Sie nun zu viele Text-Zeilen beim Füll-Feld für ihren Text-String vorgesehen, werden die nicht benötigten Text-Zeilen als Leer-Strings ausgegeben. Möchten Sie dies verhindern, setzen Sie am Anfang Ihrer Text-Zeile ein Tilde-Zeichen ~. Mit Tilde (wird nicht ausgegeben) unterdrücken Sie die leeren, nicht benötigten Text-Zeilen.

Möchten Sie sich nicht um die Anzahl der benötigten Text-Zeilen sowie um die Ausgabe der Leer-Strings kümmern, setzen Sie zwei aufeinander folgende Tilden an den Anfang einer Text-Zeile. Dies hat zur Folge, dass diese Zeile jedes Mal so lange wiederholt wird, bis eine vollständig leere Text-Zeile entsteht (die nicht ausgegeben wird).

Das obige Beispiel wird jetzt mit der doppelten Tilde dargestellt:

```
#!/usr/bin/perl -w

$name = 'Thymus vulgaris';

$text = 'Ein Teeloeffel des Thymian-Krauts wird
mit einer Tasse kochendem Wasser uebergossen.
Man laesst den Tee kurz ziehen und trinkt ihn warm.';
write;
format STDOUT=

@||||||||||||||||||||||||||||||||||||||||||||||||
'Schnupfenmittel:'

Name: @<<<<<<<<<<<<<        Anwendung: ^<<<<<<<<<<<<<<<<<<
      $name,                          $text
~~                                    ^<<<<<<<<<<<<<<<<<<
                                      $text

.
```

Wie Sie im MS-DOS Fenster sehen, erzielen Sie mit der doppelten Tilde das gleiche Ergebnis.

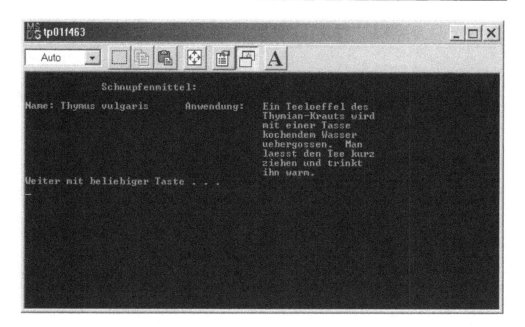

15.4   Seitenkopf-Format

Perl erlaubt neben dem normalen Rumpf-Format, das die entsprechenden Daten enthält, ein weiteres Format, das Seitenkopf-Format (Top-of-Page-Format), das am Anfang einer jeden neuen Seite angezeigt wird. Für beide Formate werden die entsprechenden Format-Variablen mit aktuellen Daten versehen und lassen sich mit der Funktion write() ausgeben. Sie können einem Datei-Handle zugewiesen werden.

Beide Formate werden dann automatisch durch den Report-Generator, der eine seitenorientierte Ausgabe erzeugt, ausgegeben.

Der Name des Seitenkopf-Formats wird genau wie das Datei-Handle mit nachfolgendem _TOP (ganz und in Großbuchstaben) angegeben.

Das nachfolgende Programm gibt Informationen über ein Hotel wieder und wird als Datei mit dem Namen Hotel im Verzeichnis Perl abgelegt:

```
#!/usr/bin/perl -w

# Seitenkopf-Format

format STDOUT_TOP =
```

```
========================================================
Seite @<<           Hotel-Beschreibung       @>>>>>>>>>
      $%,                                    $datum
========================================================


  .
# Rumpf-Format

format STDOUT =

Hotel:      @<<<<<<<<<<<<<<<<<<<<<
            $name

Strasse:    @<<<<<<<<<<<<<<<<<<<<<
            $strasse,

Ort:        @<<<<<<<<<<<<<<<<<<<<<
            $ort,

Tel:        @<<<<<<<<<<<<<<<<<<<<<
            $tel,
Fax:        @<<<<<<<<<<<<<<<<<<<<<
            $fax,

Preis:      @###.##EUR
            $preis,

Information:      @<<<<<<<<<<<<<<<<<<<<<<<<<<<
                 $www

Besonderheiten:

~~          ^<<<<<<<<<<<<<<<<<<<<<<<<<<<<<<<<<<<
            $besonderes
  .

# Variablen

$datum      = 'Juli 2003';
$name       = 'Grand Hotel Le Golfe';
$strasse    = 'Allee de Collioure';
$ort        = '66700 Argeles';
$tel        = '04 68 81 08 33';
$fax        = '04 68 81 69 49';
$preis      = 267.00;
```

```
$www        = 'www.argeles-sur-mer.com';
$besonderes =
'Am Waldrand gelegen, mit fantastischem Blick,
in der Naehe der Golf- und Tennisplaetze,
offeriert Spezialitaeten.';

$dir = "C:/Eigene Dateien/Perl/Hotel";
open(STDOUT,">$dir") or die "Fehler beim Schreiben: $!";


# Ausgabe

write(STDOUT);
```

Die erste Seite sieht wie folgt aus:

```
=================================================
Seite 1     Hotel-Beschreibung     Juli 2003
=================================================
Hotel:          Grand Hotel Le Golfe
Strasse:        Allee de Collioure
Ort:            66700 Argeles
Tel:            04 68 81 08 33
Fax:            04 68 81 69 49
Preis:          267.00 EUR
Information:    www.argeles-sur-mer.com
Besonderheiten:

                Am Waldrand gelegen, mit
                fantastischem Blick, in der Naehe
                der Golf- und Tennisplaetze,
                offeriert Spezialitaeten.
```

Format-Variablen

Im Seitenkopf-Format ist die Format-Variable $% für die aktuelle Seitennummer verwendet worden. Es gibt eine Reihe weiterer Format-Variablen, die in der folgenden Tabelle aufgelistet sind.

Tabelle 15.4: Format-Variablen

Variable	Bedeutung	Alternative (use English)
$%	Aktuelle Seitennummer	$FORMAT_PAGE_NUMBER
$~	Report-Format Name	$FORMAT_NAME
$-	Verbleibende Zeilen je Seite	$FORMAT_LINES_LEFT
$=	Maximale Zeilen je Seite	$FORMAT_LINES_PER_PAGE
$:	Zeilenumbruch	$FORMAT_LINE_BREAK_CHARACTERS
$^	Name des Seitenkopf-Formats	$FORMAT_TOP_NAME
$^L	Seitenvorschub Variable	$FORMAT_FORMFEED

15.5   Formatierte Ausgaben

Sie können mit Perl ähnlich wie in C/C++ Ihre Ausgabe formatieren. Die Funktionen `printf()` und `sprintf()` ermöglichen eine formatierte Ausgabe von Werten. Formatierte Zahlen oder Strings werden nach angegebenen Mustern ausgegeben; diese lassen sich weitgehend variieren. Beide Funktionen benutzen die gleiche Formatsyntax. Sie unterscheiden sich in der Ausgabe.

Die Funktion `printf()`
`printf` [*dateihandle*] *format, liste*

Die Funktion `sprinf()`
`sprintf` *format, liste*

Die Funktion `printf()` gibt sofort das Ergebnis über STDOUT auf den Bildschirm aus, während die Funktion `sprintf()` einen formatierten String nicht ausgibt, sondern ihn in eine skalare Variable schreibt.

Wie in der C-Funktion wird sowohl bei `printf` als auch bei `sprintf` als erster Parameter *format* der Formatstring angegeben. Dieser legt fest, wie die nachfolgenden Parameter in der *liste* ausgegeben werden. Eine Formatanweisung beginnt immer mit einem %-Zeichen. Anschließend kann optional die Feldbreite mit Buchstaben und eine links- oder rechtsbündige Ausgabe folgen.

Bei Gleitpunktzahlen kann die Anzahl der Ziffern vor oder hinter dem Dezimalpunkt festgelegt werden (auch in Exponentenschreibweise).

Ein Formatierer wandelt Zahlen des Dezimalsystems durch %x und %X in hexadezimale Zahlen um.

Strings lassen sich mit %s entweder linksbündig (Minus-Zeichen mit Feldbreite) oder rechtsbündig (Plus-Zeichen mit Feldbreite) einpassen.

Die wichtigsten Formatanweisungen sind in der folgenden Tabelle zusammengefasst.

Tabelle 15.5: Formatanweisungen

Format	Bedeutung
%c	Zeichen (Char) im ASCII-Code
%s	String
%d	Zahl in Dezimaldarstellung
%u	Unsigned Integer, Dezimal
%o	Unsigned Integer, Oktal
%x	Unsigned Integer, Hexadezimal
%e	Exp. Darstellung
%E	Wie %e
%f	Gleitpunktzahl, Festpunktdarstellung
%g	Gleitpunktzahl in %e oder %f

Im folgenden Beispiel werden mit der Funktion printf() die Variablen in den verschieden Formaten ausgegeben. Die Feldbreite der Ausgabe ist zwölf Zeichen lang. Zwei Stellen der Gleitpunktzahl sollen als Nachkommastelle verwendet werden. Die Ausgabe erfolgt linksbündig bzw. rechtsbündig:

```perl
#!/usr/bin/perl -w

$name = "string";
$konst = 4711;
$pi = 3.14159;
$oktal = 36;

printf ("\nAusgabe der Variablen \n\n");
printf ("String linksb.  : %-12s\n",$name);
printf ("String rechtsb. : % 12s\n",$name);
printf ("Integer linksb. : %-12d\n",$konst);
printf ("Integer rechtsb.: % 12d\n",$konst);
printf ("Gleitpunkt : %f\n",$pi);
printf ("Gleitpunkt als Exp. : %E\n",$pi);
printf ("Gleitpunkt linksb.  : %-10.2f\n",$pi);
printf ("Gleitpunkt rechtsb. : %10.2f\n",$pi);
printf ("Gleitpunkt oktal linksb. : %-12o\n",$oktal);
printf ("Gleitpunkt oktal rechts. : %12o\n",$oktal);
printf ("\n\n\n");
```

Die Ausgabe als Screenshot sieht wie folgt aus:

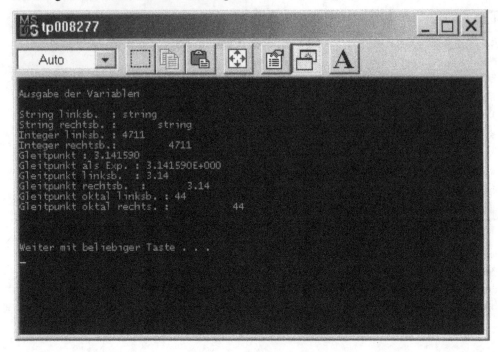

16   Dokumentation

Perl unterstützt ein einfaches Text-Markup-Format, nämlich POD (**P**lain **O**ld **D**ocumentation), mit dem Dokumentation in den Quelltext von Perl-Programmen eingefügt werden kann. Mit POD sind Sie in der Lage, während der Programmentwicklung Manualseiten zu erstellen.

Die positiven Eigenschaften von POD sind:

- Einfache Schreibweise
- leicht lesbarer Quellcode
- einfache Entwicklung eigener POD-Tools
- einfache Umwandlung in andere Sprachen und Formate (z. B. UNIX-Manpages, LaTeX, Troff-Format oder auch HTML)
- direkte Lesbarkeit
- POD-Kommandos innerhalb des Perl-Codes

POD-Direktiven
Der Umfang der Direktiven (auch POD-Kommandos genannt) ist bewusst klein gehalten. Jede Direktive beginnt mit einem = als erstem Zeichen, gefolgt von einem Identifier. Anschließend kann eine beliebige Menge Text folgen. Erst wenn mit dem Befehl =cut die Dokumentation beendet ist, betrachtet Perl den folgenden Text wieder als Programm.

Grundsätzlich kann die Dokumentation mit =pod am Anfang einer Zeile begonnen werden, aber jeder andere Identifier bewirkt das Gleiche.

Zwischen dem ersten Kommando und dem abschließenden =cut ist die eigentliche Dokumentation eingebettet. Dabei kennt POD z. B. folgende Kommandos, die jeweils am Anfang einer Zeile stehen müssen:

```
=pod              # Beginn der POD
=cut              # Ende eines POD-Teils

=head1            # Ueberschrift erster Ordnung
=head2            # Ueberschrift zweiter Ordnung

=over N           # um N Spalten einruecken
=item text        # Aufzaehlungszeichen
=back             # Einruecken rueckgaengig
```

Sie können den entsprechenden Textabschnitt auch mit POD-Sequenzen formatieren:

```
B<text>              # Fetter Text (Bold)
C<text>              # Literaler Code
E<char>              # Sonderzeichen (Fluchtzeichen)
F<datei>             # Dateiname behandelt wie I
I<text>              # Kursiv-Text
L<name>              # Querverweis auf einen Namen
S<text>              # Text nicht bei Leerzeichen umbrechen
X<index>             # Indexeintrag
```

Das folgende Perl-Programm pod.pl zeigt, wie die genannten Elemente von POD angewendet werden:

```
#!/usr/bin/perl          -w

=head1 Überschrift erster Ordnung.

POD-Darstellung

=head2 Überschrift zweiter Ordnung.

Hier steht normaler Text:
Er soll B<fett geschrieben>, der F<Dateiname>
I<kursiv> und mit einem Verweis auf L<"Copyright"> dargestellt
werden.

Es folgt eine Liste, 4 fach eingerückt:

=over 4

=item * erster Listenpunkt.

=item * zweiter Listenpunkt.

=item * dritter Listenpunkt.

=back 4

=head2 HTML

=for html

=begin html

<P><B>
      Hier folgt der <U>HTML-Code</U> <BR>in dem auch entspre-
      chende Bilder eingefügt werden können.
</P>

=end html

=head2 Perl
```

```
Entfernen von Array-Elementen:

        @array = qw(Perl ist spitze);

###
# Es folgt der Perl-Code #
###

print shift @array;

=head2 COPYRIGHT

Copyright 2007-2009 J. Schröter I<jh.schroeter@t-online.de>

=cut
```

Obiges Perl-Programm pod.pl können Sie nun mit dem Werkzeug (Filter) pod2html in ein entsprechendes HTML-Dokument umwandeln:

```
pod2html --infile=pod.pl --outfile=pod.html
```

Mit diesem Aufruf erstellen Sie ein HTML-Dokument, das folgende Ausgabe (abhängig von Browser und Bildschirmauflösung) ausgibt:

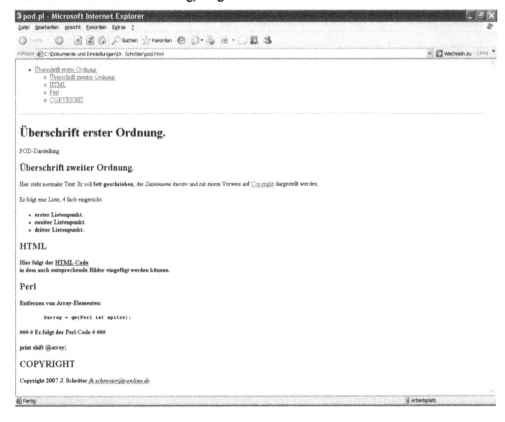

POD-Übersetzer

Es gibt einige Übersetzer, um POD-formatierten Text in ein gängiges Format umzuwandeln. Die wichtigsten sind:

- `pod2man` – erzeugt Seiten in einem UNIX-Manpage-Format, das mit `nroff` betrachtet und mit `troff` gedruckt werden kann.
- `pod2text` – erzeugt einen normalen Text (Klartext) aus POD.
- `pod2latex` – wandelt POD in Latex um.
- `pod2html` – erzeugt HTML-Seiten aus POD, die Sie mit Ihrem Browser betrachten können.

Dokumentation mit perldoc betrachten

Neben POD können Sie eine Online-Dokumentation auf ASCII-Basis verwenden. Mit `perldoc` können Sie z. B. den Namen einer Seite angeben oder den Namen eines Moduls bzw. Programms oder aber eine Funktion bzw. Fragen zu einem regulären Ausdruck.

```
perldoc [option] Seiten_Name | Modul_Name | Programm_Name ...
```

Anhang

A 1   Perl installieren

Falls Sie kein System besitzen, auf dem Perl installiert ist, müssen Sie eine Perl-Umgebung (Perl-Distribution) laden und installieren. Die Distributionen enthalten wichtige detaillierte Installationsanweisungen.

A 1.1 Installation unter Unix/Linux-Systemen

Die Installation einer binären Version (ausführbare EXE-Datei) brauchen Sie nicht zu kompilieren. Sie können gleich nach dem Entpacken mit Perl beginnen.

Für die Installation des Quellcodes benötigen Sie die zusätzlichen Tools tar und gzip, um das Quell-Archiv zu entzippen, und einen C-Compiler.

Den Quellcode finden Sie unter *http://www.perl.com*, wo sich unter *http://www.perl.com/CPAN/src/stable.tar.gz* die neueste Version von Perl befindet.

A 1.2 Installation unter Win32-Systemen

Auch hier können Sie zwei Wege einschlagen. Zum einen können Sie den Quellcode herunterladen, den Sie anschließend kompilieren müssen, zum anderen können Sie die ausführbare Version - auch ActivePerl genannt - von ActiveState herunterladen.

Mit dem Herunterladen des Quellcodes besitzen Sie immer den neuesten Perl-Stand. Sie müssen jedoch zum Kompilieren über einen neuen C++-Compiler (Visual C++, Borland C++ usw.) verfügen. Ferner müssen noch Win32-Module (libwin32) vorhanden sein, um Zugriffe auf Windows-Optionen, wie OLE und Prozesse, zu ermöglichen.

Die neueste Version von Perl finden Sie bei ActiveState (*http://www.activestate.com*), wo Sie noch ein Perl Developer Kit, einen Perl Debugger mit grafischer Oberfläche und ein Plug-in zur Verbesserung von CGI finden.

Den Quellcode von Perl finden Sie unter *http://language.perl.com/CPAN/src/*, wo Sie unter *stable.tar.gz* wieder die neueste stabile Version finden.

Der Perl-Quellcode ist, wie bereits erläutert, im Unix-Format in tar-Archiven gespeichert und mit GNU Zip komprimiert. Haben Sie dieses Archiv auf Ihrer Festplatte gespeichert, können Sie die Quellcode-Dateien mit WinZip problemlos dekomprimieren und dearchivieren.

A 2 Spezial-Variablen

An dieser Stelle sollen die wichtigsten Bereiche genannt werden, in denen die Spezial-Variablen vorhanden sind.

A 2.1 Spezial-Variablen für die Ein-/Ausgabe-Steuerung

Mit diesen reservierten Variablen können Sie die von der Funktion `print()` verwendeten Ausgabeformate und weitere Strukturen beeinflussen und auch steuern.

`$.`   (`$NR`, `$INPUT_LINE_NUMBER`)
enthält die aktuelle Eingabezeilennummer des letzten Dateihandles, das gelesen wurde. Ein Schließen mit dem Dateihandle setzt die Zeilennummer wieder zurück.

`$/`   (`$RS`, `$INPUT_RECORD_SEPERATOR`)
Das Trennsymbol für Eingabe-Sätze, voreingestellt ist der Zeilenvorschub. Bei einem Null-String werden eine oder mehrere Leerzeilen als Trennsymbole betrachtet.

`$"`   (`$LIST_SEPERATOR`)
Die Variable speichert das Trennsymbol, das bei der Ausgabe die Elemente eines Feldes verbindet, wenn ein Feld in einem String interpoliert wird.

`$|`   (`$OUTPUT_AUTOFLUSH`)
Ein wahrer Wert erzwingt nach jedem `write` oder `print` ein Leeren des Ausgabepuffers.

`$,`   (`$OFS`, `$OUTPUT_FIELD_SEPERATOR`)
Das Trennsymbol für `print`-Ausgabefelder, d. h. die Kommas zwischen den einzelnen Ausdrücken werden ersetzt. Damit legen Sie fest, was zwischen den einzelnen Feldern ausgegeben wird.

`$\`   (`$ORS`, `$OUTPUT_RECORD_SEPERATOR`)
Das Trennsymbol für Ausgabefelder des `print`-Operators. Damit können Sie festlegen, was am Ende der `print`-Anweisung ausgegeben wird.

`$;`   (`$SUBSEP`, `$SUBSCRIPT_SEPERATOR`)
Das Trennsymbol im Subskriptoperator, mit dem mehrdimensionale Arrays (voreingestellt `\034`) simuliert werden können.

A 2.2 Spezial-Variablen für allgemeine Informationen

Die folgenden Variablen liefern verschiedene Informationen über das aktuelle Programm, das Betriebssystem, den Fehlercode usw.

$_   ($ARG)
Die wohl meist gebrauchte Spezial-Variable ist $_, auch $ARG genannt. Für viele Perl-Funktionen wird sie als Default-Argument eingesetzt, wenn kein Argument beim Funktions-aufruf übergeben wird. Zum anderen wird sie für Datei-Testoperationen oder für Operatio-nen in der Mustersuche verwendet. Vor allem findet sie ihren Einsatz als Iterationsvariable in foreach-Schleifen, wenn keine Schleifenvariable angegeben ist. Bei grep- und map-Funktionen ist sie als einzige Iterationsvariable erlaubt.

$a, $b
Diese beiden Variablen kommen bei der sort-Funktion zum Einsatz.

$!   ($ERRNO, $OS_ERROR)
Sollte eine Perl-Durchführung nicht erfolgreich sein, enthält die Spezial-Variable $! die genauere Beschreibung des Fehlers. Im numerischen Kontext wird die entsprechende Fehler-nummer der System-Variable errno zurückgegeben. In einem Stringkontext wird die jeweilige Zeichenkette zurückgeliefert. Ausführlichere Informationen erhalten Sie durch die System-Variable $^E.

$@   ($EVAL_ERROR)
Fehlermeldung des letzten eval- oder do-Befehls.

$]   ($Perl_VERSION)
Perl-Versionsnummer.

$[
Der Index des ersten Elements in einem Array (veraltet).

$^D   ($DEBUGGING)
Die Debug-Flags, die mit -D an Perl übergeben werden.

$^E   ($EXTENDED_OS_ERROR)
Betriebssystemabhängige Fehlermeldung, die über das hinausgeht, was in $! gespeichert ist.

$^F   ($SYSTEM_FD_MAX)
Unter Unix der höchste Systemdateideskriptor.

$^H
Der aktuelle Zustand für zusätzliche Prüfungen, die über Pragmas eingeschaltet werden.

$^I   ($INPLACE_EDIT)
Eine Inplace-Edit-Erweiterung, wie die Option -i, die in der Kommandozeile übergeben wird.

$^M

Reserve-Speicher, auf den zurückgegriffen werden kann, wenn das Betriebssytem keinen (virtuellen) Speicher (Out of Memory) mehr besitzt.

`$^O` (`$OSNAME`)
Name des Betriebssystems.

`$^P` (`$PERLDB`)
Interne Debug-Flag-Einstellungen.

`$^S`
Aktueller Wahrheitswert des Perl-Interpreters.

`$^T` (`$BASETIME`)
Der Zeitpunkt, zu der das Programm gestartet wurde. Dieser Wert wird auch von den Dateitest-Operatoren -M, -A und -C verwendet.

`$^W` (`$WARNING`)
Der aktuelle Wahrheitswert, der mit dem Kommandoschalter -w verknüpft ist.

`$^X` (`$EXECUTABLE_NAME`)
Der Name, unter dem der Perl-Interpreter aufgerufen wird.

A 2.3 Spezial-Variablen für Dateihandles

Bei den folgenden Dateihandles wird immer das Paket main vorausgesetzt.

ARGV
Spezialdateihandle, das alle Dateinamen in der Kommandozeile (@ARGV) durchläuft.

DATA
Spezialdateihandle, das den Zugriff auf das Skript nach dem __END__ oder nach dem __DATA__ erlaubt.

STDERR
Spezialdateihandle für die Standardfehlerausgabe.

STDIN
Spezialdateihandle für die Standardeingabe.

STDOUT
Spezialdateihandle für die Standardausgabe.

_ (Unterstrich)
Spezialdateihandle, das die Informationen der letzten Dateioperation speichert.

A 2.4 Spezial-Variablen für Arrays und Hashes

Diese Variablen sind in jedem Paket separat enthalten.

`@_`

Das Spezial-Array `@_` enthält alle Parameter, die z. B. beim Aufruf einer Funktion übergeben werden. Die Skalare von `@_` lassen sich wiederum über die Spezial-Variable `$_` mit entsprechenden Indizes ansprechen. Ebenso können Sie durch die `shift`-Funktion Werte an Variablen zuweisen.

`@ARGV`

Das Spezial-Array `@ARGV` enthält die Argumente der Befehlszeile für das Skript.

`@EXPORT`

Das Spezial-Array `@EXPORT` benennt die Methoden und andere Symbole, die ein Paket standardmäßig exportiert.

`@F`

Das Spezial-Array `@F` enthält die zerlegten Eingabezeilen, wenn der Perl-Interpreter mit der Option `-a` in der Kommandozeile aufgerufen wird.

`@INC`

Das Spezial-Array `@INC` enthält die Verzeichnisse, in denen gesucht wird, wenn ein Perl-Skript durch `use()`, `do filename` oder `require()` geladen werden soll.

`@ISA`

Das Spezial-Array `@ISA` gibt die Liste der Basisklassen des aktuellen Pakets an.

`%ENV`

Der Spezial-Hash `%ENV` enthält alle Umgebungsvariablen. Der Schlüssel ist der Name einer Umgebungsvariable, der Wert ihr aktueller Inhalt.

`%INC`

Der Spezial-Hash `%INC` enthält die Liste der Dateien, die z. B. durch `require()` oder durch `do()` eingebunden wurden. Der Schlüssel ist der Name der Datei. Als Wert wird der komplette Pfad der Datei eingesetzt.

`%SIG`

Der Spezial-Hash `%SIG` wird verwendet, um Signalhandler für verschiedene Signale zu definieren.

A 2.5 Spezial-Variablen für reguläre Ausdrücke

Die folgenden Variablen sind immer lokal zum aktuellen Block.

`$<Ziffer>`
Die Variablen `$1`…`$9` enthalten die Submuster des zuletzt gefundenen Musters.

`$+`   `($LAST_PAREN_MATCH)`

Die Variable enthält den letzten eingeklammerten Treffer, der mit dem Suchmuster überein-
stimmte.

`$&`   (`$MATCH`)
Die Variable enthält den String, für den bei der letzten erfolgreichen Mustersuche eine Übereinstimmung gefunden wurde.

`$'`   (`$POSTMATCH`)
Die Variable enthält den String, der bei der letzten Übereinstimmung danach steht.

`$``   (`$PREMATCH`)
Die Variable enthält den String, der bei der letzten Übereinstimmung davor steht.

A 2.6 Spezial-Variablen für Prozess- und Benutzer-IDs

Diese reservierten Variablen enthalten den aktuellen Stand des aktuellen Prozesses bzw. die
eindeutige Zahl der aktuellen Prozess-ID.

`$$`   (`$PID, $PROCESS_ID`)
Die Variable enthält die Prozess-ID des Perl-Interpreters, der das Skript ausführt.

`$)`   (`$EGID, $EFFECTIVE_GROUP_ID`)
Die Variable enthält die effektive Gruppen-ID (GID) oder eine Liste der GDIs dieses Prozesses.

`$>`   (`$EUID, $EFFECTIVE_USER_ID`)
Die Variable enthält die effektive UID dieses Prozesses.

`$(`   (`$GID, $REAL_GROUP_ID`)
Die Variable enthält die reale Gruppen-ID (GID) oder eine Liste der GIDs dieses Prozesses.

`$<`   (`$UID, $REAL_USER_ID`)
Die Variable enthält die reale UID dieses Prozesses.

A 2.7 Spezial-Variablen des Report Generators

Diese Spezial-Variablen sind bei der Erstellung von Formaten gültig.

`$^A`   (`$ACCUMULATOR`)
Wird in Formaten verwendet als Akkumulator für `formline`- und `write`-Operationen.

`$^L`   (`$FORMAT_FORMFEED`)
Wird in Formaten verwendet als Seitenvorschubzeichen.

`$-`   (`$FORMAT_LINES_LEFT`)
Wird in Formaten verwendet als Anzahl der Zeilen, die auf der aktuellen Seite noch verblei-
ben.

`$=`   (`$FORMAT_LINES_PER_PAGES`)

Wird in Formaten verwendet als Seitenlänge des aktuellen Ausgabekanals.

$: ($FORMAT_LINE_BREAK_CHARACTERS)
Wird in Formaten verwendet als Menge von Zeichen, bei denen ein String unterbrochen werden darf, um Fortsetzungsfelder (beginnend mit ^) zu füllen.

$~ ($FORMAT_NAME)
Wird in Formaten verwendet als Name des aktuellen Reportformats.

$% ($FORMAT_PAGE_NUMBER)
Wird in Formaten verwendet als aktuelle Seitennummer des momentan gewählten Ausgabekanals.

$^ ($FORMAT_TOP_NAME)
Wird in Formaten verwendet als Name des aktuellen Formats der Kopfzeile(n).

A 3   Perl 6

Als Interpreter für Perl 6 wird seit einiger Zeit eine neue registerbasierte, virtuelle Maschine **Parrot** entwickelt, die neben Perl 6 noch viele andere Sprachen kompilieren und ausführen können soll.

Perl 6 ist nicht nur eine neue Versionsnummer, es ist auch eine Neugestaltung der Sprache Perl. Dabei enthält die Syntax Revolutionäres, zu nennen wären z. B.:

- einfacherer Umgang mit Arrays und Hashes
- einfachere Parameterübergabe und OOP Schreibweisen
- neue Formen der Zuweisung von Referenzen
- umfangreiches Typen- und Kontextsystem
- neue Operatoren
- stark veränderte reguläre Ausdrücke und deren Grammatiken
- explizite Standard-Formulierungen für alle gängigen Programmierstile

Anschließend einige Änderungen bzw. Neues von Perl:

Änderungen in Perl 6

- Arrays, Hashes, Formate, Dir und Filehandler sind intern Objekte mit prozeduralem Interface.
- Für den tenären Operator ?, : werden jetzt ??, !! verwendet.
- Es gibt kein foreach mehr und for iteriert nur noch über Arrays.
- Es sind keine runden Klammern mehr für if, unless usw. nötig.
- use strict und warnings sind Standard.
- Es gibt definierte Klassen mit class und Module mit module.
- Spezial-Variablen haben einen eigenen Namensspace.

Neues in Perl 6

- Neue Kontexte, z. B.: `hashlist`, `lazy list`, `bool`, `int`, `num`, `string`
- Typisierung, Traits und Binding
- Befehle `loop` und `say`
- Case-Anweisung mit `given` und `when`
- Verkettete Vergleiche und Operatoren
- Junctions
- Smart Match/ Rules
- Mehr an OOP

Parrot

Ist eine registerbasierte virtuelle Maschine, die auf die Bedürfnisse von dynamischen Programmiersprachen wie z. B. Perl, Python oder Ruby ausgerichtet ist. Parrot unterstützt mehrere Zwischencodes als Eingabe. Es kann auch direkt im Zwischencode programmiert werden, da dieser der Assemblersprache ähnelt. Parrot ist Open Source und von Dan Sugalski und Chip Salzenburg entworfen worden.

Ponie

Ponie steht für "Perl on new Interpreter Engine" und soll eine Verbindung herstellen zu einem Perl 5-Parser und Parrot. Ponie bietet die Möglichkeit, den Übergang von Perl 5 zu Perl 6 vorzubereiten.

Pugs

Pugs steht für "Perl 6 users golfing system" und ist ein wichtiger Meilenstein für die Entwicklung von Perl 6. Er erstellt z. B. Spezifikationen, Tests, Dokumentationen und Code-Beispiele.

Literaturverzeichnis

Wolfgang Dehnhardt: Skriptsprachen für dynamische Webauftritte, Hanser, 2001

Richard F. Deller: Das Einsteigerseminar Perl 6, bhv-Verlag, 2006

Horst Eidenberger, Elke Michlmayr: Mit Perl programmieren lernen, dpunkt.verlag, 2005

Jeffrey E. F. Friedl: Mastering Regular Expressions, O'REILLY, 2006

Scott Guelich, Shishir Gundavaram & Gunther Birznicks: CGI Programming with Perl, O'REILLY, 2000

Joseph N. Hall, Randal L. Schwartz: Effective Perl Programming, ADDISON-WESLEY, 1998

Farid Hajji: Perl Einführung, Anwendungen, Referenz, ADDISON-WESLEY, 2.Aufl. 2000

Andrew L. Johnson: Perl. Der Einstieg, Galileo Computing, 2001

Laura Lemay: Perl in 21 Tagen, Markt & Technik, 1999

Steve Lidie & Nancy Walsh: Mastering Perl/Tk, O'REILLY, 2001

Dirk Louis: Jetzt lerne ich Perl, Markt &Technik, 2000

Udo Müller: Perl GE-PACKT, mitp, 2001

Jon Orwant, Jarkko Hietaniemi & John Macdonald: Mastering Algorithms with Perl, O'REILLY, 1999

Nate Patwardhan, Clay Irving: Programming with Perl Modules, O'REILLY, 1999

Steve Qualline: Echt coole Perl Skripte, Hanser, 2006

Allision Randal, Dan Sugalski, Leopold Tötsch: Perl 6 and Parrot Essentials, O'REILLY, 2004

Dennis Schaaf: Perl, bhv, 2000

Michael Schilli: Go To Perl 5, ADDISON-WESLEY, 1998

Randal L.Schwartz &Tom Phoenix: Perl-Objekte, Referenzen &Modul, O'REILLY, 2004

Randal L. Schwartz & Tom Phoenix: Learning Perl, O'REILLY, 2001

Sriram Srinivasan: Advanced Perl Programming, O'REILLY, 1997

Rolf D. Stoll, Gudrun Anna Leierer: Perl/CGI, DATA BECKER, 2000

Ernst Tugendhat, Ursula Wolf: Logisch-semantische Propädeutik, Reclam, 1993

Larry Wall, Tom Christiansen & Jon Orvant: Programming Perl, O'REILLY, 2002

Joachim Ziegler: Programmieren mit Perl, Springer, 2002

Weitere Hilfsmittel

ActiveState	*http://www.activestate.com*
Distribution	*http://www.activestate.com/Products/ActivePerl*
Download	*http://www.activestate.com/ActivePerl/download.htm*
Computer Associates	*http://ca.com*
CPAN	*http://www.cpan.org*
CPAN-Module	*http://www.perl.com/CPAN/modules/01modules.index.html*
CPAN-Versionen	*http://www.perl.com/CPAN/ports/*
GD-Grafik	*http://boutell.com/gd/*
Open Perl DIE	*http://open-perl-ide.sourceforge.net/*
Perl 6	*http://dev.perl.org/perl6/*
Perl 6, Pugs	*http://www.pugscode.org*
Perl-Compiler	*http://www.demobuilder.com*
Perl-Dokumentation	*http://perldoc.perl.org/*
Perl Embedded	*http://www.engelschall.com/sw/eperl/*
Perl-FAQs	*http://www.perl.com/perl.faq*
	http://www.computer-mentors.co.uk/
Perl-Journal	*http://www.tpj.com*
Perl-Webseiten	*http://www.perl.com/latest.html*
	http://www.perl.org
RFCs	*http://www.isi.edu/rfc-editor/catagories/rfc-standard.html*

Weitere Adressen

CGI-Beschreibung	*http://hoohoo.ncsa.uiuc.edu/cgi*
CGI für C/C++	*http://www.boutell.com/cgic/*
CGI für Phyton	*http://www.python.org*
CGI-Bibliothek	*http://www.bio.cam.ac.uk/web/form.html*
Datenbankmodule	*http://www.jcc.com/sql_stnd.html*
MacPerl	*http://www.macperl.com*

Webseite N. Halls	*http://www.effectiveperl.com*
Webseite R. Schwartz	*http://www.stonehenge.com.merlyn*
Webseite M. Beattie	*http://users.ox.ac.uk/~mbeattie/perl.html*
Wikipedia	*http://de.wikipedia.org/wiki/Perl*
SQL-Minidatenbank	*http://Hughes.com.au.*

WWW-Server

Apache-Server	*http://www.apache.org*
CERN-Server	*http://www.w3.org/hypertext/WWW/Daemon/Status.html*
HTML	*http://www.w3.org/hypertext/WWW/MarkUp/*
NCA-Server	*http://hoohoo.ncsa.uiuc.edu/docs/Overview.html*
Netsite-Server	*http://home.netscape.com*
WebStar-Server	*http://biap.com/*

Newsgruppen

Basics Usenet	*http://groups.google.com/googlegroups/basics.html*
CGI-Fragen	*news:comp.infosystems.www.authoring.cgi*
	news:de.comp.lang.perl.cgi
Perl-Fragen	*news:comp.lang.perl.misc*
Perl/Tk-Fragen	*news:comp.lang.perl.tk*
Perl-User	*http://perlmonks.org*
	http://perl-community.de/
	http://perlmongers.de

Stichwortverzeichnis

www.ingramcontent.com/pod-product-compliance
Lightning Source LLC
LaVergne TN
LVHW080111070326
832902LV00015B/2520